U0089704

中國學術思想研究輯刊

二　編

林　慶　彰主編

第3冊

"無名"與"正名"
——論中國上中古名實問題的文化作用與發展

丁　亮著

花木蘭文化出版社

國家圖書館出版品預行編目資料

"無名"與"正名"——論中國上中古名實問題的文化作用與發展／丁亮 著－－初版－－台北縣永和市：花木蘭文化出版社，2008〔民97〕

目 2+310 面；19×26 公分（中國學術思想研究輯刊 二編；第3冊）

ISBN：978-986-6528-04-0（精裝）

1. 名家 2. 符號學 3. 文化價值

121.5 97016504

ISBN - 978-986-6528-04-0

中國學術思想研究輯刊

二 編 第三冊 ISBN：978-986-6528-04-0

"無名"與"正名"

——論中國上中古名實問題的文化作用與發展

作　　者 丁亮

主　　編 林慶彰

總 編 輯 杜潔祥

出　　版 花木蘭文化出版社

發 行 所 花木蘭文化出版社

發 行 人 高小娟

聯絡地址 台北縣永和市中正路五九五號七樓之三

電話：02-2923-1455／傳眞：02-2923-1452

網　　址 http://www.huamulan.tw 信箱 sut81518@ms59.hinet.net

印　　刷 普羅文化出版廣告事業

封面設計 劉開工作室

初　　版 2008年9月

定　　價 二編28冊（精裝）新台幣46,000元

“無名”與“正名”

——論中國上中古名實問題的文化作用與發展

丁 亮 著

作者簡介

丁亮，江蘇南通石港人，民國五十二年臺灣高雄出生，愛好中國文化、中國文字與書法，碩士師從　龍宇純教授完成碩論《說文解字部首及其與從屬字關係之研究》，博士師從　唐翼明教授完成博論《無名與正名：中國上古中古知識分子的名實運動》，現任臺灣大學中國文學系助理教授。研究主以現代符號學的角度探索中國古代名實問題，嚐試從符號認知的觀點重新詮釋文字、文學與文化的互動關係，以融合中西，恢復中國人文傳統，建立新時代的中國符號學。目前則以《老子》文本為對象，在符號觀點下針對文本的認知圖式、詮釋、形成、用字與修身、聽治等文化作用進行一系列的深入探討。

提　　要

符號學／中國符號學

《無名與正名》旨在探討語文符號在社會文化中的具體作用，因以中國上中古名實問題的作用與發展為進行研究的實際對象，而此一名實問題的文化作用與發展即是〝無名〞與〝正名〞二名實觀點作用與發展的過程，故以之為題。研究主要分為兩部分進行：第一部分主從〝共時〞的角度切入以觀察名實問題在社會文化中的作用層面。觀察中發現名實問題實為中國文德傳統的核心，其核心議題乃是價值表述而非邏輯推理。基於價值表述，名實問題在中國文化中促成了價值（道與事）、表述（書與言）、知識分子（仕與隱）三個相關範疇，並在無名與正名觀點下，分別形成了相應的理論（名實離與名實合）、表現（詭辭清言與書法正字）和意識型態（自然主義與人道主義）；第二部分主從〝歷時〞的角度切入以觀察名實問題在歷史發展中的推動作用。觀察中發現因周人文德衰敗而有了名實問題，先秦諸子紛紛提出理論對策，其中正名觀因集中權力的特質而首先在秦漢時登上歷史舞台，完成兩漢名教，後因虛偽狡詐分裂衝突的弊病而衰敗。繼而無名觀憑其重視人心之天真簡靜而於魏晉登場，在魏晉時推動自然，其後則因浮華不實的弊病而為人棄。最後，實際經歷過正名與無名的施行後，知識分子取其利而去其弊，在體用模式下融合了無名與正名，並且形成新的〝假名〞觀，從而開創了隋唐盛世。本文以現代符號觀點重新闡釋中國名實傳統，不但可對現有之小學、文學與思想研究有所激發，而且將對中國之文化傳統有更深刻的體會。

目　次

第一章　前　言

第一節　研究動機與緣起

生命如此奧妙，豐富而多樣。有時面對著浩瀚的宇宙和人世的繁華不得不讓人嘖嘖稱奇，覺得世界充滿了神祕與生氣；有時面對著孤寂的自己和內心的空虛則又不得不令人無力與絕望，感到人生毫無意義與生趣。對一般人而言，可能更多的時間是在現實生活的得意與失意、歡樂與煩惱中度過，有時想積極努力的追求什麼，有時則想放棄所有清靜一下；有人憂慮著婚姻的破碎，有人滿足於親子的融洽，或許更有人思索著生死的問題，靜靜的在天空下坐著，想著人生的意義爲何？人生的價值何在？人和萬物有何區別？累了，便休息一下，偶而抬頭，可以望望天上千古不變或一瞬不止的白雲。

而這宇宙人生的一切究竟是怎麼回事？是透過我們的思考產生的嗎？當我們專注的推求人生合理的答案時，似乎是的；是透過我們的感官嗎？當我們在風中小心翼翼的去觸摸柔弱艷麗的花瓣時，似乎是的。然而還有一種聲音，告訴我們，這一切繁華、富麗與意義是從我們的語言來的，從人類所創造的符號來的，因爲唯有憑藉著語言人才能思考，因爲「語言是聯繫自我和世界的中介」，「語言使自我和世界在其原始的依屬性中得以表現」，〔註 1〕因

〔註 1〕參詮釋學學者加達默爾語。見《眞理與方法》，602 頁，漢斯——格奧爾格·迦達默爾著，洪漢鼎譯，時報文化出版企業有限公司，1993.10 初版一刷。本論文引用書籍資料皆於首次出現時註明著者及出版資料，其後再次引用時則予以省略。

爲「唯語言才使人能夠成爲那樣一個作爲人而存有的生命體」，〔註 2〕因爲人是「符號的動物」。〔註 3〕故而，當我們想要瞭解人、或其生活、或其社會、或其文化究竟是怎麼一回事時，我們可以從其語言、文字與符號進行研究，一如文化人類學者雷維史陀所爲，〔註 4〕甚至是文化發生問題時亦可從語言文字等符號著手，因爲許多人生問題是因語言而發生的，本無眞實存在的問題，因爲我們依賴語文符號思考、感受、獲取意義與存在。

然而一切真的都只是從語言文字等符號中產生的嗎？所有的問題都可以在語言文字或符號中得到透視嗎？我能夠在語言文字上解決我的課業問題嗎？我該學嗎？或者我自然不學？我能夠在語言文字上解決我的孤獨與絕望嗎？孤獨是由〝我〞這個名詞產生的嗎？如果沒有〝我〞這個名詞還會有〝我〞這個觀念嗎？還會有所謂的孤獨寂寞嗎？沒有孤獨寂寞就是佛家所講的無我境界嗎？又我可以在語言文字中面對我與父母的衝突嗎？衝突是來自親子名分嗎？我可以在語言文字中得到人生至高的喜悅與滿足嗎？佛教的法喜是否如是？還是要到沒有語言文字的不可思議境界才能得到無上正等正覺？可是沒有〝佛〞這個字要如何推行佛教？如何學佛？修佛人修了半天是否只是在修一個字呢？修道者是否亦如是？甚至所有人生的追求都是這樣嗎？我可以這樣問嗎？我的問題存不存在呢？我從建築轉到中文爲的是什麼呢？所唸的中文又是什麼？文學是什麼？我的人生在追求什麼呢？甚至，生死問題也可以這樣解決嗎？如果沒有〝死〞這個語言是不是就不會有〝死〞這個觀念？然後就可以免去〝死〞的恐懼而解脫？眞的可以或不可以嗎？或者我們該去對這些問題的成立與否進行思考，實地去認眞瞭解語言文字與符號對我們生命、生活與社會文化的作用，並更進一步的理解文化、生活與個人生命的關係。

因此，語文符號在文化中的具體作用便值得我們悉心關注。去觀察語文符號是怎麼影響個人的觀念與意識，去觀察語文符號是怎樣促成眾人的共識與行動。因爲，如果所有人生的價值與意義都是由語言文字而來，那麼，我們就只

〔註 2〕參海德格在〈語言〉一文中所轉述威廉洪堡的說法。見《走向語言之途》，1 頁，馬丁・海德格，時報文化，1996.10.初版三刷。

〔註 3〕參卡西勒在《人論》第二章〈符號：人的本性之提示〉中的論述。見《人論》，39 頁，甘陽譯，桂冠圖書公司出版，1991.5.初版二刷。

〔註 4〕參《形名學與敘事理論》一書的介紹，125～132 頁，高辛勇著，聯經出版，民 76.11 初版。

能透過語文符號去認識世界，只能透過語文符號去行動創造，是以我們不能不去分析語言文字的特性，看看語言文字等符號是否能夠適當的呈現意義、表達意義，猶如戴著眼鏡去看世界時，人們必得瞭解這副眼鏡的特性才行。

第二節　研究途徑與對象

然而，我們該從什麼樣的途徑去認識語文符號在生命與文化中的實際作用？如智者在狹小的斗室中冥思？如社會運動者在廣大的街頭實地操作口號文宣？如媒體記者口水與筆墨齊用？或如教徒般忠實地遵循著語文所寫下的教條？還是只是在生活中老老實實、一點一滴的關注著、運用著與反省著自己所說的話、所讀的書與所寫的字？或是抱著學者冷靜客觀的態度在某專業領域中研究？似乎沒有一條必然的途徑可以成爲最適切的答案，但是，我們若著眼於語言、文字與符號的溝通本質及由此而生的影響與作用，理解的進行當先囊括語言文字在社會文化與個人生命中全面的作用。這不單單因爲瞭解某一對象本當包括此一對象的全部範圍，更因爲語言、文字與符號的本質即是溝通與互動，溝通某甲或某乙，如果我們所採用的研究途徑只包括了甲而忽略了乙，便不只是缺失了語文符號在某乙上的作用，而且亦將缺失語文符號在某甲和某乙上的互動情形，因而對語文符號在某甲上所產生的作用亦無法全然看清。更重要的是，觀察語文符號作用的重點可能正在甲與乙所產生的互動與溝通上，互動與溝通所形成之二者關係才是觀察的重點，而不單是落在甲與乙二實際對象上，因爲語文符號的作用就是溝通互動，而只劃定溝通成員之一爲研究對象將看不到溝通互動的全貌。也就在此溝通互動的特性下，語言、文字與符號的作用趨向〝全面〞發生，只要語文符號出現，其作用對象就必然從現有之使用對象向外延伸，而在一整體的社會文化中全面作用，從此一〝全面〞性來看，歷史研究成爲瞭解問題最適切之入手途徑。

〝歷史研究〞為語言、文字與符號的研究提供了一個〝全面〞的視野。所謂〝全面〞，指的是語文符號趨向社會文化與個人的全面的可能，因爲歷史可說是人類社會文化所形成的綜合總體，故而〝歷史研究〞能夠提供一個足夠寬廣的視野來容納語文符號所有可能的作用對象，以便完整的觀察語文符號在具體社會文化中所產生的互動實況。事實上，將〝歷史研究〞視爲研究語文符號的初步途徑不但是在研究對象的取捨上較爲全面，相對的，在研究的立場上也較為全面，因為〝歷史研究〞的途徑包含了上述所有途徑，個人的、社會的、心理層面的、物質層面的等等，同時也綜合了所有途徑的眼光：不單取智者的眼光，但是觀察如老子、孔子般智者所產生的符號觀點及此一觀點與社會文化的互動；亦不單取社會運動的角度，但是注意如名教、自然等社會風潮和語文符號的關係及其對個別知識分子的影響。於是以〝歷史研究〞為途徑可以去除各種學科研究性質上的限制，減輕研究者個人主觀的扭曲與侷限，較適切的掌握問題全貌。

而中國歷史本有一個強大的〝名實〞傳統。此一傳統從西周延續至清末而貫串整個歷史，在其中，語文符號在現實中的作用以三個層面呈現：一是從理論層面對語文符號進行的省思，省思名和實的究竟關係，或主張名實合，或主張名實離；一是在運用層面對符號進行的具體操作，在特定的名實理論下去塑造運用語文的特殊方式與活動，如書法、正字、詭辭、清言等，並由此產生一批語文符號以在現實社會中發生影響，如仁義、道德、自然等等；一是對於符號構成的媒介進行審視，思考文字視覺媒介和語言聽覺媒介在認知和傳播上的特質，並予以利用而創生出種種符號形式，如經典、金石文字、吟誦、唱導等等。於是，在這個傳統中我們得以更清晰的觀察到語文符號是如何在現實社會中對群體和個人生命產生作用的。

從中國上古至中古約一千五百年間〝名實問題〞的作用與發展則初步提供了一個觀察與學習的具體對象。問題最初始於知識分子對〝名〞的反省風潮，蓋周初周人制禮作樂以文德建國，至西周末年天子勢力衰退，禮樂崩壞，文德觀念動搖，於是名實關係受到質疑與反省，從而形成〝名實問題〞。而自一開始知識分子便對問題之解決形成〝無名〞與〝正名〞兩種相異而對立的觀點，相互抗爭，從而使〝名實問題〞在中國歷史中形成長期的作用與發展。經過不斷的思辨與實踐，知識分子才澄清了問題本身及其所涉及的各個文化層次與面向，掌握其中各種可能的具體措施，終於在南北朝時融合了〝無名〞與〝正名〞兩種觀點，結束了二者的對立。而此一名實問題的反省風潮除了從現代遠距離的觀察加以確定外，在當時即具有獨立性與連續性，知識分子極具意識的對名實問題進行反省、討論與實踐。雖然這些行為並不是由某一批特定的知識分子為刻意完成什麼社會目的而掀起，行為的發生也不限定在同一時空，但透過這些行動，我們可以確定名實問題已在知識分子心中被認知爲一具體存在的問題，是以此一問題得以從歷史整體發展之諸多雜亂現象中脫離而擁有獨立的地位。特別是語言文字本身具有強烈的獨立性與連續性，即使歷史現象糾纏拼湊，即使歷史發展偶然斷續，但語言文字在共時的運作上必得具有自身之系統與規律，在歷時的發展上亦必具有相當程度的連續性，否則語言文字無法運作，亦將消失，是故以語言文字之獨立性與連續性爲基礎，名實運動的獨立性與連續性也就更穩定了。在有意識的行爲之上，名實問題發生、發展而後結束，故可得以從歷史的洪流中劃出而成爲一獨立而連續的研究對象，研究此一對象不僅可知語文符號的問題早在中國古代數千年前己爲知識分子所重視與討論，而且可以瞭解語文符號在整個社會文化中的全面作用，從宇宙世界的宏大建構到個人意識微渺的刻劃。是以名實問題的內容便成了本論文的研究內容，名實問題之文化作用與發展則成了本論文的研究對象。

從研究的實際內涵來看，整個名實問題的發展則可視為〝無名〞與〝正名〞兩觀點對立與吸收的互動過程。在其中，知識分子對語言文字等符號問題分別從正反兩面做了深入檢討，從而形成兩派意見：一派學者以爲語言文字等符號所形成之〝名〞對人的生命、社會與文化具有負面作用，〝名〞非實，非天生自然之物，而爲價值與意義在人心中異化而成，因爲價值無形，而符號有形，有形便可模倣假裝進而欺騙，故自有了語言文字等符號後人心變得澆薄虛僞，失去純樸，因此當主〝無名〞。此一觀點又進而擴展成以老莊爲代表的道家思想；另一派學者以爲語言文字等符號雖有缺陷，但是具有強大的社會功能，能夠完成各種事功，乃爲建立社會共識與形成社會規範不可或缺，因爲符號能將無形之價值與意義化爲具體可識的語言文字，而爲大家所共同遵守，是以〝名〞對人類社會與文化的建構具有積極而正面的作用，只要盡量減少其負面作用便可，故當〝正名〞。此一觀點又進而擴展成以孔荀爲代表的儒家思想。於是〝無名〞與〝正名〞就成了名實問題中最基本的主張，持無名觀念者主張名實相離，持正名觀念者主張名實相合，而二者之差異、矛盾與衝突一時無法合理解決，因而形成了長期的發展，發展就在〝無名〞與〝正名〞兩觀點的相互抗爭下持續進行，兩觀點分別努力發展自己的理論，擴充自己的勢力範圍，但也相互融合吸收，以修正自己的缺失，抵制對方的批評，直至最後，知識分子融合了無名與正名的觀點，終於對名實問題獲得了一致的看法，並以此爲基礎而開展出下一階段的歷史發展。

是以《〝無名〞與〝正名〞》就成為本論文研究之題目。〔註5〕因爲〝無名〞與〝正名〞兩觀點的基本主張與二者互動的過程就是論文最主要的研究內容，但是這裏所要特別說明的是，用〝無名〞與〝正名〞爲題目固然是因爲這是在西周至南北朝間最主要的名實主張，是以論文前半部是分別介紹這兩種的基本主張，論文後半部是論述這兩個觀點相互鬥爭與交融的過程，但是我們也可以把〝無名〞與〝正名〞視爲面對符號的兩種趨向，這樣，〝無名〞與〝正名〞就涵蓋了此一時期所有的名實觀點，而不受到一般思想史上一家一派的限制，是以無論是老子無名、孔子正名、黃老形名、墨家名辨或法家名家等等的名實學說，莫不包容在此題目範圍中。事實上，在先秦以後，黃老形名與墨家名辨等觀點內涵亦融入在〝無名〞與〝正名〞所形成的大流中，故如漢宣帝爲政王霸並用，兼採法家刑名，但仍主正名，其它如魏武帝重申商刑名、傅嘏校練名理、王坦之好形名等亦皆爲後世史家論述，但當事人自己並未將其由正名或無名的大潮流中脫出而予以獨立標舉，唯有完全著眼於名實而不分家派的做法才易於掌握整個歷史發展的實況，是以本論文題目中的〝無名〞並不專指老子之無名，〝正名〞亦不專指孔子之正名，而是指這兩種超越家派的名實主張在整個歷史文化脈動中的實際作用。故此，爲強調實際作用的焦點，另外加上〝論中國上中古名實問題的文化作用與發展〞爲論文副標題，以利讀者瞭解。

〔註5〕又筆者雖未見古人直接將〝無名〞與〝正名〞二者語辭對舉論述者，但《老子》以〝無名〞與〝有名〞對舉，有名其實即意謂著要正名。至於老孔二人之後的〝形名〞學派確實是結合〝無名〞與〝正名〞二者而成，《黃帝四經》中即同見二詞，至《尹文子・大道上》「無名，故大道無稱；有名，故名以正形」，則更是將無名、有名、正名等觀點共論。而後世論名實之諸多議論中亦往往可見〝無名〞與〝正名〞二派學者相互批評的現象，如《莊子・天道》篇末以「形色名聲果不足以得彼之情」闡發無名觀點時即藉輪扁之口將君王所讀聖人書說爲「古人之糟魄」，而經典卻正是正名觀點所大力提倡。很奇妙的，《韓詩外傳・卷五》篇末亦提到輪扁的故事，但篇中讀書之笨君主從北方的齊桓公換成了南方的楚成王，而在此段文字之後則是「孔子學鼓琴於師襄子」的故事，藉著正名主義所慣用的本末型態孔子「聞其末而達其本」，在學樂之中層層漸進而得文王之〝數〞、〝意〞、〝類〞，從而反向操作了言不盡意的議題，並在此後又安排了孔子「正假馬之言」以正名的故事，不但本身是以正名反駁了無名的觀點，而且在論述上明擺著是針對《莊子・天道》之文而發，可知〝無名〞與〝正名〞二者確實是同存於古代知識分子心中。

第三節　研究價值與意義

誠然，這樣的研究主要是為了透視語言、文字與符號在現實中的全面作用。因爲此一全面性的視野有益於透視符號在個人生命與社會文化中之各種作用與種種作用間的互動，對一般個人瞭解其自身生命或社會運動者瞭解群眾均有助益。如果一般人不得不透過語言文字等符號來建構與表達生命的價值與意義，那麼，語言文字等符號之特質也必然影響人生價值之建立；如果一般人對事物的思考與認知不能不依賴語言文字等符號來進行，那麼，語言文字等符號之特質也必然影響一般人的思考與認知，於是語文符號化生成具體的行動與事件，形成具體的歷史，是以理解適合在一歷史的視野中進行，雖然，我們觀察的目的也許只是爲了自己一人。而於此一般性的意義之外，此研究對學術的發展亦有其不可忽視的價值。

首先，此全面性的研究成果在現代足以成為各個學科研究語文符號的總體參考框架。學術分科本爲推展文化所施行的精密分工，是以各學科各有其專業領域，但語文符號的研究要求全面，各學科對此所進行的研究就容易見樹不見林，而歷史研究所呈現的全面作用則可爲總體性的參考框架，使各學科中之符號研究者能以此爲準而爲自己的符號研究定位。然而名實問題具體發展中所呈現的符號整體作用尚可作爲不同領域之研究關係的參考，從各學科之符號研究者來看則是在符號議題上提供了可能相關之領域的參考，以及各種可能的互動情形。特別是符號在不同學科之研究領域間所生之互動永遠不會成爲單一學科研究中的主角，只能在跨領域的研究中出現。更重要的是從個人到社會、從形而上到形而下、從性情到功利這種種間的整體互動情形是任何跨領域研究也無法取代的，只有在歷史研究的實際觀察中才能看到若老子般智者個人的沈思轉化成魏晉時社會群體普遍風潮的過程，這絕不是跨越兩三個領域的研究即可做到的。語言學、符號學、詮釋學、哲學、心理學、美學、社會學或人類學等每一學科因其性質而生之特定視野讓語文符號的研究更專精，讓我們更深刻的認識了語文符號的重要性，但是語文符號在人類社會文化中的整體作用則只有歷史研究能夠提供，而此整體認識則可成爲各學科研究進行時的參考框架。不過在此要再強調的是歷史研究所展現的符號作用領域對現代社會來說只是一種可能，而不是一種必然，是以對現代之學術研究基本上只具有參考意義。

其次，對於瞭解古人的思想觀點、思維模式與意識型態等種種心靈活動具有巨大的價值。因爲唯有符號能傳達價值與意義，唯有符號能自由的進出人心，特別是語言文字，因爲沒有實存的形體，故而能自由的穿梭於人與我、彼與此、古與今間，而且古代文獻不但可視爲古人心靈的直接表現，而且具敘述與討論語文符號態度和觀點的作用，因而在表現之外還有再現的功能，這是所有其它媒介都不具備的功能，一件出土的器物雖然可以視爲當時代生活的直接表現，但此表現卻要經過現代人的詮釋；一幅古畫雖是古人美感的親近表現，但這幅畫所蘊藏的美感卻必須經由現代學者解讀。可是語言卻可以述說其自身，如器物中的雄壯得經觀者詮釋，在理解上隔了一層，可是語文卻能直接說此雄壯，無論是透過意象或〝雄壯〞一辭的直接書寫。更重要的是語言文字是最純粹的符號，在其符號形體的完成上可以沒有任何實質限制，因爲語言文字只是符號，不像其它考古事物，如秦始皇的馬車，因其現實機能與製造技術而不能成爲一種自由的符號，至少，馬車的輪子得是圓的而不能是方的；又如周人的鐘鼎，在其形體上亦必然受到禮制與財力的約束。從地下考古事物，如城鎮、陵墓、宮殿、車驕、器皿甚至圖案，我們能很容易的重建古人具體的生活，但是要進入古人的心靈世界，去瞭解這些器物具有什麼意義、爲什麼會產生古人這種生活、當時的價值是什麼、古人的觀念是什麼、古代文化的思維模式如何等等問題則非依賴語言文字不可，因爲語言文字直接述說了古人的心靈，這是其它考古事物所無法做到的。而我們從古代來，至少就我們的研究對象而言，中國文化還是一個活生生的文化，古代文化的影響依然強烈存在，是以對古人心靈的理解自然有助於對現代心靈的理解，當然，前述現代學術對符號作用與性質的澄清，自然亦有益於古代社會文化的理解。其實基於符號的溝通特質，符號的研究本就會穿梭於研究者與研究對象之間，所有的研究都只是一種對話，彼此詮釋的過程，在此過程中，我們看到對方，也呈顯自己，在符號的歷史研究中，則是進入了古代，也體現了現代。

最後，這樣一種對語文符號和人與文化互動的研究自然是對符號與人互動關係的探討最具意義，因為這也就是整個研究的中心。這種探討或許可以成爲一種風潮而在政治、經濟、內政、娛樂、出版等等具體生活領域中爲人運用與發展，亦可在人類學、社會學、經濟學、宗教學、文學、美學、傳播學等各個學術領域中受人重視而成爲現代學術的研究主題，甚至自行獨立創建成一門學問，或許西方的符號學已然如是，因爲語文符號種種問題的核心在溝通、互動與關聯，是以就這個問題本身的性質來說，應該受到全面的觀照，至少，應該有一個地方可以觀照到其全面的狀況，來對符號的特性與功能予以研究，進行更深的反省與認識，特別是語言文字具體的操作與個人內心生命情態間深刻密切的關聯，這是我們進行這個研究的根本出發點，也期望這篇論文最後能發生點問路石的小作用。

第四節　研究態度與方法

而我們該如何進行這個研究？用什麼態度才能〝全面〞的觀察？用什麼方法才可進行〝歷史研究〞？憑什麼東西來理解此一〝名實問題〞？怎麼樣才能如實的看到〝無名〞與〝正名〞二者的作用與發展？

就〝全面〞這點而言，韋伯（Max Weber）在社會學中所提出的〝理解〞觀點足為我們參考。韋伯以爲〝理解〞有「直接觀察的理解」和「解釋性理解」兩種，當我們進行理解時固然要先直接觀察一些事實以進行理解，但還應當根據被觀察者的「動機」來解釋事實，「對一個涉及行動之意的學科而言，〝解釋〞意味著能夠掌握到根據行動者自己的主觀意義，他的行動所繫屬其中的意義關聯」。〔註 6〕也就是說，在「解釋性理解」中研究者自己不採取任何預設立場與任何學科之既成理論，而只是依據研究對象自身來進行一種純粹的觀察與理解，以免削足適履，這樣，便可以形成全然開放的〝理解〞，而依據語文符號在事實中之開展來觀察其全面作用，因爲所謂〝全面〞指的並不是某些固定的內容、劃好的範疇或僵硬不變的框架，而是一種沒有限制的可能性，這種可能性使語文符號的作用可以隨機流通，或可從甲而乙，亦可從乙而丙，更可從丙而甲，研究者不應該預先設定立場限制對此事實衍變的觀察，而應順從符號自身的角度來理解這種演變的事實。

然而全然開放的理解仍有其理解進行的條件。因爲詮釋與理解必然在詮釋與被詮釋者間進行，而此實在之二者必有其特殊的時空背景，是以理解進行時仍將有其特殊的條件，只是我們不預設立場，避免使用第三者的眼光來進行理解，特別是價值判斷，是以這些條件不從第三者而來，但研究者本身

〔註 6〕參《社會學的基本概念》，25～27 頁，韋伯著，顧忠華譯，遠流，民 82 初版。

仍與研究對象同處於歷史洪流之中，並不具有任何超越的立足點，是以研究者本身之條件必將影響觀察與理解的結果，因爲這是一項詮釋的工作。事實上，我們得先肯定研究者立場在理解中的意義，理解才得以進行，因爲觀察或理解總是在觀察者與觀察對象間發生，因此理解進行的條件或者是限制，相反的，亦可成爲進行理解的基點。就詮釋對象而言，我們當儘量以其自身來看其自身，進行一種同情的理解，盡量去傾聽那個時代的聲音，而避免用其它時代的價值或觀點來瞭解、判斷甚至批評它，這也是文化人類學的基本觀點。很幸運的，和其它研究比較起來，我們所研究的對象自身特別容易顯現，因爲語文符號同時具有〝表現〞（presentation）與〝再現〞（representation）功能，它不但是它自己的表現，而且可以述說它自己的表現，這也就是再現的意思。故當時代的人透過語言文字不但可以讓自己成爲演員，也可以讓自己成爲觀眾，使自己成爲當時代的理解者、詮釋者與批判者，如王符《潛夫論》所爲，於是我們較其它研究更容易的理解了時代自身，不是透過我們的詮釋，而是透過當代人的觀察，因爲語文既可表現又可再現，是以我們可以在語文中批判語文自身。可是這種傾聽並不是完全沒有隔闔，我們透過王符的話去掌握東漢末年的社會，但對王符的話仍要詮釋，而且，要用對我們現代有意義的觀點和術語去詮釋，因爲，這本來就是我們進行理解的基點，也是研究進行的目的。

而基於對語言、文字等符號與人互動的研究，本論文採用了現代學術中〝符號〞（SIGN）與〝意識型態〞（IDEOLOGY）兩個觀點。符號觀點是用來引介名實，在索緒爾的定義下，符號爲〝能指〞（SIGNIFIER）與〝所指〞（SIGNIFIED）的綜合體，〔註7〕雖然我們不能直接用能指與所指和名與實兩兩對應，〔註8〕但亦不能否定此種對應在有形與無形上的一致，是以可用符號

〔註 7〕參《普通語言學教程》，第一編第一章第一節，索緒爾著，弘文館出版，民 74.10 初版。

〔註 8〕指在整個名實運動漫長的歲月中名與實二詞所指不定，這一方面是歷史因素造成；一方面是語言問題造成。就〝名〞而言，其在運動最初尚無實一範疇時指的就是符號整體，包含了能指與所指兩部分。到名實範疇分立之後，在不與實一範疇對舉的論述情形下，內涵往往亦包含能指與所指兩部分。即使是在名實二詞對舉的情形下，內涵有時亦包含能指與所指兩部分，因爲索緒爾對所指的定義是符號中的概念部分，而非實物，可是中國文化中名實的實則往往是指具體實物，因其討論的主要是政治道德社會文化等現實問題，是以此時名的內涵就包含了所指概念與能指形象兩部分。就〝實〞而言，除了

能指與所指的觀點來詮釋與說明名實範疇中表現和再現等問題，藉此將古代名實問題引介到現代社會；意識型態則用來說明人與符號的互動，人理解、認知與運用符號的態度。在 Raymond Williams 的整理中，意識型態可以指有系統的信仰，亦可指產生意義與理念的一般過程。〔註 9〕如果信仰是人們面對生活與事物的眞正態度，如果產生意義與理念的一般過程是人們從思想到行動的連續過程，那麼，意識型態就是我們眞正面對事物、處理問題的態度，而這種態度不僅來自於某種思想，而且必然呈現爲行動。換句話說，意識型態決定了我們面對語文符號的態度，但是價值、意義與理念只存在於符號之中，特別是語言文字，是以我們理解、認知與運用語言文字的態度又將形成我們的意識型態。於是意識型態密切的關聯到符號中能指與所指的關係，持無名觀者以爲名實相離，某一符號中之能指與所指不具特定必然關係，於是在人的心與身、思想與行爲間亦沒有特定的對應關係，於是所有的事物間都不具固定關聯而各自紛然獨立自由；持正名觀者則以爲名實相合，某一符號中能指與所指應該具有特定必然之關係，於是在人的心與身、思想與行爲間亦當具有某種特定的對應關係，於是所有世間事物彼此皆相關聯而摶成一體。於是意識型態說明了語文符號和人的互動，透過意識型態，符號眞正產生對人與社會文化的作用，在符號的運作中，人們獲致某種意識型態，而在此意識型態中將語文符號所陳述的價值、理念與意義化爲具體行動而創建成現實中的社會文化。

但欲儘量如實的呈現〝名實問題〞的文化作用與發展則還要再進一步考量語言文字特質與文獻解讀的問題。因爲我們觀察整個名實運動的主要憑藉是古代文獻，因此在方法上不能不考慮文獻解讀，而解讀文獻則不能不注意語文特質及其在歷史研究中的呈現。如前所述，語言文字具有〝表現〞與〝再現〞兩層涵意，是以我們在解讀古代文獻時除了注意其所陳述的意見之外，還要注意其書寫方法所表現的訊息。如歐陽建〈言盡意論〉，從文章標題粗略來看其主張似是名實相合，此爲其再現的內容，但其論述之基礎卻是名實相

上述指不指實物的區別外，有時做爲價值之指稱，實亦可超然獨立於符號之外，而在佛教特殊的教義下，萬物實體又爲虛幻，而成名相，是以名實中之實與符號中之所指亦不能直接對應。

〔註 9〕有關意識型態的解釋非常繁多，在此僅以 Raymond Williams 對意識型態所整理的三點爲參考，而就本論文的研究主題作一解釋。參《Marxism and Literature》，55 頁, Raymond Williams, Oxford University Press, 1977。

離，因而我們在解讀此一文獻時不能單純的把它視為〝言不盡意〞議題的對立主張；〔註 10〕其次，語言文字傳遞訊息時往往因其時空與對象之不同而形成差異，此一差異在單一傳播者與接受者之體會間極其微細，因為語言文字等符號的使用本具有連續性，但在廣大之社會與悠長之歷史中時則極為明顯，因為歷史巨大的時空跨度使我們得以清晰觀察到符號的變化及其對社會文化所產生的巨大影響。是以就研究而言，巨大的時空跨度固然將使研究者無暇顧及諸多細節，但可呈現歷史演變的主要潮流，有如數學上的微積分，其中每一細小變化幾乎都無法知覺，但累積而成的整體差異則顯然可見，不容否認。是以我們在解讀文獻時可以用歷史宏觀的眼光來看，以歷史中前一階段的名實主張來觀察後一階段的名實主張，如此，在歷史的大跨度之下，才易解讀出各個時代各個作者各個文獻之時代意義。而這可能不僅僅是我們進行理解的便利手段，更可能亦是古人為文時之實際情形，即古代知識分子之文當多有所為而發，其所批判的眼光往往亦遠達數百年前，甚至想像至無史之前。雖然，其寫作未必明言其所針對之具體歷史對象與背景，但如果我們相信古人不會無的放矢，空發議論，便可在歷史演變脈絡之下作一合理的假設，假設古人因其親自置身於名實問題的發展與作用之中，是以可以不必指明其寫作目的與背景，而我們現代研究者則可透過歷史大跨度的時空變化而明確的觀察到其寫作目的、背景與其主張之時代新意，在此基礎下進行文獻之解讀。事實上，我們對研究題目的界定即是在此一狀況下擬定的；最後，基於語文符號互動與溝通的作用，我們必需承認名實問題的具體發展中許多事件的發生是〝同時〞的，因為互動與溝通只有在雙方皆同意的情形下才能成立，而一個符號，我們也很難說它是能指先形成或是所指先形成，因為這對符號的成立沒有意義，符號只有在能指與所指皆成立且結合完成的狀況下才產生，而在歷史的發展中，這往往是一個互動生成的過程，眾多事情相互因緣，很難說是誰決定誰，誰比較重要，套句俗語來說，這是雞生蛋蛋生雞的問題。因此，我們在敘述名實運動中各個相關事件的發生時往往使用「相應」一語，而在避不開的說明與論證之中，往往亦陷入循環論證的困境。有時，依據當時文獻的見解或記載，我們或許會產生看似合理的推論，但從名實問題的主角：語文符號的特質來看，歷史中諸多變異其實應該是相互生成的。

〔註 10〕本文第三章第一節末對歐陽建〈言盡意論〉有實際的解讀，讀者可參。

上述特殊的研究角度使符號研究的觀點與目前的語言學、文字學、文學、思想、哲學和歷史不同。因為在〝理解〞中所講的〝意義〞（Sinn）是行動者主觀所賦予的〝意義〞，是促成人們行動的動機與意義，故稱之為「主觀意義」。這種意義「並不牽涉到客觀正確的、或是形上學式的〝眞正〞的意義」，研究的重點亦不是學者自己用自己的價值去解釋或批判人們的行動，故不帶有任何的〝價值判斷〞，與任何「具備有〝正解〞的學科領域，如法學、邏輯、倫理學、美學」等都不同，〔註11〕和語言學、文字學、文學、思想、哲學和歷史亦不同。符號研究當然和語言學文字學密切相關，但所要研究的是在某種特殊的名實觀點下語言文字在社會文化中的運作，是當時知識分子「主觀意義」作用的產物，如正名觀點產生了正字，正字產生了六書，而這一套運作方式共同形成了一套顧名思義的文化傳統與思惟模式，但這並不是說六書就是中國文字客觀而正確的造字法則，也不表示中國人只有這種思惟模式。相同的，漢儒的聲訓與名物訓詁亦不能視同語源學和語義學的研究，完全不是，而古代韻書也不是標記古代語音的書；**文學**上亦然，一時代的文學反應了那個時代的感情，也為那個時代的意識型態提供情感動力，如漢賦「苞括宇宙，總攬人物」的宏大表現為名教天人合一世界大同的意識型態提供了相應的感情模式，如魏晉詩文「各言爾志」的表現為自然主義個體覺醒的意識型態提供了相應的感情動力，但這並不是現代讀者對作品美感直接的呈現與詮釋；**歷史**亦然，在探討符號在社會文化中的作用時當然不能不涉及實際歷史，而且我們正是要證明符號在現實中不為一般人知的巨大作用，但是這不表示我們完全在考察歷史事實，因為符號的眞實與歷史的眞實並不等同，如〝竹林七賢〞，透過這四個字的組合竹林七賢成為一種符號的事實而在實際的歷史中產生作用，至於竹林七賢是否是一歷史的事實則不那麼重要，又如孔融與禰衡是否眞的說過「父之於子，當有何親」的話並不重要，重要的是這段瓦解父子名分的話成為殺死二人的理由，人們相信孔禰二人會講出這樣的話，而這樣的話從當時名教的意識型態來看罪可致死，這是符號的眞實，而這種眞實，有時比歷史的眞實還眞，如夢有時比現實還眞，而現實中所為有時反而虛假，因為在夢中我們的眞心表露無遺。至於讖緯亦然，我們關注的焦點不是讖緯本身的眞假，而是這樣一種符號在當時的社會文化中將某些人送上天子寶座的事實，若對歷史眞象進行論述亦是為了更易

〔註11〕參《社會學的基本概念》，20頁，韋伯著，顧忠華譯，遠流，民82，初版。

看清符號的眞實，當我們知道天下符命不是歷史眞象時，我們便更能體會與感受到讖緯這種符號在社會文化中所產生超乎我們的想像的力量，令人不可思議。是以面對符號的眞實，我們只是瞭解，而不是批判與嘲笑，即使是現代人，不是仍然生活在許多符號的幻想中嗎？

特別需要仔細說清楚的是符號研究與思想研究的區別。〔註 12〕因爲名實問題特別容易讓人誤解成思想研究的命題，雖然思想的進行與表達和語文符號有著無比密切的關係，是以有維根什坦等語言分析哲學的出現，但符號與思想或哲學畢竟不同，因爲思想要求觀念清晰，推理合乎邏輯，但符號則否，因爲符號涉及認知、詮釋、傳播、學習與實用等等，不是聖哲個人之事，而是民眾群體之事，於是在符號研究中〝觀念〞不一定要求清晰，甚至不能清晰，因爲「自然語言中充滿著含混，隱晦，歧義」，故而「像萊布尼茲，羅素，卡納普等哲學家就以爲他們的職責是構作一種沒有上述缺陷的建構語言」。〔註 13〕然而符號在社會的運用中充滿曖昧是個事實，在符號研究中要承認這種事實，當我們要觀察符號具體應用在現實社會文化中時更要承認這個事實，沒有人說話是在其每個語詞清晰定義後才說的，除了少數人外，而語義本來就要求一種模糊，對話與交談就在這種模糊中進行，所以才有模糊語義學，而新的文化意義則在這種模糊中誕生，於是有古今語義之遷移。而個別思想家或有清晰之概念，但當此一概念以符號的形式在社會文化中傳播與作用時則亦將喪失其清晰，眞正爲社會大眾所接受且產生影響的是模糊的語義，這是符號研究所要研究的事實，而不是思想家心中的概念。事實上，思想家清晰偉大的思想可能只影響其一人，如本文所論之無名觀念若只是老子思想中的無名，那麼這個思想完完全全的影響可能只出現在老子一個人身上，這也就是老子之所以爲老子，而五千年來只有一個老子的原因，如果《老子》本是老子一個人寫的話。但是《老子》之所以有那麼多的版本，那麼多的解釋，就是因爲其它人對《老子》的理解和老子不完全一樣，這種詮釋所產生的模糊反而擴大了《老子》無名對社會文化的影響力，這種具體的影響是什麼？透過什麼樣的符號影響？這才是符號研究所要做的。是以老子是不是這麼想

〔註 12〕這其實也即是本論文第二章就名實問題所努力論述的，名實問題不是純粹思想邏輯的問題，而是關乎政治道德社會文化與群眾意識型態的符號問題。

〔註 13〕參《語言的哲學》，9 頁，William P. Alston 著，何秀煌譯，三民書局出版，民 68.10.四版。

並不重要，後世人的理解正不正確也不重要，當然，老子思想本身的好壞與評斷就更不是重點了。

符號研究在〝觀念〞上既不要求清晰，便不講求〝邏輯〞與〝推理〞，只要求一種連續和與現實的互動。社會文化與歷史並不是完全依照某種〝邏輯〞與〝推理〞而發展的，語文符號的使用亦然，我們根本不能用邏輯去預測歷史的發展，而符號在文化中的作用又有什麼邏輯可言呢？最多，只能呈現一種模糊的趨勢，而這股趨勢或許來自符號的運用，因爲符號的變化不可預測，但是不管符號如何變化，它只能漸次的變化，在變化中必得維持相當的連續性，否則話會講不通，而眾多語詞與符號在使用上的連續性或許就形成一種現實中的趨勢，如仁義、禮樂、名分、父子、君臣等等語彙塑造了名教的趨勢，而自然、自在、感情、虛無、通脫、風流等等語彙則塑造了自然的趨勢。在語義的繼承中我們可以描述或大略說明這個趨勢，如〝正名〞，或許我們可以簡單的說明其基本語義與內涵，這也就是論文第四章正名觀中所做的，但要精確的解析與定義這個概念則不可能，因爲孔子、荀子、董仲舒每個人所講的〝正名〞都不完全一樣，而且恰恰是這不一樣產生新的社會文化作用，具有新的歷史意義，但是，我們也不能不承認荀子的正名是從孔子來的，董仲舒的正名又是從孔子與荀子來的，三者在〝正名〞一語的運用上就具有連續性與繼承性，因而〝正名〞在符號的研究中只能以一種模糊的趨勢來描述，然後去彰顯這樣的名實觀在政治、社會、歷史、文化上的性質與作用。是以，與思想研究不同的，本論文《〝無名〞與〝正名〞》中的無名與正名指的既不是老子與孔子的無名與正名，亦且不是各思想家的無名與正名，而是流傳在眾多知識分子或一般民眾心中的無名與正名，本論文的描述亦不是描述哪一家哪一派的思想內涵，而是名實觀點與符號的運作方式，因爲推動歷史文化的決不是少數智者如水晶般清晰透澈的思考，而是大眾對這些清晰透澈思考不清不楚的詮釋、模倣與崇拜，這或許是我對加達默爾〝效果歷史意識〞和〝語言作爲世界經驗〞兩個觀點的綜合理解，是以本論文一邊引用知識分子的話進行論述，一邊牽合具體的社會文化事實進行論述。因此符號研究不可能如思想研究以合理的邏輯推論進行，也不可能用某種理論或思想去涵蓋，只能理解，不斷的進行理解，然後描述，而此種研究與認識也就成了文化學者格爾茨（Clifford Geertz）口下「突發式的」、「不是預言式的」文化研究，「任

何在這一領域尋找成體系的論文的人，很快就會失望」。〔註 14〕

以上，即是我們針對研究目的、途徑、對象與價值等等所形成的研究態度與方法。不預設立場，以求觀察語文符號在社會文化中所可能產生的全面作用，然後在研究者與研究對象的歷史條件下對此名實問題中無名與正名二者之文化作用與發展進行觀察與詮釋，儘力完成這項研究任務。

第五節　論述的程序

然經觀察與研究後，當如何呈現無名與正名所形成的文化作用與歷史發展？什麼樣的論述可以將符號巨大又深細的內涵表達清楚？如何書寫才能理清發展中種種複雜互動的現象與發展？表達知識分子解決無名與正名問題所經歷的艱辛過程？特別是在前述全面性的開放、歷史研究的詮釋與古代文獻的解讀等種種狀況下進行？這些問題，要如何解決？我們不能單單把名實問題的文化作用與發展視爲客觀歷史事實然後按照時間順序將歷史事件鉅細靡遺的記錄下來便交差了事，這不僅不可能，而且沒意義，因爲這個研究是研究者與歷史對話的結果，因而在呈現時必然會依據書寫的特性來呈現歷史運動的內涵，包括事件的取捨、先後與輕重。而書寫的呈現亦當考慮讀者的瞭解，因爲研究的價值與意義不是單就研究者而言，其它讀者的閱讀將會決定此研究在現代的價值與意義，事實上，也是對研究者研究基點的考驗，是以論文論述的程序要兼顧研究對象、研究者和讀者三方面來綜合考量。

在符號規律的激發下，〔註 15〕**本文嚐試從〝共時〞與〝歷時〞兩個面向來論述此一名實運動**。在此〝共時〞的解析中，我們將概略的掌握名實問題所涉及社會文化的各個範疇與各種層面，以瞭解語文符號在社會文化中出人意想之外的具體作用，從個人的信仰、感情、倫理直到對整個世界的觀點，

〔註 14〕參《文化的解釋》，32～34 頁，克利福德．格爾茨著，韓莉譯，譯林出版社，1999.11.一版，2002.1.二刷。原著者的論述乃用於文化理論上而非用於符號研究上，但其文化分析的定義乃是「一種探求意義的解釋科學」，（見上書第 5 頁）在〝意義〞與〝解釋〞兩點上與本論文的研究態度密切相合，且本論文研究旨在觀察符號的文化作用，亦可歸屬於文化研究的領域，故套用其描述文化理論研究的話。

〔註 15〕此爲索緒爾所提出。參《普通語言學教程》，第一編第三章第六節〈共時規律和歷時規律〉。

包括對宇宙時空的認知等各種層面的運作都受其影響。並從此共時分析中又可建立起一觀察的框架與視野，在此框架下，就無名與正名兩觀點對名實問題與社會文化各層面間的問題做一實際的牽聯，以瞭解名實問題在社會文化作用中實際的深度與廣度；其次，再審視名實問題在歷史中〝歷時〞的演變與發展，就其發展分期敘述，以觀察語文符號在歷史推衍中每一個關鍵點的實際作用，不但可以賦予每一場政治革命與鬥爭正當性，如正名在淮南子事件與新莽篡位中所扮演的角色，也可以賦予每一次社會運動與變革正當性，如無名在曹爽新政與西晉名士朝隱中所產生的功能，由此而可定出各期發展主題及其相關內容。而此發展分期基本上與政治上之朝代變革相合，這不是以政治爲社會文化之發展中心來看歷史，而是因爲名實問題本爲政治問題所生，其發展和政治社會之變革有分不開的內在關聯。

以〝共時〞與〝歷時〞兩個面向為論述程序之分野又有益於一般讀者對名實問題的理解。先對其內涵與面貌有一概括性的掌握，才較容易再進一步的瞭解其歷史演變。除此之外，〝共時〞與〝歷時〞的論述面向更能呼應語文符號的規律，因而易於呈現名實問題中語言文字的社會作用與演變情形。更重要的是，對於研究者而言，名實問題的共時架構提供了語文符號全面作用的開放空間，其歷史發展則呈現了發展中各不同範疇與層面間的互動情形。而在論文的書寫中先呈現名實問題在社會文化中的相關問題與層面，再去敘述各歷史時期的發展主題容易讓人瞭解此一主題的文化背景與位置。因爲我們沒有辦法也無有必要對每一時期名實問題在各個範疇與領域的演變與發展全部描述一次，而沒有描述的未必沒有，只是其發展與演變在其歷史分期中沒什麼重要，故而略去，但是整體的框架在各個時期都是存在的，不但容納了語文符號全面作用的可能，並且給予瞭解各時期主題一個社會文化的參考座標，因爲在共時的剖析裏，名實問題中所有相關問題與層面都被平舖直敘的攤開擺在一個平面上，各個問題與層面的重要性同樣均等，但在特殊的歷史條件下，其中某些層面的某種作用可以在社會文化中扮演重要角色，進而帶動相關議題而成爲時代發展之主題。當然，對名實問題發展各時期之主題與相關議題的認識，也將更進一步的肯定名實問題的共時內涵。

而論文實際的撰寫則以二、三、四章先對名實問題進行共時的剖析。在第二章我們首先討論整個名實運動的文化視野，以建立架構。架構的建立從探討問題的核心開始，確立名實問題的眞正核心是〝價值表述〞，然後由此核心向外推擴，建立起〝價值〞、〝表述〞與〝知識分子〞三個相關範疇，最後，以武功與文德爲框架，而將名實問題基本上定位在中國文化文德之文治傳統下，而完成整個研究的觀察架構，並以此架構來包容名實問題在社會文化中的全面作用，觀察名實問題實際的內涵與發展；第三、四章即是在此架構下對名實運動中無名與正名兩個主要觀點進行論述。就理論而言，此一論述當完全依照第二章所建立的架構進行，但是就觀點論述的完整性卻無法辦到，原因有二：一是此二觀點在歷史中所發展出的具體議題往往橫跨架構中的不同範圍，這本是議題呈現的常態，因爲一個議題要在數種範疇中兼具作用才易爲人多方重視，因此，若硬依觀察架構論述，則同一議題將拆散成數分，導致理解的支離破碎；一是觀察架構乃因名實問題而生，非爲觀點之論述而成，是以不完全適用。本文所採用的方法是依照實際情形與需要稍加調整，而以基本理論、符號表現與意識型態爲要項來介紹無名與正名二觀點。其中基本理論一項乃是結合價值與價值表述二者進行論述，以申明基本看法，因爲價值取向深深的影響著價值表述的態度；符號表現一項則繼基本理論後對此一名實觀在表述範疇中的實際表現進行論述；意識型態一項則是結合了知識分子與廣泛的文化態度來談，因爲知識分子與文化態度有著密切的關聯。經過上述三項的論述，一個名實觀點在文化中的理論主張與現實作用便都可交待清楚。總的來說，無名偏重價值，即所指，無形的特質，正名偏重表述，即能指，有形的作用，因而第三章、第四章二者共同展現了語文符號能指與所指兩個部分發揮作用的結果。而在論述順序上，本文決定先以第三章介紹無名，後以第四章介紹正名。這不僅僅是因二者出現的時代先後，更基於一種理解的需要，因爲從無名的觀點中我們可以清晰的理解到名實問題中名與實二者的性質，以此爲基礎較易理解正名觀點下名實相合的作用。於是透過二、三、四章的觀察我們將瞭解到名實問題對社會人生所可能影響的各個層面。

其後五、六、七、八等四章則再描述了名實問題的歷時發展。對發展的敘述主要以無名與正名爲主要線索進行分期，其中第五章首先敘述了名實問題的發生，說明名實問題起因於實際政治中之文德敗壞，社會秩序土崩瓦解，知識分子因而開始反省問題，並嚐試提出解決之道，從而產生了以無名與正名爲主的諸種名實基本觀點。而從整個中國文化來看，這些反省與主張基本上都在理論層面進行，在理論上探討與發展名實問題和政治、文化、人生的各種可能關聯，這是這階段的發展主題，即使這些主張在現實中曾具體實施過，也是局部性或地方性的。但隨著秦始皇以武功統一中國，名實問題的發展正式邁入了實踐階段，在第六章中，我們描述了正名觀點因其集中權力的作用而首先登上政治舞台，以〝表述〞範疇爲主題，發揮〝表述〞具體有形的特質，獨尊儒術，成立經學，從而以名教建構起兩漢大一統帝國。然而〝表述〞因其有形之特質而可模倣與假裝，故而由上而下的逐漸在社會各階層造成虛僞狡詐的人心，社會因此動亂敗壞，於是漢代結束，魏晉繼成。在第七章中，我們又描寫了無名觀點在魏晉時期的發展與實踐，因爲無名觀點崇尚自然，講求個人內心志意眞誠的表現，故可矯正兩漢名教的缺失。而〝價值〞無形特性之發揮成爲這個時期的主題，但在達到講求自然的高峰之後，〝價值〞無形所致之虛浮亂象也開始顯現，最後便在整個社會的嚴重失序下東晉滅亡。第八章則在說明經過了兩漢與魏晉實際的發展後，知識分子終於認清無名與正名兩觀點的利弊，從而捨弊取利，在自然與名教合一的情形下融合二者，使價值表述的問題得到圓滿的解決，同時也形成中國文化的價值系統與認知結構，並開啓了〝境界〞觀這樣一種細緻而又具有彈性的新的價值表述型態。而在這整個歷時發展的描寫之中，我們將清楚的看到名實問題在整個歷史文化中的作用與流變。

而在上述七章之外，本文又於其前後各立一章以說明此研究的相關問題。在第一章前言之中，即本章，我們簡單的說明了研究的動機、對象、價值、方法與論述方式。在第九章結語中則對整個名實問題的文化作用與發展作一概括的敘述，雖然，眞正的理解應當在整份論文中進行，但爲讀者方便，仍以較抽象與較簡化的形式再綜合論述一次。最後再簡略的說明本研究所遺留的種種問題，包括此後名實問題的發展方向，或許，這即是筆者下一階段的研究目標。

第二章　名實問題的文化視野

在整個研究的一開始，我們最先要瞭解的是語文符號在社會文化中實際上促成了什麼範疇，這也就是尋求名實問題在整個社會文化中的作用框架。名實問題固然是語文符號問題，但當問題出現在具體的社會文化中時，它主要的內涵與性質是什麼？主要關係到社會文化中哪些範疇？又是在什麼背景下出現的？解決這些問題顯然有助於瞭解名實問題在社會文化中的面貌與作用範疇和層面，我們可以先掌握名實問題中的核心議題，確立之後，再以此議題為中心，建立議題的相關範疇，觀察各相關範疇中的問題、特質和影響，最後再檢討名實問題在整個文化中的地位及其和整體文化的關聯，如此，便可建立起名實問題在整個社會文化中的作用框架，也就是名實問題在文化中所呈現的樣貌與關涉的層面。

而此框架又將建立一整體觀察的文化視野。當我們以此視野來觀察名實問題時，在一個超越問題的大範圍審視下，便可建立較全面的觀察，以避免偏頗的瞭解，並進而更清晰且更深入的呈現此一問題在文化中種種複雜的相關問題與面貌。事實上，也唯有在一個夠大的範圍下，我們才能對所要研究的問題進行觀察，並從中劃分，將問題做一更清晰的界定。因此，本章目的不僅是在研究的開始對研究的問題予以進一步的掌握與澄清，而且在於建立一整體的觀察架構，尋找名實問題在整體文化中的定位。

第一節　核心議題：價值表述

首先，我們要問的是〝什麼是名實？〞名實的性質為何？實際的問題又是什麼？就今日的瞭解而言，名實問題確實可以視爲語文符號問題，但當它在具體的社會文化中出現時，會以什麼面貌出現？會從什麼議題爆發？這是本文最先要澄清的。

近代的一批學者從邏輯的角度來看古代名實問題，名實問題的性質因而偏向純粹理性的思辨，並在名實即邏輯的觀念下建立了中國邏輯學。而此事似肇始於胡適，其所著《先秦名學史》之英文名稱爲《The Development of the Logical Method in Ancient China》，以〝Logical Method〞翻譯名學一詞自是將名實問題視爲邏輯問題。此觀點爲其後多位學者接受，如郭湛波著《先秦辯學史》、汪奠基著《中國邏輯思想史》、孫中原著《中國邏輯學》、張立文著《中國哲學範疇發展史》中〈名實論〉及方立天著《中國古代哲學問題發展史》中〈中國古代名實觀〉皆從邏輯角度看名實，甚至日本學者，如宇野精一著《中國邏輯思想的產生和影響》、大濱浩著《中國古代的邏輯》和加地伸行著《中國邏輯史研究》，美國學者陳漢生（Chad Hansen）著《中國古代的語言和邏輯》等亦如是。如果依據這批學者的看法，名實問題在古代文化中即是從邏輯問題爆發，並以邏輯問題爲其主要樣貌。

以名實為邏輯的觀點使名實問題的認識傾向純知識與純理論的探討，並將政治道德視為問題的周邊現象。如韋政通《中國哲學辭典》「名實」一條下謂：

> 名實問題，爲先秦名家所談的主要問題之一。在這個問題上有理論建樹者，爲公孫龍。其餘各家，有的只是簡略地提到，理論上沒有進一步的發展。大部分是受孔子正名說的影響，而將名實的觀念，應用到政治、道德方面。後世論及名實問題者，亦復如此。〔註 1〕

又引唐君毅、中國哲學思想中理之六義謂：

> 人之以名表實，而成知識，原與人類文化俱始。但人之反省到知識之完成乃係於以名表實，及其中之問題，則是人類思想之一轉進。故墨辨之論「知、名實合爲」，謂知名而能取實，乃謂之知，及其他一切對知識名言的討論，與公孫龍之辨名實，亦確是在先秦儒墨諸家所嘉

〔註 1〕《中國哲學辭典・名實》，278 頁，韋政通編，水牛圖書出版，民 80.6.一版二刷。

言的人生之禮樂刑政等問題以外，另開出一思想學問之路。〔註2〕

韋、唐二位學者雖未明言名實即邏輯，但將名實問題視爲「理論」與「知識名言」的討論顯然亦受了名實即邏輯一觀念的影響。但此觀點不但將名實問題的研究視野集中在先秦名家，如惠施、公孫龍等的學說上，而且將文化與人生中具體之禮樂政治道德內涵排除在名實問題之外，至多視爲一種應用，則以西方邏輯觀念來詮釋中國古代的名實觀念是否完全適切？名實問題在政治道德上的表現是否只是一種應用？或者，政治道德本就是古代名實問題的一部分？本文嚐試先將邏輯即名實的想法放在一邊，而直接從古代的相關論述來尋找答案。

在先秦諸子的論述中，名實問題其實與政治道德有著本質而密切的關聯。如《墨子》一書提出名取概念的主要目的在辨明君子之仁與不仁，墨子謂：

> 今瞽曰：『鉅者白也，黔者黑也。』雖明目者無以易之。兼白黑，使瞽取焉，不能知也。故我曰瞽不知白黑者，非以其名也，以其取也。今天下之君子之名仁也，雖禹湯無以易之。兼仁與不仁，而使天下之君子取焉，不能知也。故我曰天下之君子不知仁者，非以其名也，亦以其取也。〔註3〕

而君子之仁與不仁的問題在當時不僅關乎道德，實亦關乎政治，可知墨子提出名取概念主爲政治道德上之具體目的，而非爲純知識理論的探究，故《墨子・小取》又指出辯者「以名舉實，以辭抒意，以說出故」的目的乃是「明是非之分，審治亂之紀」、「處利害，決嫌疑」，〔註4〕名實問題對政治道德等社會文化具有充分的意義。而《管子》一書更將名的政治道德作用推到極致，蓋「名生於實，實生於德，德生於理，理生於智，智生於當」，〔註5〕故「名者，聖人之所以紀萬物也」，〔註6〕是以「名當謂聖人」。〔註7〕名實不但與政治道德相關，最後，還反過來定義聖人，就這點來看，名與聖人其實是一種互動互生的關係。

〔註 2〕《中國哲學辭典・名實》，280頁。

〔註 3〕《墨子集解・貴義》，428、429頁，張純一編著，成都古籍書店，1998.9.一版一刷。

〔註 4〕《墨子集解・小取》，403、404頁。

〔註 5〕《管子校正・九守》，302頁，諸子集成本，上海書店，1986.7.一版，1991.10.六刷。

〔註 6〕《管子校正・心術上》，221頁。

〔註 7〕《管子校正・心術上》，219頁。

而荀子則在其著名的〈正名篇〉中承認「名無固實」，但「名有固善」，以名的道德政治作用來肯定其存在。從上述言論來看，我們實在不能把名實問題在政治道德上的表現僅僅視爲一種理論的應用，因爲這種表現已然成爲其存在的本質，並爲中國文化中普遍的看法，即使是好弄口舌的公孫龍論「白馬非馬」亦是「欲推是辯，以正名實，而化天下」，〔註8〕是以名實問題才能在中國歷史與文化中產生廣大而深遠的具體作用。

同時，早在諸子之前，名實與政治道德的密切關聯已不僅僅只是觀點，且是事實。這點可以從「王者制名」的相關記載中見出。《左傳》載季文子之言謂：

> 先君周公制周禮曰：「則以觀德，德以處事，事以度功，功以食民。」作誓命曰：「毀則爲賊，掩賊爲藏。竊賄爲盜，盜器爲姦。主藏之名，賴姦之用，爲大凶德，有常無赦。在九刑不忘。」〔註9〕

從這段話可以知道早在周初時名已是君王之特權，「主藏之名」一語正是此種狀況的最佳說明，因爲名的運用關係到德，一旦爲他人竊用，則「爲大凶德」，而「德以處事，事以度功，功以食民」，主名「賴姦之用」則德不善，德不善則國不保。與此觀點與事實相關的記載在《左傳》中一再出現，如「令名，德之輿也；德，國家之基也」、〔註10〕「爲君愼器與名，不可以假人」、〔註11〕「唯器與名，不可以假人，君之所司也」、〔註12〕「王命諸侯，名位不同，禮亦異數，不以禮假人」等等，〔註13〕可知中國古代本有王者制名之歷史傳統，由此亦可知《公孫龍子・名實論》「審其名實，愼其所謂。至矣哉，古之明王」、〔註14〕《荀子・正名》「王者之制名，名定而實辨，道行而志通，則愼率民一焉」、「後王之成名，刑名從商，爵名從周，文名從禮」、〔註15〕《韓非子・外儲說右上》「上之名」、「上名」〔註16〕等等言語論述非爲個人一家之見，亦非

〔註 8〕《公孫龍子懸解・跡府》，34 頁，王琯撰，中華書局，1992.9.一版一刷。
〔註 9〕《春秋左傳注・文公十八年》，633、634 頁，楊伯峻編著，中華書局，1990.5.二版三刷。
〔註10〕《春秋左傳注・襄公廿四年》，1089、1090 頁，子產語。
〔註11〕《春秋左傳注・昭公卅二年》，1519～1520 頁，史墨語。
〔註12〕《春秋左傳注・成公二年》，787～789 頁，孔子語。
〔註13〕《春秋左傳注・莊公十八年》，207、208 頁，《左傳》作者評語。
〔註14〕《公孫龍子懸解・名實論》，91 頁。
〔註15〕《荀子集解・正名篇》，674、671 頁，王先謙撰，藝文印書館，民 77.6 五版。
〔註16〕《韓非子集解・外儲說右上》，236 頁，諸子集成本，上海書店，1986.7.一版，

理論所推，而有其悠久之歷史傳統。如果我們仍要以〝應用〞一觀念來看名實與政治道德的關係，那麼這種應用顯然與一種隨機的運用不同，而具有著量身訂製的意味，猶如應用汽車以達到交通便利的目的一般，汽車的發明創造與生產製作就是爲了這個目的，因而這種應用對事物具有本質上的意義，是以我們不能把名實在政治道德上的作用視爲一種邊緣表現，相反的，我們應該把這種作用視爲核心議題。

而從政治道德的傳統脈絡著眼，我們便極容易瞭解名實問題在古代的種種表現。如政治行政上的考核、個人立身之名譽、人物品評之才性與知識辯論之名理等等均屬名實，是以《隋志》中《人物志》置於名家類下，因爲名實與政治道德有密切關聯。〔註 17〕若順此脈絡推衍，則可知中國古代名實問題不僅僅限於學者思辨，亦將必然展現爲社會行動。其實，即使是今日視爲名辯邏輯的名家之言亦是政治禮制的主張，爲社會行動而發，故《荀子》謂「禮之理誠深矣，堅白同異之察，入焉而溺」、〔註 18〕司馬談〈論六家要旨〉謂「名家苛察繳繞」、「若夫控名責實，參伍不失。此不可不察也」、〔註 19〕班固《漢藝》謂「名家者流，蓋出於禮官。古者名位不同，禮亦異數」、「及警者爲之，則苟鉤鈲析亂而已」、〔註 20〕《隋志》謂「名者，所以正百物，敘尊卑，列貴賤，各控名而責實，無相僭濫者也」、「拘者爲之，則苛察繳繞，滯於析辭而失大體」。〔註 21〕文中雖皆批評名家之說過拘過細，卻無不將其言論放在傳統禮樂政治脈絡下詮釋，連名家代表人物公孫龍亦自謂其白馬非馬之「守白之論」是爲「以正名實，而化天下」的實際目的而發。〔註 22〕就本文而言，最重要的則是從政治道德的脈絡看名實可以極爲輕易的瞭解〝無名〞與〝正名〞兩觀點之產生原因，並接受此二觀點爲名實問題基本主張的看法，因爲無論是老子說無名或孔子談正名皆是就政治道德出發，偏重其社會文化

1991.10.六刷。

〔註 17〕牟宗三以爲「『隋史』經籍志把『人物志』列爲名家類，因此也稱爲形名學。這是很奇怪的。因爲它與先秦名家根本不同」，其觀點與本文不同，讀者可參《才性與玄理》43 頁及其第七章第五節的解說，牟宗三著，學生書局，1997.8. 修訂八版。

〔註 18〕《荀子集解・禮論》，596 頁。

〔註 19〕《史記・太史公自序》，1350 頁，司馬遷撰，宏業出版，民 61.3。

〔註 20〕《漢書・藝文志》，1737 頁，班固撰，鼎文出版，民 88.4 二版一刷。

〔註 21〕《隋書・經籍志》，1004 頁，魏徵撰，鼎文出版，民 64。

〔註 22〕《公孫龍子懸解・跡府第一》，34 頁。

之現實作用，而非純爲學術理論上的名言知識。〔註 23〕

是以研究名實時，在理性思辨之外，更當注重其社會文化中的現實作用。這並不表示我們要否定名實問題中的思辨內涵，相反的，筆者甚至覺得從邏輯觀點來瞭解古代名實能對其中知識推辯的內涵有深入的掌握，不但具有新意，而且對中國學術的現代化有時代價值，然邏輯一詞畢竟是西方學術產物，僅以此角度來理解中國古代名實確易偏頗不足，瞭解中國古代名實畢竟還是得從古人之論述中來看，才能避免過度主觀。而當我們仔細小心的審視古代名實論述時，就不得不將其中的政治道德眼光重新置於名實問題中，於是名實問題就必得展現於具體行動之中，從而化爲社會中眞實的作用與歷史中具體的發展，這是我們研究名實所不能避免的。

可是在今日我們又當如何看待名實問題的性質呢？個人以為可將之理解為〝價值表述〞的問題。此觀點既包容了名實問題在理性思辨上的特質，又包含了名實問題的政治道德與社會文化特質，因爲價值與表述都需要具有合理性，都要經得起理性思辨的檢驗，同時，亦需要化爲具體的表述，不但表述爲具體可感的語言文字，而且要表述爲具體的行爲活動。從名實問題的政治道德脈絡看亦是，我們很難想像沒有價值的政治與道德問題，亦很難想像只停留於思辨而不表現於行爲的政治與道德問題。而就名實觀點本身檢討，毫無問題的，它與表述有關，這點在現代極易理解，是以不多贅述，惟將名實的表述視爲價值的表述就有待說明，而此事可從〝名〞、〝實〞與〝名實〞一詞的語言運用與涵意上來論述。

就名實的語詞內涵而言，名實問題確實可以視為〝價值表述〞的問題。若粗略的從〝名實〞一詞來看，〝實〞即意謂價值而〝名〞即意謂表述。實字的價值意義從其字從貝即可知，因爲在古代貝即代表財富與價值，是以實字或作有解，或作財富解，這點只要參考《經籍纂詁》〝實〞字條便知，其文謂：

> ○有者爲實。〔素問調經論〕○實、有也。詩小星實命不同、釋文引〔韓詩〕○實、財也。〔左氏文十八年傳〕聚斂積實注。又〔國語晉語〕吾有卿之名而無其實注。〔楚語〕令尹問蓄聚積實注。又

〔註 23〕關於無名與正名二觀點的提出及其主張讀者可參本文第三章無名觀與第四章正名觀。

〔淮南原道〕實出於虛注。〔本經〕實不聚而名不著注。o實、謂財貨也。〔禮記表記〕恥費輕實注。o實、猶富也。〔禮記哀公問〕好實無厭注。〔註24〕

而《國語・晉語》「吾有卿之名而無其實」與《淮南・本經》「實不聚而名不著」二語亦正透露出實字由貨實之實轉爲名實之實的消息。由此可知，古代名實一語中之實本具有價值色彩。相對於實而言，〝名〞似乎便只具有表述意義了，故《管子・九守》謂「名生於實，實生於德」，而《經籍纂詁》〝名〞字條下謂：

名、明也。名實使分明也。〔釋名釋言語〕o鳴而命施謂之名。名之爲言鳴與命也。〔春秋繁露深察名號〕o名之爲言眞也。〔同上〕o名者發也。〔鬼谷子摩〕o名、號也。〔國語楚語〕辨之以名注。〔吳語〕以淫名聞於天子注。〔註25〕

至於《老子》「名可名，非常名」中名的表述意義就更加明顯了。

然在單獨使用中，〝名〞字本身亦可具有強烈的價值色彩。即使此一色彩或由表述而來，但早在古代典籍如《左傳》、《國語》已然，如二書中所用〝名譽〞、〝名聲〞、〝令名〞、〝功名〞等語彙便帶有濃重的價值性，所稱〝名山〞、〝名器〞亦指有價值的山、有價值的器。其中《國語・魯語》載有魯國餓荒，臧文仲勸魯莊公「以名器請糴于齊」的故事，〔註26〕更具體而微的呈現「名器」的重大價值及〝名〞在語詞運用中強烈的價值色彩，而其強烈程度似遠遠超乎今日之想像。

更直接有力的表現就是〝名〞字有名無名的用法，有名就有價值，無名就無價值。而所謂的〝有名〞〝無名〞最初指的不僅是有無名聲，名聲是否爲大眾所知，乃是事物本身有無姓名稱呼，凡人事物無姓名稱謂者皆低賤無價值。這個用法基本而普遍，形成之時代亦極早。董仲舒謂：

故德侔天地者，皇天右而子之，號稱天子。其次有五等之爵以尊之，皆以國邑爲號。其無德於天地之間者，州國人民，甚者不得繫國邑。皆絕骨肉之屬，離人倫，謂之閽盜而已。無名姓號氏於天地之間，

〔註24〕《經籍纂詁・實字》，875頁，阮元主編，上海古籍出版社出版，1989.10.一版一刷。

〔註25〕《經籍纂詁・實字》，333頁。

〔註26〕《國語・魯語上》，157頁，上海古籍出版社，1998.3.一版一刷。

至賤乎賤者也。〔註 27〕

董仲舒這段話雖出於古代王者制名的觀點與事實，但「無名姓號氏於天地之間，至賤乎賤者也」一語卻明明白白說出有名與無名間價值的差異。在有名與無名的有無價值間又發展出各種不同程度的表述，以各種不同的稱呼來表示不同的價值，如《公羊傳》謂：

州不若國，國不若氏。氏不若人，人不若名，名不若字，字不若子。〔註 28〕

此語出現莊公十年「荊敗蔡師」事下，蓋荊爲州稱、楚爲國稱、潞氏甲氏爲氏稱、楚人爲人稱、介葛盧爲名稱、邾婁儀父爲字稱、楚子爲子稱，稱荊而不稱其餘其實是貶之又貶。在此論述中明白的呈現出價值由低而高的層級性，因而形成不同程度的價值表述。故董仲舒有「尊者取尊號，卑者取卑號」的主張，〔註 29〕而班固《白虎通・姓名》中對姓、氏、名、字的論述更說明人的姓名亦具有價值色彩，有姓有名者有價值，無姓無名者無價值，論述更說明了名在表現價值高低外還可表現價值具體的內容，就這點言，名與德性的關係變得更密切了。

事實上，從命名的必要性來看，沒有價值或意義的事物是不會有名稱的。我們沒有必要對無作用或無價值的事物命名，在生活中弄一大堆用不到的名稱來困擾自己，即使有了這種名稱，長久不用，也會忘記，大家都不用，都忘記，這個名稱也就消失了。法國人類學者李維史陀在《野性的思維》一書中曾引述了其它人類學者的兩段話，其一謂：

在植物和動物中，印第安人用名字來稱呼的只是那些有用的或有害的東西，其餘種種含混地包括在鳥類、雜草類等等之中。〔註 30〕

其二謂：

我還記得馬克薩斯群島的朋友們……對我們 1921 年探險隊中的那位植物學家對他所採集的沒有名稱的（「沒有用的」）「野草」發生的

〔註 27〕《春秋繁露義證・順命》，410、411 頁，蘇輿撰，中華書局出版，1992.11.一版，1996.9.二刷。

〔註 28〕《春秋公羊注疏・莊公十年》，4843 頁，（十三經注疏附校勘記）清、阮元校勘，大化書局，民 78.10 四版。

〔註 29〕《春秋繁露義證・順命》，410 頁。

〔註 30〕《野性的思維》，2 頁，李維史特勞斯著，李幼蒸譯，聯經出版社，民 78.5.初版，民 81.4.三印。

（在他們看來完全是愚蠢的）興趣笑弄不已，不懂他爲什麼想知道它們的名稱。〔註31〕

這兩段話可以說明在各個文化中，唯有此一文化認爲具有價值的事物才有名稱，反之則否。這點在第二段話的文化差異中表現得特別明顯，對馬克薩斯群島上的人來說有沒有用才是價值判斷的標準，因此沒有用的事物就沒有價值亦沒有名稱。可是對西方的植物學家而言，知識的建構就是一種價值，因此在生活中沒有用的事物亦具有價值，值得研究，並在其後爲此無名的「野草」賦予學名。其實從價值的角度而言，凡是有價值的事物，人們才會在生活中予以注意，才有表述的需要而賦予名稱，是以名本身即是價值的呈現，無論是正面的，或是負正的，甚至中性的，蓋此中性也是一種價值判斷的表述，故而名實與價值表述二者具有本質上的關聯，因爲名就是價值的表述。在今日，由於我們將事物之名稱與知識等在價值上視爲中性，因而模糊了名的價值色彩，這才使得我們要對名實問題重新進行瞭解，並定位在〝價值表述〞上，此後本文關於名實的理解與論述，即從此一觀點進行。

至此，我們釐清了古代名實問題的核心內涵。現代學術與生活中的語言文字符號問題透過古代名實問題而以〝價值表述〞的樣貌呈現在文化中，而其具體內容不僅限於名稱表現敘述層面，尚且包含了人心內在思辨層面與社會具體行動層面。在名實的議題下，表述、思辨與行動三個層面相互結合爲一。這其實不難理解，一般而言，人們需要價值與意義作爲具體行動的動機，而價值與意義的建立和運作就在思辨之中呈現。反過來說，價值與意義的表現與敘述亦必得在具體的語言書寫中完成，一經表述，就能明確的化爲具體行動。此乃古人之所以重視名實的根本原因，以名爲「政之大節」，〔註32〕爲「主藏」之利器，爲「人治之大者」，〔註33〕不可假手於人。

在確立了名實性質之後，我們接著就要審視其中所要解決的具體問題。然古代知識分子似乎並未直接提出這個問題，乃是直接提出問題的答案，此或因名實問題在古人心中本屬政治文化中之實質現象而非學者心中之理性思辨，是以不以學術思考的形式呈現，不直接提出問題，而是直接建立其立場與主張，

〔註31〕同上。

〔註32〕《春秋左傳注・成公二年》，789頁。

〔註33〕《禮記正義・大傳》，3264頁，（十三經注疏附校勘記）清、阮元校勘，大化書局，民78.10四版。

並予以具體推行。因此，我們得從答案與主張來推知問題。

而參合〝無名〞與〝正名〞兩主張來看，問題應該是〝名可否表述實？〞或〝價值可否表述？〞蓋在知識分子所提出〝無名〞與〝正名〞這兩大主張中，無名觀的代表人物老子主張「道常無名」，並謂「道可道，非常道；名可名，非常名」，可知無名的主張乃是名不能表述實，價值不能被表述，而語言文字的表述無效；相對的，正名觀的代表人物孔子則主張「成事正名」，並謂「名之必可言，言之必可行」，由此可知正名的主張乃是名可以表述實，價值可以被表述，而語言文字的表述具有效用。從〝無名〞與〝正名〞主張可以看見知識分子對〝名〞分持否定與肯定兩種意見與態度，故知，隱藏在答案背後的名實問題就是：〝名可否表述實？〞或〝價值可否表述？〞在意見上，無名與正名相互對立，但在問題上，則這兩種態度互補，而共同建立起問題。

另外，〝名實〞一詞的結構與構成亦可以成為審視問題的線索。因爲從語詞本身來看，〝名實〞一詞即由〝名〞與〝實〞兩個成分組成，是以詞語本身暗示了二者即可合又可分的雙重關係：〝名〞、〝實〞共成一詞的事實暗示了名實一體的關係；但其複合結構又暗示了輕重攜貳的事實，是以足可產生〝名可否表述實？〞的問題。更有趣的是，〝名實〞一詞就是在名實問題的討論中生成的。

早在春秋初、中期知識分子已然掀起一股〝名〞的反省風潮，而後老子提出〝無名〞、孔子提出〝正名〞，於是名實問題才浮現檯面。〔註34〕此時問題的討論主以〝名〞一語進行，〝名實〞一詞尚未產生。〔註35〕爾後知識分子對名實問題的歧見日益加深，在戰國諸子間展開了鋒利的唇舌論戰，於是而有墨子在名之外另加上〝取〞的觀念，而以〝名取〞一詞來論名實問題，於是名與名之所指未必爲一的事實昭然若揭。此後當因〝實〞一語的財貨意義較具一般價值，故而戰國中晚期各家論述便穩定的使用〝名實〞一詞來討論問題，如《黃帝四經》「名實相應則定，名實不相應則靜」、〔註36〕《莊子》「名者實之賓」、

〔註34〕詳參本論文第五章第一、二節。

〔註35〕《國語》中雖有「吾有其名而無其實」一語，但此時的實仍指財貨，特別是官祿，而尚未發展爲後世名實之實。

〔註36〕《黃帝四經今註今譯‧經法‧論》，196頁，陳鼓應註譯，臺灣商務出版，1995.6.初版一刷。

〔註37〕《荀子》「知異實者之異名也，故使異實者莫不異名」〔註38〕等語皆是。由此可知〝名〞、〝實〞二者之複合實因問題而生，此後〝名實〞一語便成了討論此一問題的習慣用語，並形成一個統一的問題範疇而延用至今。於是我們從〝名實〞一詞的語文結構與產生歷史，再次印證了名實問題的核心內涵。

在澄清了名實問題〝價值表述〞的核心議題與〝名可否表述實？〞的具體問題之後，我們下一步所要釐清的就是在這些理解下，名實問題會有哪些相關的文化範疇。

第二節　相關範疇：價值、表述與知識分子

從〝價值表述〞與〝名可否表述實？〞二者著眼，名實問題的相關範疇有三個：〝價值〞、〝表述〞與〝知識分子〞。其中〝價值〞與〝表述〞兩個範疇自是從〝價值表述〞議題來，而〝知識分子〞雖爲價值來源與表述對象，但又具有問題解決者的身分，因此另立一項。顯然，這三個範疇的性質、內容與重要性將深深的影響到問題的解決，同時，名實問題也透過這三個範疇而深廣的紮根於社會文化中，起著文化作用，因此，對這三個問題構成因素的注目將使我們得以更細膩、更深刻的掌握名實問題及其作用與發展。

首先，在整個問題中〝價值〞乃為決定因素。因爲它是所有事物存在之原因與所有人類行爲的動機，故而在〝價值可否表述？〞的問題中，它是知識分子解決問題的依據，亦是知識分子表述的對象，是以其特性與內容對問題的解決具有決定性的影響。從這點看，我們只要釐清〝價值〞在表述上的特質便可解決〝價值可否表述？〞問題，可是問題並非如此簡單，如果我們檢驗無名與正名兩主張中名所欲表述之價值，就會發現二者對象不同，性質亦不同，此一釐清有助於瞭解問題，但不能決定問題。

在名實問題中，價值範疇乃由〝道〞與〝事〞所構成。因爲無名主張中所欲表述之價值乃爲〝道〞，而正名主張則爲〝事〞。如主張無名的《老子》謂「道常無名」、〔註39〕「道隱無名」，〔註40〕《莊子》謂「道不可言」、〔註41〕「道

〔註37〕《莊子集釋・逍遙遊》，24頁，郭慶藩編，群玉堂，民80.10.初版。

〔註38〕《荀子集解・正名篇》，681頁。

〔註39〕《帛書老子校注・道經三十二》，今本第三十二章，397頁，高明撰，中華書局，1996.5.一版，1998.12.二刷。

不私，故無名」；〔註42〕如主張正名的孔子謂「名不正，則言不順；言不順，則事不成」，〔註43〕董仲舒謂「事各順於名」。〔註44〕於是，在價值表述問題上，〝道〞與〝事〞二者共同組成了價值範疇。然而〝道〞與〝事〞所構成的價值範疇在名實問題之外亦廣泛的出現在各時代知識分子的論述中，如單襄公謂「道正事信，明令德矣」、〔註45〕孔子謂「道千乘之國，敬事而信」、〔註46〕子夏謂「百工居肆以成其事，君子學以致其道」、〔註47〕孟子謂「道在爾而求諸遠，事在易而求諸難」、〔註48〕《韓詩外傳》謂「不由關雎之道，則關雎之事，將奚由至矣哉」、〔註49〕《淮南子》謂「聖人所由曰道，所爲曰事」、〔註50〕《春秋繁露》謂「春秋論十二世之事，人道浹而王道備」、〔註51〕司馬遷謂「王道備，人事浹」、〔註52〕劉向謂「人事浹，王道備」、〔註53〕范蔚宗謂「道就虛全，事違塵枉」、〔註54〕袁宏謂「人生合天地之道，感於事動」、〔註55〕僧肇謂「道超事外」、〔註56〕謝靈運謂「事爲名教用，道以神理超」〔註57〕，可知從先秦到南

〔註40〕《帛書老子校注・道經四十》，今本四十一章，24頁。

〔註41〕《莊子集釋・知北遊》，757頁。

〔註42〕《莊子集釋・則陽》，909頁。

〔註43〕《論語注疏・子路》，5443頁，（十三經注疏附校勘記）清、阮元校勘，大化書局，民78.10四版。

〔註44〕《春秋繁露義證・深察名號》，287頁。

〔註45〕《國語・周語下》，98頁。

〔註46〕《論語注疏・學而》，5334頁。

〔註47〕《論語注疏・子張》，5499頁。

〔註48〕《孟子注疏・離婁上》，172頁，（十三經注疏附校勘記）清、阮元校勘，大化書局，民78.10四版。

〔註49〕《韓詩外傳箋疏・卷五》，435頁，韓嬰撰，屈守元箋疏，巴蜀書社，1996.3.一版一刷。

〔註50〕《淮南子集釋・氾論訓》，927頁，何寧撰，中華書局，1998.10.一版一刷。

〔註51〕《春秋繁露義證・玉杯》，32頁。

〔註52〕《史記・十二諸侯年表序》，229頁。

〔註53〕《說苑集證・至公》，887頁，左松超著，國立編譯館，民90.4.初版。《論衡・對作》言同此。

〔註54〕《後漢書・逸民列傳贊》，2777頁，范曄撰，鼎文出版，民88.4二版一刷。

〔註55〕《後漢紀・孝桓皇帝紀下卷第二十二》，179、180頁，袁宏撰，臺灣商務，民60.臺一版。

〔註56〕《維摩詰經集註・弟子品第三肇注》，218頁，李翊灼校輯，老古文化事業公司，1997.3.三刷。

〔註57〕《文選・謝靈運從遊京口北固應詔》，1037頁，蕭統編，李善注，上海古籍出版社，1986.2.一版，1992.7.二刷。

北朝之間道與事這對價值範疇確實存在，可在文化中獨立作用，且極爲重要，如此，才能深深的印入知識分子的腦海中而成爲一組思考與評論的框架，廣爲運用並直延續至後世。〔註58〕於是道與事成爲名實問題堅實的價值範疇，在此範疇溝通下，名實問題的文化作用得以向外延伸。

然〝道〞與〝事〞二者在價值的表述、內容、來源與社會作用上卻具有完全不同的特性。在表述上有〝形而上〞與〝形而下〞之別。《周易・繫辭》謂「形而上者之謂道」，〔註59〕因〝道〞無形、無聲、無色，故不可名。是以《老子》謂「大音希聲，大象無形，道隱無名」，〔註60〕《莊子》謂「視而可見者，形與色也；聽而可聞者，名與聲也」，〔註61〕道是看不見聽不到的，看得見聽得到的都不是道，故王弼又謂「道無形不繫，常不可名」〔註62〕。〝事〞則有形可爲可行，具有〝形而下〞的特質，故可名。是以《周易・繫辭》謂「形而下者之謂器」，器與事顯然有密切關係，故《論語・衛靈公》謂「工欲善其事，必先利其器」，器乃成事者，〔註63〕是事乃形而下者所可成，故可職、可爲、可分而有形，故《說文》謂「事，職也」、〔註64〕《荀子》謂「正利而爲謂之事」、〔註65〕《禮記》謂「物有本末，事有終始」、〔註66〕《列子》謂「形接爲事」；〔註67〕在根源上有天生自然與社會人爲之別。

〔註58〕從道事上述種種差別，道與事成爲一組既對立又互補的範疇，並具有重大的影響力。今之學者謂：「〝道〞、〝事〞這對範疇，是後來魏晉玄學〝體用〞、〝本末〞等哲學範疇的先導。」（《中國哲學發展史・秦漢篇》頁278，任繼愈編，人民出版社，1985.2.一版一刷）可知此一範疇與文化中其它範疇息息相關，故有重大的影響力。特別是與價值表述問題的關係，更加密切，其影響於本文以後論述中處處可見，而宋儒即事言理之說當即道事關係討論之延續。

〔註59〕《周易正義・繫辭》，170頁，（十三經注疏附校勘記）清、阮元校勘，大化書局，民78.10四版。

〔註60〕《帛書老子校注・道經四十》今本四十一章，24頁。

〔註61〕《莊子集釋・天道》，488頁。

〔註62〕《王弼集校釋・老子道德經注第三十二章》，81頁，樓宇烈，華正書局，民81.12.初版。

〔註63〕古人名與器二者常相提並論，如《左傳・成公二年》載孔子言謂「唯器與名，不可以假人」。又《左傳・昭公三十二年》史墨亦謂「爲君愼器與名，不可以假人」，正名成事，而器亦成事。

〔註64〕《說文解字注・史部》，117頁，段玉裁著，黎明文化事業公司，民79.8增七版。

〔註65〕《荀子集解・正名篇》，673頁。

〔註66〕《禮記正義・大學》，3629頁。

〔註67〕《列子集釋・周穆王》，35頁，楊伯峻，中華書局，1979.10.一版，1991.北京

此由〝天道〞與〝人事〞二語可知，如《管子》謂「天道之極，遠者自親；人事之起，近親造怨」〔註68〕、王充謂「天道自然，自然無爲」、「人事始作，天氣已有」。〔註69〕雖然，另有〝王道〞、〝王事〞、〝人道〞等語詞來調和道與事在價值根源上的差異，但天爲〝道〞之價值來源，人爲〝事〞之價值來源，其差異並與天人問題相關，基本上應該沒有問題。在決定上有內外人我之別。因爲就〝天道〞而言，道若自然，則價值之決定者就是事物自身，由我之內心直接悟道。但就〝人事〞而言，則往往著重社會功利，是以價值乃循外在事物而定，而非由我。相關於此之古人言語亦相當多，在此僅以王充的一段話來充分顯示價值決定上內外之別。王充謂「夫論不留精澄意，苟以外效立事是非；信聞見於外，不詮訂於內；是用耳目論，不以心意議也。夫以耳目論，則以虛象爲言；虛象效，則以實事爲非；是故是非者不徒耳目，必開心意」。〔註70〕事具外效而可以耳目見聞，乃由外在社會決定；道實內驗而可以心意詮訂，是由內在心意決定，道與事在價值的決定途徑上其實截然不同。而當道、事這兩種價值放在社會上運作時，道則傾向由天道而轉換成王道或人道，並產生上層與下層之別。是以《管子》謂「上離其道，下失其事」、〔註71〕《韓詩外傳》謂「上設其道，而百事得序」、〔註72〕《史記》謂「上明三王之道，下辨人事之紀」、〔註73〕《法言》謂「君逸臣勞，何天之勞？曰：於事則逸，於道則勞」、〔註74〕《後漢紀》謂「古之爲政，必置三公以論道德，樹六卿以議庶事」，〔註75〕雖然，人人都期望自己能支配自己的人生，但就整個人類社會而言，決定〝道〞的多是掌握權力與資源較多的統治者，而執行〝事〞的則多爲被統治者，故《黃帝四經》謂「執道者之觀於天下也，必審觀事之所始起」，〔註76〕《論語》載子夏之言謂「百工居

三刷。

〔註68〕《管子校正・形勢解》，332頁。

〔註69〕《論衡校釋・寒溫篇》，630、631頁，黃暉撰，中華書局，1990.2.一版，1996.11.北京三刷。

〔註70〕《論衡校釋・薄葬》，962、963頁。

〔註71〕《管子校正・心術上》，219頁。

〔註72〕《韓詩外傳箋疏・卷五》，473頁。

〔註73〕《史記・太史公自序》，1352頁。

〔註74〕《法言・孝至》，43頁，揚雄著，諸子集成本，上海書店，1986.7.一版，1991.10.六刷。

〔註75〕《後漢紀・孝桓皇帝紀下卷第二十二》，180頁。

〔註76〕《黃帝四經今註今譯・經法・論約》，229頁。

肆以成其事，君子學以致其道」，相對而言，道由社會上層運作而事由社會下層運作，而此種社會色彩又將影響知識分子之立身處世。〔註 77〕事實上〝道〞字又爲〝導〞字，〔註 78〕本具有由我決定而後由我告訴人、上指導下的涵意，應是由於這種指導涵意而逐漸抽象生出形而上的特質。而〝事〞字從古文字字形來看，本與史、吏、使同字，〝事〞乃從其中分化而出，〔註 79〕由此可知事本僅指政事，而不指一般人民日常生活中事，且專用於由下事上，具有守其職分、勤行有爲的涵意，由此而生出形而下的具體特性。

就在上述種種性質下，〝道〞與〝事〞基本上產生了對立與互補兩種關係。若著眼於道事二者之相反相異，則道事對立，如《莊子》謂「相造乎道者，無事而生定」、〔註 80〕《論衡・自然》謂「從道不隨事」等，〔註 81〕於是而有東漢逸民「道就虛全，事違塵枉」〔註 82〕與阮咸一家「尙道棄事」；〔註 83〕若著眼於道事二者之相反相成，則道事互補，故孔子謂「直道而事人」、〔註 84〕《論衡》謂「道行事立，無道不成」。〔註 85〕

其次，名實問題中的〝表述〞乃為能力因素。因爲〝表述〞指的乃是價值的呈現，無論是表現與再現，而這其中包括了價值如何呈現？憑藉何者呈現？與誰來呈現？等等問題。在此，我們暫時先以一粗糙的態度將〝價值〞與〝表述〞先行分開，將表述視爲呈現價值之工具，而將此一範疇之關注重點放在工具媒介之特性與表述能力上，以便進行討論。

而在名實問題中，表述範疇乃由〝書〞與〝言〞所構成。所謂〝書〞指的是文字與典籍，或稱之爲文、筆等；所謂〝言〞指的是語言與談說，或稱之爲議、論等。一般而言，語言文字自然是人類最重要的表述工具，但本文

〔註 77〕知識分子凡欲入仕爲官者皆重〝事〞，而欲隱居山林者則重〝道〞。詳參本章第四節相關範疇：仕與隱。

〔註 78〕《金文詁林》，961 頁，高鴻縉語，周法高主編，香港中文大學，1975 出版。

〔註 79〕《甲骨文字典》，316、317 頁，徐中舒主編，四川辭書出版社，1990.9 一版一刷。

〔註 80〕《莊子集釋・大宗師》，272 頁。

〔註 81〕《論衡校釋・自然》，785 頁。

〔註 82〕《後漢書・逸民列傳贊》，2777 頁。

〔註 83〕《世説新語校箋・任誕 10》劉注，393 頁，徐震堮，文史哲，民 78.9.再版。

〔註 84〕《論語注疏・微子》，5492 頁。

〔註 85〕《論衡校釋・程材》，543 頁。

以〝書〞與〝言〞爲表述範疇之構成的主要原因還是在於無名與正名兩種觀點各自對〝言〞與〝書〞的偏好。在正名觀中，表述價值的主角是〝書〞，即文字，故往往以書釋名，如鄭玄注《論語》謂「正名，謂正書字也。古者曰名，今世曰字」、〔註86〕注《儀禮》謂「名，書文也，今謂之字」、〔註87〕注《周禮》謂「古曰名，今曰字」、〔註88〕「書名，書文字也，古曰名」，〔註89〕又《隋書・經籍志》小學類序亦謂「名謂書字」，其實從孔子論正名「名之必可言」一語亦可推斷此處之〝名〞實即指〝書〞；而在無名觀點中，表述價值的主角則是〝言〞，即語言。是以主張無名者在討論價值之表述時皆以〝言〞爲對象進行討論，如《老子》謂「知者不言，言者不知」、〔註 90〕「多言數窮，不如守中」、〔註91〕《莊子》謂「至言去言」、〔註92〕「言無言，終身言，未嘗不言」，〔註93〕世人稱老莊亦多謂《老子》一書五千〝言〞，《莊子》一書數十萬〝言〞。而〝書〞與〝言〞二者亦共見於名實問題之外的論述中，如《墨子》謂「今天下之士君子之書，不可勝載，言語不可盡計」、〔註94〕《韓非子》謂「修文學、習言談」、〔註 95〕「藏書策、習談論」、〔註 96〕晉時虞存嘲笑魏長齊謂「談者死，文筆者刑」、〔註97〕王羲之謂「虛談廢務，浮文妨要」、〔註 98〕《文心雕龍》謂「先王聲教，書必同文，輶軒之使，紀言殊俗」。〔註99〕其實，早在孔門四科中言語與文學即已各自成爲一門學科。

〔註86〕《論語集釋・子路》，890 頁，「必也正名乎！」鄭注，程樹德撰，中華書局新編諸子集成，1990.8.一版一刷。

〔註87〕《儀禮注疏・聘禮》「百名以上書於策」注，2315 頁，（十三經注疏附校勘記）清、阮元校勘，大化書局，民 78.10 四版。

〔註88〕《周禮注疏・外史》「掌達書名於四方」注，1770 頁，（十三經注疏附校勘記）清、阮元校勘，大化書局，民 78.10 四版。

〔註89〕《周禮注疏・大行人》，1927 頁，「九歲屬瞽史諭書名」注。

〔註90〕《帛書老子校注・德經五十六》，今本五十六章，98 頁。

〔註91〕《帛書老子校注・道經五》今本第五章，246 頁。

〔註92〕《莊子集釋・知北遊》，765 頁。

〔註93〕《莊子集釋・寓言》，949 頁。

〔註94〕《墨子集解・天志上》，949 頁。

〔註95〕《韓非子集解・五蠹》，347 頁。

〔註96〕《韓非子集解・顯學》，353 頁。

〔註97〕《世說新語校箋・排調 48》，436 頁。

〔註98〕《世說新語校箋・言語 70》，71 頁。

〔註99〕《文心雕龍注釋・練字》，605 頁，周振甫，里仁書局，民 73.5.初版，民 83.7.再版。

〝書〞與〝言〞雖常共見，但二者在媒介、運作與社會的表現上均有不同。首先，語言的媒介爲聲音，文字的媒介爲形狀，一藉聽覺以溝通；一藉視覺以傳達。而語言在表述上具有強烈的當下特性，隨著音量的大小、聲調的高低、節奏的快慢和語氣的強弱，說話者內心一瞬間的情意與感覺特別容易敏銳的傳達出來，《詩大序》謂：

情動於中而形於言，言之不足故嗟嘆之，嗟嘆之不足故永歌之，永歌之不足不知手之舞之足之蹈之也。〔註 100〕

雖是針對詩歌吟詠誦讀而發，但亦適用語言。〔註 101〕而相對於語言，文字媒介則具有跨越時空的巨大能力，固定不變的字形不但可隨書寫素材穿梭於不同時空，並可建立起永恒的價值與事物，這點，《墨子》描述得十分清晰，墨子謂：

古之聖王，欲傳其道於後世，是故書之竹帛，鏤之金石，傳遺後世子孫，欲後世子孫法之也。〔註 102〕

兩周青銅器之款識與後世立碑意皆同此，可知文字媒介傳之久遠的表述功能確在古代受到注目。揚雄《法言》謂：

面相之辭，相適捺中心之所欲，通諸人之嚍嚍者，莫如言。彌綸天下之事，記久明遠，著古昔之㫚㫚，傳千里之忞忞者，莫如書。〔註 103〕

可說是對語言文字不同媒介特質的極佳註解。而基於〝書〞、〝言〞媒介的物理差異，二者的運作特性亦大不同。語言的運作有〝語境〞的問題，語境即說話時當下的情境，其中包含了言者自身，而話語的表達與理解是以語境爲基礎而進行的，言談時的關鍵訊息往往存在語境中而非話語內，如晉時樂令「辭約而旨達」之言說風格即是話語和語境微妙結合而成。而語境是當下的，隨著時空變化而不斷的變動著，一刻不停。話語，則整個的被含融在語境中，如大海中的水藻，隨著語境的變化而變化，說話者可隨時隨著情境的轉換而應變。於是，就某種層面而言，話語，只存在當下，只屬於其產生的時刻，而對語言的運用則要求機捷巧變的個人能力，如王衍、簡文，而在言談中形

〔註 100〕《毛詩正義・序》，563 頁，（十三經注疏附校勘記）清、阮元校勘，大化書局，民 78.10 四版。

〔註 101〕讀者亦可參本論文第三章第三節魏晉清談中論聲音悅耳與抒情部分。

〔註 102〕《墨子集解・貴義》，429 頁。

〔註 103〕《法言・問神》，14 頁。

成警悟的效果。〔註 104〕而文字的運作特質則與語言不盡相同。《世說新語》載殷太常父子事謂：

> 江左殷太常父子並能言理，亦有辯訥之異。揚州口談至劇，太常輒云：「汝更思吾論。」〔註 105〕

此下劉孝標注引《中興書》謂殷融「著象不盡意、大賢須易論，理義精微」，然「每與浩談，有時而屈。退而著論，融更居長」，正是語言與文字運作能力有別的實證，而《世說新語・文學》第七十、七十三、七十六等數條中所載樂令與潘岳、太叔廣和摯仲治、郭璞等人事跡亦然。相較語言，文字在運作上恰恰具有跨越情境的特質，是以在書寫上不必機捷，可以一改再改，如司馬相如、揚雄、張衡、左思等〔註 106〕，在閱讀上也可以一讀再讀，在理解上則可一思再思，並可成爲群體共同的創作，〔註 107〕於是文字超越個人、超越空間、超越時間，而在創作與詮釋的交互作用下一點一滴的匯集成經典巨著。而在上述不同的特性下，〝書〞與〝言〞亦各自具有不同的社會色彩，〝言〞媒介上當下情境的特質與使用上的便利性、隨機性，使其具有強烈的個人面貌，從而成爲抒發個人情志之主要憑藉，於是具有〝議政〞的社會色彩，如《國語》謂「民慮之於心而宣之於口」、〔註 108〕《左傳》載「鄭人游于鄉校，以論執政」、〔註 109〕《論語》謂「天下有道，則庶人不議」、〔註 110〕《孟子》謂「處士橫議」等都是以言議政的相關表現，〔註 111〕甚至漢末清議亦可屬此。〔註 112〕相對而言，〝書〞跨越時空的特質與使用上的專利性、慎重性，則形成強烈的群體色彩，從而成爲統一眾人意見的有利工具，於是具有〝執政〞的社會色彩。此點可由《周禮》一書所載史官職責見出，如太史「掌建邦之六典」、〔註 113〕小史「掌邦國之志」、〔註 114〕內史「掌書王命」、

〔註 104〕讀者可參本論文第三章第二節魏晉清言中論語言的變異、應境和契機部分。
〔註 105〕《世說新語校箋・文學 74》，139 頁。
〔註 106〕參《文心雕龍注釋・神思》中所論「思之緩」者，434 頁。
〔註 107〕讀者可參本論文第四章第二節兩漢正字中論正字活動的永續性部分。
〔註 108〕《國語・周語上》，9 頁。
〔註 109〕《春秋左傳注・襄公三十一年》，1191、1192 頁。
〔註 110〕《論語注疏・季氏》，5475 頁，孔子言。
〔註 111〕《孟子注疏・滕文公下》，5897 頁。
〔註 112〕參《後漢書・申屠蟠傳》「京師游士汝南范滂等非訐朝政」一段。
〔註 113〕《周禮注疏・春官・大史》，1763 頁。
〔註 114〕《周禮注疏・春官・小史》，1765 頁。

〔註115〕外史「掌書外令」、〔註116〕御史「掌邦國都鄙及萬民之治令」等，〔註117〕其實我們可以設想，如果沒有文字，古代政府要如何運作？天子命令要如何布達於四方？四方之事又如何上達天聽？是以《漢藝》謂「周官保氏掌養國子，教之六書」，〔註118〕《說文》謂「諷籀書九千字乃得爲史」，〔註119〕蓋古代貴族子弟皆得學習文字，而爲吏者皆得識字。文字對政事既如此重要，是以歷代官府皆有整理文字之活動。〔註120〕由此可知，文字與執政具有密切關聯，而由黃帝史官倉頡造字之傳說來看，文字書寫可能就是官府所造之統治工具，本身即屬政治制度之一環。

依上述情形來看〝書〞與〝言〞的表述能力，可知二者有同有異。文字記錄語言，語言轉述文字，語文二者內容可相轉換，這是無庸置疑的，但若就媒介、運作與社會作用來看則二者不能全等，甚至還相反，是以產生〝書言之辨〞，知識分子紛紛對書與言的表述能力發表意見，如《周易》載孔子言謂「書不盡言」、〔註121〕《莊子》謂「書不過語」、〔註122〕《淮南子》謂「誦先王之詩書，不若聞得其言」，〔註123〕以爲在表述上現身說法的言勝於記死言之書；而《春秋繁露》載孔子言謂「以爲見之空言，不如行事博深切明」，〔註124〕《史記・太史公自序》亦載此語，則以爲記載實事的書勝於口頭空談的玄虛之言；〔註125〕又揚雄《法言》謂「言可聞而不可殫，書可觀而不可盡」、〔註126〕「唯聖人得言之解，得書之體」，〔註127〕則是在語文之外就詮釋的角度而兩可或兩不可；至《文心雕龍》謂「詳總書體，本在盡言」、

〔註115〕《周禮注疏・春官・內史》，1770頁。
〔註116〕同上。
〔註117〕《周禮注疏・春官・御史》，1775頁。
〔註118〕《漢書・藝文志》，1720頁。
〔註119〕《說文解字注・序》，766頁。
〔註120〕讀者可參本論文第四章第二節正字活動相關部分。
〔註121〕《周易正義・繫辭上》，169頁。
〔註122〕《莊子集釋・天道》，488頁。
〔註123〕《淮南子集釋・氾論訓》，923頁。
〔註124〕《春秋繁露義證・俞序》，159頁。
〔註125〕孔子此處所謂之「空言」當即指老莊等無關實事的玄虛之言。蓋老子主「正言若反」，莊子主「寓言」，所言皆不及歷史實事，故《史記》莊子本傳謂莊子著書「大抵率寓言也」，「以詆訿孔子之徒，以明老子之術」，「皆空語，無事實」。
〔註126〕《法言・五百》，24頁。
〔註127〕《法言・問神》，14頁。

〔註 128〕「聖賢言辭，總爲之書」，〔註 129〕著眼於語文二者之共通之記錄角色，而努力疏通二者關係。事實上，《尚書》中之誥誓即爲演說紀錄，《論語》、《孟子》等書亦多平日生活語言，而《鹽鐵論》、《潛夫論》等論體亦即公眾會議與私人談辯的記錄，可知〝書〞與〝言〞二者確有可通之處，但清言之沒有完整記錄，文言文之不可口說，又是〝書〞與〝言〞二者確有不通的具體表現，是以我們在表述範疇上當注意與掌握此等可通與不可通的情形。

最後，所要討論的是名實問題的變動因子：知識分子，即〝士〞。〔註 130〕知識分子在名實問題中扮演多種角色，就價值表述議題而言，他既是價值的決定者亦是服膺者，既是表述者亦是被表述者，也因此知識分子對名實問題高度關心，是以他既是名實問題的作用對象亦是名實問題的解決者，於是〝士〞的立場便將與問題的解決密切相關。知識分子在名實問題中這種球員兼裁判的立場似乎極爲弔詭，但若深一層的思考，此實基於知識分子理性反省的性格，在反省中知識分子超越其自身利益而爲，於是構成一種合理的自省態度，這種態度調和了問題內外之諸種關係，而成爲解決問題與發展問題的堅實動力。於是知識分子就依其立場而不斷的穿梭在問題內外而推展著名實問題的文化作用與發展。

就名實問題言，士人立身存在著〝仕〞與〝隱〞兩種立場。講正名者主〝仕〞，如孔荀，講無名者主〝隱〞，如老莊。〔註 131〕事實上古代本有〝策名委質〞事，〔註 132〕如《左傳・僖公二十三年》狐突事中所見，而王官受史官監察，「名在諸侯之策」，〔註 133〕是以仕者必有名，以此名成就其政治社會之

〔註 128〕《文心雕龍注釋・書記》，408 頁。

〔註 129〕《文心雕龍注釋・書記》，407 頁。

〔註 130〕參《中國哲學辭典》，58 頁。其書謂「中國傳統的『士』，或稱『士大夫』，相當於今日泛稱的『知識份子』。」

〔註 131〕老子、莊子皆有爲吏的傳說，但此二人之仕隱主張當皆爲隱，如《史記》老子本傳載老子嘗爲「周守藏室之史」，仍謂「其學以自隱無名爲務」，後「見周之衰，迺遂去」，「莫知其所終」，故太史公謂「老子，隱君子也」；又《史記》莊子本傳載莊子「嘗爲蒙漆園吏」，亦仍自謂「終身不仕，以快吾志」。姑且不論此二人實際是否爲隱，至少在後人心中其爲隱者，這種符號的事實已足以支持本文的論述。

〔註 132〕《西周史》，166、167 頁，許倬雲著，聯經出版社，民 73 年。

〔註 133〕讀者可參《左傳・文公十五年》宋華耦事與《左傳・襄公二十年》衛甯惠子事。

名位，故肯定名的價值，並主張正名；而隱者反是，不重政治社會名位，自然大半否定名的價值。然而仕隱出處乃古代士人最切身的問題，故在名實問題外亦為士人廣泛論述，如孔子謂「天下有道則見，無道則隱」、〔註 134〕「君子之道，或出或處」、〔註 135〕孟子謂「可以處而處，可以仕而仕，孔子也」、〔註 136〕《後漢書》張楷謂「天下有二道，出與處也」〔註 137〕等均是，又如《荀子・非十二子》乃專就「仕士」與「處士」立論，《世說新語・排調 26》亦專記謝安出處事，由此可知古代士人對仕隱問題確實關切，是以多所討論，並成為近代學者之著述主題，〔註 138〕是以〝仕〞與〝隱〞成為名實問題中論述士人立場的一組固定範疇。

而〝仕〞、〝隱〞立場基本上影響著知識分子對仕宦、倫理與人世的態度。從語詞名稱來看，士本當仕。〝士〞與〝仕〞二字俱訓作〝事〞，俱與〝事〞字通用，二字本身亦互通。〔註 139〕而二字字音亦同，可知本為一個語言，再參以字形，可知〝仕〞字實乃於士字加一人旁而成，即為從〝士〞字所發展出來的轉注字。〔註 140〕由此可知〝仕〞乃士之根本職責，士之所以為士即因其仕，故士仕而入朝為宦乃天經地義之事，是以孟子謂「士之仕也，猶農夫之耕也」。〔註 141〕然而當士人不認同當朝者時便形成了〝隱〞，如周代商後伯

〔註 134〕《論語注疏・泰伯》，5400 頁。

〔註 135〕《周易正義・繫辭上》，163 頁。

〔註 136〕《孟子注疏・萬章》，5956 頁。

〔註 137〕《後漢書・方術傳》，2721、2724 頁。

〔註 138〕相關論述如〈兩漢儒士的仕隱態度與社會風氣〉，洪安全著，《孔孟學報》四十二、四十三期，民 70 年；〈仕和隱的人生觀〉，沈剛伯著，收入《沈剛伯先生文集》，中央日報出版社出版，民 71 年；〈仕與隱－傳統中國政治文化的兩極〉，載《中國文化新論・思想篇一》，黃俊傑編，聯經出版社出版，民 71 年；《仕隱與中國文學－六朝篇》，王文進著，臺灣書店發行，民 88.2.出版。

〔註 139〕《孟子・公孫丑下》「有仕於此」，焦循正義謂「《論衡・刺孟篇》述此文仕作士。……仕與士古多通用。」《韓非子・說難》「此非能仕之所恥也。」王先慎集解引盧文弨曰：「仕與士通。」

〔註 140〕丁按：從今日所見甲金文來看，仕字成字當後於士字，甲骨文中有士無仕，而《金文編》士字數十見，仕字僅一見。又結合二字之意義與用法來看，仕字極可能是從士字分化出來的字。即由士之名詞義生成出動詞義，而後於士字另加人旁成仕字而將士字之動詞義分出。今日典籍中之仕字或為後人所改，如《詩經・大雅・文王有聲》「武王豈不仕。」毛傳「仕，事」，此仕實本當為士。

〔註 141〕《孟子注疏・滕文公下》，5889 頁。

夷、叔齊便隱而不出，餓死於首陽山，又如新莽代漢之際亦多士人隱而不出。而朝代替換又涉及價值上的考量，由此引伸出孔子「有道則仕」、「無道則隱」的態度，從而衍生出勞心與勞力之爭等等。然而對當朝價值的認不認同又引發出要不要遵守社會禮法與倫理的問題，因爲禮法倫理基本上即是爲政者所定，亦由名而成，仕士自當循守，但不爲官宦的處士、隱士或逸民則未必，如齊東海居士狂矞、華士自謂「吾不臣天子，不友諸侯，耕作而食之，掘井而飲之，吾無求於人也。無上之名，無君之祿，不事仕而事力」，〔註 142〕即不守國家禮法，就仕士眼光來看這種人則是「不仕無義」、「欲潔其身，而亂大倫」。〔註 143〕而認不認同的立場問題推到極致則成爲入不入世、爲不爲人的抉擇。而「大人世及以爲禮」，〔註 144〕「立人之道，曰仁與義」，〔註 145〕就〝仕〞一面而言自然是要入世爲人的，〔註 146〕而就〝隱〞一面而言則是要成化外之民，故欲「遊乎四海之外」，〔註 147〕「逍遙浮世」，〔註 148〕「與造化爲友」，〔註 149〕「一以己爲馬，一以己爲牛」，以「入於非人」，〔註 150〕而不「一犯人之形，而曰『人耳人耳』」，〔註 151〕求出世而不爲人。〔註 152〕當知識分子在己身之仕宦、社會之倫理與人世之出入間對〝仕〞與〝隱〞做各種層次或不同程度的抉擇時，便將牽動名實問題的發展，反之，名實問題的發展也將深深的影響知識分子的人生抉擇。

奇怪的是，〝仕〞與〝隱〞彼此卻有著既衝突又互助的關係。就其相反之立場而言，〝仕〞與〝隱〞往往造成知識分子內部的鬥爭，如《論語・微子》載荷蓧丈人批孔子「四體不勤，五穀不分」，子路回以「不仕無義」、「欲潔其身，而亂大倫」，即是仕隱衝突之一例。而《莊子・逍遙遊》載惠施藉大瓠「無

〔註 142〕《韓非子集解・外儲說右上》，236 頁。
〔註 143〕《論語注疏・微子》，5494 頁。
〔註 144〕《禮記正義・禮運》，3059 頁。
〔註 145〕《周易正義・說卦傳》，195 頁。
〔註 146〕這部分讀者可參本論文第四章第三節人道主義中論人的自覺部分。
〔註 147〕《莊子集釋・逍遙遊》，28 頁。
〔註 148〕《阮籍集校注・大人先生傳》，165 頁，陳伯君，中華書局，1987.一版。
〔註 149〕《阮籍集校注・大人先生傳》，170 頁。
〔註 150〕《莊子集釋・應帝王》，287 頁。
〔註 151〕《莊子集釋・大宗師》，262 頁。
〔註 152〕這部分讀者可參本論文第三章第三節自然主義中論清靜無爲與逍遙自在的美感部分。

用而掊之」嘲笑莊子，莊子反譏其「拙於用大」，《韓非子・外儲說左上》載屈穀藉堅瓠譏田仲「無益人之國」而「將棄之」，兩個故事皆藉「瓠」評論，更是仕隱衝突的有趣現象。但基於政治現實，仕隱衝突不只停留在口舌的辯論上，更有現實中的禮刑措施，甚至導致傷殘與死亡，因爲「事處士，則民遠而非其上」，〔註 153〕是以太公望至於營丘因東海居士狂矞、華士「不爲主用」便「使吏執殺之以爲首誅」。〔註 154〕此一誅殺事屬禮刑，而禮刑之實施就仕者而言乃是價值的呈現，是以「刑不上大夫」、〔註 155〕「禮不下庶人」、〔註 156〕「刑人不在君側」、〔註 157〕「公家不畜刑人，大夫不養，士遇之塗，弗與言也」、〔註 158〕「君子不近刑人」、〔註 159〕「放諸墝埆不毛之地，與禽獸爲伍」、〔註 160〕「刑人非人也」，〔註 161〕蓋既以仁義禮智定義人，則不守仁義禮智之刑人就不能算人了，就此邏輯來看，自以爲賢的狂矞、華士在伏誅成爲「刑人」之後就毫無價值而不算人了，《莊子》一書雖據隱者立場大力反駁禮刑之價值，〔註 162〕但也只能在嘴巴上逞強，實際上遇此白色恐怖時毫無自保能力。可是從知識分子的外圍來看，〝仕〞與〝隱〞二者共同構成了知識分子處世立身的態度，並且共同提昇了知識分子的社會地位。基本上士因其〝仕〞之利祿而爲人民所重，故「中章、胥己仕，而中牟之民棄田圃而隨文學者邑之半」，〔註 163〕如甯越「苦耕稼之勞」〔註 164〕者即起而學仕。〔註 165〕而蘇秦張儀頭

〔註 153〕《商君書・算地》，14 頁，諸子集成本，上海書店，1986.7.一版，1991.10.六刷。

〔註 154〕《韓非子集解・外儲說右上》，236 頁。

〔註 155〕《白虎通疏證・五刑》，442 頁，陳立撰，中華書局，1994.8.一版，1997.10.北京二刷。

〔註 156〕同上。

〔註 157〕《禮記正義・曲禮》，2701 頁。

〔註 158〕《禮記正義・王制》，2870 頁。

〔註 159〕《春秋公羊傳注疏・襄公二十九年》，5020 頁。

〔註 160〕《白虎通疏證・五刑》，444 頁。

〔註 161〕《鹽鐵論校注・周秦》，584 頁，王利器校注，中華書局，1992.7.一版，1996.9.二刷。

〔註 162〕《莊子》一書極多相關言論，如〈德充符〉中所載兀者王駘與孔丘、兀者申徒嘉與鄭子產等物語即是。

〔註 163〕《韓非子集解・外儲說左上》，196 頁。

〔註 164〕《呂氏春秋・博志》，175 頁，諸子集成本，上海書店，1986.7.一版，1991.10.六刷。

〔註 165〕古代封建制度瓦解後，庶民上升而爲士一事可詳參余英時〈古代知識階層的興起與發展〉第二節「封建」秩序的解體與士階層的興起，載於《中國知識

懸樑錐刺股，所求亦不過爲仕者利祿，甚至如東方朔嘻笑怒罵之流亦戒其子謂「飽食安步，以仕易農」。〔註 166〕仕士之利祿自是因其有用而來，故《黃帝四經》謂「壹言而利之者，士也；壹言而利國者，國士也」，〔註 167〕可是爲知識分子博得帝王尊重的卻是隱士，因爲隱者有其道德上的堅持而不屑帝王利祿。《呂氏春秋》謂：

> 魏文侯見段干木，立倦而不敢息。反見翟璜踞於堂而與之言。翟璜不說。文侯曰：「段干木官之則不肯，祿之則不受。今女欲官則相位，欲祿則上卿。既受吾實，又責吾禮，無乃難乎？」。〔註 168〕

魏文侯驕於翟璜而禮遇段干木正因二者或受利祿或不受利祿。而在《淮南子・脩務訓》的記載中，段干木之所以不受利祿正因其心懷道義，故《荀子》亦借周公之口謂「夫仰祿之士，猶可驕也，正身之士不可驕也」。〔註 169〕最後，帝王得「聘名士，禮賢者」，〔註 170〕而本爲貴族階層中地位最低者之士人則可成爲王者師，這不能不說是士人社會地位之巨大提升。〝仕〞與〝隱〞共同爲知識分子在民間與宮府贏得敬重，從此讀書士人在中國社會中便享有了崇高的地位。

以上簡單的論述了名實問題在社會文化中的相關範疇。其中，基於名實問題〝價値表述〞的核心議題而分出了〝價値〞與〝表述〞兩個範疇，而這兩個範疇其實就是名實問題中〝實〞與〝名〞在具體文化中的呈現，也是符號所指與能指兩個面向的反映。其中〝價値〞是所欲表述的對象，因此價値之特性在名實問題中具有決定性，而〝表述〞是價値呈現的憑藉，因此其媒介之能力在名實問題中具有影響力，但眞正推動名實問題在社會文化中作用與發展的則是〝知識分子〞，這個範疇是名實問題解決與改變的動力。而在知識分子與名實問題互動的情形下，每一個相關範疇都是以一組對立又互補的次級範疇共同構成的，價値範疇由〝道〞與〝事〞構成；表述範疇由〝書〞與〝言〞構成；知識分子範疇則由〝仕〞與〝隱〞構成。透過這些次級範疇間複雜而深遠的互動，名實問題將在具體的社會文化中產生其不可抹滅的作用與持繼擴張的發展。然

階層史論古代篇》，10～24 頁，余英時，聯經出版社，民 82.5.初版二刷。

〔註 166〕《漢書・東方朔傳》，2874 頁。

〔註 167〕《黃帝四經今註今譯・十大經・前道》，374 頁。

〔註 168〕《呂氏春秋・下賢》，167 頁。

〔註 169〕《荀子集解・堯問》，858 頁。

〔註 170〕《禮記正義・月令》，2949 頁。

而名實問題與這些範疇是從哪裏來的？其中所有複雜而深遠的互動是否又包含在另一更大的範疇之中？簡單的問，即是名實問題與其相關範疇的產生與互動有沒有一個更大的文化根源？這是我們要繼續探討的。

第三節　文化背景：文德

從核心議題與相關範疇來看，名實問題均非社會文化中一抽象而孤立的問題。〝價值表述〞不應與其它事物無關而只停留在抽象學理的探討，相關範疇文化亦皆有其獨立地位與作用，是以名實問題得藉之切實的將影響從問題內推擴到問題外。故無論就理路或實施來看，名實問題都應與社會文化緊密的結合。而從核心議題與相關範疇中的表現來看，這所有錯綜複雜的關係似乎是包含在一更大的政治問題中，在名與不名的制度內與制度外間，在道與事的形上與形下間，在書與言的永恒與當下間，在仕與隱的在朝與在野間，都展現出統治與反統治的政治內外色彩。也就是說，名實問題不但透過相關範疇而與問題外的社會文化密切互動，其本身亦是直接被包涵在一巨大的文化現象中，此文化現象即是整個名實問題產生的根源與作用和發展的背景，名實問題在此背景下產生，亦在此背景下解決。

而此背景，從古代論述來看，即是〝文德〞。《國語》載祭公謀父諫周穆王征犬戎之語謂：

> 先王耀德不觀兵。……先王之於民也，懋正其德而厚其性，阜其財求而利其器用，明利害之鄉，以文修之，使務利而避害，懷德而畏威，故能保世以滋大。〔註 171〕

祭公謀父口中「耀德不觀兵」的「德」就是「以文修之」的〝文德〞，此由上下文意極易判定。值得注意的是祭公謀父接續論述的一段話，其文謂：

> 夫先王之制：……有不祭則修意，有不祀則修言，有不享則修文，有不貢則修名，有不王則修德，序成而有不至則修刑。〔註 172〕

「先王之制」自是上述文德之主要內涵，而〝意〞、〝言〞、〝文〞、〝名〞、〝德〞、〝刑〞則爲先王之制中修飾文德的具體手段，〔註 173〕由此可知，名的問題

〔註 171〕《國語・周語上》，1 頁。

〔註 172〕《國語・周語上》，4 頁。

〔註 173〕筆者按：此中修飾文德的手段中亦有〝文〞、〝德〞二項，個人以爲此二項用

乃是文德問題的一環，故謂「有不貢則修名」。而直至運動終結，名實問題的發展始終在文德問題的籠罩與伴隨下，如西漢董仲舒《春秋繁露・深察名號》謂「事各順於名，名各順於天，天人之際，合而爲一。同而通理，動而相益，順而相受，謂之德道」，〔註174〕〈深察名號〉一篇的主題即名實問題，「事各順於名，名各順於天」即是名實相合觀點的表述，而此種名實關係所致天人合一的狀況董仲舒稱之爲「德道」，可知此段言語實是以名實爲文德之一環，在由文而德的脈絡下所成之論述。又如南朝劉勰《文心雕龍・原道》啓首即謂「文之爲德也大矣」，其後由道之文論至人之文時續謂「心生而言立，言立而文明，自然之道也」，〔註175〕話中雖未及名實等語詞，但其所述「言」與「文」已足以表明其所論述其實就是名實，而此亦是以文德爲背景而論述，可知〝文德〞即是名實問題的背景，在本文所論之歷史時期中均持此觀，而未有根本性的改變。然而〝文德〞是什麼？這是個必需回答的問題，因爲這個問題關係到我們對名實問題的研究與觀察，只有對文德作一概略的掌握，才能較好的掌握名實問題在社會文化中的地位以及其與社會文化的關係。

首先，就整個社會文化而言，所謂〝文德〞，乃是與武功並舉的一種治國理念與手段。是以〝文德〞與〝武功〞往往作爲一組相對的政治手段而共同出現在古人之論述中，如齊景公謂「遂武功而立文德」、〔註176〕宋國子罕謂「兵之設久矣，所以威不軌而昭文德」、〔註177〕《黃帝四經》謂「始於文而卒於武，天地之道也」、〔註178〕《吳子》謂「明主鑒茲，必內修文德，外治武備」、〔註179〕陸賈謂「文武並用，長久之術也」、〔註180〕拓跋燾謂「武功雖昭，而文教未暢，

字所指與文德一詞用字所指有異，在語義上當有廣狹之別。文德之文當廣泛的指可見之文，而修飾之文則偏指文章文書而言；文德之德當廣泛的指道德德行，而修飾之德則偏指具體行事所成之德惠而言。

〔註174〕《春秋繁露義證・深察名號》，287頁。

〔註175〕《文心雕龍注釋・原道》，1頁。

〔註176〕《晏子春秋校注・內篇問上第三》，74頁，諸子集成本，上海書店，1986.7.一版，1991.10.六刷。

〔註177〕《春秋左傳注・襄公二十七年》，1136頁。

〔註178〕《黃帝四經今註今譯・經法・論約》，222頁。

〔註179〕《吳子・圖國第一》，1頁，諸子集成本，上海書店，1986.7.一版，1991.10.六刷。

〔註180〕《漢書・陸賈傳》，2113頁。

非所以崇太平之治也」等等均是，〔註181〕又如前舉祭公謀父所說之「耀德不觀兵」的話亦是就武功說文德，而季氏將伐顓臾時孔子謂「遠人不服，則修文德以來之」亦是文德與武功並舉的例子。〔註182〕在這些論述中，很清楚的，文德與武功不同，武功治國是以武力爲後盾強迫人民遵守統治者之意志的高壓手段，而文德治國則是以德惠爲根本引誘人民遵守國家制度的懷柔手段，是祭公謀父所說的「懋正其德而厚其性，阜其財求而利其器用，明利害之鄉」，亦即正德、利用、厚生的傳統，故《詩經・大雅・江漢》謂「明明天子，令聞不已；矢其文德，洽此四國」，〔註183〕在文德中不採武力高壓爲政，是以爲知識分子所欣賞，故孔子謂「郁郁乎文哉！吾從周」，〔註184〕自此以後，文德也就成爲一普遍性的文化內涵了。

其次，我們還需要對〝文德〞的作用、內涵與性質再進一步的瞭解。就作用而言，文德作爲一種懷柔的治國手段，即是就人喜好安定的心理著眼而予以誘之，是以「近無不聽，遠無不服」，〔註185〕故「遠人不服，則修文德以來之」，在近悅遠來的情形下建立起社會秩序。而這種作用，相對於武功，特別具有長治久安的效果，而尤爲顯著的表現在暴秦滅亡一事上。蓋秦始皇武功驚人，爲三皇五帝所未有，又銷毀天下兵器鑄爲金人，以求萬世太平，然而不過二世強大帝國即爲匹夫揭竿起義而亡，即是只顧武功而不重文德的結果，是以董仲舒謂「重禁文學，不得挾書，棄捐禮誼而惡聞之，其心欲盡滅先王之道，而顓爲自恣苟簡之治，故立爲天子十四歲而國破亡矣」。〔註186〕而漢初陸賈更以此說高祖，《漢書》載其事謂：

> 賈時時前說稱詩書。高帝罵之曰：「乃公居馬上得之，安事詩書？」賈曰：「馬上得之，寧可以馬上治乎？且湯武逆取而以順守之，文武並用，長久之術也。昔者吳王夫差、智伯極武而亡；秦任刑法不

〔註181〕《高僧傳・釋玄高》，411 頁，釋慧皎，中華書局，1992.10.一版，1997.10.北京三刷。

〔註182〕《論語注疏・季氏》，5474 頁。

〔註183〕《毛詩正義・大雅・江漢》，1237 頁。

〔註184〕《論語注疏・八佾》，5356 頁。話中之〝文〞即指文德，如《尚書》〈舜典〉與〈洛誥〉之「文祖」，《孔傳》訓爲「文德之祖」；《詩・江漢》「告于文人」，《毛傳》謂「文人，文德之人」。

〔註185〕《國語・周語上》，4 頁。

〔註186〕《漢書・董仲舒傳》，2504 頁。

變，卒滅趙氏。鄉使秦以并天下，行仁義，法先聖，陛下安得而有之？」〔註187〕

陸賈言中詩書仁義實即指與武功相對之文德，是以謂「文武並用，長久之術也」，而由其與高祖對話可知開國對外是得憑藉武功，但對內若欲長治久安，保而守之，則必得依賴文德，是以賈誼過秦謂其「仁義不施，而攻守之勢異也」，〔註188〕亦即周時祭公謀父「保世以滋大」之言也。由此可知長治久安是文德特殊的政治作用，武力再強大也無法致之。

而此文德長治久安的作用是由準則、德目、事物、功利等內涵構成。在這些準則、德目與事物的交互運作下成其長治久安。故周公制《周禮》謂：

則以觀德，德以處事，事以度功，功以食民。〔註189〕

所謂「則」當指「禮則」，亦即是制度準則之謂，其實質內容則當是周公以「先王之制」爲基礎而發展的禮樂制度，以此禮則來觀察人之內在德行，以其德行來判斷其處置事物的能力，再以其做事能力而成就功益，「阜其財求而利其器用」，使人民「務利而避害」，如此便可達到長治久安的目的。而在《國語》所載單襄公評晉周一事中我們可以進一步的瞭解「則」、「德」、「事」、「功」的實際內涵與其間運作關係。其文謂：

晉孫談之子周適周，事單襄公，立無跛，視無還，聽無聳，言無遠；言敬必及天，言忠必及意，言信必及身，言仁必及人，言義必及利，言智必及事，言勇必及制，言教必及辯，言孝必及神，言惠必及和，言讓必及敵；晉國有憂未嘗不戚，有慶未嘗不怡。襄公有疾，召頃公而告之，曰：「必善晉周，將得晉國。其行也文，能文則得天地。天地所胙，小而後國。夫敬，文之恭也；忠，文之實也；信，文之孚也；仁，文之愛也；義，文之制也；知，文之與也；勇，文之帥也；教，文之施也；孝，文之本也；惠，文之慈也；讓，文之材也。象天能敬，帥意能忠，思身能信，愛人能仁，利制能義，事建能智，帥義能勇，施辯能教，昭神能孝，慈和能惠，推敵能讓。此十一者，夫子皆有焉。天六地五，數之常也。經之以天，緯之以地。經緯不爽，文之象也。文王質文，故天胙之以天下。夫子被之矣，其昭穆

〔註187〕《漢書・陸賈傳》，2113頁。
〔註188〕《文選・過秦論》，2237頁。
〔註189〕《春秋左傳注・文公十八年》，633、634頁，大史克引周公之言。

又近，可以得國。〔註190〕

在此記載中，單襄公即以晉周「言仁必及人，言義必及利」等等言行之「則」看到其「敬」、「忠」、「信」、「仁」、「義」、「知」、「勇」、「教」、「孝」、「惠」、「讓」等等十一內在之「德」，由此而知其能成就象天、帥意、思身、愛人、制利、建事、帥義、施辯、昭神、慈和、推讓等事功。而「能文則得天地」，「文王質文，故天胙之以天下」，由上述則、德、事、功，晉周足以食民，故「可以得國」。

《左傳》載成鱄對魏子舉人之問的答話，亦是文德內涵的另一顯現，其文謂：

夫舉無他，唯善所在，親疏一也。《詩》曰：『惟此文王，帝度其心。莫其德音，其德克明。克明克類，克長克君。王此大國，克順克比。比于文王，其德靡悔。既受帝祉，施于孫子。』心能制義曰度，德正應和曰莫，照臨四方曰明，勤施無私曰類，教誨不倦曰長，賞慶刑威曰君，慈和遍服曰順，擇善而從之曰比，經緯天地曰文。九德不愆，作事無悔，故襲天祿，子孫賴之。主之舉也，近文德矣，所及其遠哉！〔註191〕

文王之德即是文德，而成鱄則據《詩》句演爲「度」、「莫」、「明」、「類」、「長」、「君」、「順」、「比」、「文」等等「九德」，以「作事無悔」，雖然所言未及則亦未及功，而只是在「德以處事」的階段，但仍可做爲認識文德內涵的重要參考。

從上述所論可知，文德的屬性即是價值表述。透過有形有徵的準則或制度來建立起無形的價值，或透過內在無形之德行來建立起有形的事功。從語詞來看，即是由文而德，再由德而文，是以單襄公謂「被文相德」、劉勰謂「文之爲德也大矣」，從「則」、「德」、「事」等具體內涵的運作而言，則是「則以觀德」，或是「德以處事」。而《左傳·襄公三十一年》北宮文子之言更是清楚的表現出文德價值表述的屬性，其言謂：

文王之功，天下誦而歌舞之，可謂則之。文王之行，至今爲法，可謂象之。有威儀也。故君子在位可畏，施舍可愛，進退可度，周旋可則，容止可觀，作事可法，德行可象，聲氣可樂；動作有文，言

〔註190〕《國語·周語下》，94～98頁。

〔註191〕《春秋左傳注·昭公二十八年》，1494、1495頁。

語有章，以臨其下，謂之有威儀也。〔註 192〕

文王之文德是可則可象的，無形的德行必然化爲具體有形的文，故君子言行要「可畏」、「可愛」、「可度」、「可則」、「可觀」、「可法」、「可象」、「可樂」，要具體而有徵信，爲感官所可學習掌握的，並且要力求清晰鮮明，「有文」、「有章」。於是從德行而言行而聲氣而威儀而形象，價值一層一層的下落而成有形的表述。同時，在文德中又有許多與名實問題相關、同步或平行發展的議題。如文質、文實、情禮等等，討論這些問題實際上就是在討論名實問題，因爲承認禮樂價值者便得承認名的價值，反之，亦然。故如《周易・繫辭上》「書不盡言，言不盡意」，「立象以盡意」等〔註 193〕所論盡不盡意問題即可視爲名實問題，又如嵇康〈聲無哀樂論〉「以爲聲無哀樂」亦爲「歷世濫於名實」而發，〔註 194〕亦是視樂論爲名實問題。而歐陽建〈言盡意論〉謂「欲辯其實，則殊其名」，更是自然而然的視言盡意爲名實問題，文中又謂「蔣公之論眸子，鍾傅之言才性」皆引言不盡意爲證，〔註 195〕則人相才性在當時亦視爲名實問題之一。故而名實問題雖與其它價值表述事物不同，但亦與這些問題相互牽動。事實上，文德就是此中最大的問題。

而從價值表述的屬性來看，〝名實〞實是〝文德〞中最核心之問題，因為其價值表述的屬性最純粹。若以語言文字爲名所憑藉的主要表現物來看，則名的構成沒有固定實體，只是一些聲音與形狀，且此一聲音與形狀的構成要素並不受限於其構成材質和完成方式，鑄在青銅器上、刻在石頭上、寫在竹帛上或劃在沙土上的都可以是文字，並不因其鑄、刻、寫、劃的方式不同或金、石、竹、帛、沙、土的材質不同而受影響。因爲沒有固定的實體，所以沒有任何其它用途，只能是一種表述符號。然而，名的價值表述屬性的純粹性還可以推向更高的一個層面，可以比語言文字還要純粹，還要自由，因爲它可以只是一心理形象，或是思想中一抽象概念，或是記憶中一虛幻意象，無需憑藉任何外在物資來完成其表述。而語言文字無論多麼心理化，至少，在實際的表現上，仍得有聲音與形狀等物理上的呈現，才能運作。是以

〔註 192〕《春秋左傳注・襄公三十一年》，1195 頁。

〔註 193〕《周易正義》，169、170 頁。

〔註 194〕《嵇康集校注・聲無哀樂論》，197 頁，戴明揚，河洛圖書，民 67.5.初版。

〔註 195〕《藝文類聚・卷十九・言盡意論》，348 頁，歐陽詢撰，上海古籍出版社，1999.5.新二版一刷。

名有時雖可與語言文字等同，或依賴語言文字表現，但就其本質而言，並不受聲音或形狀的限制，而以極度抽象的型態存在。既不依賴任何外在物質參與價值之表述，此一表述就具有最高的純粹性，又因其無物理上的要求與限制，因此其表現也就獲得了絕對的自由。〔註 196〕可是文德之中其它具有價值表述作用的事物則具有固定實體，如禮樂祭祀中之種種器物或犧牲，一旦有實體就不是純粹的符號，而可具有其它用途，如羊，除了在祭祀中作爲一種禮儀符號外還可以吃。而此實體與其實際用途又將造成製作上的問題與表述上的限制，從而形成奢儉之爭，〔註 197〕故有孔子「爾愛其羊，我愛其禮」之語。也就是說，當我們使用一個實體作爲表述價值之符號時，其表述還可能參雜了許多其它因素，而不純粹，不似〝名〞除了符號以外就什麼都不是。是以，當〝文德〞出問題時〝名實〞也就出問題了，故孔子謂季氏八佾舞於庭「是可忍也，孰不可忍也？」的時代也就是孔子主張正名的時代。〔註 198〕

透過上述分析可瞭解到名實問題在古代文化中作用的層面與本論文今後的觀察視野。從文化來看，名實問題的核心議題是〝價值表述〞，而其探討並不停留於純粹智識上，從一開始即與政治、社會、文化有關。其實，問題本身就有著具體實際的成分；而從價值表述出發，名實問題具有〝價值〞、〝表述〞與〝知識分子〞等三個相關範疇，透過這三個基本的相關範疇，名實問題建立了與社會文化清晰的溝通管道，並由此發生作用；再從一個更大的範圍來看，名實問題其實是文德問題的核心，也就是說，名實問題的發生有一具體的政治文化背景，在此背景下，名實問題有著許多相關、同步或平行的文化議題，如言意、禮樂刑罰、文質與象等等，因而當名實問題改變時，文德中其它內涵便將被牽動，而〝文德〞則與〝武功〞共同組成古代社會文化的兩大內涵。在此要特別說明的是，在中國文德傳統仍然處理武功之事，不是完全不碰，如晉之郤縠可爲中軍統帥，蜀之諸葛亮被稱爲諸葛武侯，而文

〔註 196〕筆者按：在西方文化中語言和實際說出的話語不同，近似中國古代的名而不是言。而索緒爾已然指出語言的能指「它在實質上不是聲音的，而是無形的——不是由它的物質，而是由它的音響形象和其他任何音響形象的差別構成的。」參《普通語言學教程》158 頁。

〔註 197〕筆者按：墨子批評禮樂即以此實際費用的角度，故其書有〈節用〉、〈節葬〉等篇，而不似道家從禮文符號對人心的影響上去批評。詳可參本論第五章結論部分。

〔註 198〕《論語注疏・八佾》，5353 頁。

士之書多及於用兵，〔註 199〕但基本上文德與武功治國之功能不同，故仍將二者視爲二事。而爲利讀者瞭解，再將名實問題的作用層面與觀測架構以圖表概括表示如下：

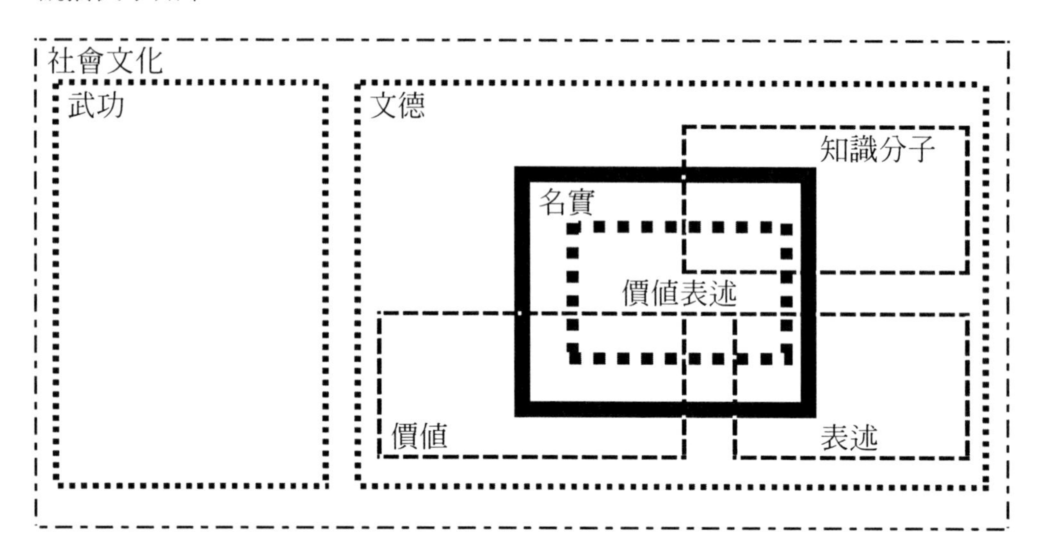

最後，我們再從研究起點對本章作一總回顧。如果我們回到語文符號的起始點，則可清楚的看見當語文符號落實在具體的社會文化中時，〝能指〞與〝所指〞兩個面向便實際促成了〝價值〞與〝表述〞兩個文化範疇，這兩個範疇爾後又在文德對國家社會所成之文治中分成〝文〞與〝德〞兩向。而透過上述這一連串〝有形〞與〝無形〞面向的發展，就有形的這一面來說，從有形的〝能指〞到有形的〝表述〞到有形的〝文〞，名實問題便可從輕無重量的符號而向外拓展成大一統帝國宏大雄偉的律法、制度、機構與建設；就無形的這一面來說，從無形的〝所指〞到無形的〝價值〞到無形的〝德〞，名實問題又可從平常無奇的符號而向內深入每一顆孤獨人心玄奧冥渺的體悟、意識、性情與信仰。而〝知識分子〞則在此問題內外與有形無形間穿梭，扮演起解決問題，推動問題發展的角色。〔註 200〕於是在上述有形無形兩種面向作用下，知識分子對價值可否表述問題提出了〝無名〞與〝正名〞兩種基本觀

〔註 199〕如《荀子・議兵》即從禮樂教化大談用兵，《文心雕龍・程器》亦以文武兼備論士，至若《顏氏家訓・誡兵》則是從個別家族之禍福著眼於文人與武事的關係，雖不以武爲文人之能事，但由其論述則可知當時仍有文人能武的傳統。

〔註 200〕筆者按：事實上知識分子即是以語言文字爲本事，進而追求價值，對價值進行討論與表述的人，是以用價值表述的名實問題來定義知識分子亦不爲過。

點，亦是名實問題中兩種最重要的主張，掌握這兩種觀點便足以掌握名實問題的文化作用與發展，即使面臨其餘名實主張亦不足爲懼，因爲〝無名〞與〝正名〞二觀點猶如明度變化中的黑白兩端，雖然其間具有無數變化，如〝形名〞與〝名辨〞，〔註201〕但皆以此二者變化而成。是以下面我們即要以本章對名實問題的理解爲基礎，展開對〝無名〞與〝正名〞兩種名實觀點的研究。

〔註201〕參本論文第五章第三節。

第三章　名實問題的基本主張（一）——無名觀

在名實問題兩種基本觀點中，〝無名〞乃是知識分子偏重於無形之價值所發展出來的觀點。由於價值是無形的，而表述是有形的，於是針對問題之性質而言〝名實相離〞，價值不能表述，因此典籍與話語不能代表什麼，社會制度與國家建設也沒有什麼意義。具體有形之符號、語文與事物不一定能代表什麼價值，於是一切的價值便開始飄浮起來，而不是具體的落實在這個世界中，但是，我們可以透過對這些符號、語文與事物的運作來表現價值，於是有了〝詭辭〞與〝清言〞，用一種完全不確定、不合常軌的方式來運作語文，同時，在這種運作中也形成一種不確定的態度，將此態度來面對世界，便造成了〝自然主義〞的意識型態，整個世界便開始動搖起來。因爲所有事物皆是自然，亦皆處於變化，於是便無一定必然之軌道，便沒有怎麼樣一定有價值，怎麼樣一定沒價值，宇宙因而本是一大化流行的宇宙。以下，本章將從基本理論到符號表現到意識型態，一一探討有關〝無名〞觀在各文化層面中的主張與作用。

第一節　基本理論：道之性質與名實相離

就〝無名〞的觀點來看，名無法表述實，價值是不能表述的，這是其基本理論。而此基本理論包括幾層涵意：首先是價值不能被名表述，因爲名沒有能力去表述價值；其次是價值不應該被表述，因爲名既沒有能力表述價值，那麼經過表述後的價值就不是眞正的價值，甚至可以說不是價值；最後，價值根本不可能被名表述，因爲是由價值創造了名而不是由名創造了價值，一物連它物都不可物，又如何可物造物者？名若由實而來，名又如何可明實？這幾層涵意共同完成了無名觀的基本理論。

價值不能表述的一個基本理由是價值〝無形〞、表述〝有形〞，二者性質相反，是以價值無法表述。我們如何能用一個白的東西去表示黑呢？我們又如何能用一個〝有形〞的東西去表現〝無形〞呢？《老子》謂：

> 質眞若渝，大方無隅，大器晚成，大音希聲，大象無形，道隱無名。〔註1〕

從事物層面而言，質當不變、方應具角、器必得成、音必成聲而象必有形，否則，方就不叫方，象就不成象。可是這些事物一旦加上具有價值色彩的〝大〞字就不同了，因爲眞正的價值與意義無形無色，看不到亦摸不著，是以「大方無隅」、「大象無形」，是以「道隱無名」。而王弼將之解說得更加透澈，其言謂：

> 有聲則有分，有分則不宮而商矣。分則不能統眾，故有聲者非大音也。有形則有分，有分者不溫則炎，不炎則寒。故象而形者非大象。〔註2〕

蓋「形必有所分，聲必有所屬」，〔註3〕「有分則有不兼，有由則有不盡」〔註4〕，是以有形有聲者不能言大，若要大，則只能希聲而無形，是以作爲最高價值之〝道〞若要眞的能大，便只能無形，而且無名，因爲「名必有所分，稱必有所由」〔註5〕，如果不是無形無名，「雖極其大必有不周，雖盛其美必有患憂」，〔註6〕是以「無形無名者，萬物之宗也」，〔註7〕「道以無形無爲成濟萬物」，〔註8〕此乃「無之以爲用」。反過來講，「名以定形，混成無形，

〔註1〕《帛書老子校注．德經四十》，今本第四十一章，23、24頁。此中「道隱無名」一句帛書乙本作「道褒無名」，郭店竹簡此簡下殘，無此句。

〔註2〕《王弼集校釋．老子道德經四十一注》，113頁。

〔註3〕《王弼集校釋．老子指略》，195頁。

〔註4〕《王弼集校釋．老子指略》，196頁。

〔註5〕《王弼集校釋．老子指略》，196頁。

〔註6〕《王弼集校釋．老子道德經三十八章注》，95頁。

〔註7〕《王弼集校釋．老子指略》，195頁。此語又見王弼《老子道德經》第十四章注。

〔註8〕《王弼集校釋．老子道德經二十三章注》，58頁。

不可得而定，故曰不知其名也」，〔註9〕是以「道隱無名」。《莊子》亦謂「視而可見者，形與色也；聽而可聞者，名與聲也。悲夫，世人以形色名聲爲足以得彼之情！」〔註10〕而「萬物殊理，道不私，故無名」。〔註11〕〝道〞必無形，而名必有形，是以價值不可表述，故《老子》謂「道常無名」。〔註12〕〝道〞是不可名的。

然而，價值不但無法表述，而且不應該被表述。有形的名不但沒有能力去表述無形的價值與體悟，而且不應該去進行表述，因爲價值一旦以名表述之後不但無法發揮其原有之作用，而且將被扭曲，反而造成人們錯誤的追求，故今本《老子》第二章謂「天下皆知美之爲美，斯惡已；皆知善之爲善，斯不善已」，而《莊子》則以東郭子問道之寓言明此，其文謂：

> 東郭子問於莊子曰：「所謂道，惡乎在？」莊子曰：「無所不在。」東郭子曰：「期而後可。」莊子曰：「在螻蟻。」曰：「何其下邪？」曰：「在稊稗。」曰：「何其愈下邪？」曰：「在瓦甓。」曰：「何其愈甚邪？」曰：「在屎溺。」東郭子不應。莊子曰：「夫子之問也，固不及質。正獲之問於監市履狶也，每下愈況。汝唯莫必，無乎逃物。至道若是，大言亦然。周遍咸三者，異名同實，其指一也。」
>
> 〔註13〕

〝道〞之所以可貴，就在其無形而無限，無爲而無所不容，至大又至微，充溢於宇宙，這是〝道〞之實，故莊子謂其「無所不在」。然而一旦表述爲名，表述爲〝道〞這個語言或這個文字，它就變成一個有形、有限且明確具體的認知對象，就成爲一高高在上的人生最終價值，於是一般人就在日常生活之外另行特意追求，是以莊子謂其無所不在時東郭子就迷惘了，而當莊子愈答愈卑下時東郭子連問也不問了。然而莊子正欲以所答之卑下破解東郭子對〝道〞的崇高印象，此乃「正言若反」，因爲一旦崇高，便有侷限，一有侷限，便有排斥，如何是道？事實上從一開始東郭子就問錯了，根本就不能問〝道〞在哪裏，因爲此問「固不及質」，但從這個問題我們卻可看出東郭子對〝道〞

〔註9〕《王弼集校釋・老子道德經二十五章注》，63頁。
〔註10〕《莊子集釋・天道》，488、489頁。
〔註11〕《莊子集釋・則陽》，909頁。
〔註12〕《帛書老子校注・道經三十二》，今本第三十二章，397頁。帛書甲乙本作「道恒無名」。
〔註13〕《莊子集釋・知北遊》，749、750頁。

的極端誤解，而這個誤解當是不知不覺受〝道〞之名影響而成。〝道〞之名本為表〝道〞之實，但最後卻因名害實，因為名實二者性質恰恰相反。

更嚴格的看，價值之不應表述尚包含著不能講，因為一說就不是了。所謂「言語道斷」，《莊子》中載知北遊而問道的故事足以充分顯示這點，在北遊途中，知先遇無為謂，問而不知答，又遇狂屈，問而中忘答，後遇黃帝乃得其問，故問黃帝曰：「我與若知之，彼與彼不知也，其孰是邪？」而黃帝謂：

> 彼無為謂眞是也，狂屈似之；我與汝終不近也。夫知者不言，言者不知，故聖人行不言之教。道不可致，德不可至。仁可為也，義可虧也，禮相偽也。故曰，「失道而後德，失德而後仁，失仁而後義，失義而後禮。禮者，道之華而亂之首也。」故曰，「為道者日損，損之又損之以至於無為，無為而無不為也。」今已為物也，欲復歸根，不亦難乎！〔註14〕

〝道〞是價值不斷超越的結果，不可致，故不可言，是以「知者不言，言者不知」。因為一說，〝道〞就成為言說的對象了，而對象是從環境中劃分出來的，〝道〞無所不在，無所不是，與物無際，如何能分？又如何能成為〝對象〞呢？而一旦以道為對象，自己也將離道而成為物，「欲復歸根，不亦難乎！」而表述造成分裂的道理《莊子・齊物論》說得最清楚。其文謂：

> 天地與我並生，而萬物與我為一。既已為一矣，且得有言乎？既已謂之一矣，且得無言乎？一與言為二，二與一為三。自此以往，巧曆不能得，而況其凡乎！故自無適有以至於三，而況自有適有乎！〔註15〕

天地萬物本為一，就其實而言是不能再去說了，因為一旦說了，就是在此實之外另立一〝天地萬物為一〞之名，於是名與實為二，而此二與名實未分前之一又成三，如此反復計算，豈有止境？是以價值不但不能表述，而且不應該嘗試表述，否則將成繁多假立之名目，不但本身不眞，而且破壞了〝天地萬物為一〞之實。

於是，價值不應該表述，不僅指名的內容，而且指名的運作。故「大道不稱，大辯不言」、〔註16〕「至言去言」、〔註17〕「道不可言，言而非也」，

〔註14〕《莊子集釋・知北遊》，731頁。
〔註15〕《莊子集釋・齊物論》，79頁。
〔註16〕《莊子集釋・齊物論》，83頁。
〔註17〕《莊子集釋・知北遊》，765頁。

〔註 18〕眞正的價值是不應該表述的，一經表述它就不是了，「是以聖人處無爲之事，行不言之教」、〔註 19〕「知者不言，言者不知」，〔註 20〕眞正得道之人也不會去表述它，因爲一旦表述就脫離了道的境界。是以《老子・道經》開宗明義謂：

道，可道，非常道。名，可名，非常名。〔註 21〕

道是不應該道的，雖然，以道爲名，因爲道一旦道出，便成非道，而人一旦道道，便在道外，所道也就非道了。

最後，從〝超越〞的觀點來看，價值根本不可能被表述。因爲萬物乃由道所生，而名由人所生，如此，名如何有能力表述道？名又如何有能力去表述其製造者之意？物物者正因其超越於物故可物物，使之者正因其超越被使者故能使之，是以眞正的價值正具有〝超越〞的特質。故《老子》謂：

上德不德，是以有德；下德不失德，是以無德；上德無爲而無以爲；下德爲之而有以爲；上仁爲之而無以爲；上義爲之而有以爲；上禮爲之而莫之應，則攘臂而扔之。〔註 22〕

在對「上德」、「下德」、「上仁」、「上義」、「上禮」等價值一連串的比較之下，價值〝超越〞的特性表現得特別明顯，愈超越的德行其價值屬性愈高，反之，愈低，故《老子》又謂「故失道而後德，失德而後仁，失仁而後義，失義而後禮。夫禮者，忠信之薄，而亂之首」。〔註 23〕而若《莊子》「通乎道，合乎德，退仁義，賓禮樂」〔註 24〕，王弼〈老子指略〉「物之所以存，乃反其形；功之所以剋，乃反其名」、〔註 25〕「善力舉秋毫，善聽聞雷霆，此道之與形反也」〔註 26〕等語皆出於此種觀點。此實老子「反者道之動」之意，亦爲「同謂之玄。玄之又玄，眾妙之門」所指。〝價值〞超越於有形的事物而存在，而最終則超越成法自然的不可道的「常道」。事實上實乃先名而有，名乃因實而

〔註 18〕《莊子集釋・知北遊》，757 頁。
〔註 19〕《帛書老子校注・道經二》，今本第二章，232 頁。
〔註 20〕《帛書老子校注・德經五十六》，今本第五十六章，98 頁。
〔註 21〕《帛書老子校注・道經一》，今本第一章，221 頁。
〔註 22〕《帛書老子校注・德經三十八》，今本第三十八章，1、2 頁。
〔註 23〕《帛書老子校注・德經三十八》，今本第三十八章，5 頁。
〔註 24〕《莊子集釋・天道》，486 頁。
〔註 25〕《王弼集校釋・老子指略》，197 頁。
〔註 26〕同上。

生，由實而用，名如何可表述實？故《老子》謂「無名，天地之始；有名，萬物之母」，〔註27〕對先天地生的道而言只能無名，至於後天地生之名只能名物，若以名爲一切事物之價值，則「五經之前，至於天地始開，帝王初立者，主名爲誰，儒生又不知也」，〔註28〕故《莊子》謂「名者，實之賓也」，〔註29〕「知形形之不形乎！道不當名」。〔註30〕

而一旦強行表述價值，則名反將實物化，而天下將大亂。王弼謂：

> 夫敦樸之德不著，而名行之美顯尚，則修其所尚而望其譽，修其所道而冀其利。望譽冀利以勤其行，名彌美而誠愈外，利彌重而心愈競。父子兄弟，懷情失直，孝不任誠，慈不任實，蓋顯名行之所招也。〔註31〕

「名者，實之賓也」，不以實爲主，反以名要實，則「孝不任誠，慈不任實」，「名彌美而誠愈外，利彌重而心愈競」，人將因名而虛僞墮落，天下大亂矣。是以嵇康在〈釋私論〉中大聲呼籲「棄名以任實」，以免「體以溺於常名，心以制於所慴」，「成其私之體而喪其自然之質」。〔註32〕從名違反自然之實的認識又衍生成道家一種描述人心人性隨著文明發展而墮落的特殊古史觀。《莊子・繕性》謂：

> 古之人，在混芒之中，與一世而得澹漠焉。當是時也，陰陽和靜，鬼神不擾，四時得節，萬物不傷，群生不夭，人雖有知，無所用之，此之謂至一。當是時也，莫之爲而常自然。逮德下衰，及燧人伏羲始爲天下，是故順而不一。德又下衰，及神農黃帝始爲天下，是故安而不順。德又下衰，及唐虞始爲天下，興治化之流，澆淳散朴，離道以善，險德以行，然後去性而從於心。心與心識知而不足以定天下，然後附之以文，益之以博。文滅質，博溺心，然後民始惑亂，無以反其性情而復其初。〔註33〕

「文滅質，博溺心」，人性人情由道而生，本可悟道，如何可以博學於文，約

〔註27〕《帛書老子校注・道經一》，今本第一章，223頁。
〔註28〕《論衡校釋・謝短》，555頁。
〔註29〕《莊子集釋・逍遙遊》，24頁。
〔註30〕《莊子集釋・知北遊》，757頁。
〔註31〕《王弼集校釋・老子指略》，199頁。
〔註32〕《嵇康集校注・釋私論》，240頁。
〔註33〕《莊子集釋・繕性》，550～552頁。

之以禮？於是「民始惑亂，無以反其性情而復其初」。此後嵇康又於〈難自然好學論〉、〈太師箴〉再次闡述了這種古史觀。

表述代真實為價值則惑亂生，是以絕然不可表述。故《老子・道經》之終謂：

> 道常無爲而無不爲，侯王若能守之，萬物將自化。化而欲作，吾將鎮之以無名之樸。無名之樸，夫亦將無欲。不欲以靜，天下將自定。〔註 34〕

當天下私心自用追求名利而紛然淆亂之時，惟「無名之樸」可鎮，「不欲以靜」，則「天下將自定」，是以「道常無名」、「道恒無名」，〔註 35〕而在《莊子・大宗師》中天根問爲天下所問之人亦爲「無名人」，因爲眞正的價值是絕對不能表述的，一旦表述則將爲名所取代，越俎代庖的結果是天下雲擾。此時唯有靜以歸根，使之無名，因爲無名不但可澄清價值，澄清言者之心，亦可澄清天下之志。

由此而來的名實理論是〝名實相離〞的靜態關係與〝由實而名〞的動態關係。〝名實相離〞是因價值無形，而表述有形，故二者相離，名與實間並不存在一一對應的固定關係，故《莊子》謂「道行之而成，物謂之而然」、〔註 36〕「道之爲名，所假而行」。〔註 37〕然名與實間若不存在一一對應的固定關係，便可有〝異名同實〞的表現，故《老子》論有與無二者謂「此兩者同出而異名」，〔註 38〕《莊子》說周遍咸謂「異名同實，其指一也」，〔註 39〕嵇康說五方殊俗謂「同事異號」，〔註 40〕汰法師言六通三明謂「同歸，正異名耳」；〔註 41〕〝由實而名〞則因價值超越，實爲主，名爲賓，故應由實定名，是以《老子》謂「名亦既有，夫亦將知止」，〔註 42〕王弼謂「校實定名，

〔註 34〕《帛書老子校注・道經三十七》，今本第三十七章，421～427 頁。
〔註 35〕「道常無爲而無不爲」帛書老子甲乙本俱作「道恒無名」，郭店楚簡作「道亙亡名」。
〔註 36〕《莊子集釋・齊物論》，69 頁。
〔註 37〕《莊子集釋・則陽》，917 頁。
〔註 38〕《帛書老子校注・道經一》，今本第一章，227 頁。帛書甲乙本作「兩者同出，異名同胃」。
〔註 39〕《莊子集釋・知北遊》，750 頁。
〔註 40〕《嵇康集校注・聲無哀樂論》，211 頁。
〔註 41〕《世說新語校箋・文學 54》，129 頁。
〔註 42〕《帛書老子校注・道經三十二》，今本第三十二章，400 頁。

以觀絕聖，可無惑矣」。〔註 43〕於是〝異名同實〞的表現在此獲致運用的準則，而「無名」也在沒有名之外多延展出一層無定名的涵意，〔註 44〕於是，令人激奮的，無名之道得到了表現的機會，因爲「四象不形，則大象無以暢；五音不聲，則大音無以至」，〔註 45〕是以無名之道可稱之爲「道」、「玄」、「深」、「大」、「微」、「遠」，雖然「各有其義，未盡其極」，〔註 46〕但正以此而見「道恒無名」，譬若觀水，水無定形，注於方器則方，注於圓器則圓，注於何種容器即何形，當觀方器之水時，我們不能以爲水的形狀是方的，當觀圓器之水時，亦不能以爲水的形狀是圓的，相反的，我們所要注意的是水既能與方器器形契合無間又能與圓器器形契合無間的奇妙表現，由此而知水之無形。此即《老子》「常無，欲以觀其妙；常有，欲以觀其徼」與《莊子》「卮言」之謂，故《老子》一方面高倡「無名」，一方面又謂「自古及今，其名不去」。〔註 47〕

基於上述名實關係，〝無名〞觀中產生了言意之辨，同時言者言說成為講無名者所偏愛的語文運作方式。這可以分三點來說：首先，就「道常無名」而言，「有名有實，是物之居；無名無實，在物之虛」，〔註 48〕道本不可見，但言者言說時言者在現場，言者自身即是自然所成之眞，而「從事於道者，道者同於道」，〔註 49〕故可「目擊而道存」。〔註 50〕也因此，在媒介上產生了「書不盡言」、〔註 51〕「書不過語」〔註 52〕的觀點，因爲，在文字的運用中作者並不在現場，是以「盡信書，則不如無書」，〔註 53〕聖賢經典，可爲「古人之糟魄」、〔註 54〕「聖人之糠秕」；〔註 55〕其次，就〝名實相離〞而言，「可以言論者，物之粗也；可

〔註 43〕《王弼集校釋・老子指略》，199 頁。

〔註 44〕《老子》書中「無名」與「有名」對舉共兩見，分別見於《老子・道經》第一章與第三十二章，由此現象來看，〝無名〞最初的涵意很簡單，就是沒有名。

〔註 45〕《王弼集校釋・老子指略》，195 頁。

〔註 46〕《王弼集校釋・老子指略》，196 頁。

〔註 47〕《帛書老子校注・道經二十一》，今本第二十一章，332 頁。

〔註 48〕《莊子集釋・則陽》，916、917 頁。

〔註 49〕《帛書老子校注・道經二十四》，今本第二十三章，346 頁。

〔註 50〕《莊子集釋・田子方》，706 頁。

〔註 51〕《周易正義・繫辭上》，169 頁。

〔註 52〕《莊子集釋・天道》，488 頁。

〔註 53〕《孟子注疏・盡心下》，6029 頁

〔註 54〕《莊子集釋・天道》，491 頁。

〔註 55〕《三國志・荀彧傳》，319 頁，裴注。

以意致者，物之精也。言之所不能論，意之所不能察致者，不期精粗焉」，〔註56〕是以人「雖有大知，不能以言讀其所自化，又不能以意其所將爲」，〔註57〕「象外之意，繫表之言，固蘊而不出矣」，〔註58〕蓋「言不盡意」，〔註59〕「意之所隨者，不可以言傳也」，〔註60〕故匠人之技「得之於手而應於心，口不能言」，〔註61〕「可言可意，言而愈疏」。〔註62〕但言說中之〝稱謂〞卻正符合了無名觀名實相離的要求。〔註63〕如王弼謂「名也者，定彼者也；稱也者，從謂者也。名生乎彼，稱出乎我」，〔註64〕〝道〞之稱〝道〞，只是言者言其「涉之乎無物而不由」時所稱，〔註65〕並非有一固定之物名叫做〝道〞，猶如言者如言說中之〝你〞、〝我〞、〝他〞等人稱本身並非某位特定人士之名，只是在某一說話情境下的指稱；最後，就〝由實而名〞而言，言說情境中之言者充分展現了以實定名主動而超越的角色。故《莊子》謂「其口雖言，其心未嘗言」、〔註66〕「言無言，終身言，未嘗不言；終身不言，未嘗不言」，〔註67〕言或未言不是由話語聲音決定的，而是由言者決定的，言者才是整個言說情境中的決定者，言語並不重要，故可「得意而忘言」，〔註68〕甚至「忘言者，乃得象者也。得意在忘象，得象在忘言」。〔註69〕而意雖不及道，但相對於表述而言，亦具有強烈的超越性與主導性，故可「以意逆志」，〔註70〕論事亦「必開心意」，〔註71〕是以最後「言

〔註56〕《莊子集釋・秋水》，572頁。
〔註57〕《莊子集釋・則陽》，916頁。
〔註58〕《三國志・荀彧傳》，320頁，裴注，陳壽撰，鼎文出版，民86.5九版。
〔註59〕《周易正義・繫辭上》，169頁。
〔註60〕《莊子集釋・天道》，488頁。
〔註61〕《莊子集釋・天道》，491頁。
〔註62〕《莊子集釋・則陽》，917頁。
〔註63〕筆者按：其實從主張無名者的觀點來看，所有的名號都只是一種〝稱謂〞，故《莊子・齊物論》謂「道行之而成，物謂之而然」，「言者有言，其所言者特未定也」。而講求無名之老莊亦常常使用〝彼〞、〝此〞、〝人〞、〝自〞、〝吾〞、〝我〞等稱謂之詞，
〔註64〕《王弼集校釋・老子指略》，197頁。
〔註65〕同上。
〔註66〕《莊子集釋・則陽》，895頁。
〔註67〕《莊子集釋・寓言》，949頁。
〔註68〕《莊子集釋・外物》，944頁。
〔註69〕《王弼集校釋・周易略例・明象》，609頁。
〔註70〕《孟子注疏・萬章下》，5944頁。
〔註71〕《論衡校釋・薄葬》，963頁。

無不盡矣」，〔註72〕蓋「理得於心，非言不暢；物定於彼，非名不辨」，〔註73〕於是在意的主導下，「名逐物而遷，言因理而變，此猶聲發響應，形存影附，不得相與爲二矣」。〔註74〕

至此，〝無名〞觀從名實關係到語文運用建立了一套完整的觀點。以道無形無名的特質爲基點，主張價值不可表述，因爲道無形而表述有形，是以名實相離，名不能表述實。但在由實而名的情形下，名可以用一種不表述的方式來表述，在言不盡意的前題下完成言盡意，於是主張〝無名〞的無名觀並沒有使知識分子閉口不言，反而是在「其口雖言，其心未嘗言」的情況下開展了一個多彩多姿妙不可言的世界。

第二節　符號運作：詭辭與清言

相應於理論觀點，〝無名〞觀真的開展了特殊的語文運作模式。這些模式表現不僅可作爲基本理論的補充與說明，亦是價值表述問題在實質層面的直截解答，同時散播了無名的觀點。這點極爲重要，猶如科學家解決科學問題，除了要有理論根據，尚得以實驗證明，否則終難服人。且名實問題中的〝表述〞本非純粹思辨而關乎實際行動，是以〝無名〞觀在理論觀點外必須在語言文字實際的運用上提出相應的模式，且在質與量上都得有相當成績才行。而在言意之辨與對言者言說的偏好下，無名觀的符號表現便集中在語言的運用上，結果，分別發展出了獨特卓絕的〝詭辭〞與〝清言〞〔註75〕，從而形成了玄妙眩目的諸多表現。

從沒有名這最單純的涵意來看，無名觀最直接的語言表現就是〝無言〞或〝不言〞。故孔子謂「天何言哉」，〔註76〕《莊子》謂「天地有大美而不言」，

〔註72〕《世說新語校箋・文學21》，劉注引歐陽堅石〈言盡意論〉，114頁。
〔註73〕同上。
〔註74〕《藝文類聚・卷十九・言盡意論》，348頁。
〔註75〕此處〝清言〞即是一般所指的〝清談〞，而唐師翼明《魏晉清談》第一章第五節特別指出魏晉時〝清談〞實多稱作〝清言〞，「如果只考慮準確性一端，則『魏晉清談』這個術語實不如更名爲『魏晉清言』更好」，而〝清言〞一辭又可與本論文所提出〝書〞與〝言〞之表述範疇相呼應，便於讀者理解，故從之。但一般論述中則仍以〝清談〞與〝清言〞並用。
〔註76〕《論語注疏・陽貨》，5485頁。

〔註 77〕支道林謂「聖賢固所忘言」。〔註 78〕而這種無言或不言的意義在有言或應言的情形對照下最爲凸顯，正如無名的講究要在已經有名的情形下才有意義一般，也因此，不講話也出人意外的衍生出種種豐富的表現，如《老子》稱「太上」「悠兮其貴言，功成事遂，百姓皆謂：『我自然』」，〔註 79〕陶淵明自謂「此中有眞意，欲辨已忘言」、〔註 80〕《莊子》載知問之事謂「三問而無爲謂不答也，非不答，不知答也」、〔註 81〕《晉諸公贊》載樂廣與裴頠清閒事謂「頠辭喻豐博，廣自以體虛無，笑而不復言」等等，〔註 82〕或是透過文字敘述來彰顯無言的意義，或是透過言談語境應答而不答來呈現其意義。於是什麼都沒說的〝無言〞包容了道的各種可能性，表述了最豐富的意涵，好似中國繪畫上的虛白，可爲煙，可爲雲，可爲水，可爲清空，可爲縹緲，在虛白之處藏著靜默的美感，似乎可以湧現什麼非凡的生氣，好像是什麼都沒有說，卻又是說了不盡的一切，在短短靜默的瞬間作了極精凝的表現，無聲因而勝過有聲。

而在〝有言〞的搭配下，〝無言〞或〝不言〞以不說為說的空白形式便更可展現其所涵有的無窮潛力。如《世說新語》載：

> 支道林造〈即色論〉，論成，示王中郎，中郎都無言。支曰：「默而識之乎！」王曰：「既無文殊，誰能見賞？」〔註 83〕

王坦之的〝無言〞或爲自高，表示自己不屑一顧的態度，一如韓康伯對伏玄度、習鑿齒論青楚人物之〝無言〞，〔註 84〕這對主動出示〈即色論〉的支道林而言自然是一種打擊，可是支公並未示弱，反而利用〝無言〞表述上的空白而以「默而識之乎！」來主動詮釋，重新掌握局勢，這種手法一如其以「白旃檀非不馥，焉能逆風？」說竺法深之「笑而不答」，〔註 85〕以有言之具體主動破解無言之虛白超越。然而王坦之卻又利用《維摩詰經・入不二法門品》

〔註 77〕《莊子集釋・知北遊》，735 頁。
〔註 78〕《世說新語校箋・文學 25》，117 頁。
〔註 79〕《帛書老子校注・道經十七》，今本第十七章，308 頁。
〔註 80〕《陶淵明集校箋・飲酒詩其五》，145 頁，楊勇，正文書局，民 76.1.1.出版。
〔註 81〕《莊子集釋・知北遊》，729 頁。
〔註 82〕《世說新語校箋・文學 12》劉注引，109 頁。
〔註 83〕《世說新語校箋・文學 35》，121 頁。
〔註 84〕《世說新語校箋・言語 72》，73 頁。
〔註 85〕《世說新語校箋・文學 30》，119 頁。

中維摩詰以默然無言表入不二法門而爲文殊歡喜讚嘆的典故自行詮釋自己的無言，同時，又批評了支道林連欣賞無言的水準都沒有。於是〝無言〞成爲表述中之黑洞，在此黑洞中暗藏了整個談話轉折的微妙可能，同時又可形成種種言說的奇趣，如小沙彌「世尊默然，則爲許可」〔註 86〕和謝仁祖「時無豎刁，故不貽陶公話言」等語。〔註 87〕更可開啓往後論辯的巨大空間，這在謝安出東山一事之論述中最爲明顯。他人戲謝安出東山時謝安「笑而不答」，〔註 88〕爲其出處的原因留下一個懸案，於是而有往後王凝之妻謝氏以「亡叔太傅先正以無用爲心，顯隱爲優劣，始末正當動靜之異耳」說其出處之理。〔註 89〕當然，〝無言〞確實可以是言說技窮後的故作高深，一如惠遠對殷浩之問「笑而不答」，〔註 90〕但無論如何，〝無言〞的空白都在言說中形成無窮的想像空間，並在有言的搭配下形成各種豐富的表述。

然而，無名觀真正的語文運作模式乃是〝詭辭〞。因爲無言或不言雖有無盡的想像空間，但言談的整個過程不能全然無言，即以上述諸例而言，〝無言〞之靜默亦是與〝有言〞構成對立而完成其獨特有力的表現的，因爲語言的運作當然要以〝有言〞爲主。但是〝有言〞如何可無名？在此，〝詭辭〞正反同用的兩面運作模式在名實相離的觀點下以非表述的表述完成了無名的言說方式。〔註 91〕無形無色之道雖不可直接表述，但卻可從有形有色的物下手，以〝非有〞的反面方式間接表述道之體無，只要破解〝有〞的常性，顯示常道與常名之非有，那麼，自然之無便可自行顯現。而〝非有〞的方式莫過於混同有無，「正言若反」，〔註 92〕只要在語文的運用上能完成以有爲無、以是爲非，然後「有無相生」，〔註 93〕「恢詭譎怪，道通爲一」，〔註 94〕在「同謂之玄。玄之又玄，眾妙之門」的情境下，〔註 95〕「處乎材與不材之間」，〔註 96〕

〔註 86〕《世說新語校箋・言語 97》，84 頁。

〔註 87〕《世說新語校箋・言語 47》，60 頁。

〔註 88〕《世說新語校箋・排調 26》，429 頁。

〔註 89〕《世說新語校箋・排調 26》劉注引，429 頁。

〔註 90〕《世說新語校箋・文學 61》，132 頁。

〔註 91〕牟宗三《才性與玄理》論「王弼之老學」部分首先指出老莊「詭辭爲用」的述說乃是以〝遮現〞的方式來闡發玄智玄理。

〔註 92〕《帛書老子校注・德經八十》，今本第七十八章，211 頁。

〔註 93〕《帛書老子校注・道經二》，今本第二章，230 頁。

〔註 94〕《莊子集釋・齊物論》，70 頁。

〔註 95〕《帛書老子校注・道經一》，今本第一章，227 頁。

「有意無意之間」，〔註 97〕便可玄同有無，〔註 98〕使「天地一指」、「萬物一馬」，〔註 99〕從而達成常名非有的表述。

於是在正反相成的情形下，〝詭辭〞又以言為無言而展現了種種高妙的表現。如《老子》謂「弱之勝強，柔之勝剛」、〔註 100〕「受國之垢是謂社稷主，受國不祥是爲天下王」、〔註 101〕「明道若昧、進道若退、夷道若纇、上德若谷、大白若辱、廣德若不足，建德若偷。質眞若渝」；〔註 102〕《莊子》謂「庸詎知吾所謂知之非不知邪？庸詎知吾所謂不知之非知邪？」等等。〔註 103〕而《世說新語》亦載有魏晉名士言談中之諸多詭辭，如王濛、劉惔與支道林共看何充，何充看文書而不顧，王濛便質以「望卿擺撥常務，應對玄言，那得方低頭看此邪？」而何充竟應以「我不看此，卿等何以得存？」即是「正言若反」，以不玄言爲玄言，從而形成弔詭的玄趣，故「諸人以爲佳」。〔註 104〕又「桓南郡與殷荊州共談」，「桓自歎才思轉退」，而殷云「此乃是君轉解」，則又是以反義共正義說一境，有無相生的詭辭。〔註 105〕而傅嘏與荀粲共語爭而不相喻，「裴冀州釋二家之義，通彼我之懷，常使兩情皆得，彼此俱暢」；〔註 106〕何晏談坐，王弼作難，「自爲客主數番」；〔註 107〕劉惔諸賢清言客主有不通處，張憑「言約旨遠，足暢彼我之懷」；〔註 108〕許詢與王苟子論理，王大屈，「許復執王理，王執許理，更相覆疏，王復屈」等等，〔註 109〕則是〝玄同有無〞的最佳表現。事實上，整本老莊，包括王弼注《老》、郭象注《莊》，都可視爲詭辭的表現。〔註 110〕

〔註 96〕《莊子集釋・山木》，668 頁。
〔註 97〕《世說新語校箋・文學 75》，140 頁。
〔註 98〕讀者另可詳參本論文第七章第二節魏晉名士論玄同彼我的部分。
〔註 99〕《莊子集釋・齊物論》，66 頁。
〔註 100〕《帛書老子校注・德經八十》，今本第七十八章，210 頁。
〔註 101〕《帛書老子校注・德經八十》，今本第七十八章，211 頁。
〔註 102〕《帛書老子校注・德經四十一》，今本第四十一章，20～23 頁。
〔註 103〕《莊子集釋・齊物論》，92 頁。
〔註 104〕《世說新語校箋・政事 18》，100、101 頁。
〔註 105〕《世說新語校箋・文學 85》，143 頁。
〔註 106〕《世說新語校箋・文學 9》，108 頁。
〔註 107〕《世說新語校箋・文學 6》，106 頁。
〔註 108〕《世說新語校箋・文學 53》，128 頁。
〔註 109〕《世說新語校箋・文學 38》，122 頁。
〔註 110〕此點牟宗三在《才性與玄理》第五章〈王弼之老學〉與第六章〈向郭之注莊〉

就在上述種種豐富而玄妙的語言表現中，“詭辭”以表述為不表述的方法對價值做了表述，並以實驗證明名不能表述實。說是不是是，說非不是非，於是是非不可分，則道無是無非。這實在是非常奇妙，在名與實間，詭辭形成了一種固定的空間與距離，使名觸不到實，是以名實相離，名不能表述實。可是此一空間看不見摸不到的性質本身說明了價值無形無色變化不居的特質。於是，恰恰在語言實際的運用中證明了名實相離的關係，說明了名不能表述實的事實。

而以不言與詭辭為基礎，無名觀又發展出“清言”一特殊語言活動。而這一語言活動將言者言說的特質發揮得淋漓盡緻，不但吸收了不言與詭辭在話語內容上的表現模式，而且更盡一步的將語言的聲音特質、話語的應境變化、言者的神情風采結合起來，成爲一個不以實際利害爲目的的語言遊戲，於是在此遊戲中所表現的只是言者之情志與懷抱，也就是說，言者之表現並不在其所言，而在其所以言，不是名表述實，而是實表現爲名。結果〝清言〞鮮明亮麗的表現不同於日常生活中之瑣碎漫談或其它語言活動，從而完成其最終的語文〝實驗〞。

首先，“清言”中的辭藻敘致和語氣聲韻以美感表現了言者自我之才情。如就辭藻而言，有何晏「辭妙於理」、〔註 111〕王濛「韶音令辭」、〔註 112〕「名理奇藻」、〔註 113〕支道林「敘致精麗，才藻奇拔」、〔註 114〕「才藻新奇，花爛映發」、〔註 115〕殷浩「辭條豐蔚」等表現，〔註 116〕而此表現不僅是一種雕琢的美麗，更可形成一種美感風格，如《世說新語》謂：

> 許掾嘗詣簡文，爾夜風恬月朗，乃共作曲室中語。襟情之詠，偏是許之所長，辭寄清婉，有逾平日。簡文雖契素，此遇尤相咨嗟，不覺造膝，共叉手語，達于將旦。既而曰：「玄度才情，故未易多有許。」〔註 117〕

在此次清言之中，許詢「辭寄清婉，有逾平日」，可見當日辭語在「風恬月朗」

中首先提出，論之甚詳。

〔註 111〕《三國志・管輅傳》注引輅別傳中裴使君之言，821 頁。

〔註 112〕《世說新語校箋・品藻 46》，288 頁，王濛自謂。

〔註 113〕《世說新語校箋・文學 42》，124 頁，王濛自謂。

〔註 114〕《世說新語校箋・文學 55》，130 頁。

〔註 115〕《世說新語校箋・文學 36》，121 頁。

〔註 116〕《世說新語校箋・文學 28》，118 頁。

〔註 117〕《世說新語校箋・賞譽 144》，268 頁。

的情境下於「襟情之詠」有特殊表現。而許詢清言正以「高情」爲勝，因其人「風情簡素」，〔註 118〕故劉惔「清風朗月，輒思玄度」，〔註 119〕而《世說新語》載人以其與孫綽相較之言謂「或重許高情，則鄙孫穢行；或愛孫才藻，而無取於許」，〔註 120〕孫綽亦自謂「高情遠致，弟子蚤已服膺；一吟一詠，許將北面」，〔註 121〕可知許詢清言具有一種簡素而不雕琢的辭藻風格，或不合一般人於辭藻上諸般要求，但合乎許詢之高情，而於其清言中形成一股美感，表現了自我。又如就聲韻而言，〔註 122〕有郭泰「美音制」、〔註 123〕邊讓「聲氣如流」、〔註 124〕裴遐「辭氣清暢，泠然若琴瑟」、〔註 125〕支遁「辭氣俱爽」〔註 126〕等等，而表現實例亦不少，如荀鳴鶴、陸士龍二人未相識，俱會張茂先坐，陸語「雲間陸士龍」，荀答「日下荀鳴鶴」，〔註 127〕此二句除對仗工整外，每句之內都是平仄相間，前句平仄爲〝平平仄仄平〞，後句平仄爲〝仄仄平平仄〞，在聲律上也表現出迭代之妙，〔註 128〕另外，《世說新語．言語》中所載雙聲疊韻之現象亦不少。而張敷對聲音的運用更特別，《宋書》謂其曰：

> 善持音儀，盡詳緩之致，與人別，執手曰：「念相聞。」餘響久之不絕。〔註 129〕

唯「念相聞」之聞字乃鼻音韻尾，是以可「餘響久之不絕」，而此餘響之久似乎更加深了話中長久思念之意，此當爲「詳緩之致」的具體表現。則此中張敷之表現在聲音純粹的美感之外更與話語之意象結合而表現了一股朦朧的意念，這種意念或許不同於語言概念式的傳達，但當具有抒發情意與懷抱的作

〔註 118〕《世說新語校箋．言語 69》注，71 頁。
〔註 119〕《世說新語校箋．言語 73》，74 頁。
〔註 120〕《世說新語校箋．品藻 61》，292 頁。
〔註 121〕《世說新語校箋．品藻 54》，290 頁。
〔註 122〕清言對聲韻美感重視一事唐師翼明早已論及，並以爲此事甚至可能關聯到文學史上永明聲律及四聲之發現，讀者可參《魏晉清談》「貴語音節奏之美」部分，80、81 頁。筆者以爲，此事又當與南北朝韻書蜂起的現象有關。
〔註 123〕《後漢書．郭泰傳》，2225 頁。
〔註 124〕《世說新語校箋．言語 1》注引《文士傳》，29 頁。
〔註 125〕《世說新語校箋．文學 19》注引鄧粲《晉紀》，113 頁。
〔註 126〕《世說新語校箋．文學 30》，119 頁。
〔註 127〕《世說新語校箋．排調 9》，424 頁。
〔註 128〕《中國古代文體學》，216、217 頁，褚斌杰，學生書局，民 80.4.修訂增補版一版。
〔註 129〕《宋書．張敷傳》，1396 頁，沈約撰，鼎文出版，民 64。

用，如《世說新語》載阮籍與蘇門山人對嘯事謂「籍復嘯。意盡，退還半嶺許」，〔註 130〕《高坐別傳》載高坐因周侯遇害而「作胡祝數千言，音聲高暢，既而揮涕收淚。其哀樂廢興皆此類」，〔註 131〕而其與人言皆因傳譯，「然神領意得，頓在言前」，可知音聲之中又可有股言外之意，〔註 132〕而這種聲意的運用不是一般人可以硬學的，從而展現了運用者的價值。

而在美學成分之外，〝清言〞更充分發揮言說語境的特質表現言者主動的價值。首先，語境隨時而異，是以言說中的語言具有變異的特質，如《世說新語》載孫子荊年少時欲隱，語王武子「當枕石漱流」時誤爲「漱石枕流」。於是王問「流可枕，石可漱乎？」孫曰「所以枕流，欲洗其耳；所以漱石，欲礪其齒。」〔註 133〕又載任育長赴王丞相席，坐席竟，下飲，便問人云「此爲荼爲茗？」待覺人有異色，乃自申明云「向問飲爲熱爲冷耳」。〔註 134〕孫、任二人俱因口誤而隨後改更，雖然一人慧成一人失志，但皆充分表現出語言的變異性。而在清言中，最擅長此種操作能力的是王衍，《晉書》載其清言謂：

> 義理有所不安，隨即改更，世號「口中雌黄」。〔註 135〕

可惜我們今天看不到王衍清談隨即改更的例子了。其次，語境又具有〝現場性〞，於是言說中的語言可以有著種種應境的表現。如王丞相見謝仁祖則謂「恒令人得上」，但與何次道語，「唯舉手指地曰：『正自爾馨。』」〔註 136〕王導舉手指以示何次道清言之「下」當因不願口出惡言，而此一簡捷的示「下」動作與謝仁祖之「上」相對而言，從而成爲一巧妙的評論。而清言中樂廣特善於此，《世說新語》載：

> 客問樂令「旨不至」者。樂亦不復剖析文句，直以麈尾柄确几曰：「至不？」客曰：「至。」樂因又舉麈尾曰：「若至者，那得去？」於是客乃悟服。樂辭約而旨達，皆此類。〔註 137〕

〔註 130〕《世說新語校箋・棲逸 1》，355 頁。
〔註 131〕《世說新語校箋・言語 39》注引《高坐別傳》，55 頁。
〔註 132〕此類音聲表現在佛教祝咒、梵唱、唱導等中似特別明顯，讀者可參《高僧傳・唱導》部分，如釋道照「音吐寥亮，洗悟塵心」、釋曇穎「辭吐流便，足騰遠理」。而魏晉名士聲音上之表現或亦受此影響。
〔註 133〕《世說新語校箋・排調 6》，419 頁。
〔註 134〕《世說新語校箋・紕漏 4》，487 頁。
〔註 135〕《晉書・王衍傳》，1236 頁，房玄齡撰，鼎文出版，民 84.6 八版。
〔註 136〕《世說新語校箋・品藻 26》，282 頁。
〔註 137〕《世說新語校箋・文學 16》，110、111 頁。

樂令以麈尾、桌几配合簡潔有力的言語舉手間漂亮的解決了旨至不至的複雜問題，「不復剖析文句」點明了此種表現不同於傳統以言語說理解析的方式，而是利用言說之現場語境相應發揮的表現。同時，言者的瀟洒自然與超越的風骨也在此一回答中表露無遺。另外一種語境言說的表現是巧妙的運用語言與語境的配合以產生雙關、反諷等微妙的涵意，此或可謂之〝契機〞。如簡文作撫軍時，嘗與桓宣武俱入朝，更相讓在前，宣武不得已而先之，因曰「伯也執殳，為王先驅。」簡文曰「所謂『無小無大，從公於邁。』」〔註138〕簡文與桓溫二人引《詩》句以謙讓，實際上則是為政治較勁而展現個人才氣。《世說新語》又載二人事謂：

> 簡文在暗室中，坐召宣武，宣武至，問上何在。簡文曰：「某在斯！」時人以為能。〔註139〕

在此，簡文將語言與語境融合得更密切了，並藉著此一融合與孔子扶相的典故相結合而貶低了桓溫的政治氣勢。簡文顯然善於言語〝契機〞之表現。而《世說新語》另載桓南郡與殷荊州語事，作危語時，殷有一參軍在坐，云「盲人騎瞎馬，夜半臨深池。」亦是對語境巧妙的運用，蓋仲堪眇目故也。〔註140〕其實魏晉文學即善用典故、隱喻與雙關語，唯清言時，言者要能當下即刻反應，不得遲疑，是以機智顯得特別重要，而在隨機應變之中，言者運用語言的主導地位便得到特別的彰顯，也就是說，真正的價值乃在言者而非言語。

然則在清言中最重要最特別的表現就是〝言者自見〞了。是以清言中各種表現又綜合出因人而異的〝清言風格〞，如許王導特重「理源」，樂廣特為「言簡」〔註141〕，許詢偏重「高情」，孫綽自恃「才藻」，劉惔理擅「簡秀」，王濛辭美「韶令」，殷浩富於「思致」等等，此種風格當然是言者人格特質的直接表現。而詭辭、美感與機智的表現既在言者自身，於是清言時唯有言者出現在現場時這些表現才是活的，如「裴成公作〈崇有論〉，時人攻難之，莫

〔註138〕《世說新語校箋・言語56》，64、65頁。

〔註139〕《世說新語校箋・言語60》，67頁。

〔註140〕《世說新語校箋・排調61》，440頁。

〔註141〕王導特重理源可參《世說新語校箋・文學》第21、22條，其自己乃以聲無哀樂、養生、言盡意三理為理源，而宛轉關生，無所不入。和人對談則求知其理源所歸，蓋欲便為對策。樂廣特為言簡可參《世說新語校箋・文學》第16條，和人談不剖析文句，而重動作配以簡略言語表現，辭約而旨達。

能折，唯王夷甫來，如小屈。時人即以王理難裴，理還復申」；〔註 142〕又殷中軍、孫安國、王、謝諸賢清言，孫語道合，意氣干雲，然「即迎眞長，孫意已不如」，待劉惔至，「便作二百許語，辭難簡切，孫理遂屈」；〔註 143〕又支遁詣謝安，時謝東陽始總角，新病起，體未堪勞，與林公講論，母王夫人因自出，流涕抱兒以歸。謝安則語同坐曰：「家嫂辭情慷慨，致可傳述，恨不使朝士見！」等等，〔註 144〕均可爲證。由此可知，人在「理」才在，死道理在清言中並無作用。美感亦然，「致可傳述，恨不使朝士見！」言者之才思意致大體可由他人複誦，但言者自身的風采，透過其言行舉止所表現之風度意氣則是無法取代的。這種對〝人〞自身直接表現的重視亦展露於清言之外，如謝安夫人教兒，問太傅曰「那得初不見君教兒？」而謝安則答「我常自教兒。」〔註 145〕又如晉東海王司馬越敕世子毗謂「夫學之所益者淺，體之所安者深。閑習禮度，不如瞻仰儀形；諷味遺言，不如親承音旨。」〔註 146〕等均表現出〝人〞的現身說法才是最重要的，此實即老子「不言之教」、莊子「目擊而道存」觀點更進一步的發揮。而爲強調價值的主導與超越特性，清言便以表現言者自身之才情與懷抱爲主。

既為表現言者自身，清言便產生了強烈的〝遊戲性〞。因爲在遊戲之中，言者可充分的展現其才志及超然事外指揮陣仗的主導態度。於是言者或記者往往以戰爭搏戲之語說清言，如「開張戰地，示以不固，藏匿孤虛，以待來攻」、〔註 147〕「若湯池鐵城，無可攻之勢」、〔註 148〕「雲梯仰攻」、〔註 149〕「堅城壘」、「以偏師待之」、「濟河焚舟」、〔註 150〕「崤函之固」等。〔註 151〕而殷浩與孫綽之談中殷語孫謂「卿莫作強口馬，我當穿卿鼻！」孫語殷謂「卿不見決鼻牛，人當穿卿頰！」更是充滿戲謔意味。〔註 152〕此種語言之搏戲並

〔註 142〕《世說新語校箋・文學 12》，108 頁。
〔註 143〕《世說新語校箋・文學 56》，130 頁。
〔註 144〕《世說新語校箋・文學 39》，123 頁。
〔註 145〕《世說新語校箋・德行 36》，21 頁。
〔註 146〕《世說新語校箋・賞譽 34》，241 頁。
〔註 147〕《三國志・魏書・管輅傳》下引〈輅別傳〉，817 頁。
〔註 148〕《世說新語校箋・文學 34》，120 頁。
〔註 149〕《世說新語校箋・文學 26》，117 頁。
〔註 150〕《世說新語校箋・言語 79》，76 頁。
〔註 151〕《世說新語校箋・文學 51》，127 頁。
〔註 152〕《世說新語校箋・文學 31》，119 頁。

如今日之辯論比賽般形成了〝問難〞的固定之形式、程序與成規。〔註 153〕而在遊戲之中，言者超越物外展露價值主導性的心態一覽無遺，如殷浩與支遁談，殷以其所善才性設下「崤函之固」，「支初作，改轍遠之；數四交，不覺入其玄中」；〔註 154〕又如羊孚與仲堪道齊物謂「君四番後當得見同」，「乃至四番後一通」。〔註 155〕在支殷的清談中殷浩顯然是藉著問答設了一個陷阱，一如弈棋之佈局，而在殷羊的清談中，更是算計到問答四次後的結果，於是殷羊二人成功的展現了主導價值，在言談問答如陣戰或博戲之攻守往反廝殺中自在安然的於局外指揮著，一如戰爭中之將帥，〔註 156〕本身是士兵進退的決定者，而非下場廝殺者，亦如棋局中之弈棋者，本身是運棋者而非被決定的棋子。〔註 157〕於是談者之談乃在其所以言而非其所言，重點在言外之意而非言內之理，故西晉時懷道之流詣王夷甫咨疑，王謂謂客曰「身今少惡，裴逸民亦近在此，君可往問」，〔註 158〕蓋王衍貴無，裴頠崇有，二人言理相反，但清言所重既在言外，是貴無或崇有也就無所謂了。

而於遊戲表現外，清言還有著〝抒懷〞的表現。在〝抒懷〞的清言中，參與者以抒發一己懷抱爲主，在抒發情志之中以藝術性的美感自得的展現應道之〝自然〞，其間並無相互問難競爭勝負之事，而餘者皆爲聽眾，如後漢李膺「每見融，輒絕他賓客」，而「融幅巾奮袖，談辭如雲，膺每捧手歎息」便是；〔註 159〕又如諸名士共至洛水戲，還，樂令問王夷甫曰「今日戲，樂乎？」王曰：「裴僕射善談名理，混混有雅致；張茂先論史、漢，靡靡可聽；我與王

〔註 153〕關於清言的參與方式、程序、術語等等活動形式上的問題，讀者可參《魏晉清談》第二章〈清談形式考索〉，唐師翼明著，東大圖書，民 81.10.初版。文中首次完整的探討了清言活動之面貌。

〔註 154〕《世說新語校箋・文學 51》，127 頁。

〔註 155〕《世說新語校箋・文學 62》，133 頁。

〔註 156〕參《三國志・諸葛亮傳》注引世說中載諸葛亮「獨乘素輿，葛巾毛扇，指揮三軍，隨其進止。懿乃歎曰：『諸葛君可謂名士矣！』」，諸葛亮正表現出這種態度。

〔註 157〕筆者按：謝安在淝水一戰中即非常突兀的表現了這種自我超越於物外的態度。淝水之戰是東晉存亡關鍵，謝安、謝玄率精兵打苻堅百萬大軍，而《世說新語校箋・雅量 35》載謝安竟在戰爭進行中「與人圍棋」，謝玄喜訊報至亦竟「默然無言」，待客問方答「小兒輩大破賊」，意色舉止，不異於常，正是綜合戰陣、棋弈與清言三者對超然意態的最佳表現。

〔註 158〕《世說新語校箋・文學 11》，108 頁。

〔註 159〕《後漢書・符融傳》，2232 頁。

安豐說延陵、子房，亦超超玄著」亦然。〔註 160〕在此種抒發個人懷抱的清言中，聽者抱持欣賞的心情聽，言者則抱持表演的心情講，以得到人生的快樂與滿足。而《世說新語》又載：

> 支道林、許、謝盛德共集王家，謝顧謂諸人：「今日可謂彥會。時既不可留，此集固亦難常，當共言詠，以寫其懷。」許便問主人：「有莊子不？」正得漁父一篇。謝看題，便各使四坐通。支道林先通，作七百許語，敘致精麗，才藻奇拔，眾咸稱善。於是四坐各言懷畢，謝問曰：「卿等盡不？」皆曰：「今日之言，少不自竭。」謝後粗難，因自敘其意，作萬餘語，才峰秀逸，既自難干，加意氣擬託，蕭然自得，四坐莫不厭心。支謂謝曰：「君一往奔詣，故復自佳耳。」〔註 161〕

從此例中極易看出〝抒懷〞類清言「以寫其懷」的獨唱遊戲規則，而謝安「自敘其意」、「既自難干」、「意氣擬託，蕭然自得」更易見出此類清言展現一己自得自然的旨意，四座亦因此厭心。餘如許詢爲簡文曲室語「辭寄清婉」，殷浩爲謝鎮西清言「動心駭聽」皆是。〔註 162〕在抒懷之清言中，透過美感的塑造而使其達到無爲絕高的藝術境界，不但令參與者獲得人生至高之滿足，亦體現了道。

於是在搏戲與抒懷中，〝清言〞活動創造了一種全新的表述形式，完成了道由實而名的語文表現。在此語言活動中，言者所表現的不是話語的內容，而是其自身，藉著運用語言的方式來說明表現不在其所言，而在其所以言。仔細思索，話語的內容可以模倣，聖人之語雖在凡夫亦可背誦，但凡夫即是凡夫，並不必然因其可背誦聖人之語而成聖，否則，鸚鵡亦能聖言，豈可稱聖？所以表述的重點不在話語的內容，而在言者對語言的運用，這是不能模倣的，因爲在語談活動中，時空不斷遷移，語境不會重複，且在單一言談之過程中，談者相互激盪，每一次言說時當下情境與條件亦將改變，同時每次言說本身也沉澱成爲過程的一部分，而前番之言語則可爲後來言說重新詮釋與修正，於是在言談中，話語及其意義乃處於一不斷變異的過程中，是以言者不能模倣聖人之話，只能當下應機屬辭發言，這即是言者透過其自身所〝表

〔註 160〕《世說新語校箋・言語 23》，46 頁。
〔註 161〕《世說新語校箋・文學 55》，129、130 頁。
〔註 162〕《世說新語校箋・文學 28》，118 頁。

現〞（presentation）之道，〔註 163〕也就是說，清言實驗了價值不能以語文敘述而〝再現〞（representation），只能在當下呈現。

相應於清言的表現，無名觀在日常生活中的語言文字上又有著〝泛清言化〞的傾向。在無言上，如謝安淝水戰中之「默然」、日常生活中之「自教兒」、王恭讀殷浩賦竟之「不言好惡，但以如意帖之」、〔註 164〕褚季野備四時之氣的「不言」、〔註 165〕王思道之「大家兒笑」等，〔註 166〕皆欲在日常無言中表現道之崇高的境界；在詭辭上，如桓玄辯己裝束單急謂「我若不爲此，卿輩亦那得坐談？」、〔註 167〕王東亭辯王導制街紆曲若不可測謂「此丞相乃所以爲巧」、〔註 168〕王仲祖覽鏡自照謂「王文開那生如馨兒」、〔註 169〕張蒼梧戲張憑之父謂「我不如汝」等皆是。〔註 170〕更爲特別的是許多神童的表現，如徐孺子、〔註 171〕鍾毓鍾會、〔註 172〕張玄顧敷、〔註 173〕晉明帝〔註 174〕等於同一問題可有正反兩種答案，實太離奇。這些孩童表現雖可謂爲天賦聰明，但相對的，也證明了詭辭的運用出於道之自然；在辭藻聲韻上，如王湛「甚有音辭」、〔註 175〕謝安「能爲洛下書生詠」、〔註 176〕「道壹道人好整飾音辭」等均是，〔註 177〕而生活言語中對偶、押韻、平仄、雙聲之例亦多，如道壹語「風霜固所不論，乃先集其慘澹；郊邑正自飄瞥，林岫便已皓然」、〔註 178〕張天錫語「桑椹甘香，鴟鴞革響，淳酪養性，人無嫉心」等；〔註 179〕在應境契機上，如裴

〔註 163〕筆者按：〝表現〞（presentation）是相對於〝再現〞（representation）而言，本文以事物自身之呈現爲〝表現〞，而以事物之複製所成爲〝再現〞。
〔註 164〕《世說新語校箋・雅量 41》，211 頁。
〔註 165〕《世說新語校箋・德行 34》，20 頁。
〔註 166〕《世說新語校箋・排調 63》，441 頁。
〔註 167〕《世說新語校箋・排調 24》，428 頁。
〔註 168〕《世說新語校箋・言語 102》，87 頁。
〔註 169〕《世說新語校箋・容止 29》注，341 頁。
〔註 170〕《世說新語校箋・排調 40》，433 頁。
〔註 171〕《世說新語校箋・言語 2》，30、31 頁。
〔註 172〕《世說新語校箋・言語 11、12》，39 頁。
〔註 173〕《世說新語校箋・言語 51》，61、62 頁。
〔註 174〕《世說新語校箋・夙慧 3》，323 頁。
〔註 175〕《世說新語校箋・賞譽 17》，233 頁。
〔註 176〕《晉書・謝安傳》，2076 頁。
〔註 177〕《世說新語・言語 93》，82 頁。
〔註 178〕同上。
〔註 179〕《世說新語校箋・言語 94》，83 頁。

楷於晉武帝登阼探策得一大不悅時曰「臣聞天得一以清，地得一以寧，侯王得一以爲天下貞」，巧妙的解除了王者世數繫此策數多少所致之尬尷。〔註180〕又如周伯仁和庾亮清閒時謂「吾無所憂，直是清虛日來，滓穢日去耳！」，解除了庾亮「君何所憂慘而忽瘦？」的調侃。〔註181〕而謝靈運好戴曲柄笠，以「將不畏影者未能忘懷？」答孔隱士「卿欲希心高遠，何不能遺曲蓋之貌？」之問時，〔註182〕亦在瞬間直接人心，再次表現了語言在生活情境中機智的應變。透過語言的運用，無名的觀點亦在生活中逐漸擴散。

隨著生活語文的〝泛清言化〞，文字的運用也開始變動起來。首先可從書寫重視敏捷上見出。在清言盛行的魏晉特別崇拜文字書寫之敏捷，如阮籍爲晉文王封公爲文，「宿醉扶起，書札爲之，無所點定，乃寫付使。時人以爲神筆」。〔註183〕又如袁彥伯作〈北征賦〉，王珣云「恨少一句。得寫字足韻當佳。」袁即於坐攬筆益云「感不絕於余心，泝流風而獨寫。」桓溫便謂王曰「當今不得不以此事推袁。」〔註184〕另如王珣爲桓溫吏，「桓令人竊取其白事，東亭即於閣下更作，無復向一字」。〔註185〕其實，《世說新語・文學》多記書寫敏捷之事，而文士雅集曲水流觴，一觴一詠，豈非亦是重視敏捷？可見當時風氣一般。文章書寫隨人才性自有緩疾，無關優劣，劉勰所謂「思之緩也」、「思之速也」，〔註186〕當因清言之重機警變異才在文字書寫上特重下筆立成，隨即改更；其次是表現在文字的詮釋與創造上。如呂安訪嵇康不在，便因嵇喜而「題門上作鳳字而去。喜不覺，猶以爲欣故作。鳳字，凡鳥也」。〔註187〕又魏武作相國門，使人題門作「活」字便去，主薄楊修便謂「門中活，闊字；王正嫌門大也。」〔註188〕而楊修解魏武題蓋頭之「合」字爲「噉一口」亦然。〔註189〕文字字形的詮釋與創作本有其自身客觀而固定法則，不可隨人隨境而變，如此才穩定而便於大眾使用，漢儒正字即爲此。但上述情形卻一如語言

〔註180〕《世說新語校箋・言語19》，44頁。
〔註181〕《世說新語校箋・言語30》，50頁。
〔註182〕《世說新語校箋・言語108》，89頁。
〔註183〕《世說新語校箋・文學67》，135頁。
〔註184〕《世說新語校箋・文學92》，145頁。
〔註185〕《世說新語校箋・文學95》，147頁。
〔註186〕《文心雕龍注釋・神思》，434頁。
〔註187〕《世說新語校箋・簡傲4》，412頁。
〔註188〕《世說新語校箋・捷悟1》，317頁。
〔註189〕《世說新語校箋・捷悟2》，318頁。

之應境般乃隨著使用情境而變化詮釋，於是「從鳥凡聲」的神鳥〝鳳〞成了「凡鳥」，活題門上便成了闊字，而示上下相合的〝合〞字則成了人一口。更進一步的，此種隨境變動亦出現在文字書寫中，如早在王充、嵇康等人時即以〝自死〞爲〝臭〞，至鍾繇〈薦季直表〉「罷任旅食」的〝旅〞右下作〝衣〞，亦當是心繫季直「衣食不充」當下應機自然而成，至羲之寫〈蘭亭序〉則表現更多了，如「放浪形骸」的〝骸〞字寫來有如〝骨衣〞，似示精神爲眞、形骸爲衣的微妙訊息。餘如「映帶左右」的〝映〞右半作〝英〞與「清流激湍」的美麗英發呼應、「惠風和暢」的〝和〞右半作〝日〞與「天朗氣清」的日照和昫呼應、「暫得於己」的〝暫〞下半作〝足〞與「快然自足」的欣於所遇呼應、「晤言一室」的〝晤〞左半作〝心〞與「取諸懷抱」的解悟感通呼應等，文字的書寫不再是一成不變的複製，而當隨書者當下心意流露，所謂「心意者，將軍也」，「意在筆前」，〔註 190〕而價值無法再現，心意隨境生滅，「向之所欣，俯仰之間已爲陳跡矣！」故書當「飄若浮雲，矯若驚龍」。而由此生出人人隨意爲之的「專輒造字」，如「百念爲憂」、「言反爲變」、「不用爲罷」、「追來爲歸」、「更生爲蘇」、「先人爲老」等。〔註 191〕故江式謂：

> 談辯之士，又以意說，炫惑於時，難以釐改。故傳曰：「以眾非非行正。」信哉，得之於斯情矣！乃曰追來爲歸，巧言爲辯，小兒爲𪊽，神蟲爲蠶，如斯甚眾，皆不合孔氏古書、史籀大篆、許氏說文、石經三字也。〔註 192〕

於是魏晉南北朝的文字變動起來，並成爲學者口中俗字最多、最混亂的時期，實則此種變動乃因無名觀泛清言化而成。

於是〝清言〞以一社會性的特殊語言活動表述了言者之自然，完成了無名觀最後的語文實驗。從上述活動種種特殊的表現、性質、型態、目的與規則，〝清言〞確確實實不同於一般日常生活中的語言行爲而可認定爲一特殊的語言活動。而此一特殊活動之目的不在討論學術解決具體問題，而在表現言者之自然，在清言中，言者透過其對語言特殊的運用而表現了自我的天分才性，是以其所表現不在其所言而在其所以言，此即言外之意，同時證明了言

〔註 190〕《晉王右軍集・題衛夫人筆陣圖後》，339 頁，王羲之撰，學生書局，民 60.8. 初版，民 76.5.二刷。

〔註 191〕《顏氏家訓集解・雜藝》，514 頁，王利器，明文書店，民 79.3.。

〔註 192〕《魏書・江式傳》，1963 頁，魏收撰，鼎文出版，民 64。

者自我之存在與意義。而此種表現恰恰再次以實驗證明了〝名不能表述實〞，因爲這一切的表現並不在言語本身的表述中，而在表述者的身上。於是，無名觀不僅以空靈的〝無言〞與玄妙的〝詭辭〞在語文模式上創造了種種豐富的表現證明了〝名不能表述實〞，更以眩目的〝清言〞在語文的運作上創造了種種動心的表現證明了〝名不能表述實〞，甚至，更將此意識推擴於文字。至此，無名觀在理論觀點外又完成了語文表現上的實驗。而在名士日以繼夜的清言之中，透過運作語言的模式而傳播，又塑造了自然主義的意識型態。

第三節　意識型態：自然主義與個體覺醒

〝無名〞觀偏重無形價值的傾向反應在意識型態上即形成了自然主義。價值既不固定於具體有形的事物中，甚至反受其害，那麼，一切人世間人爲的典章制度組織機構文明建設便沒有必然存在的意義，一切人爲而可重複的概念風俗習性亦沒價值，甚至自我的悲欣生死形神亦非眞實，一如名不能表述實，甚將害實，是以不具存在價值一般。而人爲事物既有害於道體價值，便無存在之必要而當予以消滅瓦解，一切只要講求〝自然〞便可，於是無名觀便形成瓦解一切、析離一切的態度，然後剩下自然之事物各自自然，變動不居，在每一瞬間呈現道體之姿，這便是無名觀所成就的自然主義的意識型態。

而所謂〝自然〞，就是沒有任何具體固定的內容與行為，非人而為，只能任其自然。故《老子》謂「希言自然。故飄風不終朝，驟雨不終日。孰爲此者？天地。天地尚不能久，而況於人乎？」、〔註 193〕《莊子》謂「夫天籟者，吹萬不同，而使其自己也，咸其自取，怒者其誰邪」、〔註 194〕王弼謂「自然，其端兆不可得而見也，其意趣不可得而睹也」、〔註 195〕「自然者，無稱之言，窮極之辭也」、〔註 196〕郭象謂「自然者，不爲而自然者也」、〔註 197〕「自己而然，謂之天然。天然耳，非爲也」。〔註 198〕自然是不能爲的，不但人不能爲，天地亦不能爲，因爲自然不可見不可知，沒有具體固定的內容，只是萬事萬

〔註 193〕《王弼集校釋・老子道德經注・二十三章》，57 頁。
〔註 194〕《莊子集釋・齊物論》，50 頁。
〔註 195〕《王弼集校釋・老子道德經注・十七章》，41 頁。
〔註 196〕《王弼集校釋・老子道德經注・二十五章》，65 頁。
〔註 197〕《莊子集釋・逍遙遊》「彼且惡乎待哉」下注，20 頁。
〔註 198〕《莊子集釋・齊物論》「夫吹萬不同而使其自己也」下注，50 頁。

物順其本然，生成什麼形就展現成什麼形，生成什麼物就展現什麼物，若「水之於汋也，無爲而才『自然』矣」，〔註 199〕是以「道法自然」。〔註 200〕

在上述理解下，自然就對現實中之固定事物形成〝瓦解〞力量。因爲事物間不應亦不能互爲，而只能從事物自身看其自身，事物自身就是其自身之價值，事物自身就是其自身的法則，事物自身就是其自身的表現，別無其它價值、目的、規範、表現與道理，與其它事物無關。是以道德價值等是不可修不可爲的，「若天之自高，地之自厚，日月之自明，夫何脩焉！」〔註 201〕且物自身亦「塊然而自生耳。自生耳，非我生也。我既不能生物，物亦不能生我」，〔註 202〕於是物我亦不可爲，則物物皆相離矣。既相離，則不但不可爲，亦不可知，蓋「民溼寢則腰疾偏死，鰍然乎哉？木處則惴慄恂懼，猿猴然乎哉？三者孰知乎正處？」〔註 203〕事物實各自以其自身爲標準，不可等同視之，於是自然主義有著〝分離〞、〝多元〞、〝變化〞的特質，總的來說，則構成了〝瓦解〞事物的態度。

而自然主義在現世中首先瓦解的便是人為的社會。落實的第一步便是先將〝天然〞與〝人爲〞分開，然後講求天然之〝眞〞，否定人爲之〝僞〞，因爲〝天然〞即是〝自然〞。故《莊子》謂「知天之所爲，知人之所爲者，至矣」，〔註 204〕「不以心損道，不以人助天」。〔註 205〕而《莊子》更藉孔子與漁父之問答辯明了天眞與人僞之理，其文謂：

> 孔子愀然曰：「請問何謂眞？」客曰：「眞者，精誠之至也。不精不誠，不能動人。故強哭者雖悲不哀，強怒者雖嚴不威，強親者雖笑不和。眞悲無聲而哀，眞怒未發而威，眞親未笑而和。眞在內者，神動於外，是所以貴眞也。其用於人理也，事親則慈孝，事君則忠貞，飲酒則歡樂，處喪則悲哀。忠貞以功爲主，飲酒以樂爲主，處喪以哀爲主，事親以適爲主，功成之美，無一其跡矣。事親以適，不論所以矣；飲酒

〔註 199〕《莊子集釋・田子方》，716 頁。
〔註 200〕《帛書老子校注・道經二十五》，今本第二十五章，353 頁。
〔註 201〕《莊子集釋・田子方》，716 頁。
〔註 202〕《莊子集釋・齊物論》「夫吹萬不同而使其自己也」下注，50 頁。
〔註 203〕《莊子集釋・齊物論》，91 頁。
〔註 204〕《莊子集釋・大宗師》，224 頁。
〔註 205〕莊子主天，故主張人爲的荀子批評其爲「蔽於天而不知人」。莊子主自然，由此可見出天然與自然之關聯及天與人之相對立。

以樂，不選其具矣；處喪以哀，無問其禮矣。禮者，世俗之所爲也；眞者，所以受於天也，「自然」不可易也。故聖人法天貴眞，不拘於俗。愚者反此。不能法天而恤於人，不知貴眞，祿祿而受變於俗，故不足。惜哉，子之蚤湛於人僞而晚聞大道也！」〔註206〕

這段話中，明確的指出「眞者，所以受於天也，『自然』不可易也」。〝眞〞即是自然，亦是天然不可變之性情，是人生至高之價值，故「聖人法天貴眞」。相對的，僞則是世間之人爲，唯愚者方「受變於俗」而「蚤湛於人僞」，與道相違。

在天真與人偽的劃分下，仁義禮樂人倫便成為自然主義最明顯的批判與瓦解對象。因爲這些都是人爲的，都有固定的內容，與天眞自然不合，故《老子》謂「失道而後德，失德而後仁，失仁而後義，失義而後禮。夫禮者，忠信之薄，而亂之首」、〔註207〕「大道廢有仁義；智慧出有大僞。六親不和有孝慈；國家昏亂有忠臣」、〔註208〕「絕仁棄義，民復孝慈」、〔註209〕《莊子》謂「禮者，世俗之所爲也；眞者，所以受於天也」。而人倫之中父子一倫最爲特別，因爲表面上看起來父子一倫乃因自然血親，但論其內涵則是人爲，是以父母對其子女之一生與自然天性什麼也不能決定，故《莊子》載子桑鼓琴曰「父邪！母邪！天乎！人乎！」，並謂「吾思夫使我至此極者而弗得也。父母豈欲吾貧哉？天無私覆，地無私載，天地豈私貧我哉？」〔註210〕而王充謂「天地合氣，萬物自生，猶夫婦合氣，子自生矣」、〔註211〕「夫婦合氣，非當時欲得生子，情欲動而合，合而子生矣」，〔註212〕順此理路則「父之於子，當有何親？論其本意，實爲情欲發耳。子之於母，亦復奚爲？譬如寄物瓶中，出則離矣」。〔註213〕一旦父子關係被瓦解，其它君臣、朋友、親屬等固定的禮制關係自然消失殆盡，〔註214〕於是講自然者主張〝無君〞，〔註215〕甚至，連〝人〞都不當了。〔註216〕這樣的

〔註206〕《莊子集釋·漁父》，1031、1032頁。
〔註207〕《帛書老子校注·德經三十八》，今本第三十八章，5頁。
〔註208〕《帛書老子校注·道經十八》，今本第十八章，310、311頁。
〔註209〕《帛書老子校注·道經十九》，今本第十九章，312頁。
〔註210〕《莊子集釋·大宗師》，286頁。
〔註211〕《論衡校釋·自然》，775頁。
〔註212〕《論衡校釋·物勢》，164頁。
〔註213〕《後漢書·孔融傳》路粹所「枉奏」孔融與禰衡跌蕩放言，2278頁。
〔註214〕詳可參余英時《中國知識階層史論·名教危機與魏晉士風的演變》中〈家族倫理的危機〉。
〔註215〕詳可參余英時《中國知識階層史論·名教危機與魏晉士風的演變》中〈君臣

批判將會瓦解整個的社會，破壞一切體制，潰散所有機構，剩下的，也許眞的只能有自然而成「雞犬不相聞」的「小國寡民」了。

同時，所有的價値都要回歸到自身內在，而無累於外。於是講自然者乃主張作而不辭，不教不學，不重耳目聰明，以此不以彼。萬物只是自生自滅自作自化，是以「萬物並作，吾以觀復」，〔註217〕「處無爲之事，行不言之教。萬物作焉而不辭」，〔註218〕蓋「我無爲而民自化、我好靜而民自正、我無事而民自富、我無欲而民自樸」，〔註219〕故「聖人者，原天地之美而達萬物之理」，〔註220〕「使其自己也」，〔註221〕「固將自化」。〔註222〕既然萬事萬物只是依循自然之理自作自化，當然不需要什麼外在的教學，故「爲學日益，爲道日損」，〔註223〕「知人者智，自知者明」。〔註224〕是以當「墮肢體，黜聰明，離形去知，同於大通」，〔註225〕蓋「自然之得，不由抑引之六經；全性之本，不須犯情之禮律」。〔註226〕於是對宇宙時空萬物之態度不重彼而重此；不重外而重內；不重古而重今，因爲一切之知皆「以此」，〔註227〕「故去彼取此」，〔註228〕「愼女內，閉女外」，〔註229〕「治其內，而不治其外」，〔註230〕然後「外天下」、「外物」、「外生」，〔註231〕於是能「執今之道以御今之有。能知古始，是謂道紀」。〔註232〕

關係的危機〉。

〔註216〕筆者按：自然主義與人道主義相背，〝人〞其實是一個人爲的文化概念，凡主張自然者，如隱士，多不重〝人〞的價値。詳可參本論文第二章第二節論仕與隱的部分，29頁。

〔註217〕《帛書老子校注．道經十六》，今本第十六章，298頁。

〔註218〕《帛書老子校注．道經二》，今本第二章，232頁。

〔註219〕《帛書老子校注．德經五十七》，今本第五十七章，107頁。

〔註220〕《莊子集釋．知北遊》，735頁。

〔註221〕《莊子集釋．齊物論》，50頁。

〔註222〕《莊子集釋．秋水》，585頁。

〔註223〕《帛書老子校注．德經四十八》，今本第四十八章，53頁。

〔註224〕《帛書老子校注．道經三十三》，今本第三十三章，403頁。

〔註225〕《莊子集釋．大宗師》，284頁。

〔註226〕《嵇康集校注．難自然好學論》，260、261頁。

〔註227〕《帛書老子校注．道經二十一》，今本第二十一章，332頁。

〔註228〕《帛書老子校注．道經十二》，今本第十二章，275頁。

〔註229〕《莊子集釋．在宥》，381頁。

〔註230〕《莊子集釋．天地》，438頁。

〔註231〕《莊子集釋．大宗師》，252頁。

〔註232〕《帛書老子校注．道經十四》，今本第十四章，288頁。

上述觀點並轉化為生命中一股清靜無為、逍遙自在的美感，從而塑造了一批無名觀的推動者：〝隱士〞。這批人崇尚自然，否定人爲，於是無爲不仕、批判社會、反抗體制、不同於俗而自人世中〝分離〞，逍遙山林、無拘無束、清靜自在的〝變化〞於方外，所謂「之人也，之德也，將磅礴萬物以爲一世蘄乎亂，孰弊弊焉以天下爲事！」〔註233〕於是「乘雲氣，御飛龍」，〔註234〕「放情凌霄外，嚼蕊挹飛泉。赤松林上遊，駕鴻乘紫煙」，〔註235〕「與造物同體，天地並生，逍遙浮世，與道俱成，變化散聚，不常其形，天地制域于內，而浮明開達於外」，〔註236〕此乃「自然之至眞也」。〔註237〕於是不仕人事而欲超脫於政治體制之外，在體制之外批判社會而自隱其名於山林或田園之中便成了〝隱士〞或〝逸民〞的生命基調。而〝浮遊世外〞亦成了自然主義的意識型態所建立的世界觀與人生情態，同時表現爲「浮遊」、「浮世」、「浮明」、「浮華」等種種反定名、不重事用、不崇禮樂、不守社會軌範的語辭，特別是「浮華」一辭，最常爲他人批評所用。〔註238〕無名觀因而藉著自然主義的意識型態爲其自身初步的塑造了推行者。有了這樣一批講究人心之眞、追求自在之美的人，便坐實了名不能表述實的應世態度，使無名觀得以具體的表述於中國的社會文化中。

然而自然主義在瓦解人世後，又深一層的進行了〝彼〞〝我〞之別，於是〝個體覺醒〞。因爲天人之別的意識型態對自然主義而言並不完全，隱士的解放也不徹底，浮遊世外雖是獲致自由，但也排斥了世俗，因而形成另一種桎

〔註233〕《莊子集釋・逍遙遊》，30 頁。

〔註234〕《莊子集釋・逍遙遊》，28 頁。

〔註235〕《漢魏六朝百三家集・郭弘農集卷二》遊仙詩十四首之三，125 頁，張溥，新興書局，民 52.2.初版。

〔註236〕《阮籍集校注・大人先生傳》，165 頁。

〔註237〕《阮籍集校注・大人先生傳》，192 頁。

〔註238〕如《後漢書・儒林列傳序》謂「章句漸疏，而多以浮華相尚」、《三國志・魏書・明帝紀》詔「其郎吏學通一經，才任牧民，博士課試，擢其高第者，亟用；其浮華不務道本者，皆罷退之」、《後漢書・孔融傳》曹操謂「破浮華交會之徒」、《三國志・魏書・諸夏侯曹傳》載「南陽何晏、鄧颺、李勝，沛國丁謐、東平畢軌咸有名聲，進趣於時，明帝以其浮華，皆抑黜之」、《三國志・魏書・諸葛誕傳》「言事者以（諸葛）誕、（鄧）颺等脩浮華，合虛譽」、《世說新語・政事 16》注引陶侃言「老莊浮華，非先王之法，言而不敢行」、《顏氏家訓集解・名實》謂「竊名者，厚貌深姦，干浮華之虛稱，非所以得名也」等等皆是，或指不按字句隨意詮釋的態度，或指不符實制但生虛譽的行事態度，要之，皆由無名而來。

梏，一種放棄人世孤立方外的桎梏，這不是終極的自由，不是道之全，不是全然的超越。大隱亦可隱於市，否則將有「畏影者之譏」。而人身既隱於人世，又有何超越可言？在此，自然主義將其超越提昇至心靈的層面，所謂「身處魏闕，心在山林」，將〝自然〞落實於個人時轉化爲〝自我〞，以一種極爲自覺的方式將個人重新投入世俗，而在具體的社會文化體制內進行解放，縱情任性，於是〝個體覺醒〞，〔註239〕注重〝自明〞與〝獨化〞。蓋「自知者明」，「所謂明者，非謂其見彼也，自見而已矣」，要「自得其得」而非「得人之得」，〔註240〕不受外在干擾而自行其是，是以要「見獨」，〔註241〕「塊然獨以其形立」，〔註242〕然後「獨化於玄冥」。〔註243〕

一切在〝我〞而不在〝彼〞，於是〝自我〞成為價值根源，而〝自我〞意識極度擴張。故「則我者貴」，〔註244〕「非我無所取」，〔註245〕是以「百慮何爲，至要在我」，〔註246〕如此則「禮豈爲我輩設也」。〔註247〕而〝我〞既如此特殊重要，〝自〞便成了表現與欣賞的標準與原則，於是劉尹稱王長史「性至通而自然有節」，〔註248〕裴令公目夏侯太初「不修敬而人自敬」。〔註249〕既講自然，便無比較，是以「樝梨橘柚，各有其美」，〔註250〕甚至什麼都不好也沒關係，如「謝安南清令不如其弟，學義不及孔巖，居然自勝」，〔註251〕甚至出糗尷尬時，亦只要一任自然，或「詠矚自若」，〔註252〕或「意色自若」便可，〔註253〕同時「自

〔註239〕〝個體覺醒〞乃錢穆針對魏晉時人所提出，詳可參《國學概論》（臺北：臺灣商務印書館，1990年8月），頁150。後經其弟子余英時論述古代士人時加以發揮，時代略向上提至漢末，詳可參〈漢晉之際士之新自覺與新思潮〉，《中國知識階層古代篇》205～330頁。本文則從意識型態著眼，探索〝個體覺醒〞現象背後自然主義的理路，因而將時代上提至先秦。

〔註240〕《莊子集釋・駢拇》，327頁。

〔註241〕《莊子集釋・大宗師》，252頁。

〔註242〕《莊子集釋・應帝王》，306頁。

〔註243〕《莊子集釋・齊物論》，111頁，「罔兩問景」郭注。

〔註244〕《帛書老子校注・德經七十二》，今本第七十章，175頁。

〔註245〕《莊子集釋・齊物論》，55頁。

〔註246〕《後漢書・仲長統傳》，1645、1646頁。

〔註247〕《世說新語校箋・任誕7》，393頁。

〔註248〕《世說新語校箋・賞譽87》，257頁。

〔註249〕《世說新語校箋・賞譽8》，230頁。

〔註250〕《世說新語校箋・品藻87》，299頁。

〔註251〕《世說新語校箋・品藻40》，286頁，簡文語。

〔註252〕《世說新語校箋・雅量42》，212頁。

佳」更成爲生活中之常用語。〔註 254〕反之，雖有所長，什麼都好，但不自然則不佳，如王子敬「實自清立，但人爲爾，多矜咳，殊足損其自然」。〔註 255〕

就在上述的個體的自覺中，個人之〝意〞成為人生最高之新價值，〝自我〞全然解放，從而塑造了〝名士〞。所謂「逍遙於天地之間而心意自得」，〔註 256〕蓋「任意無非，適物無可」，〔註 257〕而「彷徉足以舒其意，浮騰足以逞其情」也，〔註 258〕「苟得意有地，俗之所樂，皆糞土耳」，〔註 259〕「故世之難得者，非財也，非榮也，患意之不足耳。意足者，雖耦耕甽畝，被褐啜菽，莫不自得」，〔註 260〕是以「人生貴得適意爾」。〔註 261〕於是，「意」與道、德、眞、無等同樣成爲一種價值觀念，而可表現於個人人生與行事中，「有意」一詞甚且成爲人有價值的表現。〔註 262〕於是，在「意」的價值下，個人不但從所有外在事物中解放出來，亦從所有的社會行爲軌範中解放出來，更從所有外在事物之觀點、概念與習性中解放出來，我就是我，而我就是這個樣子，從而有了〝名士〞。而名士，即「有名之士」，〔註 263〕依鄭玄意乃爲「不仕者」，〔註 264〕但「不仕」只是在行爲上傾向不仕，而非絕對不可仕，〔註 265〕因爲名士行事著眼的重點在去〝彼〞取〝我〞，故孔穎達謂「德行貞絕，道術通明，王者不得臣，而隱居不在位者」，〔註 266〕其中「王者不得臣，而隱居不在位」即是去彼，「德行貞絕，

〔註 253〕《世説新語校箋・雅量 24》，204 頁。

〔註 254〕如《世説新語・言語 100》載謝太傅勸謝景重言謂「故自佳，故自佳」、《世説新語・文學 36》載孫興公評支道林語謂「胸懷所及乃自佳」、《世説新語・文學 55》載支道林謂謝安語「故復自佳耳」等等，皆可爲證。

〔註 255〕《世説新語・忿狷 6》，475 頁。

〔註 256〕《莊子集釋・讓王》，966 頁。

〔註 257〕《後漢書・仲長統傳》，1645 頁。

〔註 258〕《阮籍集校注・大人先生傳》，173 頁。

〔註 259〕《嵇康集校注・答難養生論》，190 頁。

〔註 260〕《嵇康集校注・答難養生論》，173 頁。

〔註 261〕《世説新語校箋・識鑒 10》，217 頁。

〔註 262〕如《世説新語・品藻 29》「郗司空家有傖奴，知及文章，事事有意」、《世説新語・文學 64》「有意道人」等都是此種用法。

〔註 263〕《禮記正義・月令・季春之月》「聘名士，禮賢者」孔疏，2949 頁。

〔註 264〕《禮記正義・月令・季春之月》「聘名士，禮賢者」鄭注，2949 頁。

〔註 265〕如《後漢書・魯恭傳》謂「會詔百官，舉賢良方正。恭舉中牟名士王方。帝即徵方禮之，與公卿所舉同。方致位侍中。」王方爲名士而出仕，可知名士亦可仕。

〔註 266〕《禮記正義・月令・季春之月》「聘名士，禮賢者」孔疏，2949 頁。而《韓詩外傳》謂「朝廷之士爲祿，故入而不出；山林之士爲名，故往而不返」，論

道術通明」即是取我。特別是「貞絕」一語更堅決的表現出不受外界影響的性格，與「通明」一語合觀，實即獨化自明之意。說穿了，就是個體自我之覺醒。於是在人生上有了豪爽、任誕、簡傲、儉嗇、惑溺等種種表現，〔註 267〕即使出仕，依然不事。至此，社會體制在個體生命中已全然被瓦解，循規蹈矩的禮樂生活不具意義，繼之而起的是個人之〝意〞受到空前的重視。

然而自然主義最後連〝自我〞也全然分解了，於是事物間連最後一絲絲的因果關係也不存在了，全然自然，名也全然失去其價值。因爲「天地萬物無時而不移」，〔註 268〕「故向者之我，非復今我也」，〔註 269〕「向之形生非今形生，俯仰之間，已涉萬變」，〔註 270〕蓋「代謝鱗次，忽焉以周」，〔註 271〕「化不暫停，物豈守故？」〔註 272〕於是名士們的自我被瓦解了，在大化流行之觀點下，取而代之的是〝去故就新〞的生命感，一種不斷湧現新意而不重複故舊的生命，所謂「群籟雖參差，適我無非新」，〔註 273〕又「人何世而弗新，世何人之能故？」〔註 274〕而在新故之間，「情隨事遷」，〔註 275〕「樂與時會，悲亦繫之，往覆推移，新故相換」，〔註 276〕於是「向之所欣，俛仰之間，以爲陳跡」，〔註 277〕故可「覺今是而昨非」，〔註 278〕在不斷的變動中，〝我〞便不存在了。而一旦〝我〞不存在，我之〝形〞或我之〝神〞亦將不存在，於是沒有靈魂轉世，因果關係消失了。故陶淵明〈形贈影〉謂「我無騰化術，必爾不復疑」，〔註 279〕〈神釋〉謂「甚念傷吾生，正宜委運去；縱浪大化中，不

述中已然呈現名士隱居不仕之意。（見《韓詩外傳箋疏》513 頁）

〔註 267〕筆者按：《莊子》書中人物已有種種狂傲不羈的姿態，《世說新語》一書中則更多知識分子怪誕的表現。

〔註 268〕《莊子集釋・大宗師》「然而夜半有力者負之而走，昧者不知也」郭注，244 頁。

〔註 269〕同上。

〔註 270〕《列子集釋・天瑞》「運轉亡已，天地密移，疇覺之哉！」張湛注，30 頁。

〔註 271〕《晉王右軍集・蘭亭集詩》，345 頁。

〔註 272〕《列子集釋・天瑞》「運轉亡已，天地密移，疇覺之哉！」張湛注，30 頁。

〔註 273〕《晉王右軍集・蘭亭集詩》，345 頁。

〔註 274〕《文選・陸機嘆逝賦》，725 頁。

〔註 275〕《晉王右軍集・蘭亭集序》，336 頁。

〔註 276〕《全上古秦漢三國六朝文・全晉文・孫綽》，1808 頁，嚴可均輯，中華書局，1958.12.一版，1995.11.北京六刷。

〔註 277〕《晉王右軍集・蘭亭集序》，336 頁。

〔註 278〕《陶淵明集校箋・歸去來兮辭》，267 頁，楊勇，正文書局，民 76.1.1.出版。

〔註 279〕《陶淵明集校箋・形贈影》，45 頁。

喜亦不懼，應盡便須盡，無復獨多慮」，〔註280〕這是陶淵明的新自然主義人生觀，〔註281〕一切〝委運任化〞，勇敢的接受宇宙自然的變化，悅則悅，悲則悲，勿喜其悅，勿懼其悲，故謂「聊乘化以歸盡，樂夫天命復奚疑」、〔註282〕「樂天委分，以至百年」、「識運知命，疇能罔眷，余今斯化，可以無恨」。〔註283〕蓋形會滅神亦會滅，「形者神之質，神者形之用。是則形稱其質，神言其用。形之與神，不得相異」，是以「神即形也，形即神也。形存則神存，形謝則神滅」，而其生滅存謝乃是「忽焉自有，恍爾而無，來也不禦，去也不追，乘乎天理，各安其性」，於是「貴賤雖復殊途，因果竟在何處？」〔註284〕既無因果，一切事物便全然與外物無涉，而只任自然，於是語言文字也就毫無詮釋與說明的作用，而所有事物亦不可以外來一定不變之名稱之。

就在〝神滅〞的觀點下，無名所生之自然主義的意識型態發展到了盡頭，走到了終點。所有一切能分解、能變動的都分解、都變動了。在無名名實相離的觀點下，首先，天然與人世分離了，聖王所倡之人世禮樂制度其實不具任何價值，因爲自然本無名，名乃人爲生成；其次，自我與他人分離了，賢德所定之人倫名分其實亦非一定不變之價值，因爲親情所至本爲自然，既是自然何需名分？當親則親，當離則離，人情之間本無名；最後，連今我亦與故我亦分離了，神亦將滅，世間沒有不變不化之物，沒有任何一件事可以成爲永恒之價值，於是自我之好惡愛憎意識被瓦解，連事物間最後一點無形之因果關係亦被瓦解了，宇宙大化只是一片自然，一片變化，一種自自然然無好無惡無愛無憎不斷變動的存在，瞬息生滅，無時不變，而不能不變。既無因果，則一切皆不可解釋，不可說，而不可說則不可名，是以一片自然無名。在以〝自然〞爲其最高價值之下，天然、自我、神我一一被塑造成人生之價值，並以此爲基礎而建立起應對事物之態度，無論是一種理性的堅持或是感性的反應，由此，並塑造出隱士與名士兩種相類的知識分子典型。無名觀終

〔註280〕《陶淵明集校箋・神釋》，50頁。

〔註281〕陳寅恪將此神辨自然的觀點稱爲〝新自然主義〞，以別於魏晉以來嵇阮等名士對自然之觀點。詳可參《陳寅恪史學論文選集》中〈陶淵明之思想與清談之關係〉，134頁，陳寅恪，上海古籍，1992.7.一版一刷。

〔註282〕《陶淵明集校箋・歸去來兮辭》，267頁。

〔註283〕《陶淵明集校箋・自祭文》，310、311頁。

〔註284〕《梁書・儒林・范縝傳》，665、670頁，姚思廉撰，鼎文出版，民64。又關於神滅不滅與因果的關係讀者可參本論文第七章第四節前半部分。

於在信仰層面完成其自身之意義，並由此而塑造了自身之支持者，以將其自身推展於社會文化中。自然主義至此才算完成。

於是，無名觀在偏重無形價值的傾向下完成了理論觀點、符號表現與意識型態，不但建立了名實問題整套的解決方案，並成為兩大方案之一。此方案並在社會文化、意識、認知、好惡、心性各層面發生具體作用與影響，眞正解放人心，並不只是在嘴巴上說說的玄妙語辭。但是，這套方案仍留下不少問題：名實離合中既離又合的恍惚終究帶著神祕與曖昧，眞正的道仍未出現；詭辭與清言雖然以不表述爲表述，形成多彩多姿的變化，並已融入生活，但生活中眞能處處如此言語嗎？而分解與變動的意識型態雖帶來逍遙自在，卻也解構了所有社會運作的秩序的軌道，癱瘓了國家中具體機構的功能，而造成社會的混亂與動蕩不安，這些問題，似均非無名觀本身所能解決，而有待於來者之努力了。

第四章　名實問題的基本主張（二）——正名觀

除無名觀外，整個名實運動中另一主要的觀點即是〝正名〞觀。此一觀點具有偏重有形表述的傾向，乃是從名實問題的社會功能著眼所提出的解決方案，以爲價值應被表述，且表述本身即具有社會價值，且名本爲價值表述，本爲價值表述而生，是以名應當表述實，名可以表述實。本章即在詳細介紹上述〝正名〞的觀點，並說明此一觀點在價值表述與名實關係上的主張，及由此在價值、表述與支持者等範疇上所形成種種特質和文化現象。透過此一介紹，我們將瞭解〝正名〞觀點在整個名實問題中所涉及的各個文化面向。

第一節　基本理論：名實相合與成事作用

所謂〝正名〞就其直接意義來看就是導正名稱，其目的則為成事。〝正〞做爲動詞，則有導正的意思，而〝名〞是導正的對象。《論語・子路》篇記載了一段有關正名的重要對話。其文謂：

> 子路曰：「衛君待子而爲政，子將奚先？」子曰：「必也正名乎！」子路曰：「有是哉，子之迂也！奚其正？」子曰：「野哉，由也！君子於其所不知，蓋闕如也。名不正，則言不順；言不順，則事不成；事不成，則禮樂不興；禮樂不興，則刑罰不中；刑罰不中，則民無所措手足。故君子名之必可言也，言之必可行也。君子於其言，無所苟而已矣！」〔註1〕

〔註 1〕《論語注疏・子路》，5443 頁。

這段話既驚人又重要。孔子認爲治理一個國家最優先、最重要的事項居然不是國防、外交、治安、經濟等事，而是一般人眼中既不能當飯吃又不能保護自己的〝名〞，並且是以一十分肯定絕對必然不可商量的態度說出，故子路雖爲學生也忍不住直說老師迂腐。但孔子的回答絕非胡言亂語，這段話清楚的指出了正名與政治的關係，而且說到此一關係成立的本質，即所以如此強調「正名」旨在「成事」，「名不正」則「事不成」，〔註 2〕國防、外交、治安、經濟等事固然重要，但是，這些事情的成就卻必須依賴於〝名〞，唯有依賴名的傳達與溝通，建立原則與共識，賦予意義與價值，事才可成，故此後人續謂「天下有事，必審其名」、〔註 3〕「名以定事，事以檢名」、〔註 4〕「事各順於名」等。〔註 5〕而孔子是最早鮮明的指出〝名〞的強大社會功用者，是以這段話成爲正名觀點的核心，且爲後世論正名者祖述。〔註 6〕

在成事正名下，名實便應相合。因爲名若與實不合，就失去〝名〞存在的價值與意義了，是以孔子強調「名之必可言也，言之必可行也」，而《墨經》謂「所以謂，名也。所謂，實也。名實耦，合也」，〔註 7〕是以《管子》謂「言不得過實，實不得延名」，〔註 8〕《荀子》謂「名無固實，約之以命實，約定俗成謂之實名；名有固善，徑易而不拂謂之善名」，〔註 9〕蓋「名聞而實喻，名之用也」。〔註 10〕而名實既應該相合，便當有其相合之基礎，於是，或者是有政治權力之貴族君子與王者來正名，如「王者制名」，〔註 11〕或者是有道德智慧的聖人智者來正名，如「督言正名，故曰聖人」，〔註 12〕更可推至至高無上且獨一無二的天來正名，蓋「天不言，使人發其意；弗爲，使人行其中；

〔註 2〕上古之〝事〞通當指的是政事與王事，而非稱平民百姓日常生活用事。
〔註 3〕《黃帝四經今註今譯・經法・名理》，244 頁。
〔註 4〕《尹文子・大道篇》，1 頁。
〔註 5〕《春秋繁露義證・深察名號》，288 頁。
〔註 6〕如《春秋繁露・實性》、《漢書・藝文志・諸子略敘》、《白虎通・姓名》、《晉書・隱逸傳》魯勝注墨辨敘、《隋書・經籍志・小學類序》等並引孔子語說正名。
〔註 7〕《墨子集解・經說上》，305 頁。
〔註 8〕《管子校正・心術上》，221 頁。
〔註 9〕《荀子集解・正名篇》，682 頁。
〔註 10〕《荀子集解・正名篇》，686 頁。
〔註 11〕參本論文第二章第一節論王者制名部分。
〔註 12〕《管子校正・心術上》，221 頁。

名則聖人所發天意，不可不深觀也」。〔註 13〕在這種名爲天意所發的觀點下，天就成了有意識，有喜怒的〝意識天〞，並且成爲〝名〞的最高依據。當然，相對的，權威無形的意志亦由此而向外作用，「故知者爲之分別制名以指實，上以明貴賤，下以明辨同異」，〔註 14〕「正其名、當其辭以務白其志義者也」。〔註 15〕〝名〞由此而擁有其在價值上的神聖性，相反的，若「析辭擅作名以亂正名」則謂之大姦。〔註 16〕

〝名〞的神聖性使名成為價值的決定者，於是又形成了〝由名而實〞的動態新關係。故謂「其正者，正其所實也；正其所實者，正其名也」、〔註 17〕「名定而實辨」、〔註 18〕「詰其名實，觀其離合，則是非之情不可以相讕已」。〔註 19〕名本由實而生，但正名中的名既來自聖王、君子與智者，便有絕對的價值性，於是名實不符時不是調整名以就其實，而是修正實以就其名，於是〝名〞就成了主政者最有效的統治工具，並發展爲黃老治術「循名責實」的觀念，如「循名責實，君之事也。奉法宣令，臣之職也」，〔註 20〕「上操其名以責其實，臣守其業以效其功」，〔註 21〕「控名責實，參伍不失」，〔註 22〕「挈名責實，不得虛言，有功者賞，有罪者罰」、〔註 23〕「執其名，務其應」，〔註 24〕「跡長功成治之極也，是謹於守名約之功也」，〔註 25〕「故至治之務，在於正名」。〔註 26〕而循名責實再進一步的發展就成了「以名眞物」。因爲一旦表述本身成爲一種價值時，名就獲得了獨立於實外的價值，不但成爲一種社會共同認可的規範與約定，而且反過來影響人心，除了在人的行爲層面發揮「循名責實」作用外，還可以

〔註 13〕《春秋繁露義證・深察名號》，285 頁。
〔註 14〕《荀子集解・正名篇》，677 頁。
〔註 15〕《荀子集解・正名篇》，690 頁。
〔註 16〕《荀子集解・正名篇》，674 頁。
〔註 17〕《公孫龍子懸解・名實論》，89 頁。
〔註 18〕《荀子集解・正名篇》，674 頁。
〔註 19〕《春秋繁露義證・深察名號》，291 頁。
〔註 20〕《鄧析子校詮・無厚》，5 頁，《名家六書、墨經校詮》，王啓湘等撰，世界書局，民 70.4.三版。
〔註 21〕《淮南子集釋・主術訓》，644 頁。
〔註 22〕《史記・太史公自序》，1350 頁。
〔註 23〕《春秋繁露義證・考功名》，178 頁。
〔註 24〕《管子校正・心術上》，221 頁。
〔註 25〕《荀子集解・正名篇》，675 頁。
〔註 26〕《呂氏春秋・審分覽》，199、200 頁。

在人的心識層面發揮「以名教化」作用，影響人的觀念、思想、情感與意識等等內在活動，故董仲舒謂：

> 名生於眞，非其眞弗以爲名。名者，聖人之所以眞物也，名之爲言眞也。〔註27〕

名是眞的，聖人正名，「名物必各因其眞，眞其義也，眞其情也，乃以爲名」，〔註28〕並透過名來表露事物之眞象，故可「隨其名號，以入其理」，〔註29〕「是正名號者於天地，天地之所生，謂之性情」，〔註30〕故「人心從之而不逆，古今通貫而不亂」。〔註31〕透過隨名入理的觀念便發展出後世〝名理〞觀點，而以此理論事物之性。

於是價值在名的表述下便成為具體有形之物，在而正名則成為價值〝下落〞與〝傳播〞的過程。公孫龍所謂「欲推是辯，以正名實，而化天下」，〔註32〕董仲舒亦謂「聖人之所名，天下以爲正」，〔註33〕因爲〝名〞將價值從本身無形無色不可捉摸的意義化爲有聲有形之物，如語言文字，成爲易於瞭解、掌握與遵循的意義與準則後，自社會頂層至高無上的聖王，或少數的〝君子〞，發出，而下落、傳播、溝通與施行於社會下層廣大的群眾中，以天下國家中廣大的〝民〞爲正名的對象，以建立共識、彼此協調，社會才能有序不紊的運行。「名不正」，則將「民無所措手足」，不但人民困苦，社會秩序亦將崩潰瓦解，導致天下大亂。

而相應於社會結構與秩序的需求，〝名〞便得建立其自身的系統。藉著名強大的分別功能，區分萬物，將之結構成一井然有序的系統，然後講求此一系統所定之〝名義〞、〝名分〞、〝名位〞〝名理〞等等。從無名觀來看價值本無形，宇宙本一體，其間物質流轉、形質生滅從不停息，故無一定，亦無區別，但名則將價值從〝無〞轉爲〝有〞，「無名，天地之始；有名，萬物之母」，「天地立名，〔萬物〕自生」，〔註 34〕「萬物載名而生，聖人因其象而

〔註27〕《春秋繁露義證・深察名號》，290 頁。
〔註28〕《春秋繁露義證・實性》，312 頁。
〔註29〕《春秋繁露義證・深察名號》，298 頁。
〔註30〕同上。
〔註31〕《春秋繁露義證・天道施》471 頁
〔註32〕《公孫龍子懸解・跡府》，34 頁。
〔註33〕《春秋繁露義證・實性》，311 頁。
〔註34〕《黃帝四經今註今譯・十大經・正亂》，312 頁。

命之」，〔註 35〕「授之以其名，而萬物自定」，〔註 36〕蓋「名者，所以別物也」，〔註 37〕當「推而別之，別則有別，至於無別然後止」，〔註 38〕「使異實者莫不異名也，不可亂也，猶使〔同〕實者莫不同名也」。〔註 39〕而在此分別之中，名自然而然的建立爲一個上下左右大小等層次分明的系統，以使「親者重，疏者輕，尊者文，卑者質，近者詳，遠者略，文辭不隱情，明情不遺文」，〔註 40〕故荀子論「制名之樞要」主張「同則同之，異則異之。單足以喻則單，單不足以喻則兼」，〔註 41〕並謂：

> 故萬物雖眾，有時而欲遍舉之，故謂之物。物也者，大共名也。推而共之，共則有共，至於無共然後止；有時而欲遍舉之，故謂之鳥獸。鳥獸也者，大別名也。推而別之，別則有別，至於無別然後止。
>
> 〔註 42〕

名與名脫出了簡單的同異關係，而產生了類似數學大小集合間的邏輯包容關係，於是新生出〝共〞與〝別〞兩種描述關係。而董仲舒謂「號凡而略，名詳而目」，〔註 43〕更以名號二稱區別之，於是一物有「洪名」又有「私名」。〔註 44〕這樣〝正名〞觀的名便形成了一個既能將事物區分開來，又能在事物間建立層級秩序的系統，透過此一系統去界定事物之名，便成了講究〝名義〞、〝名理〞、〝名分〞、〝名位〞，所謂「正名以名義」、〔註 45〕「別物之理，以正其名」。〔註 46〕

就在整個表述具體化的傾向下，正名觀又開發了〝文質〞議題。因爲文質

〔註 35〕《春秋繁露義證‧天道施》，472 頁。

〔註 36〕《黃帝四經今註今譯‧道原》，481 頁。

〔註 37〕《春秋繁露義證‧天道施》，471 頁。

〔註 38〕《荀子集解‧正名篇》，682 頁。

〔註 39〕《荀子集解‧正名篇》681 頁。其中後句本文原作「猶使異實者莫不同名也」。集解引楊倞注謂「或曰異實當爲同實，言使異實者異名，其不可相亂，猶如使同實者莫不同名也。」又引王念孫曰「或說是也。上文同則同之，異則異之，是其證。」依此，故改「異實」爲「同實」。

〔註 40〕《春秋繁露義證‧天道施》，471 頁。

〔註 41〕《荀子集解‧正名篇》，681 頁。

〔註 42〕《荀子集解‧正名篇》，681、682 頁。

〔註 43〕《春秋繁露義證‧深察名號》，287 頁。

〔註 44〕《春秋繁露義證‧天道施》，472 頁。

〔註 45〕《春秋繁露義證‧天道施》，472 頁。

〔註 46〕《春秋繁露義證‧實性》，312 頁。

之用字顯然較名實更具體，是以在正名的論述中名實文質往往混見或互用，便利正名觀點之論述，猶如言意之辨有利於無名的觀點一般，以強調名實之可定。如前引董仲舒「名者，所以別物也」一語之後即接「文辭不隱情，明情不遺文」，又如《鹽鐵論》「有改制之名，亡變道之實」〔註47〕與《春秋繁露》「有改制之名，無易道之實」〔註48〕二語在《白虎通》則謂「有改道之文，無改道之實」，〔註49〕則名文明可互用。而《論衡》謂「名實相副，猶文質相稱」，〔註50〕更是將名實文質等同視之。〔註51〕而名一旦轉爲文其象形、傳播、凝定、分別等功能將表現得更清楚而強烈。如《白虎通・文質》〔註52〕即在文的概念下將名的用途轉爲禮文的表現，於是「璜」、「璧」、「璋」、「珪」、「琮」五玉之文可象「徵召」、「聘問」、「發兵」、「質信」、「起土功」等五種無形無色的抽象意義。〔註53〕而此五玉作爲瑞贄，是臣見君時「質己之誠，致己之悃愊也」，故「王者緣臣子之心以爲之制，差其尊卑以副其意也」。〔註54〕除玉之外，又有衣裳之「染五彩，飾文章」，「非以爲益肌膚血氣之情也，將以貴貴尊賢，而明別上下之倫，使教亟行，使化易成，爲治之治也」。〔註55〕特別是〝文章〞一詞，更是充分表露了〝文〞的彰顯意涵，故「民無能名」的堯「煥乎！其有文章」，〔註56〕「性與天道，不可得而聞」的夫子「文章，可得而聞也」。〔註57〕而文字的傳播功能顯然又強過禮文，是以孔子論夏殷之禮杞宋「不足徵也。文獻不足故也，足則吾能徵之矣」，〔註58〕蓋「以一文一質」，「雖百世可知也」。〔註59〕是以「言之無文，行而不遠」，〔註60〕文必行遠。

〔註47〕《鹽鐵論校注・遵道》，292頁。

〔註48〕《漢書・董仲舒傳》，2518頁。

〔註49〕《白虎通疏證・三正》，365頁。

〔註50〕《論衡校釋・感類》，795頁。

〔註51〕筆者按：此後亦有「舒文載實」、「文以載道」、「文以明道」等用法，前者見《文心雕龍注釋・明詩》67頁，後二者見韓愈等古文家論文、道關係。

〔註52〕筆者按：《白虎通》〈瑞贄〉一篇舊作〈文質〉，將其篇中內容與《春秋繁露・三代改制質文》和《說苑・修文》等篇合參，仍以〈文質〉爲宜。

〔註53〕《白虎通疏證・瑞贄》，350頁。

〔註54〕《白虎通疏證・瑞贄》，355頁。

〔註55〕《春秋繁露義證・度制》，232頁。

〔註56〕《論語注疏・泰伯》，5400頁。

〔註57〕《論語注疏・公冶長》，5371頁。

〔註58〕《論語注疏・八佾》，5355頁。

〔註59〕《史記・孔子世家》，770頁。

〔註60〕《春秋左傳注・襄公廿五年》，1106頁，仲尼語。

而相應於名實相合則有〝文質彬彬〞，並從而發展成由文而質的〝文教〞主張。孔子謂：

質勝文則野，文勝質則史，文質彬彬，然後君子。〔註61〕

文與質當相符，不能文過其實或實勝其文。而後世多承此說發揮，如「文猶質也，質猶文也。虎豹之鞹猶犬羊之鞹」、〔註62〕「稱情而立文，因以飾群別親疏貴賤之節而不可益損也」、〔註63〕「以文滅情則失情，以情滅文則失文；文情理通，則鳳鱗極矣」等，〔註64〕「故至備，情文俱盡；其次，情文代勝；其下，復情以歸大一也」，〔註65〕「質文兩備，然後其禮成。文質偏行，不得有我爾之名」，〔註66〕故「文，德之至也，德不至則不能文」，〔註67〕於是可由文而質，「修身貴文」，〔註68〕「博學於文，約之以禮，亦可以弗畔矣夫」，〔註69〕故而形成文教，「承周文而反之質，則化所務立矣」。〔註70〕又因文教之重大政治社會作用，於是夏商周三代質文改制廣受學者討論，故有《春秋繁露・三代改制質文》、《說苑・修文》、《白虎通・文質》、《論衡・齊世》等，於是「文質之法，古今所共」，〔註71〕並形成夏商周三代質文循環之政論。〔註72〕當然，主無名者對此自然是反對的，蓋「質性自然」，而「文滅質，博溺心」，故「君子質而已矣，何以文爲？」

而文質之〝文〞更促成了正名觀文字書寫的取向。因爲〝文〞本即包括了〝天文〞、〝人文〞、〝禮文〞、〝文采〞、〝文章〞、〝文書〞、〝文獻〞、〝文字〞等內涵，同時，可彼此相通。故《文心雕龍》謂：

爰自風姓，暨於孔氏，玄聖創典，素王述訓，莫不原道心以敷章，研神理而設教，取象乎河洛，問數乎蓍龜，觀天文以極變，察人文以成

〔註61〕《論語注疏・雍也》，5382頁。
〔註62〕《論語注疏・顏淵》，5435頁。
〔註63〕《荀子集解・禮論》，617頁。
〔註64〕《淮南子集釋・繆稱》，733頁。
〔註65〕《荀子集解・禮論》，595頁。
〔註66〕《春秋繁露義證・玉杯》，27頁。
〔註67〕《說苑今註今譯・修文》，652頁，劉向撰，盧元駿註譯，臺灣商務印書館，民77.9.修訂一版。
〔註68〕《文心雕龍注釋・徵聖》，15頁。
〔註69〕《論語注疏・雍也》，5383頁。
〔註70〕《春秋繁露義證・十指》，146頁。
〔註71〕《論衡校釋・齊世》，808頁。
〔註72〕讀者可參《史記・高祖本紀太史公贊》與《禮記・表記》。

化；然後能經緯區宇，彌綸彝憲，發輝事業，彪炳辭義。故知道沿聖以垂文，聖因文而明道，旁通而無滯，日用而不匱。《易》曰：「鼓天下之動者存乎辭。」辭之所以能鼓天下者，乃道之文也。〔註73〕

在「道之文」的前題下，所有的〝文〞都互通一氣。而中國〝文字〞起始圖象，本源出〝天文〞。於是正名觀在〝文質〞議題下，名便更進一步的化爲具體的文字書寫，以此爲其符號運作的重心而有了〝書法〞與〝正字〞的表現。

第二節　符號運作：書法與正字

在前述基本理論的觀點下，正名觀又塑造出相應的符號運作模式，以進一層的完成其價值表述的工作，並證明名可以表述實。由於正名觀對價值具體化與下落和傳播的要求，便在文質的議題下形成極端的〝文書〞取向，因爲文字具有固定不變的形體，由此易於建立價值客觀永恒而古今一致的印象。於是從文獻典籍圖書的重視與保存，到書寫的規範與體例，到文字的字義、字形與字音，正名觀一層一層的深入講究，以便有效的將價值落實，從而建立起典籍的概念，並發展出了〝書法〞的運用模式與〝正字〞的活動。

在正名觀偏重表述的傾向下，首受重視的就是典籍文獻。此事起源極早而特別展現在古代政治的史官傳統中，如《周官》、《禮記》載「太史掌國之六典，小史掌邦國之志，內史掌書王命，外史掌書使乎四方，左史記言，右史記事」，〔註74〕典籍文獻是史官職責，而史官講究正名。當國家昏亂時，史官更「出其圖法」，「載其圖法，出亡」。〔註75〕於是從史官傳統生出由史而文、由文而質的〝史文〞意識，蓋「史有倉頡，主文之職」，〔註76〕而「史之爲務，必藉於文」，〔註77〕故「辭多則史」、〔註78〕「捷敏辯給，繁於文采，則見以爲史」，〔註79〕故如晉之《乘》、楚之《檮杌》、魯之《春秋》，一也，「其文則

〔註73〕《文心雕龍注釋・原道》，2頁。
〔註74〕《史通通釋・史官建置》，145頁，劉知幾撰，世界書局，民77.4.六版。
〔註75〕《呂氏春秋・先識覽》，179頁。
〔註76〕《文心雕龍校釋・史傳》，247頁。
〔註77〕《史通通釋・敘事》，86頁。
〔註78〕《儀禮注疏・聘禮》，2317頁
〔註79〕《韓非子集解・難言》，14頁。

史」，〔註 80〕而孔子曰「其義則丘竊取之矣」，〔註 81〕藉此〝史文〞取義，由文而質，故「文勝質則史」。〔註 82〕此乃《春秋》之所以重正名，於是而有〝守文〞觀念，〔註 83〕並於戰國秦漢之際，在文字書寫文獻中逐漸形成〝經典〞概念，至漢武帝大建名教，獨尊儒術立五經博士，經典的地位更崇高了。而經典之外的文書亦受到知識分子特殊的重視，如王充以爲「蕭何入秦，收拾文書，漢所以能制九州者，文書之力也」，〔註 84〕曹丕亦謂「文章經國之大業，不朽之盛事」。〔註 85〕在這種情形下，文字有效的書寫與準確的詮釋自然成爲一種不可或缺的要求，於是有了〝書法〞的運作模式。

所謂〝書法〞，簡單的講，就是〝正確〞的書寫。〝法〞字即〝正〞意，亦即〝正名〞的正，透過此種書寫，價值具體明確的被表述出來。如《左傳》載：

> 乙丑，趙穿攻靈公於桃園。宣子未出山而復。大史書曰「趙盾弒其君」，以示於朝。宣子曰：「不然。」對曰：「子爲正卿，亡不越竟，反不討賊，非子而誰？」宣子曰：「烏呼！『我之懷矣，自詒伊慼』，其我之謂矣。」孔子曰：「董狐，古之良史也，書法不隱。趙宣子，古之良大夫也，爲法受惡。惜也，越竟乃免。」〔註 86〕

所謂「書法不隱」指的自然是「趙盾弒其君」的記錄。弒君的〝弒〞字表明了這是一次叛逆的行動，雖然，靈公爲不君之君。然從客觀事實的角度來看「趙盾弒其君」完全是一錯誤不可信的記錄，靈公是趙穿殺的，不是趙盾殺的，怎可說「趙盾弒其君」，然而孔子卻稱讚書此紀錄的董狐爲「古之良史」，「書法不隱」，因爲趙宣子在趙穿弒其君之時「未出山而復」，「亡不越竟，反不討賊」，因而被弒君之名，此當是古〝法〞，由此可見〝書法〞不是依據外在客觀事實所作之忠實描述，而是在文字面依據一定的價值標準所進行的判斷與陳述，以文勝質來取義。

於是而有〝屬辭比事〞的運作法則與書寫體例的產生。所謂「屬辭比事，

〔註 80〕《孟子注疏・離婁》，5926 頁。
〔註 81〕同上。
〔註 82〕《論語注疏・雍也》，5382 頁。
〔註 83〕詳參本章第三節論守文部分。
〔註 84〕《論衡校釋・別通》，591 頁。
〔註 85〕《全三國文・魏文帝典論論文》，1098 頁。
〔註 86〕《春秋左傳注・宣公二年》，662、663 頁。

《春秋》教也」，〔註 87〕蓋「史，記事者也」，〔註 88〕「史之稱美者，以敘事爲先」，〔註 89〕〝屬辭比事〞事實上就是一種特殊的敘事學，即孔子所謂「吾因其行事而加乎王心焉。以爲見之空言，不如行事博深切明」，〔註 90〕於是落實在固定之書寫體例上，故杜預〈春秋序〉謂：

> 其發凡以言例，皆經國之常制，周公之垂法，史書之舊章。仲尼從而脩之，以成一經之通體。其微顯闡幽裁成義類者，皆據舊例而發義指，行事以正褒貶。諸稱書、不書、先書、故書、不言、不稱、書曰之類，皆所以起新舊，發大義，謂之變例。然亦有史所不書即以爲義者，此蓋《春秋》新意，故《傳》不言凡，曲而暢之也。其經無義例，因行事而言，則《傳》直言其歸趣而已，非例也。〔註 91〕

就「發凡以言例」而言，史書書寫確有體例，即使今日機關之公文都有書寫條例，國家大事之記載如何沒有體例？〔註 92〕只是在體例的判定與詮釋上易生問題，〔註 93〕因爲歷史中事雖有雷同，但亦時時出新，史官記事隨時可能遭遇前所未有之新狀況，書寫亦將無例可循，此時爲史者只能憑個人之修養自行判斷，或改變舊例以適應新情形，這就形成變例；或是完全不顧先例而創新，這就形成例外。因此，在書寫之體例在運用上必有彈性，此一彈性則往往依賴史官之史識。古人書法之確實體例雖不易定，但我們亦可從史官記事上略作推想。

首先，史官敘事所要決定的當是〝書〞與〝不書〞的問題。何者書？何者不書？在抉擇之間已然展現了一種價値判斷，如史官〝屬辭比事〞所敘乃〝王事〞，以「上明三王之道，下辨人事之紀」，〔註 94〕便是王道的表現。此中所記自當包括王霸之事，故孟子謂王者之跡息而後《春秋》作，「其事則

〔註 87〕《禮記正義・經解》，3491 頁。

〔註 88〕《說文解字注・史部》，117 頁。

〔註 89〕《史通通釋・敘事》，78 頁。

〔註 90〕《春秋繁露義證・俞序》，159 頁。此語亦見《史記・太史公自序》，略異。

〔註 91〕《春秋左傳正義・春秋序》，3697～3699 頁，（十三經注疏附校勘記）清、阮元校勘，大化書局，民 78.10 四版。

〔註 92〕關於體例有無之問題另可參考古代之史官制度。古代史官自成系統，互通消息，若無書寫體例對文獻的流通與意義的判讀將形成極大的困難。詳參後文。

〔註 93〕如戴君仁著《春秋辨例》一書（中華叢書編審委員會出版，臺灣書店經銷，民 53.10.印行）即在討論此等問題，。

〔註 94〕《史記・太史公自序》，1352 頁。

齊桓、晉文」，又當包括百官述職，故《說文》「事，職也」。〔註 95〕而杜預〈春秋序〉謂「大事書之於策，小事簡牘而已」，大事小事都分，當書不書豈能隨意？而其擇事書記之具體原則與內涵自當是先王所制定的禮法制度，故如魯莊公如齊觀社，曹劌以為不可而諫曰「臣不聞諸侯相會祀也，祀又不法。君舉必書，書而不法，後嗣何觀？」〔註 96〕又如哀姜至，魯莊公使大夫、宗婦覿用幣，宗人夏父展以為不可而謂「君作而順則故之，逆則亦書其逆也。臣從有司，懼逆之書於後也，故不敢不告」。〔註 97〕而在抉擇記錄事件後，又當費心事件細節之〝書〞與〝不書〞以為表現。如《春秋》魯隱公十年載「冬，十有一月壬辰，公薨。」薨而未書葬，故《公羊傳》謂「何以不書葬？隱之也。何隱爾？弒也。弒則何以不書葬？《春秋》君弒，賊不討，不書葬，以為無臣子也」，〔註 98〕藉著細節應書而未書，書法亦表現了王道大義。

其次，是編次問題。史書記事博雜，所記自當編次，此本屬文獻整理工作，如杜預謂「記事者以事繫日，以日繫月，以月繫時，以時繫年，所以紀遠近別同異也」，〔註 99〕劉知幾謂「夫《春秋》者，繫日月而為次，列時歲以相續，中國外夷，同年共世，莫不備載其事，形於目前。理盡一言，語無重出」。〔註 100〕但就書法而言，編次卻具有極大意義。《白虎通》謂：

王者改元，即事天地。〔註 101〕

又謂：

元以名年，年以紀事，君統事見矣，而未發號令也。〔註 102〕

史書紀元編次乃為「君統事見」以「事天地」，則編年之時日具有強烈的意義與價值，而非今日科學觀念下抽象的物理時間，故《春秋》起始隱公「元年，春，王正月」下《公羊傳》謂「何言乎王正月？大一統也」，〔註 103〕董仲舒謂

〔註 95〕《說文解字注．史部》，117 頁。
〔註 96〕《國語．魯語上》，153 頁。
〔註 97〕《國語．魯語上》，156 頁
〔註 98〕《春秋公羊傳注疏．隱公十年》，4796 頁。
〔註 99〕《春秋左傳正義．春秋序》，3692 頁。
〔註 100〕《史通通釋．二體》，13 頁。
〔註 101〕《白虎通疏證．天子即位改元》，38 頁。
〔註 102〕同上。
〔註 103〕《春秋公羊傳注疏．隱公元年》，4763 頁。

「《春秋》之道，以元之深正天之端，以天之端，正王之政」，〔註 104〕「春正月者，承天地之所為也」。〔註 105〕年月日時等時間，特別是紀元，是具有意義的，故隱公六年雖無事《春秋》亦載「秋，七月」，蓋為「《春秋》編年，四時具然後為年」。〔註 106〕時間既如此重要，故《周禮》專設馮相氏為掌時之官，「辨其敘事，以會天位」，〔註 107〕從現實而言，可「使民以時」、「斧斤以時入山林」，但亦可抽象為一套哲理指導人生，故有《呂覽》與《禮記・十二月令》的出現，蓋「天有四時，春秋冬夏，風雨霜露，無非教也」。〔註 108〕時間並非以一抽象、均匀、直線進行的型態存在，有其深刻而具體的內涵，並以循環的規律出現，於是《春秋》編年就成了價值深邃的表述。

最後，是單一事件之修辭造句。從句法到辭彙到用字一層一層皆極其講究，〔註 109〕如《公羊傳》於《春秋》魯僖公十六年「霣石于宋五」下謂「曷為先言霣而後言石？霣石記聞，聞其磌然，視之則石，察之則五」與「六鷁退飛」下謂「曷為先言六而後言鷁？六鷁退飛，記見也，視之則六，察之則鷁，徐而察之則退飛」即是眾所皆知的例子，〔註 110〕這顯然是將〝詞序〞賦予表述上的意義。〔註 111〕而在辭彙與用字上作精細記述與詮釋的例子更多，特別於時月日與名氏稱謂等項上，〔註 112〕如魯僖公二十二年《春秋》載宋襄公敗績之日謂「冬，十有一月己巳朔」，言朔不言日，然「偏戰者日爾，此其言朔何？」，《公羊傳》以為「正也」，「君子大其不鼓不成列，臨大事而不忘大禮，有君而無臣，以為雖文王之戰，亦不過此也」。〔註 113〕此乃《春秋》一字褒貶。而此態度亦出現於史書之外，如孟子視「武王伐紂」為「誅一夫紂矣，未聞弒君也」、〔註 114〕孔子視「君取於臣謂之取，不曰假」等均是，〔註

〔註 104〕《春秋繁露義證・玉英》，70 頁。

〔註 105〕《春秋繁露義證・玉英》，69 頁。

〔註 106〕《春秋公羊傳注疏・隱公六年》，4791 頁。

〔註 107〕《周禮注疏・春官・宗伯》，1766 頁。

〔註 108〕《禮記正義・孔子閒居》，3508 頁。

〔註 109〕中國自古對文字之書與讀即有由字而辭，由辭而句，由句而章，由章而篇的觀念。

〔註 110〕《春秋公羊傳注疏・僖公十六年》，4893 頁。

〔註 111〕語法學對詞序另有研究，而本文所討論的詞序僅限於正名的觀點。

〔註 112〕讀者可參戴君仁《春秋辨例》一書，書共九章，而第三章至第九章所論皆為春秋三傳對時月日與名氏稱謂例。

〔註 113〕《春秋公羊傳注疏・僖公二十二年》，4902 頁。

〔註 114〕《孟子注疏・梁惠王下》，5822 頁。

115〕一如「趙盾弒其君」中〝殺〞〝弒〞二字之講究一般。藉著修辭造句，正名觀的價值又更深一層的落在文字中。

於是，書法之運作模式最終必然落實於個別名義的表現上。如「君子周而不比，小人比而不周」，〔註 116〕藉著區別「周」、「比」二語以說君子小人之異，然而實際上「周」、「比」二語本可通用，其間並無好壞差別，如《詩經．皇矣》「王此大邦，克順克比」、《左傳．昭公二十八年》「擇善而從謂之比」即以比說好，〝比周〞二字更常連用，如《左傳．文公十八年》「頑嚚不友，是與比周」、《莊子．讓王》「比周而友」、《荀子．儒效》「比周而譽俞少」、《荀子．臣道》「朋黨比周」等，可知孔子以「周」、「比」二語說君子小人實為書法正名之語文模式，餘如《論語．子路》「君子泰而不驕，小人驕而不泰」、《孟子．告子》「天子討而不伐，諸侯伐而不討」的表現皆同此皆同此。又如《孟子》載晏嬰之言謂「從流下而忘反謂之流，從流上而忘反謂之連，從獸無厭謂之荒，樂酒無厭謂之亡」，〔註 117〕而「流連」與「荒亡」詞中所含兩字皆有語言聲音上之關聯，或為雙聲謰語，或音近，宜無文中區分，蓋並晏嬰故作分析之言，從正名書法的角度來看，則為分別字義運作模式之表現。〔註 118〕而此類析離字義之表現往往又以成套的形式出現，如古代〝田〞、〝狩〞等字本通稱天子諸侯行獵，故《詩》云「叔于田」、「叔于狩」、「不狩不獵」。然《春秋》三傳則依時序賦予田狩不同名稱，如《左傳》謂「春蒐夏苗，秋獮冬狩」，〔註 119〕《公羊傳》謂「春曰苗；秋曰蒐；冬曰狩」，〔註 120〕《穀梁傳》謂「春曰田；夏曰苗；秋曰蒐；冬曰狩」，〔註 121〕明見此等以時區分田狩之名的解釋乃因書法後成，以彰顯天地四季時序與王者配天的觀點，故《莊子》謂「《春秋》以道名分」，事實上，〝弒〞君之弒字當即為強調君臣倫理，特地與殺字區別而生。〔註 122〕

〔註 115〕《韓詩外傳箋疏．卷五》，514 頁。
〔註 116〕《論語注疏．為政》，5346 頁。
〔註 117〕《孟子注疏．梁惠王下》，5813 頁。
〔註 118〕以上諸例及說詳參〈正名主義之語言與訓詁〉，龍宇純，史語所集刊第四十一本，民 63 年。
〔註 119〕《春秋左傳注．隱公五年》，42 頁。
〔註 120〕《春秋公羊傳注疏．莊公四年》，4805 頁
〔註 121〕《春秋穀梁傳注疏．桓公四年》，5150 頁，（十三經注疏附校勘記）清、阮元校勘，大化書局，民 78.10 四版。
〔註 122〕〈正名主義之語言與訓詁〉，593 頁。

而正名觀終於完成其〝書法〞的運作模式。透過《春秋》史傳具體的發展、呈現與說明了這種模式，故《左傳》謂「《春秋》之稱微而顯，婉而辨」，成公十四年謂「微而顯，志而晦，婉而成章」，《荀子・勸學》亦稱「《春秋》之微」。從記〝事〞之敘述開始，而後在書與不書的體例、造句、遣詞、用字上將至高無上的價値一層一層的下落於具體實際寫得出看得見的文字。並將此等文字建立為〝書〞，建立為〝文獻〞，而在政府機構中史官的監察系統下運作。然而這樣一種透過文字使價値下落與傳播的工作還未完，因為整個書法的基礎乃是建立在文字之上，唯文字有穩定基礎，〝書法〞才能有效運作，〝正字〞活動乃出現。

所謂〝正字〞即是〝正名〞。〔註 123〕就一般意義而言即是整理文字，對文字進行標準化的工作，而從價値表述的角度來看，則是依據名本身之〝音〞與〝形〞訓釋其意義，使正字的標準具體的落實於聽得見的字音與看得見的字形上，從而形成了以文字自身說解其自身的〝訓詁〞方式，以達到名實相合與由名而實的狀況。這是最穩定的訓解方式，是從文字本身出發的，包括了文字的創造與制作、運用與說解，其實前述之分別字義即因字音字形不同，即可賦予不同的意義，表述不同的價値。最初這一工作應仍屬於王室史官，我們從古代文獻中冊與祝的對立可以清楚的看到史官對文字的專利，而非語言，另如「祝幣，史辭以禮焉」〔註 124〕、「卜人定龜，史定墨，君定體」〔註 125〕等記載亦可顯示史與文字的關係，故史本又稱為作冊，史官幾乎掌握了所有文字書寫的權利與義務，並掌握了所有文書資源，而傳說造字者倉頡與周宣王時整理文字者史籀亦為史官，因為文字本是〝書法〞模式中的一部分。隨著文獻的傳播與教育的普及這一工作在後來演變為主張正名之官方文士的特殊活動。

以字音、字形為訓解字義依據其實是將價值與意義定形的最佳方式。不但方便，而且具有強大的說服力。此一現象出現極早，或是自說自話，或是以類近字說，或是依字音說，或是依字形說。如哀公問社於宰我，宰我對曰「周人以栗，曰使民戰栗」，〔註 126〕即以「戰栗」之栗解周社之名，是以通名解專名。而宰我為孔子弟子，顯然，此為主張正名者訓解名義之慣用手法。

〔註 123〕參論文第二章第二節論表述範疇部分中所引鄭康成注。
〔註 124〕《春秋左傳注・成公五年》，823 頁。
〔註 125〕《禮記正義・玉藻》，3193 頁。
〔註 126〕《論語注疏・八佾》，5358 頁。

餘如「徹者徹也」、〔註127〕「夫也者夫也」、〔註128〕「蒙者蒙也」、〔註129〕「比者比也」〔註130〕等均是；以音與形上皆具親密關係之類近字說者有「政者，正也」、〔註131〕「征之爲言正也」、〔註132〕「生之謂性」、〔註133〕「咸，感也」、〔註134〕「仁者人也」〔註135〕等等；就音上說者有「需，須也」、「離，麗也」、「乾，健也」、「義者宜也」、「校者教也」等等；〔註136〕就形上說者有「止戈爲武」、〔註137〕「反正爲乏」、〔註138〕「皿蟲爲蠱」、〔註139〕「自環者謂之私，背私謂之公」、〔註140〕「三畫而連其中，謂之王；三畫者，天地與人也，而連其中者，通其道也」〔註141〕等等。而上述種種解說方式往往又形成言說書寫之特殊書法，如「好好而惡惡，樂樂而安安」、〔註142〕「君君、臣臣、父父、子子」、〔註143〕「故人不獨親其親，不獨子其子」、〔註144〕「學學半」、〔註145〕「以仁安人，以義正我，故仁之爲言人也，義之爲言我也」等。〔註146〕特別是董仲舒以此書法論《春秋》的表現最爲誇張，其謂「吾以其近近而遠遠，親親而疏疏也，亦知其貴貴而賤賤，重重而輕輕也。有知其厚厚而薄薄，善善而惡惡也，有知其陽陽而陰陰，白白而黑黑也」。〔註147〕總的來說，上述法則分別表現爲訓詁中的〝聲訓〞與〝形訓〞，並在漢代

〔註127〕《孟子注疏・滕文公上》，5871頁。
〔註128〕《禮記正義・郊特牲》，3152頁。
〔註129〕《周易正義・序卦》，199頁。
〔註130〕同上。
〔註131〕《論語注疏・顏淵》，5437頁。
〔註132〕《孟子注疏・盡心下》，6029頁。
〔註133〕《孟子注疏・告子》，5973頁。
〔註134〕《周易正義・咸卦》，94頁。
〔註135〕《禮記正義・中庸》，3533頁。
〔註136〕以上諸例參考齊佩瑢《訓詁學概論》118頁，華正書局，民79.9.版。
〔註137〕《春秋左傳注・宣公十二年》，744頁。
〔註138〕《春秋左傳注・宣公十五年》，763頁。
〔註139〕《春秋左傳注・昭公元年》，1223頁。
〔註140〕《韓非子集解・五蠹》，345頁。
〔註141〕《春秋繁露義證・王道通三》，329頁。
〔註142〕《國語・晉語一》，262頁。
〔註143〕《論語注疏・顏淵》，5436頁。
〔註144〕《禮記正義・禮運》，3059頁。
〔註145〕《禮記正義・學記》，3294頁。
〔註146〕《春秋繁露義證・仁義法》，249頁。
〔註147〕《春秋繁露義證・楚莊王》，11頁。

大行其道，從而形成《說文解字》與《釋名》二書。

其中聲訓的法則不止於聲音上的牽連，亦考慮其義類與發聲方法。如劉熙釋天謂：

> 天，豫司兗冀以舌腹言之，天顯也，在上高顯也；青徐以舌頭言之，天，坦也。〔註 148〕

釋風謂：

> 風，兗豫司冀橫口合脣言之，風，氾也，其氣博氾而動物也；青徐言風踧口開脣推氣言之，風，放也，氣放散也。〔註 149〕

劉熙以為「名之於實，各有義類」，〔註 150〕並於《釋名》一書依「天地陰陽四時邦國都鄙車服喪紀，下及民庶應用之器」〔註 151〕一類一類的對名做了具體的整理，然後以此為架構，以字語為準而結合各地方言，在聲音之外再依發聲方法示意，故「以舌腹言之」即示「在上高顯也」，「踧口開脣推氣言之」便示「氣放散也」。

至於形訓的法則則有「文字」、「六書」、「分部」等，發展得更加完備。〔註 152〕漢《孝經援神契》謂：

> 倉頡文字者，總而為言，包意以名事也，分而為義，則文者祖父，字者子孫。得之自然，備其文理，象形之屬，則謂之文。因而滋蔓，子母相生，形聲、會意之屬，則謂之字，字者言孳乳浸多也。
>
> 〔註 153〕

「文者祖父，字者子孫」，於是合文可成字，析字可成文，而顧炎武謂「春秋以上言文不言字」，「以文為字，乃始於史記秦始皇瑯琊臺石刻」，〔註 154〕可知

〔註 148〕《釋名疏證補・釋天》，1006 頁，《爾雅、廣雅、方言、釋名清疏四種合刊》，上海古籍，1989.8.一版一刷。

〔註 149〕《釋名疏證補・釋天》，1007、1008 頁。

〔註 150〕《釋名疏證補・序》，1002 頁。

〔註 151〕同上。

〔註 152〕讀者另可詳參筆者所著〈論漢儒六書說之性質〉一文貳「歷史意涵」部分，《第十三屆全國暨海峽兩岸中國文字學學術研討會論文集》，國立花蓮師範學院語教系編，萬卷樓圖書有限公司，民 91.4.初版。

〔註 153〕《緯書集成・孝經援神契》，987 頁。此段文字又見載於《古微書》536 頁，文字略有小異。

〔註 154〕《日知錄集釋・卷二十一・字》，21、22 頁，顧炎武撰，黃汝成集釋，中華書局，民 55.3.臺一版。

這是正名觀點下所形成〝文〞與〝字〞第一層的形訓概念。而在文字概念下又有六書法則，此處所言僅「象形」、「形聲」、「會意」三書，到劉歆方六書全備，而所謂〝六書〞，依許慎之言謂之如下：

> 一曰指事。指事者，視而可識，察而可見，上下是也；二曰象形。象形者，畫成其物，隨體詰詘，日月是也；三曰形聲。形聲者，以事爲名，取譬相成，江河是也；四曰會意。會意者，比類合誼，以見指撝，武信是也；五曰轉注。轉注者，建類一首，同意相受，考老是也；六曰假借。假借者，本無其字，依聲託事，令長是也。〔註 155〕

「指事」、「象形」、「形聲」、「會意」、「轉注」、「假借」等爲六書，在此六書所成之「字例之條」下，所有的文字都可得到訓解。最後，在文字與六書二理論下又產生了「分部」的觀念。《說文》謂：

> 其建首也，立一爲耑，方以類聚，物以群分，同條牽屬，共理相貫，雜而不越，據形系聯，引而申之，以究萬原，畢終於亥，知化窮冥。〔註 156〕

從此以後有了部首，所有中國文字均依其部首而納入〝始一終亥〞的整體結構，「分別部居，不相雜廁」，〔註 157〕從而建立起一秩序井然、形義相合、名實如一的符號系統，〔註 158〕相對的，個別符號的意義亦在此結構得到更清晰的詮釋與界定。

在形訓聲訓諸法則下，社會上便興起了〝正字〞活動。如杜林「正文字過於鄴、竦」、〔註 159〕劉陶「是正文字三百餘事」等，〔註 160〕但此皆爲私家正字，眞正重要的是以統治者爲主所進行有組織、有規模且具持續性的大型官方活動，即以《漢書・藝文志》、《說文解字・序》及《後漢書》所記此類活動從周宣王至漢靈帝便有十三次之多，每次活動都有具體成果與固定目標，通常是字書的編輯與典籍文字正定，如《史籀篇》、《蒼頡篇》、《凡將篇》、《急就篇》、《元尚篇》、《訓纂篇》、《續訓纂篇》、《說文解字》及「校定東觀

〔註 155〕《說文解字注・序》，762～764 頁。
〔註 156〕《說文解字注・序》，789 頁。
〔註 157〕《說文解字注・序》，771 頁
〔註 158〕參拙著《說文解字部首及其與從屬字關係之研究》緒論部分，丁亮，東海碩論，民 85 年。
〔註 159〕《漢書・杜鄴傳》，3479 頁。
〔註 160〕《後漢書・劉陶傳》，1849 頁。

五經諸子傳記百家藝術」〔註 161〕與建立熹平石經。〔註 162〕由於活動本身有具體的成果，活動背後有具體的機構，是以在不同的〝正字〞活動間可以產生連續的關係，故《說文．序》謂「斯作《倉頡篇》、中車府令趙高作《爰歷篇》、太史令胡毋敬作《博學篇》，皆取史籀大篆，或頗省改，所謂小篆者也」；《漢藝》謂「漢興，閭里書師合《蒼頡》、《爰歷》、《博學》三篇，斷六十字以爲一章，凡五十五章，并爲《蒼頡篇》」；又謂「成帝時，將作大匠李長作《元尙篇》。皆《蒼頡》中正字也。《凡將》則頗有出矣」；又謂「揚雄取其有用者，以作《訓纂篇》，順續《蒼頡》，又易《蒼頡》中重復之字，凡八十九章」；又載班固之言謂「臣復續揚雄作十三章，凡一百二章，無復字」；《說文．序》謂「今敘篆文，合以古籀，博采通人，至於小大，信而有證，稽譔其說」；《後漢書》謂「靈帝乃詔諸儒正定五經，刊於石碑，爲古文、篆、隸三體書法以相參檢」。在代代相承之中，所有的〝正字〞活動融合而爲一持續發展的大活動，形成貫串歷史的正字之流，只要〝人類〞存在，這個活動將永遠持續下去而衝向無限，邁向永恒。〔註 163〕如果我們將〝正字〞活動與〝清言〞活動比較，藉著二者的巨大差異，就更容易看出正字活動的特質。清言活動是私人的、自由的、個體的、獨立的、重視過程而不重結果的行爲；相反的，正字活動則充滿官方色彩，且多是有組織的、集體的、連續的、有目的、有結果的行爲，此一行爲並依附於政府機構，與清言活動之特性截然不同。

於是在正字活動下，價值具體的傳播與下落，並且向現實社會擴散。因爲文字在現實社會中本有其需要，故「尉律學僮十七已上始試，諷籀書九千字乃得爲史」，〔註 164〕而「符印所以爲信也，所宜齊同；薦曉文字者，事下大司空正郡國印章」。〔註 165〕然而在正字之下文字已然成爲價值的化身，於是字形充滿了神祕的力量，如成季生「有文在其手曰『友』」，遂爲「公室輔」；〔註 166〕公孫述夢「八厶子系，十二爲期」，遂爲「公孫帝」；〔註 167〕獻帝時京師童謠曰「千里

〔註 161〕《後漢書．安帝紀》，215 頁。

〔註 162〕《後漢書．儒林傳》，2547 頁。

〔註 163〕筆者按：兩漢以後，中國各代仍有各代的正字活動，其中較有名的有唐代的字樣，直至今日，教育部仍時常頒定標準字體。

〔註 164〕《說文解字注．序》，766 頁。

〔註 165〕《後漢書．馬援傳》注引，839 頁。

〔註 166〕《春秋左傳注．閔公二年》，264 頁。

〔註 167〕《後漢書．公孫述傳》，535 頁。

草，何青青，十日卜，不得生」，董卓遂亡；〔註 168〕《孝經中黃讖》「日載東，絕火光。不橫一，聖聰明」，曹丕遂王；〔註 169〕王莽纂位，忌惡劉氏，以錢文有金刀，「故改爲貨泉；或以貨泉爲白水眞人」；〔註 170〕世諱厲刀井上，「或說以爲『刑』之字，井與刀也，厲刀井上，井、刀相見，恐被刑也」。〔註 171〕這類事情論其事實，或多荒誕不稽，但此種形式的表述對當時社會所生成之強大影響力則是不爭之事實。

〝書法〞模式與〝正字〞活動終於展現了正名觀在符號運作上的可能，完成了價值的下落。原本無形、無聲、無色、無臭、無內、無外、無上、無下、無垠、無限、無古、無今而無任何分別的價值，卻在〝書法〞與〝正字〞之中變成一個完整而有組織、有結構、有層次的符號系統，此系統建立了具體的描述對象，有具體的音，有具體的形，並深入的化爲每一個字中的每一點畫與每一個音中的每一氣流。而在這個過程之中，連語言也文字化了。〔註 172〕又藉著〝書法〞模式與〝正字〞活動，正名觀亦逐漸建立起其相應的意識型態，在一遍又一遍對〝書法〞與〝正字〞的討論中，知識分子逐漸形成一種具體生活的態度，在以文字結構界定字義之中，知識分子也形成了一種在群體大我中完成個人小我的生命情態，正名觀的意識型態因而逐漸凝成。

第三節　意識型態：人道主義與群體倫理

正名觀偏重有形表述，反應在意識型態上即形成了〝人道〞主義。〔註 173〕價值不能不表述，名有其肯定的價值，因爲正名成事，「始制有名」，一切人

〔註 168〕《後漢書・五行志》，3285 頁。
〔註 169〕《緯書集成・孝經中黃讖》，1029 頁
〔註 170〕《後漢書・光武帝紀論》，85 頁。
〔註 171〕《論衡校釋・四諱》，980 頁。
〔註 172〕筆者按：揚雄的《方言》與劉熙《釋名》二書可爲語言文字化的代表，而漢賦的寫作亦當對語言的文字化有充分的貢獻，因爲語言本不必有字，說得出來的口語未必可寫，但要予以記錄則必得將聲音轉化爲字形，於是文字的規律介入了語言。
〔註 173〕筆者按：〝人道〞一詞近世多用來翻譯 Humanity，本文在此用的卻是其在中國文化中的原義，爲表示其在現實社會中實際的行動力，故加上主義二字，非爲 Humanism 的翻譯。

世間人爲之典章制度組織文明若沒有名便無法建立，「人生別言禮義，名號之由人事起也」，〔註 174〕而社會一旦失去組織制度所成之運作軌道，便將大亂，民將何所措其手足？唯有正名，才能使名具有肯定意義，經過表述一再重現永恒的價值，讓多彩多姿的人爲事物在固定的社會軌道與規範中各就其位，完成人間美好的秩序，彰顯人治積極的作用，蓋「名者，人治之大者也」，〔註 175〕「人道者，人之所由樂而不亂，復而不厭者，萬物載名而生，聖人因其象而命之」，故「正名以名義」。〔註 176〕於是個人渺小的生命便在此和諧一體井然不亂的秩序中融入人類群體大我，安身立命，從而獲致永恒不變的生命，這便是正名觀所成就的人道主義的意識型態。

而所謂〝人道〞，也就是重視人倫禮樂，肯定人為人事，講求人治，走人自己應走的道路。故謂「天有其時，地有其財，人有其治」，〔註 177〕蓋「天能生物，不能辨物也；地能載人，不能治人也。宇中萬物生人之屬，待聖人然後分也」。〔註 178〕而其具體內涵則是仁義禮智，是以謂「仁也者，人也」、〔註 179〕「立人之道，曰仁曰義」、〔註 180〕「仁義禮智，人道具矣」、〔註 181〕「人之所以爲人者，禮義也」、〔註 182〕「人之所以爲人者何已也？曰：以其有辨也」，〔註 183〕於是興起人的自覺，〔註 184〕以爲人是萬物之靈，不同於禽獸。而「人道敏政」，「爲政在人」，「仁者人也，親親爲大；義者宜也，尊賢爲大」，因而有「君臣也，父子也，夫婦也，昆弟也，朋友之交也」五種人倫。〔註 185〕於是，是「人能弘道，非道弘人」，〔註 186〕「道者，非天之道，非地之道，人之

〔註 174〕《春秋繁露義證・天道施》，471 頁。
〔註 175〕《禮記正義・大傳》，3264 頁。
〔註 176〕《春秋繁露義證・天道施》，472 頁。
〔註 177〕《荀子集解・天論》，529、530 頁。
〔註 178〕《荀子集解・禮論》，610 頁。
〔註 179〕《孟子注疏・盡心下》，6032 頁。
〔註 180〕《周易正義・說卦傳》，195 頁。
〔註 181〕《禮記正義・喪服四制》，3678 頁。
〔註 182〕《禮記正義・冠義》，3644 頁。
〔註 183〕《荀子集解・非相》，209 頁。
〔註 184〕筆者按：在中國古代，〝人〞最初似以一社會文化概念出現，而不是從生物學的角度來看，與牛馬等名不同，是以殷商時有人祭，不把中國以外之人視爲人，而視爲〝蠻〞（蛇種）、〝羌〞（羊種）、〝狄〞（字從犬）等等。
〔註 185〕《禮記正義・中庸》，3533 頁。
〔註 186〕《論語注疏・衛靈公》，5468 頁。

所以道也」，〔註187〕人應走人自己的道路。

於是，人道主義就在社會中形成強大的〝結構〞力量。這一方面是相應於名實相合觀點形成了一種〝凝固〞與〝界定〞的眼光，一方面是相應於由名而實的觀點形成了一種〝組織〞與〝一元〞的眼光。蓋講正名則形而上的價值必然被下落而固定於特定事物或行爲規範上，所謂「名之必可言也，言之必可行也」，而「言必行，行必果」，是以「無稽之言，不見之行，不聞之謀，君子愼之」，〔註188〕「見之空言，不如行事博深切明」。一旦捉摸不定的價值便被〝凝固〞下來，成爲有形之物，便又可再以名界定之，所謂「形名立，則黑白之分已」，〔註189〕故「名正物定，名倚物徙」，〔註190〕「欲審是非，莫如引名」。〔註191〕而個別事物被界定清晰之後便將在名的系統下組織起來，故「《春秋》愼辭，謹於名倫等物」，使「大小不踰等，貴賤如其倫」，〔註192〕待「假其位號以正人倫」，〔註193〕「名倫等物不失其理」，〔註194〕於辭於名「近近而遠遠」、「親親而疏疏」、「貴貴而賤賤」、「重重而輕輕」、「厚厚而薄薄」、「善善而惡惡」、「陽陽而陰陰」、「白白而黑黑」，〔註195〕人間事物便極有層次的〝組織〞化了。而此〝組織〞化的眼光在「正百物，敘尊卑，列貴賤」的作用下，〔註196〕最終亦需一最高的〝一元〞標準才行，故要「循名復一，民無亂紀」，〔註197〕使「百言有本，千言有要，萬〔言〕有蔥」，〔註198〕「愼率民一焉」。於是「名以制義，義以出禮，禮以體政，政以正民，是以政成而民聽。易則生亂」，〔註199〕在人道主義的意識型態下，正名觀有機會建立起古代人世的禮義社會。

〔註187〕《荀子集解・儒效》，267頁。
〔註188〕《荀子集解・正名》，701頁。
〔註189〕《黃帝四經今註今譯・經法・道法》，56頁。
〔註190〕《韓非子集解・揚權》，30頁。
〔註191〕《春秋繁露義證・深察名號》，291頁。
〔註192〕《春秋繁露義證・精華》，85頁。
〔註193〕《春秋繁露義證・俞序》，163頁。
〔註194〕《春秋繁露義證・盟會要》，142頁。
〔註195〕《春秋繁露義證・楚莊王》，11頁。
〔註196〕《隋書・經籍志》，1004頁。
〔註197〕《黃帝四經今註今譯・十大經・成法》，349頁。
〔註198〕《黃帝四經今註今譯・十大經・成法》，352頁。
〔註199〕《春秋左傳注・桓公二年》，92頁。

而欲建立人世制度組織，首重者為〝人倫〞。故《禮記》謂：

> 聖人南面而治天下，必自人道始矣。立權度量，考文章，改正朔，易服色，殊徽號，異器械，別衣服，此其所得與民變革者也。其不可得變革者則有矣：親親也，尊尊也，長長也，男女有別，此其不可得與民變革者也。〔註200〕

所有人道所成之禮義文章皆可改，唯人倫不得變革，因爲人倫是整個人道的核心，故《淮南子》謂「天下豈有常法哉？當於世事，得於人理，順於天地，神於鬼神，則可以正治矣」，〔註201〕事可以權當，天地可以時順，鬼神可以變化神，唯人理不變而自得，故董仲舒強調「若其大綱，人倫、道理、政治、教化、習俗、文義盡如故，亦何改哉！」〔註202〕亦以人倫爲首。而人倫必須再進一步明確的化爲天地間亙古亙今的綱常，故又有「君臣、父子、兄弟、朋友、夫妻」五倫十際，「凡人倫以十際爲安者也，釋十際則與麋鹿虎狼無以異」，「十際皆敗，亂莫大焉」。〔註203〕而欲完成此人倫禮制，更要建立起兩類人世價值，如四維八德之忠、孝、仁、愛、信、義、和、平、禮、義、廉、恥等與是非、善惡、黑白、好惡、公私、制度、親疏、尊卑、貴賤等。前一類是擁有具體內容而可現於行爲上的種種德目，並可與五倫稍相對應，如君臣講忠，父子講孝，朋友有信等；後一類則偏向型態上的作用，具有清晰的界定或組織功能，可以劃定意義的範圍，賦予道德一個有形可辨識的邊線，並且分別關係之遠近與地位之高低等等。其中特別受到重視的即是〝義〞，蓋「義，人之正路也」，〔註204〕「人何以能群？曰：分；分何以能行？曰：以義」，〔註205〕故「萬事莫貴於義」，〔註206〕「天下有義則治，無義則亂」。〔註207〕最終，人倫終於化成傳統中國的〝三綱〞與〝五常〞，〔註208〕孔子「老者安之，朋友信之，少者懷之」之志終得以足。〔註209〕

〔註200〕《禮記正義．大傳》，3263頁。
〔註201〕《淮南子集釋．氾論》，927頁。
〔註202〕《春秋繁露義證．楚莊王》，18頁。
〔註203〕《呂氏春秋．壹行》，290頁。
〔註204〕《孟子注疏．離婁上》，5912頁。
〔註205〕《荀子集解．王制》，325頁。
〔註206〕《墨子集解．貴義》，425頁。
〔註207〕《墨子集解．天志中》，179頁。
〔註208〕參本論文第六章第三節論宗族中之人倫部分。
〔註209〕《論語注疏．公冶長》，5374頁。

由此人倫禮制，人道主義建立起具體的社會組織與機構，並塑成王官。其中最重要的就是從〝氏族〞政治產生了〝國家〞。〔註210〕《禮記》謂：

王者禘其祖之所自出，以其祖配之，而立四廟。庶子王，亦如之。別子爲祖，繼別爲宗，繼禰者爲小宗。有五世而遷之宗，其繼高祖者也。是故，祖遷於上，宗易於下。尊祖故敬宗，敬宗所以尊祖禰也。庶子不祭祖者，明其宗也。庶子不爲長子斬，不繼祖與禰故也。庶子不祭殤與無後者，殤與無後者從祖祔食。庶子不祭禰者，明其宗也。親親尊尊長長，男女之有別，人道之大者也。〔註211〕

又謂：

牧之野，武王之大事也。既事而退，柴於上帝，祈於社，設奠於牧室。遂率天下諸侯，執豆籩，逡奔走；追王大王亶父、王季歷、文王昌；不以卑臨尊也。上治祖禰，尊尊也；下治子孫，親親也；旁治昆弟，合族以食，序以昭繆，別之以禮義，人道竭矣。〔註212〕

「別子爲祖，繼別爲宗，繼禰者爲小宗」，王者從親親尊尊長長之人倫所發展出的「祖」「宗」觀念建立了氏族政治，從而構成了國家組織，此爲「人道之大者」，亦爲竭盡人道之方，是以「人道敏政」，「人之命在天，國之命在禮」，〔註213〕祭祀之意義實在人而不在鬼，天道遠，人道邇，不知生，焉知死？不知事人，焉事鬼神？小人百姓以爲鬼，君子王者則知人，「五畝之宅，樹牆下以桑，匹婦蠶之，則老者足以衣帛矣。五母雞，二母彘，無失其時，老者足以無失肉矣。百畝之田，匹夫耕之，八口之家，足以無飢矣。所謂西伯善養老者，制其田里，教之樹畜，導其妻子，使養其老。五十非帛不煖，七十非肉不飽。不煖不飽，謂之凍餒。文王之民，無凍餒之老者」，〔註214〕在此國家中，在上述種種人世價值、倫理、體制與機構下，人生最終的社會理想與美好的群體倫理便完成了。在人道主義下，《禮記・禮運》更描述了一個完滿的大同境界，文謂：

大道之行也，天下爲公。選賢與能，講信修睦，故人不獨親其親，不獨子其子，使老有所終，壯有所養，幼有所長，鰥寡孤獨廢疾者

〔註210〕讀者可參徐復觀〈周室宗法制度〉與〈周室之封建制度及其基本精神〉，《兩漢思想史・卷一》，13～33頁。

〔註211〕《禮記正義・喪服小記》，3238～3240頁。

〔註212〕《禮記正義・大傳》，3262、3263頁。

〔註213〕《荀子集解・天論》，541頁。

〔註214〕《孟子注疏・盡心上》，6018頁。

皆有所養。男有分，女有歸，貨惡其棄於地也，不必藏於己；力惡其不出於身也，不必爲己。是故謀閉而不興，盜竊亂賊而不作，故外户而不閉，是謂大同。〔註215〕

於是在正名觀價值應當下落與傳播的觀點下，人道主義從德目、法令、禮俗、行爲規範、人際關係、典章制度、社會機構到國家組織形成了一套完整的看法。並且此套看法與人群的緊密關係，使其不得不與政治掛鉤，並以王者爲中心，〝人爲〞的來完成人道主義的社會理想。同時，在此理想下亦塑造了〝王官〞、〝循吏〞等以仕爲天職的知識分子角色，「以民爲主」，關懷社會大眾，協助聖王處理實際政治事務以建立大同世界，完成人道主義的理想。

然而實踐主在信念的建立，於是人道主義又開始結構人心。除了要提倡前述忠孝仁愛善惡是非等先王所立之德目外，還推廣〝信〞、〝古〞、〝述〞三種態度，一個社會如果不講信、不崇古、不重述便無法建立起人道主義，因爲名無法作用，則民無法率一，人心亦無法一同。故《論語》謂：

子貢問政。子曰：「足食，足兵，民信之矣。」子貢曰：「必不得已而去，於斯三者何先？」曰：「去兵。」子貢曰：「必不得已而去，於斯二者何先？」曰：「去食。自古皆有死，民無信不立。」〔註216〕

治理國家大政最重要的不是經濟、國防，而是〝信〞？而且重視到了寧死也不可無信的地步，這恐怕不是一般人所能接受的，但「名以出信」，信才可行義成事，「人而無信，不知其可也。大車無輗，小車無軏，其何以行之哉？」〔註217〕〝信〞其實是成事正名的基礎，而名爲人治之大者，故孔子特重信。只有在〝信〞的情況下才能建立起人道主義穩定的社會軌道。而講信必崇〝古〞，因爲古即過去已然固定不可更改的故往，守信即是以今合古，且人道主義本以人道、人性、人倫等爲古今不變，「若其大綱，人倫、道理、政治、教化、習俗、文義盡如故，亦何改哉！」故當崇古，尚古，因此在中國發展出〝歷史意識〞，重視歷史，以先王爲法。〔註218〕而守信與崇古必在價值的表述上持遵守與繼承的態度，此即是〝述〞，故「仲尼祖述堯、舜，憲章文、武」，〔註219〕蓋「作者之謂聖，述者

〔註215〕《禮記正義・禮運》，3059 頁。

〔註216〕《論語注疏・顏淵》，5435 頁。

〔註217〕《論語注疏・爲政》，5347 頁。

〔註218〕詳參張師端穗著〈西漢《春秋經》成爲五經之首之原由〉。

〔註219〕《禮記正義・中庸》，3545 頁。

之謂明」，〔註 220〕古代聖王既已制禮作樂，則後世人民只要遵從便可，蓋作亂！作亂！作則亂矣，若人人自作一套標準豈不天下大亂？故孔子稱讚武王、周公「善繼人之志，善述人之事」，〔註 221〕稱讚「何必改作」的閔子騫「言必有中」，〔註 222〕批評夷俟之原壤「長而無述」，〔註 223〕而其自己則自謂「述而不作，信而好古，竊比於我老彭」，〔註 224〕儒者因而講求〝述〞，並發展爲後世之〝儒術〞。

在確立守信、崇古、述而不作等態度之後，接下來所當重視的就是〝教〞與〝學〞，於是儒生出現。因爲教與學是推動與落實人道主義最重要的管道，亦是一統人心的最好方法，蓋「玉不琢不成器，人不學不知道。是故古之王者建國君民教學爲先」，「君子如欲化民成俗，其必由學乎！」〔註 225〕而先王之制禮「可述而多學」，〔註 226〕禮亦「將以教民平好惡而反人道之正也」，〔註 227〕於是〝教〞與〝學〞成爲人生當中兩件極有意義的事情。而主張人道主義、重視禮樂制度的儒家典籍中處處可以看見對於教學的重視，期望「觀乎人文，以化成天下」，〔註 228〕於是又進一步尊立師道，塑造〝經典〞概念，以先王之書爲學習內容，並又另立學校，爲教學在各個社會階層建立起具體的體制與機構，使「家有塾，黨有庠，術有序，國有學」，然後讓人民「比年入學，中年考校，一年視離經辨志；三年視敬業樂群，五年視博習親師；七年視論學取友；謂之小成。九年知類通達，強立而不反，謂之大成」，其終極目的則在「化民易俗，近者說服，而遠者懷之」，達到近悅遠來的文德，〔註 229〕由此，學統成立。於是，在王官之外，人道主義又塑造了〝守文〞的儒生。尊崇文王文德，奉守先王典籍以爲人生經常之大道，守信、尚古、重述、勸學而尊師，講仁義而推禮樂，〔註 230〕統同人心的工作因而有人完成。

〔註 220〕《禮記正義・樂記》，3315 頁。
〔註 221〕《禮記正義・中庸》，3532 頁。
〔註 222〕《論語注疏・先進》，5426 頁。
〔註 223〕《論語注疏・憲問》，5459 頁。
〔註 224〕《論語注疏・述而》，5388 頁。
〔註 225〕《禮記正義・學記》，3294 頁。
〔註 226〕《禮記正義・禮器》，3115 頁。
〔註 227〕《禮記正義・樂記》，3311 頁。
〔註 228〕《周易正義・賁卦》，74 頁。
〔註 229〕《禮記正義・學記》，3295 頁。
〔註 230〕筆者按：〝守文〞一詞形容君王則指「繼體守文」之君，如《後漢書・明帝紀》中元二年詔謂「朕承大運，繼體守文」，注謂「繼體而立者，則守文德」，可知守文不只遵守前君禮制之意，亦有遵守文王文德之意。而此詞若指知識分然而人道主義最終還要在人世之外建立大一統的時空結構。因爲眞正的價值只能唯一，一經有形表述便不當有其它意見，不應有其它存在，若有其它價值存在，若不能結爲一體則予以排除。這種態度與要求極爲清楚的表現在《春秋》大義上。董仲舒謂：

> 《春秋》大一統者，天地之常經，古今之通誼也。今師異道，人異論，百家殊方，指意不同，是以上亡以持一統；法制變數，下不知所守。臣愚以爲諸不在六藝之科孔子之術者，皆絕其道，必使並進。邪辟之說滅息，然後統紀可一而法度可明，民知所從矣。〔註 231〕

「《春秋》大一統者，天地之常經，古今之通誼也」，因而沒有在其外存在的時空，自然，亦不可能有化外之民，所有的事物時空都得一統於其內，故謂「天下無二道」。〔註 232〕而此一統必得有一穩定的核心，然後以此核心爲一切價值之來源，一切之〝本〞而向外放射，不斷發展、吸收、融合、修正或滅除其它價值，而將系統之〝末〞無限制的向外推擴，是以《春秋》極重「一元」，蓋「元者，始也，言本正也。道，王道也。王者，人之始也」，〔註 233〕「以元之深正天之端，以天之端正王之政，以王之政正諸侯之即位，以諸侯之即位正竟內之治。五者俱正，而化大行」，〔註 234〕「故爲人君者，正心以正朝廷，正朝廷以正百官，正百官以正萬民，正萬民以正四方。四方正，遠近莫敢不壹於正，而亡有邪氣奸其間者」，〔註 235〕於是《春秋》王正月時「自公侯至於庶人，自山川至於草木昆虫，莫不一一繫於正月」。〔註 236〕

而此大一統實賴〝類比〞思維來完成。所謂〝類比〞思維即是對事物進行比較與分類的思考模式，而在比較與分類中，個別事物便與其它事物建立起關係，而不獨立存在，從而進入大一統結構中，並以其在結構中的地位與名分而獲得意義。故董仲舒謂：

> 凡物必有合。合，必有上，必有下，必有左，必有右，必有前，必有後，必有表，必有裏。有美必有惡，有順必有逆，有喜必有怒，

子則爲儒生，讀者可相對於名士之〝浮華〞來看。

〔註 231〕《漢書・董仲舒傳》，2523 頁。

〔註 232〕《春秋繁露義證・楚莊王》，14 頁。

〔註 233〕《春秋繁露義證・王道》，100、101 頁。

〔註 234〕《春秋繁露義證・玉英》，70 頁。

〔註 235〕《漢書・董仲舒傳》，2502、2503 頁。

〔註 236〕《春秋公羊注疏・》何注，4763、4764 頁。

有寒必有暑，有晝必有夜，此皆其合也。陰者陽之合，妻者夫之合，子者父之合，臣者君之合。物莫無合，而合各有陰陽。〔註 237〕

「物必有合」，世上不可能有單獨存在之物，而同類相動，「察視其外，可以見其內」，〔註 238〕故可「別嫌疑，異同類，則是非著矣」，〔註 239〕於是「合而通之，緣而求之，五其比，偶其類，覽其緒，屠其贅，是以人道浹而王法立」，〔註 240〕「得一端而多連之，見一空而博貫之，則天下盡矣」，「故天下雖大，古今雖久，以是定矣」，〔註 241〕蓋「以類行雜，以一行萬」，〔註 242〕「倚物怪變，所未嘗聞也，所未嘗見也，卒然起一方，則舉統類而應之」。〔註 243〕而此類比思維實當爲名之系統的反應，故「正名育類」，〔註 244〕「名倫等物」，「言以類使」，〔註 245〕可「以比言之法論也」，「赴問數百，應問數千」，「緡援比類，以發其端」，〔註 246〕於是「差外內、遠近、新故之級」〔註 247〕而若名之有大共名、共名、別名、單名般形成等級關係，故可「理百物，辨品類，別嫌微。修本末者也」，〔註 248〕並在人道主義中形成〝本末〞議題，故「修本末之義」，〔註 249〕「強幹弱枝，大本小末」，〔註 250〕「然後援天端，布流物，而貫通其理」，〔註 251〕在類比思維下以本末型態完成了大一統結構，〝倫〞與〝類〞因而成爲正名觀之人道主義中重要之概念，〔註 252〕故君子交遊也，「緣類而有義」，〔註 253〕「儗人必於其倫」，〔註 254〕「知則明通而類」，〔註 255〕若「倫類

〔註 237〕《春秋繁露義證・基義》，350 頁。
〔註 238〕《春秋繁露義證・玉杯》，41 頁。
〔註 239〕《春秋繁露義證・十指》，146 頁。
〔註 240〕《春秋繁露義證・玉杯》，33 頁。
〔註 241〕《春秋繁露義證・精華》，97 頁。
〔註 242〕《荀子集解・王制》，323 頁。
〔註 243〕《荀子集解・儒效》，292 頁。
〔註 244〕《國語・晉語四》，371 頁。
〔註 245〕《荀子集解・子道》，827 頁。
〔註 246〕《春秋繁露義證・玉杯》，40 頁。
〔註 247〕《春秋繁露義證・奉本》，275 頁。
〔註 248〕《春秋繁露義證・玉英》，76 頁。
〔註 249〕《春秋繁露義證・玉杯》，39 頁。
〔註 250〕《春秋繁露義證・十指》，145 頁。
〔註 251〕《春秋繁露義證・正貫》，143 頁。
〔註 252〕實際上〝倫〞本即〝類〞，〝類〞本即〝倫〞，二者本爲同源詞，後方爲二詞。參王力《同源字典》，593 頁，王力文集第八卷，山東教育出版社，1992.7. 一版一刷。
〔註 253〕《荀子集解・君道》，424 頁。

不通，禮義不一，不足謂善學」，〔註 256〕至能「知通統類」、「壹統類」者則可爲聖人。〔註 257〕

於是以王者為中心，無垠無限的宇宙亦被建構成一統有序的時空。故董仲舒謂：

> 天地之氣，合而爲一，分爲陰陽，判爲四時，列爲五行。〔註 258〕

《禮記》亦謂：

> 夫禮必本於太一，分而爲天地，轉而爲陰陽，變而爲四時，列而爲鬼神。〔註 259〕

藉著〝天地〞、〝陰陽〞與〝五行〞象徵比附系統的建立，無論是自然或人都被統合宇宙萬物由一而多的圖式下。特別是五行相生相剋的系統在詮釋上曖昧又富於彈性，易於比附，於是有五音、五味、五色等等，比附於地理空間，則有了東南西北中五種位置，漢儒論明堂以此，〈子虛賦〉描寫雲夢「其中，有山焉」、「其東，則有蕙圃」、「其南，則有平原廣澤」、「其西，則有湧泉清池」、「其北，則有陰林」以此，〔註 260〕〝中國〞一詞的使用亦以此；比附於歷史時間，則有五德終始說，「稱引天地剖判以來，五德轉移，治各有宜，而符應若茲」，〔註 261〕於是秦始皇「衣服旄旌節旗皆上黑」以此，〔註 262〕劉向父子以高祖「著赤帝之符」亦以此。〔註 263〕王者依其所應之天運而制定禮樂制度與服色，〝時間〞與〝空間〞則成爲具有性質而依據固定秩序運行之物，由此而在宇宙間建立了絕對的秩序與結構。

從此，人道主義又發展出以王者為中心的〝天人感應〞理論，並建立起國泰民安、蟲鳴鳥叫、風調雨順的〝天下太平〞理想。因爲宇宙萬物既爲一統，同出一氣，則彼此當能相互感應，故「施薪若一，火就燥也；平地若一，水就

〔註 254〕《禮記正義‧曲禮下》，2742 頁。
〔註 255〕《荀子集解‧不苟》，160 頁。
〔註 256〕《荀子集解‧勸學》，127 頁。
〔註 257〕《荀子集解‧非十二子》，232 頁。
〔註 258〕《春秋繁露義證‧五行相生》，362 頁。
〔註 259〕《禮記正義‧禮運》，3084 頁。
〔註 260〕《文選‧子虛賦》，350 頁。
〔註 261〕《史記‧孟荀列傳》，939 頁。
〔註 262〕《史記‧秦始皇本紀》，120 頁。
〔註 263〕《漢書‧郊祀志贊》，1271 頁。

濕也。草木疇生，禽獸群焉，物各從其類也」，〔註 264〕而「美事召美類，惡事召惡類，類之相應而起也，如馬鳴則馬應之，牛鳴則牛應之」，〔註 265〕於是天與人當能感通，特別是身爲〝天子〞的王者，於是「天子受命於天」，〔註 266〕反過來，人主之情亦可「上通於天」。〔註 267〕而「天無所言，而意以物。物不與群物同時而生死者，必深察之，是天之所以告人也」，〔註 268〕由是而有災異符瑞讖緯等說，以爲「帝王者之將興也，天必先祥乎下民」，〔註 269〕當國家有失，便生災異譴告，若「國家之失乃始萌芽，而天出災害以譴告之；譴告之而不知變，乃見怪異以驚駭之，驚駭之尚不知畏恐，其殃咎乃至」，〔註 270〕若「王正則元氣和順、風雨時、景星見、黃龍下」，〔註 271〕人道主義在此眞的建立了參贊天地化育的理論與管道，故而開始在世界大同的理想外打造國泰民安、蟲鳴鳥叫、風調雨順的理想，漢代郊祝謂：

皇皇上天，照臨下土。集地之靈，降甘風雨。庶物群生，各得其所。

靡今靡古，維予一人某敬拜皇天之祜。〔註 272〕

這是多麼崇高令人景仰的生命情操與境界，禱者的心不是充滿祥和與慈悲嗎？天下太平還會遠嗎？「是故治世之德，潤草木，澤流四海，功過神明」，〔註 273〕木春時，「恩及草木，則樹木華美，而朱草生；恩及鱗蟲，則魚大爲，鱣鯨不見」；火夏時，「恩及於火，則火順人而甘露降；恩及羽蟲，則飛鳥大爲，黃鵠出見，鳳凰翔」；土夏時，「恩及於土，則五穀成，而嘉禾興。恩及裸蟲，則百姓親附，城郭充實，賢聖皆遷，仙人降」；金秋時，「恩及於金石，則涼風出；恩及於毛蟲，則走獸大爲，麒麟至」；水冬時，「恩及於水，則醴泉出；恩及介蟲，則黿鼉大爲，靈龜出」。〔註 274〕於是人道主義的內涵超出了理性的掌握而進入一極端美麗、和諧又神祕的境域，一種近乎宗教的世界理

〔註 264〕《荀子集解・勸學》，112 頁。
〔註 265〕《春秋繁露義證・同類相動》，358 頁。
〔註 266〕《春秋繁露義證・爲人者天》，319 頁。
〔註 267〕《淮南子集釋・天文訓》，177 頁。
〔註 268〕《春秋繁露義證・循天之道》，455 頁。
〔註 269〕《呂氏春秋・應同》，126 頁。
〔註 270〕《春秋繁露義證・必仁且智》，259 頁。
〔註 271〕《春秋繁露義證・王道》，101 頁。
〔註 272〕《春秋繁露義證・郊祀》，409 頁。
〔註 273〕《春秋繁露義證・天地陰陽》，466 頁。
〔註 274〕《春秋繁露義證・五行順逆》，371～380 頁。

想，人世成就了一個龐大無垠井然有序而又萬物一體的宇宙，猶如夜晚的星空，仰首觀看則星辰燦爛寧靜，各自在其軌道上運行，共同建構成一緊密關聯的天體，而觀者渺小的自我則一體、和諧、秩序、感發又豐富的完全融入其中，一切充滿了意義，深深撼動了所有的生命。這不是每一個人心中對這個世界的期望嗎？人道主義意識型態的發展在此劃下了最終的句點。

於是正名觀在各文化層面完成整個的解決方案。在對有形表述的偏重下，無名觀以價值應該表述完成了基本理論，又以書法與正字實證了理論，最後更以人道主義建構其意識型態，爲人生塑造了一個美麗的境界，但是，這是否就是名實問題的眞正答案？尙得留待歷史來解答了。

第五章　名實問題的發展（一）
——先秦理論發展期

名實問題的發展旨在觀察語文符號如何在歷史的推衍中作用。在此觀察中，我們將看到語文符號對人心與政治的實質作用，其中〝正名觀〞因其結構作用而在政治上形成集中權力的特質，將帝王塑造成天上地下獨一無二的天子，故受帝王青睞而首先登上歷史舞台；〝無名觀〞則憑其對人性自然的尊重與瞭解而深入人心，並藉著人倫評鑒掌握政治上的選舉權而登上歷史舞台。但純然的〝正名觀〞與〝無名觀〞皆具有不可避免的缺陷，是以最後不得不相互融合而在南北朝時期醞成了新的〝假名觀〞。

而本章則旨在說明名實問題的形成與替選方案的提出。整個名實問題乃在知識分子理性的反省中開始。周人以其〝文德〞替商而入主中原，但當西周末年王公貴族因於文飾而放其淫心，文德開始衰敗，原本維持社會秩序的〝主上之名〞開始變質，於是知識分子憑其良知而開始〝名〞的反省。此一反省在春秋時期如火如荼的進行，而在傳統的〝名命〞思想外形成〝名自命〞的觀點，並在春秋末期，於老子和孔子的思想中明確的形成〝無名〞與〝正名〞兩種意見，以求解決文德衰敗所形成的社會問題，但由此亦新形成了名實問題，並促成了戰國諸子思想的解放。而思想的解放更加刺激了新言論與新事物的產生，如何面對這些新狀況便又成了知識分子新的挑戰。於是戰國之知識分子又以〝無名〞與〝正名〞爲基礎進一步的發展出琳瑯滿目的新名實理論，其中以〝名辨〞、〝形名〞、〝齊物〞與〝正名〞等四種最具代表性與影響力。〔註1〕

〔註 1〕筆者按：本文僅依本文之研究角度選擇性的介紹幾種具有文化作用與歷史發

從宏觀的角度來看，這些觀點與解決方案呈現了名實問題的整個內涵，有如一個完整的光譜。老孔〝無名〞與〝正名〞處於兩端，〝齊物〞與〝正名〞則在更兩端，而〝形名〞與〝名辨〞則在中間。隨著各種具體學說名實問題的架構與社會文化中之相關範疇亦一一呈現。於是名實問題從周初的文德問題到戰國末年成熟的發展成爲價值表述的問題，有關名實在理論層面所涉及的所有問題都已具備，價值表述的問題至此醞釀完成。

第一節　名的省察

從西周初年周武王始至春秋末年（約 B.C.1100～B.C.453 年）**，政治文化中有了一股〝名的省察〞風潮，引發了〝名可否表述實？〞一問題，開啟了此後一千多年的發展。**知識分子在此一風潮中極爲自覺的檢討了〝名〞的內涵、意義、價值及運用等問題，並且予以具體的實際運用。這是前所未有的，在此之前，〝名〞並未如此自覺、廣泛而公開的受到反省與重視，於是在此風潮下，〝名〞從眾多文化議題中脫穎而出，明確的擁有其自身之作用、定義、方式與價值，爲當代知識分子所矚目，而獨立爲社會文化中一重要範疇。而在此風潮中，除了傳統的〝名命〞思想外，〔註 2〕另外產生了一種〝名自命〞的新思想，〔註 3〕此一思想促使〝價值〞一事逐漸形成而趨獨立，〝道〞與〝事〞

展的名實學說，至於〝名家〞學說雖受近代研究名實問題者所矚目，本身亦由諸子探討名實的風潮興起，但對整個社會的影響實較其它學派爲小，戰國後亦停止發展而消失，故暫不論。

〔註 2〕筆者按：〝名命〞一詞乃筆者用指〝名〞因外在人物〝命〞成的最初傳統，如《左傳・桓公六年》「命之曰同」、《楚辭・離騷》「肇賜余以嘉名」等即是。而在古代早期典籍中〝名〞與〝命〞可通用，如上引「命之曰同」中命即用爲名，《墨子・尚賢中》「乃名三后，恤功於民」與《管子・幼官》「三年，名卿請事」中則是用名爲命，直至漢時董仲舒《春秋繁露・深察名號》仍謂「名之爲言鳴與命也」。

〔註 3〕筆者按：〝名自命〞一詞乃相對於〝名命〞而生，乃筆者用指〝名〞由人物自行決定而成的傳統，此一傳統約在春秋時生成，讀者可參本文後所論述之實例，發生時代後於〝名命〞傳統，而在黃老形名中明確的表現爲事物自名自命的觀點，如《黃帝四經・經法・論》「名自命也，物自正也，事自定也」、《申子・大體》「名自正也，事自定也」、《文子・上德》「聲自召也，類自求也，名自命也，人自官也」、《韓非子・主道》「令名自命也，令事自定也」、《韓非子・楊權》「使名自命，令事自定」、《淮南子集釋・謬稱訓》「聲自召也，貌自示也，名自命也，文自官也」，而在黃老之外，若《漢書・律曆志》「名自範疇逐漸成熟，後世的道德觀念漸成形，而知識分子亦漸趨獨立。而革新的〝名自命〞思想與傳統〝名命〞思想交互作用則醞釀了後世〝無名〞與〝正名〞兩種觀點。同時，因於名的討論，相對於名的〝實〞的範疇也在逐漸生成中，於是〝價值可否表述？〞一問題開始形成。

〝名的省察〞實因周人〝文德〞以名制度的傳統而起。〔註4〕周人以〝文德〞爲傳統，而名爲文德之一環，於是周興文德興，文德興則名興。周武王滅殷，周人取代殷人治理天下，周公制禮作樂，於是周人之〝文德〞傳統興盛。在此時代大勢中〝名〞的社會作用亦自然提昇，因爲周人所建立的周朝與夏商不同，夏商時之古代政治乃是一種部落同盟的形式，夏與商只是當時諸部落所推出的同盟共主，並非眞正的統治者，而堯舜禪讓亦應是對此一盟主權利的轉移。〔註5〕可是周人代商統治天下不同，周人是以其勢力全新的建立一封建帝國，「溥天之下，莫非王土；率土之濱，莫非王臣」〔註6〕，周天子並不是一個部落盟主，而是天下眞正的擁有者，以王室爲中心所封建之諸侯乃受命於周天子。而維持整個封建帝國秩序的從政治權力的繼承與轉移來說便是宗法制度，從權力秩序的表徵而言便是禮樂制度。整個封建王朝禮樂制度的建立得依賴〝名〞，因爲「始制有名」，名具有〝制度〞作用，包括訂定名號、建立名位、軌範名分等等，使王室所制定之體制能傳達通行於四方，四方諸侯知所從是，於是〝名〞成爲「主藏之名」。〔註7〕而爲維持其所制度，〝名〞又起著強烈的〝監察〞作用。周天子必需要建立強而有力的監察系統以確定各諸侯依周人之禮樂制度治國，於是而有了〝史官〞之監察體系，一方面利用名在事發第一時間〝言諫〞，以阻止不合文德法度之事情發生；另一方面則是利用名來〝書諫〞，秉筆史臣成天跟著諸侯王以周王室之角度建立〝書法〞記下其言行之合法或不合法，然後有效的通報給周天子知曉。〔註8〕這是對〝名〞第二度的利用，即用〝名〞以成〝名〞，而

名也」、《中論・貴驗篇》「事自名也，聲自呼也，貌自睹也，物自處也，人自官也」亦沾染了相同的觀念，而《說文・口部》「名，自命也」即採此說字形，王筠《說文句讀》所謂「許君爲夕字計，故云自命」。

〔註4〕讀者可參王建文《奉天承運》第三章，王建文著，東大圖書，民84年。另可參考本論文第二章第三節文化背景：文德部分。

〔註5〕參《國史大綱》，8頁，錢穆，臺灣商務印書館，民29.6.初版，民79.3.修訂十七版。

〔註6〕《毛詩正義・小雅・北山》，994頁。

〔註7〕參本論文第二章第一節論「王者制名」部分。

〔註8〕參本論文第四章第二節論書法部分。

此一監察體系自是以周王室之強大武力爲後盾，然後利用名將盡忠職守的「守名約」建立爲榮譽，於是名成爲古代帝國之最佳統治工具。

可是，非常微妙的，〝名〞這樣一件近乎完美的統治工具在本質上卻有著腐化人心的弱點。因爲名之制度作用乃因其分別，而其分別乃因其可以感官感知，於是名是〝有〞，以可以感知的有形有聲或有色的〝有〞來象徵尊卑、親疏、遠近等政治層級。自然，愈尊貴者宮室愈大、車馬愈多、飲食愈豐、名聲愈盛而禮愈備，。然而這些事物因其〝有〞的特質卻可搖身一變而成爲一種勾引欲望淫蕩感官之物，於是令人目盲，令人耳聾，使人心發狂，故周穆王壞先王制而征犬戎，密康公不獻三女，厲王障口弭謗，宣王不籍千畝，又因私意而立魯戲公，周景王鑄大錢大鍾，魯莊公丹楹刻角，楚靈王爲章華之臺。於是統治者自壞禮制，從此王命不行，諸侯踰禮之事亦日增，故董褐謂「周室既卑，諸侯失禮於天子」、〔註 9〕晏嬰謂「周室既衰，禮樂缺有間」、〔註 10〕孔子謂「天下有道，則禮樂征伐自天子出；天下無道，則禮樂征伐自諸侯出」。〔註 11〕故周室的衰落是出於統治階層自身，而非外力，因爲名雖可制度，卻也蝕心，此即墨子謂「繁飾禮樂以淫人」之理。〔註 12〕

於是知識分子開始反省禮意與名，〝名的省察〞因而成為風潮。如單穆父諫周景王鑄大鍾謂「先王之制鍾也，大不出鈞，重不過石。律度量衡於是乎生，小大器用於是乎出」，「制度不可以出節」，「口內味而耳內聲，聲味生氣。氣在口爲言，在目爲明。言以信名，明以時動。名以成政，動以殖生。政成生殖，樂之至也」，若生淫心，將有離民心之「轉易之名」，於是由形制而感官，由感官而名，由名而政，將〝有〞之禮意說得一清二楚楚。〔註 13〕在此之外，知識分子亦前所未有的省察了〝名〞各方面的問題，如郯子答魯昭公之問謂「黃帝氏以雲紀，故爲雲師而雲名；炎帝氏以火紀，故爲火師而火名；共工氏以水紀，故爲水師而水名；大皞氏以龍紀，故爲龍師而龍名。我高祖少皞摯之立也，鳳鳥適至，故紀於鳥，爲鳥師而鳥名」、〔註 14〕申繻答魯桓公

〔註 9〕《國語・吳語》，613 頁。
〔註 10〕《史記・孔子世家》，762 頁。
〔註 11〕《論語注疏・季氏》，5475 頁。
〔註 12〕《墨子集解・非儒下》，250 頁。
〔註 13〕《國語・周語下》，123、125 頁。
〔註 14〕《春秋左傳注・昭公十七年》，1386、1387 頁。

問謂「名有五：有信，有義，有象，有假，有類。以名生爲信，以德命爲義，以類命爲象，取於物爲假，取於父爲類」，〔註 15〕省察了名的由來；如箕鄭答晉文公救饑之問謂「「信於君心，信於名，信於令，信於事」、〔註 16〕師服謂「名以制義，義以出禮，禮以體政，政以正民，是以政成而民聽。易則生亂」、〔註 17〕子產謂「夫令名，德之輿也；德，國家之基也」，「恕思以明德，則令名載而行之，是以遠至邇安」、〔註 18〕伍舉論天子之貴謂「其有美名也，唯其施令德於遠近，而小大安之也」，〔註 19〕省察了名的意義與作用。透過這番深刻的反省與認知，一般人眼中只爲生活便利識別標記的〝名〞其所具有治國平天下之強大而根本的作用便明朗昭然揭諸世人面前。

另一方面，〝名的省察〞亦發生在士人具體行事上，名從而成為純粹的自覺價值。在禮制破壞後，士人有了遵不遵〝名〞、要不要〝名〞的自由，於是有了自覺的選擇，如楚子西不受令尹子常之立而怒曰「我受其名。賂吾以天下，吾滋不從也」；〔註 20〕又如伍尚謂伍員曰「父不可棄，名不可廢」，於是歸楚而死；〔註 21〕另如鉏麑受命狙殺趙孟，面臨「不忠」、「不信」便謂「享一名於此，不如死」，亦「觸庭之槐而死」。〔註 22〕名可流芳百世，亦足以獲致生命的滿足，故魯臧昭公對平子謂「人誰不死？子以逐君成名，子孫不忘，不亦傷乎？」〔註 23〕竇犨謂「哀名之不令，不哀年之不登」，〔註 24〕孔子亦謂「君子疾沒世而名不稱焉」，〔註 25〕在這些話中〝名〞已被視爲人生最高價值，相對的，生身年壽反而不值得重視。這是知識分子在名的省察風潮中所形成的自覺，在此自覺下，原本文德傳統中具有命令性質的〝名〞成爲人心內在自發之抉擇的表現，於是〝名〞成爲一種純粹的價值。

基於純粹價值與現世利益，〝名〞便成為社會中一件有意義而值得稱述的

〔註 15〕《春秋左傳注・桓公六年》，115 頁。
〔註 16〕《國語・晉語四》，381 頁。
〔註 17〕《春秋左傳注・桓公二年》，92 頁。
〔註 18〕《春秋左傳注・襄公二十四年》，1089 頁。
〔註 19〕《國語・楚語上》，544 頁。
〔註 20〕《春秋左傳注・昭公二十六年》，1474、1475 頁。
〔註 21〕《春秋左傳注・昭公二十年》，1408 頁。
〔註 22〕《國語・晉語五》，399 頁。
〔註 23〕《春秋左傳注・昭公二十五年》，1466 頁。
〔註 24〕《國語・晉語九》，499 頁。
〔註 25〕《論語注疏・衛靈公》，5648 頁。

事。如鄭無正稱其先主文子「有溫德以成其名譽」、〔註26〕楚鄖公稱「吾先人以善事君，成名於諸侯」、〔註27〕伍舉稱天子「其有美名也，唯其施令德於遠近」等，〔註28〕〝名〞成了〝德〞的代名詞，〝令名〞一詞更成爲此期熟語，如士蔿語「太子遠死，且有令名」、〔註29〕申生語「我戰死，猶有令名焉」、〔註30〕杜原款語「讒行身死可也，猶有令名焉」；〔註31〕又如勃鞮語「佐相以終，克成令名」、〔註32〕鬬且語「相楚君無令名於四方」等等。〔註33〕〝名〞既然成爲價值與意義的代表，便成爲人們所欲成就之對象，如管子謂「昔吾先王昭王、穆王，世法文、武遠績以成名」、〔註34〕衛彪傒謂劉子「勤百姓以爲已名」；〔註35〕吳王夫差謂其先王「以立名於荊」。〔註36〕反過來則不欲惡名，故秦伯謂「懼離其惡名」。〔註37〕特別是在公子縶對秦穆公處理晉重耳之進言中尤可見出對〝名〞的純粹獵取。公子縶謂：

> 君若求置晉君而載之，置仁不亦可乎？君若求置晉君以成名於天下，則不如置不仁以猾其中。〔註38〕

從此語中可知既爲名之利而成名，則事之好不好、成不成就變爲次要的問題了，甚至不予考慮或以已利爲先，名與成名之實的好壞徹底分離，於是成名就變成了政治統御的工具。然而，在這種變態的成名舉動中，卻又展現了人們在行事上對名的極端自覺。於是因於文德而興起的〝名〞經過理性反省的認知與具體行動的激揚後便成爲社會文化中一極重要的獨立範疇。在此之前，〝名〞並未如此自覺、廣泛而公開的受到反省與重視。

就這樣，在周初至春秋末年約六百年間〝名〞從古代貴族文化中興起。首先隨著文德的興起而在封建體制的政治中扮演重要的角色，隨著文德的衰

〔註26〕《國語・晉語九》，491頁。
〔註27〕《國語・楚語下》，577頁。
〔註28〕《國語・楚語上》，544頁。
〔註29〕《國語・晉語一》，274頁。
〔註30〕《國語・晉語一》，281頁。
〔註31〕《國語・晉語二》，290頁。
〔註32〕《國語・晉語四》，368頁。
〔註33〕《國語・楚語下》，574頁。
〔註34〕《國語・齊語》，223、224頁。
〔註35〕《國語・周語下》，147頁。
〔註36〕《國語・吳語》，601頁。
〔註37〕《國語・晉語四》，355頁。
〔註38〕《國語・晉語二》，313頁。

敗，又在禮樂體制的崩壞中從文德中解放而獨立，在擺脫掉強制約束的色彩後，名的價值性變得更高，舊的封建傳統中的〝名命〞之名，而是在自我反省下自覺產生的〝自命〞之名，因爲人生必有死，而名則可流芳百世。此思想不但使得名可轉成更純粹的價值表徵，同時使名從統治上層所控制的體制之名轉生出與社會大眾關係較密切的個人名譽。經歷這樣一個過程，人們不但清晰的瞭解到名的性質，也將名奉爲人生所遵崇的行事價值，但是，也在這樣的一個過程中，人們對〝名〞的取向開始分歧。

第二節　老子〝無名〞與孔子〝正名〞

在春秋末年至戰國初年約兩百年間名實問題進入了理論系統化的階段，基本理論於此完成。前階段點出了〝名〞的社會作用與表徵性質，生成了分歧的觀點，而在這階段發展成老子〝無名〞與孔子〝正名〞的觀點，而意見的分歧使得〝名〞的範疇作用更加強烈，〝名〞不再只是各種事物名稱的總集合，而且成爲可以包涵著各種不同操作意見的研討領域。而〝無名〞與〝正名〞的分歧意見又促成了〝名〞與〝所名〞的分立，在老子的〝無名〞觀點下，道德等價值之名稱與其所指稱的價值分別成兩回事，於是本來只能在〝名〞中顯現的〝價值〞從〝名〞中獨立出來，價值可否表述的名實問題因而在此階段正式形成。

首先，老子極為明確的提出了〝無名〞思想，從而開啟了名實發展的新階段。〔註39〕在其書中共有四章六處提及「無名」，其中〈德經〉一章一見，

〔註39〕老子應是最早提出〝無名〞觀念的人，雖然老子其人與其書之年代極難論定。郭店楚墓出土了《老子》的相關竹簡，使得我們可以將其年代提早至戰國中期以前，先於莊子。而後世講無名的學者均祖述老子，且其〝無名〞思想較莊子樸素完整，因此推論老子最早講無名應不爲過。
然而，老子或許還是獨立反省名實問題的第一人。因爲〝無名〞是直接針對原先政治制度與當時社會文化之現實狀況所提出的強烈革新觀點，而〝正名〞雖亦有革新，但較緩和的持修正的態度面對現狀，而對原先制度予以有意識的繼承，是在極右與極左間所成之新中間路線，故就理上而言，〝無名〞的提出當在〝正名〞之先；又從史實著眼，如果孔子問禮於老聃的記載可信，那麼二人時代略同，甚至老子較年長。又老子主張「以德報怨」，而人以之問孔子，孔子對以「何以報德？」從問題來看，亦當先有老子之「以德報怨」才能有孔子「何以報德？」之對。就本文之立場而言，老子〝無名〞與孔子〝正名〞之提出同爲知識分子繼名之獨立反省後所凝結的意見，應當爲一大時代風氣中事，故並列之。至於二者些微先後之別並不重要，唯論述必分先後，

〈道經〉三章五見，文中首先主張「道恒無名」，〔註 40〕《老子・道經・第一章》謂：

> 道，可道，非常道。名，可名，非常名。無名，天地之始；有名，萬物之母。故常無欲，以觀其妙；常有欲，以觀其徼。此兩者同出而異名，同謂之玄。玄之又玄，眾妙之門。〔註 41〕

所謂「道，可道，非常道。名，可名，非常名」指的即是「道恒無名」。「常道」、「常名」實本作「恒道」、「恒名」，〔註 42〕，所以「非恒道」、「非恒名」乃指不是固定不變的道與不是固定的名。既然可道之道都非常道，那麼，表徵價値的可名之名自然也就不可能可以固定稱謂而成爲永遠的名。簡單的說，也就是無定形的道永遠不可能以有定形的名稱之，如果有可名之道，那非恒道，若著眼於名則可說成是如果有可名之名，那也非恒名。這也就是《莊子・齊物論》所講的「道行之而成，物謂之而然」，故謂「道恒無名」。道既「無名」便隱不可定，因此包容無限而最爲豐盛、美好，故又謂：

> 明道若昧、進道若退、夷道若纇、上德若谷、大白若辱、廣德若不足，建德若偷。質眞若渝，大方無隅，大器晚成，大音希聲，大象無形，道隱無名，夫唯道，善貸且成。〔註 43〕

我們平常的認知乃來自於〝名〞，而「道恒無名」，故眞正的道看起來與一般的認知不同，所謂「正言若反」，故「明道若昧、進道若退、夷道若纇、上德若谷、大白若辱、廣德若不足，建德若偷」，而眞正有意義的形體往往亦不可從感官的正面去認知，故「質眞若渝，大方無隅，大器晚成，大音希聲，大象無形」，是以「道隱無名」、「道褒無名」。

而「無名」乃相對於「有名」而言。蓋在特定時空狀況下〝有〞具有固

基於上述，暫將老子〝無名〞置於孔子〝正名〞之前。

〔註 40〕此中包括道經最後一章帛書甲乙本的第一句。此句令人玩味，因爲王弼本作「道常無爲」，郭店楚簡本作「道亙亡爲」，與帛書不同，如此一來就不易判斷何者爲是。就義理而言「無名」便「無爲」，而「道亙亡名」一句在書中數見，故此句暫以帛書甲乙本爲準。

〔註 41〕《帛書老子校注・道經一》，今本第一章，221～227 頁。此下引文及論述皆以今本爲主，時參以帛書甲乙本及郭店楚簡本。

〔註 42〕帛書甲乙本「常道」、「常名」均作「恒道」、「恒名」，「恒道」的恒與「道恒無名」的恒字同，而與〝常〞不同。

〔註 43〕《帛書老子校注・德經四十》，今本第四十一章，20～24 頁。「道隱無名」帛書乙本作「道褒無名」，竹簡無此句，下殘。

定的形體、固定的內容、固定的涵意，故可為，那麼，只要說此可為便可說，而〝無〞為〝非有〞，故沒有固定的形體、固定的內容、固定的涵意，不受限於特定時空，故不可為，那麼，便不可說。故謂「無名，天地之始；有名，萬物之母」，萬物有形有聲，故「有名」，而天地之始乃一片混沌，無事無物，故「無名」。而此「無名」可生「有名」，因為此「無名」之〝無〞乃為〝非有〞，非有不是有，但可包含著有，故〝無〞中可以生〝有〞。一旦有了〝有〞，相對於此〝有〞便又有了〝沒有〞的〝無〞，於是人們便可依循著有形可感的物之〝有〞去探索不可捉摸的天地之始道之〝無〞的玄妙，「故常無，欲以觀其妙；常有，欲以觀其徼」，〔註 44〕而此〝有〞與此〝無〞俱出於天地之始的「無名」之〝無〞，故又謂「此兩者同出而異名」。而此有、此無〝同〞於天地始無的過程則謂之〝玄〞，當此過程永無止境不斷進行，便可達「萬物與我一體，天地與我為一」的奧妙境界，故謂「同謂之玄，玄之又玄，眾妙之門」。

於是「道恆無名」的主張破解了名的表徵作用，價值因此可脫離名而獨立存在。這是一極偉大的發現，清晰透澈。名是名，價值是價值，二者毫不相關。不但不相關，而且在性質上恰恰相反，〝道〞是天地人生最終的價值與意義，而此一價值與意義是〝無〞，〝名〞雖為了表徵而可感知，但其可感知的形體卻是〝有〞，〝有〞與〝無〞相反，故道不可名，「道恒無名」，「道隱無名」，且「道褒無名」。於是〝名〞的表徵無效，若其部分有效，則其有效之部分也只是表徵了價值中最無意義者。於是〝道〞從名中解放出來，價值因此獨立存在，不再受到任何外物的影響，無欲無求清靜無為。

而道的獨立無名事實上是對傳統〝名命〞思想的徹底反動。因為政治對無形無象不可為的東西莫可奈何，一旦〝道〞與〝名〞的聯繫切斷了，傳統文德中可以〝名命〞的天道就成了無意識的自然天道，於是一切外在事物對〝道〞也就無法產生什麼必然的影響，於是「道法自然」，超越外物而無名無為無欲無求，而往人的內在心性走去，不言不說，成為人內在深處對生命和宇宙靜默玄奧的體悟，故《老子》謂：

> 道常無名。樸雖小天下莫能臣也。侯王若能守之，萬物將自賓。天地相合，以降甘露，民莫之令而自均。始制有名，名亦既有，夫亦

〔註 44〕按：此處標點斷句乃筆者依其理解所改。

將知止，知止可以不殆。〔註 45〕

「始制有名」，為政自有制度，地位愈高名愈大，但「道常無名」，無名者地位雖低下，為政者卻莫能臣，只有知止，不淫佚於繁飾禮樂，才能救有名之制。這顯是針對周穆王、周景王、魯莊公等統治者而言。可是侯王以無名救有名之後，又將如何？老子謂：

道常無為而無不為，侯王若能守之，萬物將自化。化而欲作，吾將鎮之以無名之樸。無名之樸，夫亦將無欲。不欲以靜，天下將自定。〔註 46〕

侯王在無名之後便當無欲無為而讓萬物自然自在自化，如此「天下將自定」。就周人制禮作樂的政治傳統而言，這是嶄新而相反的政治主張，充滿顛覆意味，故老子自己在散播了反動言論之後便神祕的消失了。

而論此思想的建立，實淵源於先前名的自覺，而在南方文化中開花結果。在名的自覺中，價值已然脫離現實中實際之利害關係而表徵為純粹的名，現實政治對名的控制力亦大幅滑落，〝名〞與其〝所名〞的關係已然出現裂痕，故「胡為文，益其質」、〔註 47〕「吾有卿之名，而無其實」、〔註 48〕「魯有名而無情」〔註 49〕等語已將〝名〞與其〝所名〞之〝質〞、〝實〞、〝情〞差別為二，老子只是順此風向更進一步的將價值與表述完全分離，使價值完全超越貴賤，脫離政治的掌控。而這樣的思想，自然最易在中原以外的南方文化中釀成，〔註 50〕因為南方諸國乃為新興國家，本無文德傳統，甚至這背後還可能隱藏著南方邊陲與中原中央的政治鬥爭，當政治思潮之對立投影在具體的歷史時空中時，則形成新興南方與古老中原的對抗，由此而彰顯了〝無名〞思想在野的革新特質，往後便常與反動勢力結合而成為反權威的改革力量。相對的，中原諸國之知識分子在面對時代亂象時雖亦思解決之道，但卻易對傳統採取一種溫和的修正態度，於是而有魯國之孔子高唱〝正名〞。

〔註 45〕《帛書老子校注．道經三十二》，今本第三十二章，397～400 頁。

〔註 46〕《帛書老子校注．道經三十七》，今本第三十七章，421～427 頁。首句帛書甲乙本作「道恒無名」。

〔註 47〕《國語．晉語四》，387 頁。

〔註 48〕《國語．晉語八》，480 頁。

〔註 49〕《春秋左傳注．哀公八年》，1647 頁。

〔註 50〕筆者按：講無名之老莊皆為南方人，另如《國語．越語》所載「大名之下，難以久居」的范蠡亦深受老子無名的影響。

孔子極為明確的提出了〝正名〞思想。「正名」一辭當即爲其所創，〔註 51〕《論語・子路》謂：

> 子路曰：「衛君待子而爲政，子將奚先？」子曰：「必也正名乎！」子路曰：「有是哉，子之迂也！奚其正？」子曰：「野哉，由也！君子於其所不知，蓋闕如也。名不正，則言不順；言不順，則事不成；事不成，則禮樂不興；禮樂不興，則刑罰不中；刑罰不中，則民無所措手足。故君子名之必可言也，言之必可行也。君子於其言，無所苟而已矣！」〔註 52〕

太史公亦載此段對話，文與此稍異。而依《史記・孔子世家》此段對話當發生在魯哀公六年（周敬王三十一年，B.C.489 年）孔子自楚反衛時。〔註 53〕孔子弟子多仕於衛，故衛君欲得孔子爲政。然而當時之衛君爲出公輒，出公輒之父蒯聵本爲世子，因恥其母南子淫亂而欲殺之，事未果，因得罪其父衛靈公而奔事晉之趙鞅，藉鞅之師以攻齊攻衛，與父爲讎以致衛靈身死。靈公卒後孫出公輒立而拒父之師，《公羊傳》謂其「不以父命辭王父命，以王父命辭父命」，故《史記・太史公自序》謂「南子惡蒯聵，子父易名」。然而出公輒之拒父又有諸侯間國際局勢之考量。晉自文襄以後遽以方伯自居，貶齊魯衛三國爲屬國，特定朝聘之期、貢賦之等，奔走悉索者已閱百年。至衛靈、齊景發憤不平，邀魯叛晉，與趙鞅抗兵，非一日矣，且衛靈公受趙鞅捘手之辱，誓不服晉，民亦公憤而願受五伐之苦。而蒯聵奔晉主鞅，既失子道，復授敵國以覬覦之謀，尤衛人所心斥者。內政糾結於外交，但一切複雜混亂問題之核心乃在君臣父子關係，故孔子主張衛國政治首要迫切之事爲「正名」，名雖簡易，卻是一切現實存在之根源，一旦名正之後則禮樂刑罰皆中，混亂的社會秩序將重新建立，否則混亂依舊。此說聽之似迂，而實爲眞知灼見，其後果有孔悝之難，子路死於難中，但〝正名〞思想則由此而生，此時孔子年六十三。

事實上，孔子〝正名〞思想之提出實為對傳統〝名命〞思想的繼承。故

〔註 51〕《國語》作者亦有「正名育類」一語，此可參《國語・晉語四》，371 頁，但其成書年代晚於孔子提〝正名〞，故以孔子爲使用「正名」一詞的第一人。

〔註 52〕《論語注疏・子路》，5443 頁。

〔註 53〕《論語集釋》引狄惺庵作《孔子編年》云「哀公六年歸魯，十年自魯如衛。」又引《集注》謂「是時魯哀公之十年，孔子自楚反乎衛。」所說皆與《史記》不同。二說一云自魯如衛；一云自楚反衛，而於時間則皆謂爲魯哀公十年，即西元前 485 年。

早在周敬王四年（B.C.489）孔子發出「君君、臣臣、父父、子子」正名之語前，〔註 54〕便有劉康公謂「爲臣必臣，爲君必君」、〔註 55〕勃鞮謂「君君臣臣，是謂明訓」、〔註 56〕北宮文子謂「君有君之威儀」而「臣有臣之威儀」、〔註 57〕史蘇謂「好好而惡惡，樂樂而安安」。〔註 58〕而其「名以出信，信以守器，器以藏禮，禮以行義，義以生利，利以平民，政之大節也」〔註 59〕之言亦與師服「名以制義，義以出禮，禮以體政，政以正民」之語相類。〔註 60〕孔子之所以在文德衰敗後仍重〝名〞當因其注重禮樂，蓋正名成事，事成禮樂興。特別是〝名〞之亂象只是在行爲層面而非認知層面，諸侯之破壞禮制並不是將禮制拿掉，在內心否定名位的價值，而是接受名位所代表的價值而想在行爲上踰越禮制的限制以逞一己之野心，故在虢之會中，叔孫穆子謂「今大夫而設諸侯之服，有其心矣。若無其心，而敢設服以見諸侯之大夫乎？」〔註 61〕大夫之所以「設諸侯之服」是因知其爲諸侯之服而設，非不知，一如魯之季氏「八佾舞於庭」是因其知八佾爲魯君之舞而非不知，換句話說，諸侯之亂名行爲並非建立在認知不清上，反而是建立在認知清晰上，只是行爲故意踰越。〝無名〞的觀點是認爲如果內心不以名位爲價值，在認知上沒有封建名位所形成的〝秩序〞，便不會有現實中踰禮的問題，因此只要在認知層面將〝名命〞思想所建立之政治尊卑層級系統徹底摧毀與瓦解，問題便從根本上消失了，故主〝無名〞。但〝正名〞思想則以爲亂象既然只是出在行爲層面，那麼只要針對行爲踰禮而失序的問題予以修正便可，故仍繼承之。

然而孔子〝正名〞雖為繼承卻有著關懷民生的新意，因為孔子談正名的重點在〝民〞而非統治者之〝政〞。這是儒家本色，故其與子路談話最終落在「民無所措手足」，論仲叔于奚之語最終落在「利以平民」，而對季康子之問政則曰「政者，正也。子帥以正，孰敢不正？」〔註 62〕蓋政者之正即是正名

〔註 54〕《論語注疏・顏淵》，5436 頁。
〔註 55〕《國語・周語中》，75 頁。
〔註 56〕《國語・晉語四》，368 頁。
〔註 57〕《春秋左傳注・襄公三十一年》，1194 頁。
〔註 58〕《國語・晉語一》，262 頁。
〔註 59〕《春秋左傳注・成公二年》，787～789 頁。
〔註 60〕筆者按：師服此語出於周惠王二十一年，西元前 656 年，較孔子早約一百多年。
〔註 61〕《國語・魯語下》，195 頁。
〔註 62〕《論語注疏・顏淵》，5437 頁。

之正，正名本為政治而發，而當禮衰樂敗時為政者當自正，而非要求它人。因為經過名的自覺風潮後，〝正名〞之〝正〞已不能是一種外來的〝名命〞約束了，而應當起於自發，君之君與臣之臣應當是君之自君與臣之自臣，故夙沙釐謂「君有烈名，臣無叛質」，夙沙釐之隨鼓君而遷乃是自發自行，是自己對名一事的認定而非受人控制逼迫。孔子體會到了此一時代中之新風潮，予以接受，並將之與舊傳統融合而將〝正名〞之正的關鍵轉移至為政者自身之〝自正〞，此亦其與子路論衛君之為政必先〝正名〞之意。衛出公輒若欲有所為必得從其自身先開始〝正名〞，好好處理與其父蒯聵的政治問題，若避此不談，則毋需再論其餘。這是孔子一項偉大的貢獻，在傳統〝名命〞思想中完美的融入了名的自覺新精神。

就在正名〝自正〞的新要求中，〝名〞從龐大的體制之名中轉生出個人之〝名譽〞。這是一個重要的新環節，因為個人之名譽來自個人生活中言行所表達的德行，是〝名〞與〝德〞最切近處，也就是說，在〝名譽〞的涵意下，名的價值表述性質最純粹，名與人生道德價值的距離最近切。於是名由主上的體制之名下落至可與每一個人親近的個人生命之榮譽，成為每一個個人在生活中可以自己主宰自己決定的價值，而非在古代封建體制下由種族、血統、能力甚或天命所訂定之不公平的名位。從此在中國歷史之中，每一個人可因其個人之言行德行而獲得相稱的個人〝名譽〞，從而名留青史流芳百世，得到人生之滿足與價值。而此一價值無關乎其實際的政治地位與功業成敗，此即錢穆所稱之〝中國歷史精神〞。〝名〞從一人關切之「主藏之名」到少數貴族關切的「策名」至此在孔子正名思想下又開啓了通往全民〝名譽〞的大門。是以到墨子時便極力提倡與重視〝名譽〞一事。而〝名〞在中國社會文化中的影響力至此則變得更遼闊更深厚更巨大了。孔子之〝正名〞思想眞可說是溫故而知新，繼往而開來。

於是〝無名〞與〝正名〞徹底的彰顯了〝名〞在價值表徵與社會功能上的兩種特性，並開啟了戰國諸子種種令人咂舌稱奇的名實學說。這當是由於〝無名〞與〝正名〞二者涵蓋了名實問題的整個範疇，〝無名〞隱含了名實離與由實而名的動靜關係，〝正名〞則隱含了名實合與由名而實的動靜關係。同時，老孔二人講名實雖分亦合，故主無名者亦講「始制有名，名亦既有」、〔註63〕「自古

〔註63〕《帛書老子校注・道經三十二》，今本第三十二章，400頁。

及今，其名不去」；〔註64〕而主正名者亦講「天何言哉？」、〔註65〕「民無能名」，〔註66〕而其「言性與天道，不可得而聞」。〔註67〕故在四種名實基本關係的分合下便形成了戰國諸子百家爭鳴的名實理論。其中以〝名辨〞、〝形名〞、〝齊物〞與〝正名〞四種學說最爲重要，前兩種是以調和的心態對〝無名〞與〝正名〞取捨輕重而成，後兩種則是在對立的心態下對〝無名〞與〝正名〞更激烈的主張，於是風起雲湧，形成更細緻更深廣的名實理論。〔註68〕

第三節　無名與正名的交鋒（1）：〝名辨〞與〝形名〞

〝名辨〞與〝形名〞是戰國早中期首先興起的一對名實思想。〔註69〕蓋自春秋末年老孔二人分別提出〝無名〞與〝正名〞觀點後社會日益混亂，在解放中新思想新事物蜂擁而出，一切均是〝新〞，新事物新思想層出不窮，如何面對？而老子〝無名〞與孔子〝正名〞明確的顯示〝名〞一議題在社會文化中具有重大的影響力，而將其獨立成一種思想觀點。是以此後的知識分子便可將眼光集中在如何運用名實以處理問題上，由此而在新的歷史時空背景下各以其立場對〝無名〞與〝正名〞取捨調和，而形成了〝名辨〞與〝形名〞兩種新的名實理論。其中〝名辨〞思想主由墨家站在社會下層的人民立場提出，乃爲建立一套檢定文學談辨新思想與王公貴族新行爲而成，並在此下主張以爲事物只要合乎天志，用之有效，則可〝述〞亦可〝作〞。而相對於墨家的〝名辨〞則主由黃老

〔註64〕《帛書老子校注・道經二十一》，今本第二十一章，332 頁。

〔註65〕《論語注疏・陽貨》，5485 頁。

〔註66〕《論語注疏・泰伯》，5400 頁。

〔註67〕《論語注疏・公冶長》，5371 頁。

〔註68〕筆者按：戰國時代諸子興起，乃爲中國思想的黃金時期，竊以爲此亦與老子〝無名〞與孔子〝正名〞有關，因爲名實問題涉及思想模式，傳統的思想模式一旦在不同的名實觀點上崩解，思想自然解放，於是老孔之後有諸子之興發。

〔註69〕筆者按：〝名辨〞與〝形名〞二語在本論文中有其特殊之用法。首先，〝名辨〞一語基本上乃從〝墨辨〞一語轉來，〝辨〞本是墨家率先提出的名實觀點，這個觀點貫穿了墨家早期與晚期的名實學說，是以本論文在論述時並不區分墨家早期與晚期的資料。但是〝墨辨〞一語中〝墨〞字的家派意味太強，而分家別派不是本論文研究的重點，而本論文介紹墨家的名實思想主要亦因其超越家派的廣大影響，故以〝名〞字取代墨字，而分別、分辨本爲〝名〞的基本功能；其次，〝形名〞一語雖爲黃老學派所本有，但本文用〝形名〞一語主在指其由形而名、由名而形的符號觀點，而非欲介紹此一學派之所有觀點。

學派站在君王立場發展出〝形名〞思想以面對新事物新言論。名緣形而生，只要形名相合，便可藉著〝形名〞以掌控天下言行事物。〝名辨〞將〝名〞視爲一種工具，而著重這種工具的外在效用，〝形名〞則將〝名〞視爲事物自身特質的表徵，透過眼耳等感官的直覺辨識，而以內在虛靜的心予以掌握。

〝名辨〞思想主要是將〝名〞視為一種論辨工具而發展出來的觀點，名實亦因此清晰分立。此乃墨家繼承了孔子〝正名〞的路線，再吸收老子〝無名〞中名實相離的觀點，而在其功利主義的觀點下加以融合，〔註 70〕新生而成。墨子謂：

> 我有天志，譬若輪人之有規，匠人之有矩。輪匠執其規矩，以度天下之方圜，曰：『中者是也，不中者非也。』今天下之士君子之書，不可勝載，言語不可盡計，上說諸侯，下說列士，其於仁義，則大相遠也。何以知之？曰：『我得天下之明法以度之』。〔註 71〕

墨子繼承了古代意識天的鬼神傳統而將此神祕的〝天志〞視爲規矩般的有效工具，這種工具心態在墨者在遂行其救世理想時扮演了重要的角色，使墨子者能製造各種有效的工具實際助人防守，即如公輸般等名匠亦可令其俯首稱臣，這使墨者能在戰爭饑饉之亂世成爲具體實行者，而不僅只是口頭高唱偉大的理想。於是在面對新的思想認知言語等亂象時，便「上將以度天下之王公大人爲刑政也，下將以量天下之萬民爲文學出言談也」，以知其「仁與不仁」，「譬之猶分黑白」，〔註 72〕由此產生了〝名辨〞。故謂：

> 夫辯者，將以明是非之分，審治亂之紀，明異同之處，察名實之理，處利害，決嫌疑。焉摹略萬物之然，論求群言之比，以名舉實，以辭抒意，以說出故，以類取，以類予，有諸己不非諸人，無諸己不求諸人。〔註 73〕

在此，墨子指出所欲辨別分明的是「是非之分」、「治亂之紀」、「同異之處」、「名實之理」，以便在亂世不可勝載之書與不可勝計之言中「處利害，決嫌疑」。這是名的效用，「以名舉實，以辭抒意，以說出故」，於是名成爲一種〝辨〞

〔註 70〕關於墨家思想中的功利主義，諸多思想史書均論及，如勞思光《新編中國哲學史》（三民書局，民 80.1.增訂六版）中即有論述，讀者可參。

〔註 71〕《墨子集解・天志上》，178 頁。

〔註 72〕《墨子集解・天志中》，185、186 頁。

〔註 73〕《墨子集解・小取》，403、404 頁。

的工具，一種「焉摹略萬物之然，論求群言之比」的工具，在這種情形下，〝名〞〝實〞範疇自然正式分立。墨子謂：

> 今瞽曰：「鉅者白也，黔者黑也。」雖明目者無以易之。兼白黑，使瞽取焉，不能知也。故我曰瞽不知白黑者，非以其名也，以其取也。〔註74〕

墨子這個例子舉得太好了，若瞎子是天生瞎，則雖知「鉅白黔黑」之名但完全不知其實，於是從〝知〞與〝不知〞的觀點，〝名〞與〝實〞二者分立了，「所以謂，名也。所謂，實也。名實耦，合也」，〔註75〕而「名：物達也。有實，必待文名也」，〔註76〕〝實〞本無名，必待外來之表述工具〝名〞加諸其上，文於其外，而後乃可稱呼傳達。

然而工具觀又形成〝實〞主〝名〞客的觀點。也就是說，〝名〞雖可舉〝實〞，但名實間之適當與否，有效沒效仍得視〝實〞來判斷，而不可顧名思義據〝名〞以論。蓋瞎子不辨黑白乃是因其無法分辨黑白之實而非因其無法分辨黑白之名。故《墨子》謂：

> 諸聖人所先，爲人效名實，名不必實，實不必名。苟是石也白，敗是石也，盡與白同。是石也唯大，不與大同，是有便謂焉也。以形貌命者，必智是之某也，焉智某也。不可以形貌命者，唯不智是之某也，智某可也。〔註77〕

墨子以爲名實爲二，若一〝白石〞只是因其色白故以〝白石〞名之，並非此石只是白，故謂「苟是石也白」，「盡與白同」，則「敗是石也」。若一石大而名爲〝大石〞，並不是此石僅與大同，只是因其大故便利稱爲〝大石〞，而此〝大石〞若何則當就實論定，而不能從名論定，是以「於石一也，堅白二也，而在石」、〔註78〕「知狗而自謂不知犬，過也」。〔註79〕當名的作用超越其本分，超越其所名之實時，則混亂生矣，一切當以實定，這是墨子〝名辨〞與名家〝形名〞最大不同處，亦是與黃老〝形名〞之最大不同處。

〔註74〕《墨子集解・貴義》，428、429頁。
〔註75〕《墨子集解・經上下列》，305頁。
〔註76〕《墨子集解・經下下列》，303、304頁。
〔註77〕《墨子集解・大取》，391頁。
〔註78〕《墨子集解・經下上列》，341頁。
〔註79〕《墨子集解・經下上列》，343頁。

為了有效的利用名這個工具，墨子又提出〝三表法〞與〝名義〞。所謂〝三表法〞是以由實而名的態度建立起外在標準，求「言必有三表」，而何謂三表？墨子謂：

> 有本之者，有原之者，有用之者。於何本之？上本之於古者聖王之事。於何原之？下原察百姓耳目之實。於何用之？廢以爲刑政，觀其中國家百姓人民之利。此所謂言有三表也。〔註80〕

一切言行皆以此爲準，看其有沒有效，「中效，則是也；不中效，則非」。〔註81〕而這種外在定義的態度自然放棄了〝名〞與〝所名〞的內在聯繫，於是一方面在事物職分上捨棄了原本正名中〝某某〞的語法；一方面在個人名譽上捨棄了道德的修爲。如儒者以爲「樂以爲樂也」，以音樂之「樂」解釋快樂之「樂」，而墨子以爲「未我應也」；〔註82〕如「名不徒生，而譽不自長，功成名遂，名譽不可虛假，反之身者也」，〔註83〕個人名譽的標準是可檢驗的外在事功而非不可見的內心道德體悟。所謂〝名義〞即指可由外在定義之名，故謂「督以正，義其名」，使「能以義名立於天下」而服天下，〔註84〕如「圜，一中同長也。方，柱隅四讙也。倍，爲二也」、〔註85〕「功，利民也。賞，上報下之功也」，〔註86〕這種定義絕對可以現實檢驗，特別對掌握物性有百分之百的效力，絕非玩文字遊戲，絕不可由甲〝譬〞乙，由乙〝侔〞丙，由丙〝援〞丁，由丁〝推〞甲，最後則俱失甲乙丙丁之實，所謂「辟、侔、援、推之辭，行而異，轉而危，遠而失，流而離本，則不可不審也」。〔註87〕工具若無效，則不如不要。

基於上述觀點，墨家在語文實際的運用上主張半述半作，並對語文媒介的特質作了闡述。墨子謂：

> 夫知者必尊天事鬼，愛人節用，合焉爲知矣。今子曰孔子博於詩書，察於禮樂，詳於萬物，而曰可以爲天子，是數人之齒，而以爲富。

〔註80〕《墨子集解・非命上》，230、231頁。
〔註81〕《墨子集解・小取》，405頁。
〔註82〕《墨子集解・公孟》，440、441頁。《禮記・樂記》與《荀子・樂記》亦云「樂者樂也」，可爲此處所載儒者主張之證明。
〔註83〕《墨子集解・修身》，12、13頁。
〔註84〕《墨子集解・非攻下》，144、145頁。
〔註85〕《墨子集解・經上》，267頁。
〔註86〕《墨子集解・經上》，268頁。
〔註87〕《墨子集解・小取》，407、408頁。

〔註 88〕
孔子主張述而不作，但若以當下現實來檢驗名如何能不作？是以墨子雖主法先王之法，但不能全主述而不作。這種現實主義亦使其於語文兼蓄並重，「能談辯者談辯，能說書者說書，能從事者從事，然後義事成也」，〔註 89〕但對語言文字媒介所成不同的工具性質有所分析，如謂「言，口之利也。執所言而意得見，心之辯也」，〔註 90〕語言在表達心意上有其優勢，而所謂信實亦是要「言合於意」，〔註 91〕至於文字則可「書之竹帛，鏤之金石，傳遺後世子孫，欲後世子孫法之」，〔註 92〕因爲文字形式媒介是可跨越時空傳之久遠的。

總的來說，墨家堅定的著眼於〝外在效益〞而建立了名辨觀點。在功利主義下，墨子以老子〝無名〞名實相離與由實而名觀點修正孔子的〝正名〞學說之後，並不承認〝名〞與〝實〞之間必然有什麼內在的牽連，〝名〞只是一個表述〝實〞的中性工具而已，故而〝名〞與人物之內在道德和心性不具任何內在關係，有名亦未必具有社會地位，於是西周文德中享有社會地位與榮譽的〝名〞變了，老、孔二人論名還是直接針對政治道德而發，但墨翟論〝名〞則擴及所有事物的指稱，而〈經〉與〈經說〉中對各種〝名〞的定義與說解則猶如現代之字典，這使名的內涵更加廣闊，包含了所有事物的名稱，而進入一般人的生活，名亦首次脫去價值表徵的色彩然而名一旦成爲一價值中性的工具，此一工具的特性與有效無效就將被檢驗，於是成爲一種認識論與方法論的反省，名與實獨立成兩個範疇而建立起討論名實問題的平台。而名作爲一種工具則當據實定義名，可是也因爲名的固定化，使得名成爲〝常名〞而實成爲〝常實〞，價值亦成爲可軌範的固定價值。此後，還要建立檢驗工具的標準，以確定工具的使用是否有效，此即是墨子的「三表法」，由此而涉及到表述媒介的問題，於是書與言的媒介討論正式登上名實問題的舞台，述作問題亦連帶上場。此後知識分子凡是論辨，皆受此〝名辨〞觀點影響。

相對於以社會下層民眾為立場的〝名辨〞，黃老學派則站在統治者的角度

〔註 88〕《墨子集解・公孟》，437 頁。
〔註 89〕《墨子集解・耕柱》，414 頁。
〔註 90〕《墨子集解・經上》，269 頁。
〔註 91〕《墨子集解・經上》，267 頁。
〔註 92〕《墨子集解・貴義》，429 頁。

而發展出一套〝形名〞理論。墨子〝名辨〞乃爲判斷王公貴族之所爲與士君子之言論仁與不仁，而黃老〝形名〞則爲統治階層之君王貴族駕馭新言說事物而成。這套理論乃以老子無名爲主幹，吸收孔子正名成事的觀點而成，主在將〝名〞視爲處理新事物、新言論之利器。因爲事物言論必有形有聲或有感，是以可以稽查。而從社會下層所出現之新事物亦必有名，其名與此事物言行可稽之形聲色質必有所關，於是緣名便可檢形，緣形便可責實，於是帝王不必爲四方新出事物言行疲於奔命，只要自守宮中清靜無爲，便可南面天下而治，是以〝形名〞理論又充滿著統御的神祕色彩，然而處於戰國一個失序的時代，此說的確有其價值，並由此而闡發了〝名檢〞作用。此種學說，可以完整的在新近出土的《黃帝四經》中求得，本文即以其爲代表再參酌其它資料論黃老之〝形名〞。〔註 93〕

〝形名〞理論最基本的著眼點乃在將〝名〞視為一種最有效的統治法術，以應付天下紛紛而起之新狀況。故《黃帝四經》謂：

> 故同出冥冥，或以死，或以生；或以敗，或以成。禍福同道，莫知其所從生。見知之道，唯虛無有。虛無有，秋毫成之，必有形名；形名立，則黑白之分已。故執道者之觀於天下也，無執也，無處也，無爲也，無私也。是故天下有事，無不自爲形名聲號矣。形名已立，聲號已建，則無所逃跡匿正矣。〔註 94〕

天下滔滔，萬事萬物自生自滅而不可知、不可說、不可探，唯「秋毫成之，必有形名；形名立，則黑白之分已」，不管是多瑣碎多細小，只要是事物，初一生成，便有形名，有形名便有分別便可予以有效檢驗、衡量與管理，於是天下任何新事物，任何新言論，都只成了如來佛手掌上的孫悟空。所謂「唯余一人，兼有天下，滑民將生，年辯用知，不可法組」，然「昔天地既成，正若有名，合若有刑，〔乃〕以守一名」，「一言而止。循名復一，民無亂紀」，

〔註 93〕筆者按：此處《黃帝四經》乃指馬王堆漢墓所出土的《經法》、《十大經》、《稱》和《道原》四篇文章。依唐蘭說，此四篇當即爲《漢藝》中所載之《黃帝四經》，而陳鼓應以爲成書時代當在戰國中期之初或戰國初期之晚，因此可以說它是現存最早的一部黃老之學著作。（參《黃帝四經今註今譯・先秦道家研究的新方向》2 頁）而此書乃一人一時所作，四篇之論說成一完整結構，故以之代表論黃老形名學說。（參《黃帝四經今註今譯・關於帛書黃帝四經成書年代等問題的研究》33 頁）

〔註 94〕《黃帝四經今註今譯・經法・道法》，56 頁。

〔註95〕故雖「事如直木，多如倉粟」，〔註96〕而「萬物群至，我無不能應」，〔註97〕此即韓非所謂「用一之道，以名爲首」，〔註98〕從此以後，〝形名〞成了掌握一切的鑰匙，掌握〝形名〞就成了統治者第一要務，以此參天地，定人事。於是在黃老學說之下，帝王便可上通於天，下治於人，「富密察於萬物之所終始」，此時再有任何新奇古怪不可衡之以常理的事物言行發生，都不用再憂懼了。這才是黃老講〝形名〞的眞面目，主要是以運用的心態視〝形名〞爲治天下的法術，而其根本之目的則主要是爲了因應戰國時代各種新事物新言論所形成之社會現象，以趨吉避凶去禍求福罷了。

而形名之所以有效乃在其〝名自名〞的特殊主張，由事物大小、長短、輕重等〝表徵〞之「理」而成。所謂〝表徵〞事實上就是講求符號溝通兩端的效用，亦即形名之理。凡〝物〞必有〝形〞，〝形〞必可〝名〞，而〝名〞可成〝事〞，藉著形與名的互動與溝通，帝王便可成其政治操作。所謂「有物將來，其形先之。建以其形，名以其名」，〔註99〕「逆順死生，物自爲名。名形已定，物自爲正」，〔註100〕若「名實相應則定，名實不相應則靜」，〔註101〕「虛靜以待，令名自命也，令事自定」，〔註102〕然後「動作循名，其事若易成」。〔註103〕而就古代中國語文的象形與擬聲而言，名確實是自命，如〝馬〞具〝馬〞形而成〝馬〞字鳴〝馬〞聲，更重要的是〝形名〞理論形成一種純粹符號性的〝名理〞，蓋物有「短長、大小、方圓、堅脆、輕重、白黑」之理，「理定而物易割」，〔註104〕「名以檢其差」，「則形名之與事物，無所隱其理矣」，〔註105〕於是「循名廄理」，「執道者能虛靜公正，乃見〔正道〕，乃得名理之誠」，〔註106〕此乃「形名之家

〔註95〕《黃帝四經今註今譯・十大經・成法》，347頁。
〔註96〕《黃帝四經今註今譯・經法・道法》，63頁。
〔註97〕《黃帝四經今註今譯・十大經・名刑》，401頁。
〔註98〕《韓非子集解・揚權》，30頁。
〔註99〕《黃帝四經今註今譯・稱》，410頁。
〔註100〕《黃帝四經今註今譯・經法・道法》，74頁。
〔註101〕《黃帝四經今註今譯・經法・論》，196頁。
〔註102〕《韓非子集解・主道》，18頁。
〔註103〕《黃帝四經今註今譯・十大經・姓爭》，329頁。
〔註104〕《韓非子集解・解老》，111頁。
〔註105〕《尹文子・大道上》，1頁，諸子集成本，上海書店，1986.7.一版，1991.10.六刷。
〔註106〕《黃帝四經今註今譯・經法・名理》，244頁。

皆曰：『白馬非馬』也」。〔註 107〕於是〝形〞與〝名〞形成執政者所當掌握的雙向內應關係，任何事物都有形，由其形便可生其名，待事物之名自名後，帝王便可再依事物之名要求其事物之實，蓋「循名責實，實之極也。安實定名，名之極也。參以相平，轉而相成」，〔註 108〕「萬物具存，不以名正之則亂，萬名具列，不以形應之則乖，故形名者，不可不正也」。〔註 109〕

於是黃老形名又轉而注重心與眼耳等九竅之分職作用。蓋「短長、大小、方圓、堅脆、輕重、白黑」等物理有賴耳目等九竅之作用辨識，而九竅是否能明白正常的運作則由心決定，於是要講求心的狀態使其能正常運作，這樣的道理在《管子・心術上》一篇中說得極為清楚，其文謂：

> 心之在體，君之位也。九竅之有職，官之分也。心處其道，九竅循理。嗜欲充益，目不見色，耳不聞聲。〔註 110〕

蓋「心術者，無為而制竅者也」，〔註 111〕心若「嗜欲充益」則耳目感官作用不明，於是形名不正，要使心能正常運作則當去欲，「去欲則宣，宣則靜矣；靜則精，精則獨立矣；獨則明，明則神矣」，〔註 112〕於是內心神明虛靜，而耳目聰明，故「聖人之治也，靜身以待之，物至而名自治之」。〔註 113〕而此「心術」其實是處理了周人文德在認知心識上本有之重大問題，蓋周文制禮作樂之本意乃為「五味實氣，五色精心，五聲昭德，五義紀宜」，〔註 114〕因「耳目，心之樞機也」，「聽和則聰，視正則明。聰則言聽，明則德昭。聽言昭德，則能思慮純固」，「口內味而耳內聲，聲味生氣。氣在口為言，在目為明。言以信名，明以時動。名以成政，動以殖生。政成生殖，樂之至也」，然「若視聽不和，而有震眩，則味入不精，不精則氣佚，氣佚則不和。於是乎有狂悖之言，有眩惑之明，有轉易之名，有過慝之度。出令不信，刑政放紛」，〔註 115〕故老子謂「五色令人目盲，五音令人耳聾，五味令人口爽，馳騁畋獵令人心發狂，

〔註 107〕《戰國策注釋・趙策二》，666 頁，何建章注釋，中華書局出版，1990.2.一版，1992.7.北京二刷。
〔註 108〕《鄧析子校詮・轉辭》，11 頁。
〔註 109〕《尹文子・大道上》，2 頁。
〔註 110〕《管子・心術上》，219 頁。
〔註 111〕《管子・心術上》，220 頁。
〔註 112〕《管子・心術上》，220 頁。
〔註 113〕《管子・白心》，224 頁。
〔註 114〕《國語・周語中》，65 頁，周定王語。
〔註 115〕《國語・周語下》，125 頁，單穆公語。

難得之貨令人行妨」，〔註 116〕而〈心術〉則指出只要心與九竅君臣分職，各司其職而不相代便可處理這個問題。

於是，黃老形名乃成功的結合了老子無名與孔子正名。在《老子》「無名，欲以觀其妙，有名，欲以觀其徼」，「道常無名」，「始制有名，名亦既有，夫亦將知止，知止可以不殆」爲其基本觀點下，黃老一方面藉著心與九竅分職關係的確立，成功的處理了物慾對人心的混淆，解決了「五色令人目盲，五音令人耳聾」的問題；一方面提出〝名自名〞的主張，將名的來源置於事物自身，不但符合「道法自然」的基本原則，而且可以避免王者爲新興事物一一制名的煩勞，以達到政治上的清靜無爲，在此前題下再吸收孔子成事正名的主張，以有效的操作名實，從老子所提倡之自然來賦予孔子正名中名實相合觀點新意義，而將孔子正名納入道家清靜無爲的政治主張中。〔註 117〕

經過墨子〝名辨〞與黃老〝形名〞之後，名實問題在社會文化中有了新的地位。二家之說取向立場雖相背，但都著眼於對名實的運用，是以將名實問題與社會文化的聯繫發展得更密切了，同時變得更有價値。不但天志要靠名來傳達維護，而且聖人也要靠名來成就。同時，名實範疇的分立爲知識分子往後的名實討論建立了一個共同的平台，以後名實運動中所有的問題都是在此一平台上進行的。而當平台建立時，名與實之範疇內涵亦變得更加廣泛了。名不再是禮制中的禮法之名或爵位名號，而可是萬事萬物所有的名稱。實亦不再只是限於功利爵祿或道德等價値，而可遍指天下萬物，包含各種形色概念。另一方面是問題討論的層次更深遠了。名實問題的討論不僅限於名與其所名之關係是否成立，還要檢驗名與實背後的「名實之理」或「名理」可不可信。而這種發展不但澄清而且擴充了名實問題的架構，在道事的價値範疇上使得價値的表述將受到檢驗，道與事兩種價値可相並討論，並且價値開始成爲一專門的事；在仕隱的知識分子範疇上，使知識分子可以在名實的共同架構下討論名實問題，同時名實問題成爲知識分子的專業，不是一般人所能涉足的，於是知識分子開始成爲一社會上的特殊集團，而成爲士、農、

〔註 116〕《帛書老子校注・道經十二》，今本第十二章，273 頁。

〔註 117〕筆者按：從正名這一面來說，亦可吸收形名的思想，如《荀子・正名篇》論王者成名當察「所緣而以同異」時謂「心有徵知。徵知則緣耳而知聲可也，緣目而知形可也。然而徵知必將待天官之當簿其類，然後可也」，即當是吸收黃老形名思想以成。

工、商四民之一；在書言的表述範疇上，知識分子對表述媒介的性質開始有所掌握。而在墨家與黃老之外的先秦知識分子，雖不必全然接受二家之說，卻多多少少都受到不同程度的影響。特別是在知識分子的形成這點上，名實問題當是一決定性的因素，由此促進了知識分子內部激烈的爭辯，由此激化了老子無名與孔子正名的學說，而使名實問題在戰國中晚期發展出莊子齊物與荀子正名兩種截然不同的主張。

第四節　無名與正名的交鋒（2）：〝齊物〞與〝正名〞

自戰國早中期的墨子名辨與黃老形名思想之後，到戰國中晚期時整個時代的氣氛更激烈了。此時的名實思想亦開始向極端發展：一是莊子繼老子無名之後提出比無名更無名的齊物思想；一是荀子繼孔子正名之後提出比正名更正名的正名思想。從一社會文化的角度來看，此種名實思想上的激化一方面是社會的變動更劇烈了，無論是政治上的吞併或社會型態的革新，都是前所未有的；一方面是知識分子間的鬥爭更激烈了。自老孔建立了獨立價值以後，知識分子的社會地位大大的提昇，本來是王者臣的士人一下子可以成爲王者師而備受尊榮，經過名辨與形名的發展後，知識分子不僅能說〝道〞〝事〞，而且建立名實範疇，將名實發展成一般人無法染指的專業知識，於是知識分子開始成爲社會上獨立之〝士〞階層。然而知識分子間內在的鬥爭亦愈來愈強了，名辨與形名雖皆吸收無名與正名而成，但二者一由實定名，一由名定實，根本相反，而皆欲息天下之佞知佞辨，爭取帝王或社會的認同，形成知識分子間更激烈的爭鬥，彼此排斥批評，如《莊子‧天下》與《荀子‧非十二子》中所論。在此心態下，知識分子採取了老孔無名與正名的對立面而發展，莊子〝齊物〞思想與荀子〝正名〞思想即在此背景下產生。〔註 118〕

莊子〝齊物〞極為純粹的繼承了老子「道恆無名」的主張，而以名辨與形名所建立的名實範疇為基礎，再予以發揚光大。由於知識分子的社會地位提高了，於是獨立意識增強，而政治社會中惡鬥連連，於是講求自然，擺脫人世一切，浮遊世外，而走向個人內心對〝道〞的寂靜體悟。而此一取向，

〔註 118〕筆者按：龍師宇純〈荀子正名篇重要語言理論闡述〉（《荀子論集》，臺灣學生書局，民 76.4.初版）已然將莊子〝齊物〞思想與荀子〝正名〞思想視爲一組對立的名實理論，讀者可參。

事實上是對文德傳統徹底的否定，在〝道〞的體悟中，〝名〞不但無用，而且有害，是以當去之。在名害實的主張中，莊子〝齊物〞在現世中便具有排斥性，於是成爲一種極端的無名思想。以下分別就名實相離與名以害實兩部分論述莊子的〝齊物〞思想。

首先，莊子以〝忘〞與〝外〞將名實間的距離推擴至無限大。藉著顏回與仲尼的寓言《莊子》描述了〝忘〞，在顏回「忘禮樂」、「忘仁義」、「坐忘矣」一步一步的過程中，「回益矣」，最後的坐忘則是「墮肢體，黜聰明，離形去知，同於大通」，於是一切人爲禮樂仁義，一切事物之知與形全然遠去，形名皆去，然後可「無好」、「無常」，最後「丘也請從而後」，〔註 119〕因爲此即「忘而復之」的眞人境界，〔註 120〕所有的名相都一層一層褪去，到此境界自可「得意而忘言」。〔註 121〕又藉著南伯子葵與女偊的寓言《莊子》描述了〝外〞，在女偊「外天下」、「外物」、「外生」、「朝徹」、「見獨」、「無古今」、「不死不生」一連串的過程最後所至乃「無不將也，無不迎也；無不毀也，無不成也」的境界，完成其「聖人之道」，而此道亦是破除「副墨之子」、「洛誦之孫」、「瞻明」、「聶許」、「需役」、「於謳」、「玄冥」、「參寥」、「疑始」，一層一層穿透文字、語言、知識、感官的障礙再玄之又玄而成，〔註 122〕於是〝名〞〝實〞殊向，二者的距離愈來愈遠。老子論無名仍不廢有名，黃老談無名仍存物之形名，莊子倡無名則極爲純粹在坐與外的過程中使名實間的距離拉成遙不可及，名再也觸不到實。

在這種名實相離的推擴中，便產生了〝齊物〞思想。「天地與我並生，而萬物與我爲一」，〔註 123〕因爲至高價値既然無形無色便不可分別，亦沒有界限，既然沒有界限便是無限，既然無限便是至大，且是至小，無外且無內，無古且無今，於是萬物一齊，不但人爲之禮樂仁義智慧不可分，即連人馬牛羊草木亦不可分，因爲「同於大通」，所有眞實都一體存在，每一個「我」都只是天地造化在流行之中所變化之一物，「道與之貌，天與之形」，〔註 124〕

〔註 119〕《莊子集釋・大宗師》，282～285 頁。
〔註 120〕《莊子集釋・大宗師》，229 頁。
〔註 121〕《莊子集釋・外物》，944 頁。
〔註 122〕《莊子集釋・大宗師》，251～256 頁。
〔註 123〕《莊子集釋・齊物論》，79 頁。
〔註 124〕《莊子集釋・德充符》，220 頁。

猶如大海之波，大氣之雲，波與雲只是海與氣之本體變化所產生出來的一個特殊形貌，並非獨立實體。於是而有「莊周夢爲胡蝶，栩栩然胡蝶也」，「周與胡蝶，則必有分矣」，然可「適志」，「此之謂『物化』」，〔註 125〕蓋「自其異者視之，肝膽楚越也；自其同者視之，萬物皆一也」。〔註 126〕於是天地之間只是一〝道〞，萬物之間只是一〝實〞，在此萬物一齊的觀點下，〝名〞完完全全失去了價值，不要說〝名〞了，連〝形〞也不要了；不要說〝形〞了，連〝知〞也不要了，因爲無論是〝名〞是〝形〞是〝知〞都只是自道分別出來的殊相，而非宇宙之根本實體，故「名者，實之賓也」，〔註 127〕「言者有言，其所言者特未定也」，〔註 128〕因「道行之而成，物謂之而然」，〔註 129〕是以又謂：

> 以指喻指之非指，不若以非指喻指之非指也；以馬喻馬之非馬，不若以非馬喻馬之非馬也。天地一指也，萬物一馬也。〔註 130〕

「天地一指也，萬物一馬也」，因爲此一指與此一馬皆是道之全體的展現，而非指與馬之個別展現，此是莊子之齊物，亦是莊子與惠施所大不同處，是以「天地有大美而不言」而「至言去言」。

而極端的崇實抑名又引發了〝使名〞與〝能名〞的動態主賓新關係。《莊子》謂：

> 道不可聞，聞而非也；道不可見，見而非也；道不可言，言而非也。知形形之不形乎！道不當名。〔註 131〕

這是一個新問題，道乃「形形」者，則「形」如何可見道？造物者造物，則物永遠不可能超越造物者，猶如人造機械，則機械永遠不可能超越人。以此言之，人創造了語言文字，而語言文字是無法盡現人的，故而知北遊問道，「無爲謂不應我」而眞是，「狂屈中欲告我而不我告」似之，黃帝「知之」而不近。〔註 132〕於是名實問題的討論不再局限於〝名〞與〝所名〞，而開發了有關〝使

〔註 125〕《莊子集釋・齊物論》，112 頁。
〔註 126〕《莊子集釋・德充符》，190 頁。
〔註 127〕《莊子集釋・逍遙遊》，24 頁。
〔註 128〕《莊子集釋・齊物論》，63 頁。
〔註 129〕《莊子集釋・齊物論》，69 頁。
〔註 130〕《莊子集釋・齊物論》，66 頁。
〔註 131〕《莊子集釋・知北遊》，757 頁。
〔註 132〕《莊子集釋・知北遊》，731～734 頁。

名〞的種種問題，知識分子不再只是被動的成爲儒墨所主〝名譽〞之〝所名〞，亦是主動操作名實的〝使名〞，同時，語言文字的操作方式亦成爲名實問題中一重要議題，因爲眞正重要的是操作語文的方式而不是語文所敘述的內容，在語文運作的方式之中才能顯現〝使名〞者的眞正精神。

於是〝能名〞乃隨〝使名〞而名，絕不可反向操作。故《莊子》謂「書不過語，語有貴也。語之所貴者意也，意有所隨。意之所隨者，不可以言傳也」，〔註 133〕愈有價値者愈自然愈主動，其餘只是隨其起舞不能自己，是以只應書隨語，語隨意，意隨道，而愈被動者不但價値愈低，而且能力愈差，故「可以言論者，物之粗也；可以意致者，物之精也。言之所不能論，意之所不能察致者，不期精粗焉」。〔註 134〕是以輪扁以齊桓公所讀書爲「古人之糟魄」，自己斲輪「得之於手而應於心，口不能言」，〔註 135〕蓋桓公讀書由書而人的操作方向完全錯了，相對於語言文字而言，人才具有主動之價値，故「桓團公孫龍辯者之徒，飾人之心，易人之意，能勝人之口，不能服人之心，辯者之囿也」，〔註 136〕只是逞口舌之能有什麼用？〝名〞對人的心智具有強烈的負作用，有害於實，若以語言文字決定人心，必有強烈的負作用，〔註 137〕猶如《莊子・應帝王》中儵與忽爲渾沌鑿竅，七日七竅成而渾沌死。

於是在《莊子》在對人生最高價値〝道〞的追求中形成了〝齊物〞思想。基於道恒無名的特性，名實二者一受全然否定；一受全然肯定。因爲至道無別，宇宙天地古今你我實爲一個整體，所有的分別都只是此一實體片面光景的展現，如光中之色，水上之波。而〝名〞，連事物表面之光影都還算不上，只如午後陽光透過樹隙閒閒灑在地上晃動的光影般不實，輕得沒有任何重量，不具任何價値。若眞要說，天地也只是一指，而此一指亦不可說不可言，不可表爲外在的言論，因爲一說，就不是了。於是，人應該不斷的向內心深處追尋，將所有外在束縛一層一層剝去，包括心中有之名利、好惡、概念、習性，因爲這些都是分別，一旦有分別則不得其實，不能與道浮沉而同於大通。但相反的，荀子的〝正名〞思想則全面否定人心性之〝實〞的價値，而

〔註 133〕《莊子集釋・天道》，488 頁。
〔註 134〕《莊子集釋・秋水》，572 頁。
〔註 135〕《莊子集釋・天道》，490、491 頁。
〔註 136〕《莊子集釋・天下》，1111 頁。
〔註 137〕讀者另可參考本論文第三章第一節論由名害實的部分。

對〝名〞予以全面肯定。

荀子之〝正名〞思想是對孔子〝正名〞最純粹的繼承所形成的一種極端思想。此思想仍主名實相合，但是是從名之用的觀點來看名實〝應當〞合。且在二者相合之中，〝名〞爲主角，主當由名而實。因此，荀子一方面提出〝王者制名〞以建立名的權威性；一方面主張〝性惡〞而貶低自然之天的價値，以成其〝化性起僞〞之說。而這其中還涉及聖王經典之構成，教化的建立，和對人性欲望的處理。而在整個學說中，最重要的貢獻就是〝名〞的系統化，這不止是指個別事物之〝名〞與〝名〞間的關係，還指對〝名〞這件事的審視，包括了〝名〞的目的與作用、認知條件與途徑和製造之重點等等。

荀子〝正名〞主在將名打造成具有強大權威的客觀系統，以因應戰國末年世局之亂。故當由王者制名，是以《荀子・正名》起始即謂：

> 後王之成名，刑名從商，爵名從周，文名從禮，散名之加於萬物者，則從諸夏之成俗曲期，遠方異俗之鄉，則因之而爲通。〔註138〕

王者當制名，而其制名可依名之類別繼承商、周、禮、諸夏綜合而成。就荀子看來，戰國末世大亂正因「聖王沒，名守慢，奇辭起，名實亂，是非之形不明」，〔註139〕於是在下「守法之吏，誦數之儒，亦皆亂也」，故要對治此亂則王者「必將有循於舊名，有作於新名」。〔註140〕而王者成名又當注意三察：一、「所爲有名」。「志必有不喻之患，而事必有困廢之禍，故知者爲之分別制名以指實，上以明貴賤，下以明辨同異」，〔註141〕此所爲有名也；二、「所緣以同異」。「心有徵知。徵知則緣耳而知聲可也，緣目而知形可也」，〔註142〕此所緣而以同異也；三、「制名之樞要」。「知異實者之異名也，故使異實者莫不異名也，不可亂也，猶使同實者莫不同名也」。〔註143〕這樣，〝名〞就成了一個秩序井然、有條不紊的和諧整體，名和名間不會產生相互牴觸矛盾的狀況，於是能有效的傳達意思而完成事情，如此才是「愼率民一焉」。最後，荀子又對名實關係做了詳細的討論，以爲系統建立穩固基礎，其謂：

〔註138〕《荀子集解・正名篇》，671、672頁。
〔註139〕《荀子集解・正名篇》，675、676頁。
〔註140〕《荀子集解・正名篇》，675頁。
〔註141〕《荀子集解・正名篇》，676、677頁。
〔註142〕《荀子集解・正名篇》，679頁。
〔註143〕《荀子集解・正名篇》，681頁。

名無固宜，約之以命，約定俗成謂之宜，異於約則謂之不宜。名無固實，約之以命實，約定俗成，謂之實名。名有固善，徑易而不拂，謂之善名。〔註 144〕

荀子承認名和實之間沒有一種必然不變的固定關係，但是「名有固善」，站在「所爲有名」有效無效的立場名與實間是可以建立起某些關係的，如白色之馬名爲白馬，見實易憶名，見名易識實。此後荀子又以「狀同而爲異所者」爲二實，「狀變而實無別而爲異者」爲一實，〔註 145〕於是一個客觀和諧有效而又具有權威基礎穩固的符號系統誕生了。

在〝名〞的系統完成後，便可產生一種極端的由名而實的動態關係。首先，荀子以王者之政權爲基礎來進行，所謂「王者之制名，名定而實辨，道行而志通」，將天下眾多事物之名的來源定於王者一尊，以王者之權威爲後盾，由上而下透過一層一層有組織有系統的名向下伸展，來掌控眾多事物之實，故名成了王者法律制度中極重要的一環，在君子辨說來進行，「實不喻然後命，命不喻然後期，期不喻然後說，說不喻然後辨」，若是，「王業之始也」。〔註 146〕故凡「析辭擅作名以亂正名，使民疑惑，人多辨訟，則謂之大姦，其罪猶爲符節度量之罪也，故其民莫敢託爲奇辭以亂正名」。〔註 147〕並進一步提出名實「三惑」，而以制名之樞要中之「三察」一一對治，若「惑於用名以亂名」，「驗之所以爲有名而觀其孰行，則能禁之」；若「惑於用實以亂名」，「驗之所緣無以同異而觀其孰調，則能禁之」；若「惑於用名以亂實」，「驗之名約，以其所受悖其所辭，則能禁之」，〔註 148〕「三惑」既禁，則由名而實的動態關係能夠有效的施行，長治久安的文德因而得以完成，所謂「跡長功成治之極也」。〔註 149〕

於是在荀子〝正名〞思想下，〝名〞被建立為一超乎人性而至高無上客觀存在的系統。此一系統來自聖王，有其內在嚴密的邏輯，有其運作的規則，又有其運作的依據與效用，不可破壞，故其〈正名篇〉又謂：

名聞而實喻，名之用也。累而成文，名之麗也。用、麗俱得，謂之

〔註 144〕《荀子集解・正名篇》，682、683 頁。
〔註 145〕《荀子集解・正名篇》，683 頁。
〔註 146〕《荀子集解・正名篇》，686 頁。
〔註 147〕《荀子集解・正名篇》，674、675 頁。
〔註 148〕《荀子集解・正名篇》，683～685 頁。
〔註 149〕《荀子集解・正名篇》，675 頁。

知名。名也者，所以期累實也。辭也者，兼異實之名以論一意也。辯說也者，不異實名以喻動靜之道也。期命也者，辨說之用也。辨說也者，心之象道也。心也者，道之工宰也。道也者，治之經理也。心合於道，說合於心，辭合於說，正名而期，質請而喻。辨異而不過，推類而不悖，聽則合文，辨則盡故。以正道而辨姦，猶引繩以持曲直，是故邪說不能亂，百家無所竄。有兼聽之明，而無奮矜之容；有兼覆之厚，而無伐德之色。說行則天下正，說不行則白道而冥窮，是聖人之辨說也。〔註 150〕

在「正名而期，質請而喻」的狀況下，「心合於道，說合於心，辭合於說」，「故邪說不能亂，百家無所竄」，而「說行則天下正」。而此一能令「天下正」之系統最終作用的對象則是人，在名乃人為，且「名有固善」的前題下，人之自然之性只能是惡，有欲，當以禮節之，故謂「人之性惡，其善者僞也」，〔註 151〕若沒有名的作用，則人的社會將會全盤崩潰。相反的，若有聖王所傳之名，則可對性惡之人施以教化，化其惡性而成人道，蓋「欲不可盡，可以近盡也；欲雖不可去，求可節也」。〔註 152〕而在此系統作用下，〝名〞不再是一個一個單一零碎的稱謂，而是井然有序的整體，並且重逾泰山，甚至可超越古今而永恒的存在。

總的來說，在戰國中晚期時，《莊子》〝齊物〞與荀子〝正名〞將〝人〞自身帶入名實問題之中。〝齊物〞思想顯示〝名〞與〝實〞距離遙遠，實為主，名為賓，是以在名實互動中當是由實而名。而人是體道者，在此人是主動的使名者，而不應是受名者。於是在《莊子》的論述中，名實問題的領域又有了新的拓展，由本有之〝名〞與〝實〞再生出〝使名〞之運用的問題與〝能名〞的媒介問題。荀子則以為人性本惡，唯聖王得道，而傳之以〝名〞，而人有天官，天生能以感官分別，並且心有徵知，於是可緣之以得聖王之志，於是人成了〝受名〞者，在名的影響之下化性起僞，以求天下大治。而此問題實關乎〝名〞與〝心識〞，符號與意識之互動關係，在此前實已為人注意。如《國語》謂「耳目，心之樞機也，故必聽和而視正」、〔註 153〕「聰則言聽，明則德昭。聽言昭德，則

〔註 150〕《荀子集解・正名篇》，685～689 頁。
〔註 151〕《荀子集解・性惡篇》，703 頁。
〔註 152〕《荀子集解・正名》，695 頁
〔註 153〕《國語・周語下》，124 頁。

能思慮純固」、〔註 154〕「民慮之於心而宣之於口」、〔註 155〕「五色精心」、〔註 156〕「觀其容而知其心」、〔註 157〕「服，心之文也」等語，〔註 158〕皆以人之內心與外在符號有互動關係。又如〈墨辨〉謂「執所言而意得見，心之辯也。循所聞而得其意，心之察也」〔註 159〕，《黃帝四經》謂「言者心之符〔也〕，色者心之華也，氣者心之浮也」〔註 160〕等等均是。而莊子則以爲〝名〞將割裂心識，荀子亦以爲〝名〞可化性，二者雖一持否定一持肯定，但在名對人內在心識的巨大影響則皆予以承認。

而名實問題發展至此無論是理論或實際，其所涉及的層面與範疇皆已醞釀成熟。周人文德建國〝名〞嶄露了頭角，到西周末年文德衰敗而有〝名的省察〞，至春秋末老孔二人提出〝無名〞與〝正名〞指出解決的兩個面向，而後形成戰國〝名辨〞、〝形名〞、〝齊物〞、〝正名〞四大主流，共約發展了九百年的時間。爲了解決文德衰敗中所形成的〝價值可否表述？〞，名實問題已然從〝名〞發展出〝名〞〝實〞兩個獨立範疇，並且在〝價值可否表述？〞問題下形成獨立的〝價值〞範疇，於是有了〝價值〞這回事，人們會思考人生應當何去何從，是要體悟至高無上的道？或是完成實際的事？無論如何，在〝價值〞的標榜下本來附屬於貴族王官的知識分子開始有了自由的意識，仕以正名或隱以無名都由知識分子自己選擇。而在實際社會中，本爲王者臣的士也因悟道或成事而成爲高尚其事的王者師，從而在政治場中爭取到一種「不治而議論」的超然立場。於是古代知識分子：士，便獨立成爲社會上一個特殊的階層。〝表述〞問題因而崛起，〝書〞與〝言〞成爲知識分子內部鬥爭的問題，站在王官立場主張正名者多以〝書〞爲古代聖王志義之表述，因爲〝書〞能跨越時空，而站在隱士立場主張無名者則多重〝言〞，因爲〝言〞能當下直接傳達心意。在此爭辯中揭發了文字語言的媒介特質。於是名實問題的三個相關範疇皆已呈現。

最後，在心識問題帶入名實問題後，名實運動便準備邁向實驗之門。雖

〔註 154〕《國語・周語下》，125 頁。
〔註 155〕《國語・周語上》，10 頁。
〔註 156〕《國語・周語中》，65 頁。
〔註 157〕《國語・周語下》，91 頁。
〔註 158〕《國語・魯語下》，195 頁。
〔註 159〕《墨子集解・經上》，269 頁。
〔註 160〕《黃帝四經今註今譯・十大經・行守》，387 頁。

然，先秦各種的名實理論都是基於一種現世理想而發，是以都對現世產生某種程度的影響，甚至主導一國之政，如齊稷下之黃老〝形名〞，但是均未在中國這塊土地上全盤實施過，眞正哪一種理論可以解決問題？在實行之中會有什麼問題？如何執行實施？都有待於眞正的執行實驗後答案才會揭曉。甚至，沒有答案也有可能。於是名實問題進入一實際操作的時代，從此開啓了兩漢〝名教〞與魏晉〝自然〞的實驗。在這個實驗中，符號操弄著人心，一如今日心理學、符號學、詮釋學中所論，於是帝王用之以掌控政權，但知識分子亦可將其良知傳達給天下眾生，在特拉西提出意識型態與欲與拿破崙合作的兩千年之前，中國人已經開始注意及此，此實值得後世中國人特別注意。

第六章　名實問題的發展（二）——兩漢名教實驗期

正當戰國末年知識分子內部尚在紛擾爭辯之際，中國發生了一件驚天動地的大事，即秦始皇統一了中國。這一變動結束了夏商周三代上千年聯盟或封建的政治型態，而將中國首次建立成一個中央集權的大一統帝國，並由政治外力強制結束了知識分子內部的名實爭辯，但也促使名實問題從理論期進展到實驗期。

所謂〝實驗期〞乃指實際執行名實理論之時期。此時期的工作在整個名實運動中不但扮演了檢驗理論的角色，本身也是〝價值表述〞的一部分。也就是說，〝實驗期〞在名實運動中的作用有兩個：一個是對知識分子所提出的名實理論去實地執行，加以檢驗，一方面是確認理論本身是否有問題，一方面是確認理論是否能夠執行。這是對上一階段理論期的延續；然而〝實驗期〞對價值表述問題的解決還具有直接的意義，因爲價值表述一問題從來就不是一個純理論純學術的問題，價值表述中的表述除了一種理論上的闡述外，還包括了在現實世界中的施行。面對現實世界中種種力量的角逐與競爭，〝價值〞這樣一件聽起來極爲抽象又不實際的事要如何去推行？如何讓現實中的人接受這樣的東西而不只是知識分子口中的高調就成了〝實驗期〞中知識分子主要的任務。如果這個任務不能完成，〝價值〞也就表述失敗，而將萎縮在充滿利害關係之社會的一角。

〝實驗期〞的開啟乃依賴於政治外力。因爲知識分子本身尚未具有一致的共識，亦沒有力量將其信奉的價值推廣出去，是以得依賴外力。此一外力在當時具體時空之下，自然非〝政治〞力量莫屬。其實，名實問題本就是從政治問題中發生的，在其開始推展時再與〝政治〞力量結合根本無所謂藉不藉助的問題。而就名實理論而言，自然也是具有政治功能的理論才能獲得統治者的青睞，在〝實驗期〞中首先登場。而在戰國中晚期游士興起，君王貴族間興起養士之風，於是知識分子一方面爲了名實主張而在內部進行起激烈爭鬥，一方面又向外與政治集團掛鉤，以求榮華富貴與理想之實現。故而在現實面上，諸子四大主流名實思想中的〝正名〞成爲顯學，〝形名〞受到次級政治團體的青睞而上下掙扎，〝名辨〞與〝齊物〞則隱沒於民間。於是正名主義擅場，與政治結合建立〝名教〞而成爲首先上場的名實實驗。

第一節　正名主義擅場與名教初立

從秦帝國建立前夕到漢武帝獨尊儒術前是兩漢名教建立的預備期。所謂〝名教〞簡單的講即是「以名爲教」。王弼《老子注》「始制有名」下謂：

> 始制，謂樸散始爲官長之時也。始制官長，不可不立名分以定尊卑，故始制有名也。〔註1〕

陳寅恪引此說名教謂「故名教者，依魏晉人解釋，以名爲教，即以官長君臣之義爲教，亦即入世求仕所宜奉行者也」，〔註2〕也就是利用〝名〞去表述價值，制定名分，建立政治尊卑，以形成制度的意識型態。嵇康亦謂：

> 及至人不存，大道陵遲，乃始作文墨以傳其意，區別群物使有類族，造立仁義以嬰其心，制其名分以檢其外，勸學講文以神其教。〔註3〕

從嵇康來看，名教即是「制其名分以檢其外，勸學講文以神其教」，利用名的分別作用來檢定人心外在的行爲舉止，再推崇文學來肯定名教的價值。王弼的解釋偏向政治社會面，嵇康的解釋則偏向理論性質面，合二者觀之則可知〝名教〞是正名觀與政治勢力結合所產生之物，名實運動的實驗期便在此種意識型態下展開了。然而正名雖具有集中權力的特質而爲最高執政當局所喜，但形名則具有包容的特質，是以當主流派強勢排除異己時，次級政治團

〔註1〕《王弼集校釋・老子道德經注第三十二章》，82頁。
〔註2〕《陳寅恪史學論文選集・陶淵明之思想與清談之關係》，119頁。
〔註3〕《嵇康集校注・難自然好學論》，260、261頁。

體則可採用形名以吸收其它非主流的政治勢力與主流政權抗衡，於是從正名主義擅場到名教建立還要經過兩波政治鬥爭的洗禮，第一波是秦始皇與呂不韋的爭鬥，第二波是漢武帝與淮南王的爭鬥，在此之後，名教才得正式建立。

然而正名主義一開始是在法家的學說中以一種變形的面貌展現的。法家注重功利，講究富國強兵，是以形成一種〝循名責實〞注重功利的名實思想。此名實思想主要繼承了荀子之正名思想，〔註 4〕將名視爲聖王制度而爲王者之統治工具，〔註 5〕只是從功利角度講求刑罰中的的名實相合，並極度講求價值之統一，不講求德治，排斥它家學說，是變了形的正名理論，但在應用上則能快速生效，對現實社會產生影響，於是隨著秦的強大，在政治勢力的牽引下，法家的的名實思想在現實中終結了諸子的名實主張。

於是其它各派學說藉著秦相呂不韋進行了一次反撲行動。這可以從《呂氏春秋》一書見出，蓋呂不韋嘗「招致士厚遇之，至食客三千人」，「集論以爲〈八覽〉、〈六論〉、〈十二紀〉，二十餘萬言，以爲備天地萬物古今之事，號曰《呂氏春秋》」，〔註 6〕以「法天地」，「紀治亂存亡」。〔註 7〕而從〈序意〉「黃帝之所以誨顓頊」之天地人架構與公私等觀點來看其學說實以黃老形名爲主幹，故於〈圜道〉談無名之道，於〈正名〉談名正則治外又謂「凡亂者刑名不當也」。〔註 8〕然而此書包含了先秦各家各派的觀點卻與法家相悖，如「天下非一人之天下也，天下之天下也」、〔註 9〕「擇先王之成法，而法其所以爲法」、〔註 10〕「嚴罰厚賞，此衰世之政也」，〔註 11〕故徐復觀謂「《呂氏春秋》，是對先秦經典及諸子百家的大綜合」，但「含有反對秦國當時所行法家之治的深刻意味，故一字不提法家」，〔註 12〕這不是很奇怪嗎！呂不韋身爲相國，所爲書卻與秦國法治傳統恰恰相左，實在不能不讓人懷疑其政治動機，故《史

〔註 4〕秦始皇用李斯，欣賞韓非思想，而李斯與韓非俱師荀子。

〔註 5〕筆者按：《韓非子・詭使》謂「聖人之所以爲治道者三：一曰利，二曰威，三曰名」，即以名爲聖人三治道之一，而「名者，乃上下之所同道也」。

〔註 6〕《史記・呂不韋傳》，1014 頁。

〔註 7〕《呂氏春秋・序意》，122 頁。

〔註 8〕《呂氏春秋・正名》，196 頁。

〔註 9〕《呂氏春秋・貴公》，8 頁。

〔註 10〕《呂氏春秋・察今》，177 頁。

〔註 11〕《呂氏春秋・上德》，241 頁。

〔註 12〕《兩漢思想史・卷二》，2 頁，徐復觀，學生書局，民 82.9.初版五刷。

記・秦始皇本紀》又謂其「招致賓客游士，欲以并天下」。〔註 13〕是以嫪毒事發秦王便出文信侯至河南，「歲餘諸侯賓客使者相望於道請文信侯。秦王恐其爲變」，而將「其與家屬徙處蜀」，〔註 14〕呂不韋乃飲酖而死。《史記》又載「文信侯不韋死，竊葬。其舍人臨者晉人也，逐出之，秦人六百石以上，奪爵，遷，五百石以下，不臨，遷勿奪爵」，〔註 15〕可見秦始皇心中有所畏懼。而隨著呂不韋之死反動勢力解散，法家終於成了秦帝國的唯一顯學。

法家“循名責實”注重功利的名實思想便成為第一個真正施行全國的理論。在這期間，藉著一統體制、箝制思想，法家又強勢的掃除了各學派的殘餘勢力，蓋「世之顯學，儒墨也」，而「儒分爲八，墨離爲三」，「將誰使定世之學乎？」〔註 16〕而「法者，編著之圖籍，設之於官府，而布之於百姓者也」，〔註 17〕「言無二貴，法不兩適。故言行而不軌於法令者，必禁」，〔註 18〕故「明主之國，無書簡之文，以法爲教；無先王之語，以吏爲師」，〔註 19〕再加以正名，「循名實而定是非」，〔註 20〕因「用一道以名爲首，名正物定，名倚物徙」，〔註 21〕於是「初平法式，審別職任」、「建定法度，顯著綱紀」、「端平法度萬物之紀，以明人事」、「法令由一統」、「一法度、衡石、丈尺，車同軌，書同文字」，〔註 22〕「罷其不與秦文合者，斯作〈倉頡篇〉、中車府令趙高作〈爰歷篇〉、太史令胡毋敬作〈博學篇〉」，〔註 23〕制定小篆，於是法家體制一統帝國，其它學派無與。然眞正嚴重的是箝制思想施行白色恐怖，首先在秦始皇二十六年牛刀小試一番，制曰「子議父，臣議君也，甚無謂，朕弗取焉，自今以來除謚法」，〔註 24〕這顯然是避免以下論上，但施行範圍甚小，眞正重大的措施則在八年後由李斯提出。始皇三十四年博士上奏秦應師古而行封建，

〔註 13〕《史記・秦始皇本紀》，115 頁。
〔註 14〕《史記・呂不韋傳》，1014 頁。
〔註 15〕《史記・秦始皇本紀》，118 頁。
〔註 16〕《韓非子集解・顯學》，351 頁。
〔註 17〕《韓非子集解・難三》，290 頁。
〔註 18〕《韓非子集解・問辯》，301 頁。
〔註 19〕《韓非子集解・五蠹》，347 頁。
〔註 20〕《韓非子・姦劫弒臣》，70 頁。
〔註 21〕《韓非子・揚權》，30 頁。
〔註 22〕以上分別參《史記・秦始皇本紀》，128、123、122、119、121 頁。
〔註 23〕《說文解字注・序》，765 頁。
〔註 24〕《史記・秦始皇本紀》，120 頁。

並謂「事不師古而能長久者，非所聞也」，〔註25〕於是李斯上議謂：

> 今諸生不師今，而學古以非當世，惑亂黔首，丞相臣斯昧死言，是以諸侯並作，語皆道古以害今，飾虛言以亂實，人善其所私學，以非上之所建立。今皇帝并有天下，別黑白而定一尊，私學而相與非法教，人聞令下則各以其學議之，入則心非，出則巷議，夸主以爲名，異取以爲高，率群下以造謗，如此弗禁則主勢降乎上，黨與成乎下，禁之便。臣請史官非秦紀皆燒之，非博士官所職天下敢有藏詩書百家語悉詣守尉雜燒之，有敢偶語詩書棄市，以古非今者族，吏見知不舉者與同罪，令下三十日不燒黥爲城旦。所不去者醫藥卜筮種樹之書，若欲有學法令，以吏爲師。〔註26〕

李斯在此所提實是箝制思想言論統一學術的問題，具體措施是焚書，由此而有「焚書令」，並主張「以吏爲師」，剝奪知識分子爲師傳道的權利，《韓非子・五蠹》「明主之國，無書簡之文，以法爲教；無先王之語，以吏爲師」即此之謂，在國家統一的大帽子下賦予帝王言論統治以正當性，從而在價值的表述上獲致統一，故此「制曰可」，於是「古文由此絕矣」。〔註27〕而知識分子愈益不滿秦始皇所爲，私下評議，召致秦始皇大怒，「使人廉問，或爲訞言以亂黔首，於是使御史悉案問諸生。諸生傳相告引，乃自除犯禁者四百六十餘人，皆阬之咸陽，使天下知之以懲」，〔註28〕於是法家外各學派的殘餘勢力亦消滅殆盡。

然而法家這種〝循名責實〞注重功利的名實思想在施行上其實是失敗的。法家思想的優點是能在短期內有效率的富國強兵，其文治並不從文治本身著眼，而爲增強〝武功〞，這完全忽略了傳統〝文德〞長治久安的功能。博士淳于越「事不師古而能長久者，非所聞也」就政策面而言是錯的，但從〝文德〞精神而言則不可移易。李斯不取〝文德〞長治久安之精神，不行禮義教化人心，亦不知疏通人心，不懂「民慮之於心而宣之於口，成而行之，胡可壅也？」的道理，一昧高壓，一旦掌握天下，國祚如何長久？此乃賈誼所謂「仁義不施，而攻守異勢」，而從名實角度來看，法家這種由上而下的高壓統治只著眼

〔註25〕《史記・秦始皇本紀》，125 頁。
〔註26〕同上。
〔註27〕《說文解字注・序》，765 頁。
〔註28〕《史記・秦始皇本紀》，127 頁。

在名的統一〝形式〞而不顧人心〝實〞的內容，久而久之，人心便要反抗。是以雖收天下兵器，然百姓輕輕揭竿而起帝國便重重應聲而倒，秦始皇所預期的萬萬世，結果只傳了二世，實在諷刺，是以秦亡後，知識分子記取教訓而開始注重文德教化。

然漢初先登場的名實理論卻是黃老〝形名〞，孔荀〝正名〞乃在後。這可能有幾個當時特殊的歷史因素：一是現實上秦之暴政連連，民役繁重而民生凋弊，是以漢初要清靜無為，與民休息；二是高祖民間起義，以武功得天下，未窺〝文德〞宏意，是以輕文。講黃老，從某個角度來看，其實即是配合高祖在〝文德〞方面無所作為；三是漢初往往太后干政，如呂后與竇太后，而老子重〝母〞，是以講黃老具有象徵意義；四是當時社會仍不安定，而黃老〝形名〞名自命的觀點有助於應對變異，安定社會。但至七國亂後國家已然眞正一統，而文景之治讓人民充分生息，國家政治由武轉文，尋求長治久安，於是武帝開始採用儒術，儒生則欲再論〝正名〞，這次是講求教化的正名，於是兩漢名教初立。是以班固謂：

> 漢承百王之弊，高祖撥亂反正，文景務在養民，至于稽古禮文之事，猶多闕焉。孝武初立，卓然罷黜百家，表章六經。遂疇咨海内，舉其俊茂，與之立功。興太學，修郊祀，改正朔，定曆數，協音律，作詩樂，建封禮，禮百神，紹周後，號令文章，煥焉可述。〔註29〕

正可大略見出從高祖到武帝間漢初的風光。

於是由形名轉至正名中生成一小一大兩番爭鬥。首先是武帝即位，竇太皇太后仍在世時。《史記》謂：

> 元年，漢興已六十餘歲矣，天下乂安，薦紳之屬皆望天子封禪，改正度也。而上鄉儒術，招賢良趙綰王臧等，以文學為公卿，欲議古，立明堂城南，以朝諸侯。草巡狩、封禪、改歷服色。事未就，會竇太后治黃老言，不好儒術，使人微伺得趙綰等姦利事，召案綰臧，綰臧自殺，諸所興為者皆廢。後六年，竇太后崩，其明年上徵文學之士公孫弘等。〔註30〕

漢武帝雄心大志而「鄉儒術」，一登大位即「招賢良趙綰王臧等，以文學為公

〔註29〕《漢書・武帝紀贊》，212頁。
〔註30〕《史記・孝武本紀》，207頁。

卿」，此時年方十六。而建元元年冬十月丞相衛綰奏事亦謂「所舉賢良，或治申、商、韓非、蘇秦、張儀之言，亂國政，請皆罷」。〔註31〕然此事實涉政治鬥爭，應劭謂：

> 禮，婦人不豫政事，時帝已自躬省萬機。王臧儒者，欲立明堂辟雍。太后素好黃老術，非薄五經。因欲絕奏事太后，太后怒，故殺之。〔註32〕

顯然，武帝若行儒術成功，則竇太皇太后將不與事，然太后仍掌權，是以最後以「綰臧自殺」終結此事。這是第一波黃老與儒家的鬥爭，當學術欲在現實中成立時，便因其具體的社會立場而轉變成意識型態的問題，而在竇太皇太后與漢武帝具體之政爭中呈現。然竇太皇太后年事漸高，體力日益衰退，是以建元五年武帝便「置五經博士」，隔年太皇太后便駕崩，再隔一年，即元光元年，武帝詔賢良，董仲舒、公孫弘等儒者便出來了。

而漢廷中央決定施行儒術主當著眼於〝大一統〞與〝教化〞兩點。董仲舒謂：

> 聖王之繼亂世也，埽除其跡而悉去之，復修教化而崇起之。教化已明，習俗已成，子孫循之，行五六百歲尚未敗也。至周之末世，大爲亡道，以失天下。秦繼其後，獨不能改，又益甚之，重禁文學，不得挾書，棄捐禮誼而惡聞之，其心欲盡滅先王之道，而顓爲自恣苟簡之治，故立爲天子十四歲而國破亡矣。〔註33〕

就統治者而言，〝大一統〞是絕對必要的，法家學說雖支持此點但不能長治久安，而董仲舒打著儒家旗號所倡導的〝教化〞滿足了這一點，這本是文德所長。於是在「爲人君者，正心以正朝廷，正朝廷以正百官，正百官以正萬民，正萬民以正四方。四方正，遠近莫敢不壹於正，而亡有邪氣奸其間者」的教化旗幟下遂行起以王者爲中心的〝大一統〞，〔註34〕故〈天人三策〉終謂：

> 《春秋》大一統者，天地之常經，古今之通誼也。今師異道，人異論，百家殊方，指意不同，是以上亡以持一統；法制變數，下不知所守。臣愚以爲諸不在六藝之科孔子之術者，皆絕其道，必使並進。

〔註31〕《漢書・武帝紀》，156頁。
〔註32〕《漢書・武帝紀》，157頁，建元二年冬，應劭注。
〔註33〕《漢書・董仲舒傳》，2504頁。
〔註34〕《漢書・董仲舒傳》，2502、2503頁。

邪辟之說滅息，然後統紀可一而法度可明，民知所從矣。〔註35〕

此實乃吸取亡秦教訓所推出新型態的大一統政權，仍有某種程度的思想與言論箝制，但龍心大悅，武帝從此便「罷黜百家」「獨尊儒術」，正名主義正式上路了。

但黃老與儒者尚有第二波的爭鬥，或可稱之為《淮南子》事件。蓋竇太后死，武帝獨尊儒術，黃老學者在中央之出路阻絕，唯剩地方諸侯府可去，於是遠離中央而充滿老莊自由精神的南方便成了最佳去處，特別是「淮南王安好術學，折節下士」，〔註36〕「亦欲以行陰德拊循百姓，流名譽」，故「招致賓客方術之士數千人，作爲《內書》二十一篇，《外書》甚眾，又有《中篇》八卷，言神仙黃白之術，亦二十餘萬言」。〔註37〕然此書所論乃黃老「帝王之道」，〔註38〕是欲「統天下，理萬物」的「劉氏之書」，〔註39〕人臣爲此目的令人懷疑，特別是書中主張多與中央所倡之儒術相反，如「道可道，非常道；名可名，非常名」、「五帝三王，殊事而同指，異路而同歸」、〔註40〕「故禮者，實之華而僞之文也」、〔註41〕「法制禮義者，治人之具也，而非所以爲治也」、〔註42〕「因時變而制禮樂」、〔註43〕「古之所以爲治者，今之所以爲亂也」、〔註44〕「不知法治之源，雖循古終亂」、〔註45〕「《詩》、《春秋》學之美者也，皆衰世之造也」等等，〔註46〕又涉及現世及人身的攻擊，如「今世之爲禮者，恭敬而忮，爲義者，布施而德，君臣以相非，骨肉以生怨，則失禮義之本也」、〔註47〕「今世之法籍與時變，禮義與俗易，爲學者循先襲業，據籍守舊教，以爲非此不治，是猶持方枘而周員鑿也」等，〔註48〕這顯然是批評儒者所主

〔註35〕《漢書·董仲舒傳》，2523頁。
〔註36〕《漢書·武被傳》，2167頁。
〔註37〕《漢書·淮南王傳》，2145頁。
〔註38〕《淮南子集釋·要略》，1454頁。
〔註39〕《淮南子集釋·要略》，1462、1463頁。
〔註40〕《淮南子集釋·本經訓》，581頁。
〔註41〕《淮南子集釋·氾論訓》，957頁。
〔註42〕《淮南子集釋·氾論訓》，927頁。
〔註43〕《淮南子集釋·氾論訓》，919頁。
〔註44〕《淮南子集釋·氾論訓》，930頁。
〔註45〕《淮南子集釋·氾論訓》，931、932頁。
〔註46〕《淮南子集釋·氾論訓》，922、923頁。
〔註47〕《淮南子集釋·齊俗訓》，759、760頁。
〔註48〕《淮南子集釋·氾論訓》，932、933頁。

之時政，甚至暗批漢武帝，至其謂高皇帝「出百死而紿一生，以爭天下之權」，「當此之時，豐衣博帶而道儒墨者，以爲不肖」，「逮至暴亂已勝」，則「戴天子之旗，乘大路，建九斿，撞大鐘，擊鳴鼓，奏咸池，揚干戚」，〔註 49〕已純然是吵架口吻。而論其學術根源，則基於黃老形名的意識型態，以爲「言道而不言事，則無以與世浮沉。言事而不言道，則無以與化游息」，〔註 50〕是以「非循一跡之路，守一隅之指」，〔註 51〕蓋「聲自召也，貌自示也，名自命也，文自官也，無非己者」，〔註 52〕論其政治現實，則直接關乎中央與地方政治之爭權，〔註 53〕故特立〈齊俗〉一篇謂「天地之所覆載，日月之所照認，使各便其性，安其居，處其宜，爲其能」，〔註 54〕「故胡人彈骨，越人契臂，中國歃血也，所由各異，其於信，一也」，〔註 55〕「故行齊於俗，可隨也。事周於能，易爲也」，〔註 56〕「今握一君之法籍，以非傳代之俗，譬由膠柱而調瑟也」，〔註 57〕「豈必鄒魯之禮之謂禮乎」。〔註 58〕是以「獨尊儒術」的漢武帝如何能與劉安和平相處？若中央政府之法令只是原則性的規定，不能有具體施行之制度與規範，則實際執行的權力豈不是讓給了地方諸侯王？於是淮南獄起。

劉安是否真心叛亂？是歷史之謎，但淮南獄中劉安自殺，門下學者散去，於是結束了黃老與儒者第二波的爭鬥。《漢書》謂「時武帝方好藝文，以安屬爲諸父，辯博善爲文辭，甚尊重之」，以此來說，武帝似與劉安相處甚歡，而劉安入朝，亦「獻所作《內篇》，新出，上愛祕之」，而「每宴見，談說得失及方技賦頌，昏莫然後罷」，似乎劉安對武帝也不甚防備。〔註 59〕但往後的發展則大不同，元狩元年十一月《漢書》謂：

> 淮南王安、衡山王賜謀反，誅。黨與死者數萬人。〔註 60〕

〔註 49〕《淮南子集釋・氾論訓》，943、944 頁。
〔註 50〕《淮南子集釋・要略》，1439 頁。
〔註 51〕《淮南子集釋・要略》，1462、1463 頁。
〔註 52〕《淮南子集釋・謬稱訓》，726 頁。
〔註 53〕參《兩漢思想史・卷二》，196、197 頁。
〔註 54〕《淮南子集釋・齊俗訓》，767 頁。
〔註 55〕《淮南子集釋・齊俗訓》，779 頁。
〔註 56〕《淮南子集釋・齊俗訓》，767 頁。
〔註 57〕《淮南子集釋・齊俗訓》，790 頁。
〔註 58〕《淮南子集釋・齊俗訓》，784 頁。
〔註 59〕《漢書・淮南王傳》，2145 頁。
〔註 60〕《漢書・武帝紀》，174 頁。

此後武帝又詔謂：

> 日者淮南、衡山修文學，流貨賂，兩國接壤，怵於邪說，而造篡弒，此朕之不德。〔註61〕

這是怎麼回事？所謂「邪說」豈非即是昔日武帝與劉安所談說？難道當初一切只是一種政治詐術？依《史記》淮南王乃建元二年入朝，而建元元年武帝已啓用趙綰、王臧、田蚡、竇嬰等儒者，則淮南王之獻書是否只是佯表忠誠？否則為何集結那麼多的賓客？〔註62〕而武帝「甚尊重之」是否亦只是詐術？〔註63〕蓋武帝初立只是一個十六歲的青少年，凡事要上奏好黃老的竇太皇太后，最後竟無法保全趙綰、王臧之命與田蚡、竇嬰之官，可知其朝中勢力尚不穩固，是以不得不佯詐接受劉安之獻書？此乃《淮南子》深嘆「夫人僞之相欺也，非直禽獸之詐計也」邪？〔註64〕此乃武帝批評劉安「有詐僞心，以亂天下，熒惑百姓」邪？〔註65〕無論如何，《淮南子》「邪說」的內容嚴重的違反了中央大一統

〔註61〕同上。

〔註62〕筆者按：在文德傳統下，中國古代文學本有一套以文治國之術，於是有政治野心之王者常招集一批文學之士隨於身側，這決非風雅之舉，而是一種政治考量，如《史記・田敬仲完世家》載齊宣王「喜文學游說之士，自如騶衍、淳于髡、田駢、接予、愼到、環淵之徒七十六人，皆賜列第爲上大夫，不治而議論」、《史記・秦始皇本紀》載秦始皇言亦謂「悉召文學方術士甚眾，欲以興太平」、《史記・秦始皇本紀》載文信侯呂不韋「招致賓客游士，欲以并天下」等均是。另如曹魏時「曹爽常大集名德，長幼莫不預會」，「曹羲爲領軍將軍，慕周公之下士，賓客盈坐也」，曹爽曹羲招覽文士亦爲與司馬懿奪權。（參本論文第七章第一節所論）而《南齊書・竟陵文宣王子良傳》載蕭子良「傾意賓客，天下才學皆遊集焉」，齊武帝「常慮子良有異志」，知其死甚悅，二者關係亦堪玩味。而《漢書・楚元王傳》謂漢武帝「開三代之業，招文學之士，優游寬容，使得並進」，《鹽鐵論・晁錯》謂「淮南、衡山修文學，招四方遊士，山東儒墨咸聚於江淮之間，講議集論，著書數十篇，然卒於背義不臣」，而《漢書・張湯傳》謂「是時上（漢武帝）方鄉文學，湯決大獄，欲傅古義，……依於文學之士。丞相弘數稱其美。及治淮南、衡山、江都反獄，皆窮根本」，可見漢武帝本身亦知文學士之政治作用，並且用文學反制「淮南、衡山修文學」事，則淮南王集結賓客在當時確實是爲人視爲具有政治意圖，故在武帝起用儒者後獻書便可能是一種刻意文飾的政治權謀，是以《漢書》本傳膠西王端議爲「有詐僞心」。

〔註63〕筆者按：武帝一即位便啓用趙綰、王臧、田蚡、竇嬰等儒者，欲行儒術，而淮南王所獻書之內容卻以黃老形名爲主，二人如何能相談甚歡？實令人疑。而漢武帝和淮南王間的政治猜忌徐復觀在《兩漢思想史・卷二・淮南子與劉安的時代》「時代背景」中論政治背景部分已然指出，《兩漢思想史・卷一・漢代專制政治下的封建問題》第五小節亦有詳論。

〔註64〕《淮南子集釋・人間訓》，1309頁。

〔註65〕《漢書・淮南王傳》，2152頁。

的主張，而致龍心不悅，〔註 66〕是以淮南王劉安最後被判謀反，於是儒者正名之路上再也沒有其它學派的阻礙。

然而董仲舒之成功除因以大一統型態的教化說服為政者外，還因其名實理論對「性與天道」的突破才得完成。蓋儒家禮樂教化的理論基礎是〝正名〞，〝正名〞的好處在成事，有利政治。可是在董仲舒前此一理論無論如何發展都無法突破「性與天道」的障礙，因爲〝名〞明明是人爲，人爲事物之價值如何可通天？如何超越自然？如果價值不能上通天地下通人心，則此意義始終有限，不能成爲宇宙人生最終唯一之價值，亦不能說服其它學派的知識分子接受此一學說，共同努力，完成千古大業；唯有理論無問題，在太學的教學才能順利進行，讓學生死心蹋地的奉爲信仰，努力的施行於世。而至荀子時仍無法突破，只能將天說成「不爲堯存，不爲桀亡」無意識的自然天而不予理會，然後主張「性惡」，正名以節欲，以爲王者禮樂教化取得正當性。但董仲舒在《春秋繁露・深察名號》中突破了，其文謂：

> 天不言，使人發其意；弗爲，使人行其中；名則聖人所發天意，不可不深觀也。〔註 67〕

孔子謂「天何言哉」，天不會言這是個不爭的事實，但董仲舒藉著聖人發天意解決了這個問題，於是名可由天發。接下來就是要證實這個天是一個意識天，故謂：

> 琴瑟報，彈其宮，他宮自鳴而應之，此物之以類動者也，其動以聲而無形，人不見其動之形，則謂之自鳴也，又相動無形，則謂之自然，其實非自然也，有使之然者矣，物固有實使之，其使之無形。〔註 68〕

在同類相動的事實與理論下，董仲舒又證明了事物行爲「謂之自然，其實非自然也，有使之然者矣」，而此使之無形者自然便是天了，於是老莊無名的自然便被破解了，蓋「五音比而自鳴，非有神，其數然也」，〔註 69〕「是故事各順於名，名各順於天，天人之際，合而爲一」，〔註 70〕從此以後，儒生可以大

〔註 66〕此一不悅又可與河間獻王獻書事比較見出。讀者可參《漢書・河間獻王傳》2410、2411 頁。

〔註 67〕《春秋繁露義證・深察名號》，285 頁。

〔註 68〕《春秋繁露義證・同類相動》，360、361 頁。

〔註 69〕《春秋繁露義證・同類相動》，358 頁。

〔註 70〕《春秋繁露義證・深察名號》，288 頁。

大方方的以聲訓說名，以名說事了，故謂「名生於眞，非其眞弗以爲名。名者，聖人之所以眞物也，名之爲言眞也」，〔註71〕從此以後，很奇怪的，名成了比事物更眞的眞，也因此，可以用名來論定性情，然後再用名來教化性情，故以爲「今世闇於性，言之者不同，胡不試反性之名？性之名非生與？如其生之自然之資謂之性。性者質也。詰性之質於善之名，能中之與？既不能中矣，而尚謂之質善，何哉？性之名不得離質。離質如毛，則非性已，不可不察也」，〔註72〕而「心之爲名任也。人之受氣苟無惡者，心何任哉？吾以心之名，得人之誠。人之誠，有貪有仁。仁貪之氣，兩在於身。身之名，取諸天。天兩有陰陽之施，身亦兩有貪仁之性」，〔註73〕於是由〝性〞與〝心〞之名的聲訓董仲舒論定了人性之質可善可惡，既可善可惡，便當教，故謂萬民之性「教之然後善。當其未覺，可謂有善質，而不可謂善」，〔註74〕既「待外教然後能善，善當與教，不當與性」，〔註75〕是以〈實性〉最終謂：

> 性者，天質之樸也，善者，王教之化也；無其質，則王教不能化，無其王教，則質樸不能善。質而不以善性，其名不正，故不受也。
>
> 〔註76〕

於是，儒家的正名便上可通天道下可通性情，在董仲舒的努力下成了天人合一的〝名教〞，至此理論大功告成，名教初立，從此以後，兩漢儒生便爲了完成此一名教而兢兢業業的努力著，〝教〞亦成爲中國文化中一極重要的觀念。〔註77〕而知識分子從秦王政到漢武帝初即位約八、九十年間內終於將名實理論眞正推上中國歷史的舞台，完成了實驗期的預備階段。

〔註71〕《春秋繁露義證・深察名號》，290頁。

〔註72〕《春秋繁露義證・深察名號》，291、292頁。

〔註73〕《春秋繁露義證・深察名號》，293～296頁。

〔註74〕《春秋繁露義證・深察名號》，297、298頁。

〔註75〕《春秋繁露義證・深察名號》，303頁。

〔註76〕《春秋繁露義證・實性》，312頁。

〔註77〕筆者按：承認〝教〞即承認外在之價值來源，爲政者便有機會染指價值一事，使自己成爲價值之決定者，建立權威，而宰制人民，故歷代帝王皆重教化，但宗教也隨之興起。而〝教〞與自然乃相對立之概念，既注重〝教〞即不能注重自然，甚至不能講性善，故《春秋繁露・實性》謂「今謂性已善，不幾於無教而如其自然！又不順於爲政之道」，相對的，我們則可看到「以民爲主」的孟子主張性善，同時強調「盡信書則不如無書」，此乃名實問題與人心性在論證上的內在關聯，〝教〞的觀念要爲知識分子接受，必得有相應的名實觀點才行。

第二節　名教的擴張與讖緯

從漢武帝獨尊儒術到新莽滅亡止（B.C.136～A.D.23）**約一百六十年間可視為〝名教〞擴張期**。此期最主要的任務在將〝名教〞具體的推行到社會上，將董仲舒〈天人三策〉與漢武帝「獨尊儒術」之名教實驗小起點的想法擴大至整個漢帝國。這是一項艱鉅的任務，從完成此一任務之所需來看，主要要素有三：一爲有關教化的思想內容，此有賴經學的建立；一爲推動教化的人才，此有賴儒生階級的產生；一爲實施教化的具體機構，此則有賴漢廷各級政府設立學校。事實上，放大角度來看，整個政府即可是一推行教化的機構，而政府官員皆是推動教化的人員，而政府所有的政策、命令與措施都可是教化的內容。而其擴張過程又可分爲三個小階段：第一個小階段是漢武帝「緣飾儒術」的階段，此時是有限度的實施儒術，名教的推行乃限於學術教育機構；第二個小階段是昭宣元成四帝「教化風俗」的階段，在此階段名教的實施已不限於學術教育，而擴及內政、外交、經濟、國防，儒生爲相，循吏興起，整個政府已然成爲一個巨大的教化中心；第三個小階段則是哀平二帝與新莽「讖緯符命」大盛的階段。於是名教擴張到了極點，於天人感應學說的護佑下災異讖緯興盛，終於使王莽這位假皇帝變成眞皇帝，西漢政府在自己所培育的名教意識下終結，同時名教的擴張亦至此終止。以下一一論述此三階段的發展。

武帝在位時已然粗具推行名教的規模。在「罷黜百家，獨尊儒術」的主張下，當是先置五經博士，初立經學，再興太學，設博士弟子員，並擬定其日後出路。同時又於地方設置各級學校，以化育鄉里，從名教推展來看，這許多今日看來普普通通的措施在當時都深具意義。五經博士之設置意義非凡，蓋漢初儒者並不受帝王重用，從孝文時諸博士登用，但「孝文本好刑名之言。及至孝景，不任儒，竇太后又好黃老術，故諸博士具官待問，未有進者」，〔註78〕直至武帝建元五年春「置五經博士」，〔註79〕整個情勢才有轉變，東漢翟酺謂「孝文皇帝始置一經博士，武帝大合天下之書」〔註80〕，班固謂「初，《書》唯有歐陽，《禮》后，《易》楊，《春秋》公羊而已」，〔註81〕從二人之描述可知經學博士至此在規模上是「大合天下之書」，在性質上亦是專經

〔註78〕《漢書・儒林傳》，3592頁。
〔註79〕《漢書・武帝紀》，159頁。
〔註80〕《後漢書・翟酺傳》，1606頁。
〔註81〕《漢書・儒林傳》，3620、3621頁。

博士。〔註 82〕這種轉變自然對〝經典〞的建立與〝經學〞的發展有著絕大的助益，於是經書從諸子百家諸說及繁多籍冊中脫穎而出，變成「不刊之鴻教」，而爲永恒眞理的傳載者。經學亦成了眞經學，博士亦不再是「具而待問」的花瓶，而受到眞正的重視，故「武安君田蚡爲丞相，黜黃老、刑名百家之言，延文學儒者以百數，而公孫弘以治《春秋》爲丞相封侯，天下學士靡然鄉風矣」。〔註 83〕於是〝正名〞中〝述而不作〞的觀念有了初步的實踐，〝無名〞中以聖人書爲糟粕的攻擊消失得無影無蹤，而名教則建立了具體依據與內容。

然在成立經學後，還要有一批推行教化的知識分子才行，於是〝儒生〞上場。董仲舒謂：

> 太學者，賢士之所關也，教化之本原也。今以一郡一國之眾，對亡應書者，是王道往往而絕也。臣願陛下興太學，置明師，以養天下之士，數考問以盡其材，則英俊宜可得矣。今之郡守、縣令，民之師帥，所使承流而宣化也；故師帥不賢，則主德不宣，恩澤不流。〔註 84〕

爲了推廣名教必需要打造一批「博學虖六藝之文」，「明天道，正人倫，致至治」的〝儒生〞，〔註 85〕於是元朔五年丞相公孫弘「爲博士官置弟子五十人」，議「太常擇民年十八以上儀狀端正者，補博士弟子」，「郡國縣官有好文學，敬長上，肅政教，順鄉里，出入不悖所聞」得受業如弟子，並進而爲其制定出路，以爲「一歲皆輒課，能通一藝以上，補文學掌故缺；其高第可以爲郎中，太常籍奏。即有秀才異等，輒以名聞」，〔註 86〕「治禮掌故以文學禮義爲官，遷留滯。請選擇其秩比二百石以上及吏百石通一藝以上補左右內史、大行卒史，比百石以下補郡太守卒史，皆各二人，邊郡一人。先用誦多者，不足，擇掌故以中二千石屬，文學掌故補郡屬，備員」，〔註 87〕於是皇帝從中央到地方便有了一批專屬的〝文德〞打手，這批打手負責將帝王之教化推廣至全國各地，以太學爲中心基地，而有效率的將名教向外推展至四方，「自此以

〔註 82〕此點錢穆已指出，讀者可參《國學概論》，104 頁。
〔註 83〕《漢書・儒林傳》，3593 頁。
〔註 84〕《漢書・董仲舒傳》，2512 頁。
〔註 85〕《漢書・儒林傳》，3589 頁。
〔註 86〕《漢書・儒林傳》，3594 頁。
〔註 87〕《漢書・儒林傳》，3594 頁。

來，公卿大夫士吏彬彬多文學之士矣」。〔註88〕而武帝又「令天下郡國皆立學校官」，〔註89〕於是〝儒生〞成了知識分子典型，〝儒生〞階層開始形成，名教規模初具，並開始逐步推廣於人間。

然而武帝在實際施行上只是「緣飾儒術」，於是形成一次重大政治危機。故丞相公孫弘「習文法吏事，緣飾以儒術」，〔註90〕卜式言「不可以爲化而亂法」〔註91〕而其「廷尉府盡用文史法律之吏」，〔註92〕蓋武帝表面上雖用董仲舒教化之說，在天人感應的美麗理論下成爲儒者口中通天徹地的聖王，〔註93〕但實際用事則仍以法治，於是造成了國家嚴重的政治危機，「功費愈甚，天下虛耗，人復相食」，〔註94〕盜賊滋起，「泰山、琅邪群盜徐勃等阻山攻城，道路不通」，〔註95〕「南陽有梅免白政、楚有殷中杜少、齊有徐勃、燕趙之間有堅盧范生之屬。大群至數千人，擅自號，攻城邑，取庫兵，釋死罪，縛辱郡太守都尉，殺二千石，爲檄告縣趣具食」，〔註96〕而關中「豪傑多遠交，依東方群盜」，〔註97〕徐復觀以爲此乃武帝「以誇侈的態度，開邊黷武。因黷武的關係，便逐漸實施戰時經濟政策。因實施戰時經濟政策，不能不使用殘酷的刑罰。三者互相因緣」，以致其政權搖搖欲墜，〔註98〕是以武帝晚年「悔征伐之事」，〔註99〕而下詔「深陳既往之悔」。〔註100〕而後世更有夏侯勝直言武帝「亡德澤於民，不宜爲立廟樂」，〔註101〕班固婉言武帝「興太學，修郊祀，改正朔，定曆數，協音律，作詩樂，建封禪，禮百神，紹周後，號令文章，煥

〔註88〕《漢書・儒林傳》，3596頁。
〔註89〕《漢書・循吏傳》，3626頁。
〔註90〕《漢書・公孫弘傳》，2618頁。
〔註91〕《漢書・卜式傳》，2625頁。
〔註92〕《漢書・兒寬傳》，2628頁。
〔註93〕筆者按：武帝本喜鬼神事，好神仙，讀者可參《漢書・武帝本紀》，而董仲舒〝天人感應〞說則爲此誇大心態提供了正當性，《漢書・兒寬傳》載兒寬對武帝封禪之問可證，此後武帝「乃自制儀，采儒術以文焉」。
〔註94〕《漢書・食貨志》，1137頁。
〔註95〕《漢書・武帝紀》，204頁。
〔註96〕《史記・酷吏列傳》，1286頁。
〔註97〕《漢書・武帝紀》，204頁。
〔註98〕參《兩漢思想史・卷三》，118～121頁。
〔註99〕《漢書・食貨志》，1138頁。
〔註100〕《漢書・西域傳》，3912～3914頁。
〔註101〕《漢書・夏侯勝傳》，3156頁。

焉可述」，若「不改文景之恭儉以濟斯民，雖詩書所稱何有加焉！」〔註 102〕由此可知名教的推行不能只停留在「緣飾儒術」的階段，國家長治久安終究得靠眞正的文德化育，故昭宣元成四世便減少武功，重視文德，使名教的推展邁向了另一階段。

在昭宣元成四世約八十年間（B.C.86～B.C.7）**名教的推廣正式進入〝政治實務〞階段**。經過武帝之世，掌權者瞭解到將名教視為花瓶而光在嘴巴上說說是沒用的，必須要在實際的國家政策上施行。於是大幅的提昇儒者的地位，大量增加博士弟子的員額，從名教的觀點來決定國家內政、外交、經濟、國防等上層政策，再講求禮學，細定禮制，而透過一批循吏將禮樂教化落實於政治基層。使疲弊的民生重新復甦，浮動的人心再次穩定。於是武帝一死昭帝繼位便有杜延年為大將軍霍光言「宜修孝文時政，示以儉約寬和」，「舉賢良，議罷酒榷鹽鐵」，〔註 103〕而桑弘羊「以為此國家大業，所以制四夷，安邊足用之本，不可廢也」，〔註 104〕於是昭帝始元六年（81B.C.）二月召開了〝鹽鐵之議〞。

〝鹽鐵之議〞指出教化乃治國之本，政府實為國中最大之教化中心。〔註 105〕《鹽鐵論》載文學賢良之議謂「竊聞治人之道，防淫佚之原，廣道德之端，抑末利而開仁義，毋示以利，然後教化可興，而風俗可移也。今郡國有鹽、鐵、酒榷，均輸，與民爭利。散敦厚之樸，成貪鄙之化」，「願罷鹽、鐵、酒榷，均輸，所以進本退末，廣利農業，便也」，〔註 106〕「商所以通鬱滯，工所以備器械，非治國之本務也」，〔註 107〕「古者，貴以德而賤用兵」，〔註 108〕「畜仁義以風之，廣德行以懷之。是以近者親附而遠者悅服」，「修之於廟堂，而折衝還師。王者行仁政，無敵於天下」，〔註 109〕此乃所以「周、秦粲然，皆有天下而南面焉，然安危長久殊世」，〔註 110〕畢竟，長治久安是統治者所深深懸念的問

〔註 102〕《漢書・武帝本紀贊》，212 頁。
〔註 103〕《漢書・杜延年傳》，2664 頁。
〔註 104〕《漢書・食貨志》，1176 頁。
〔註 105〕此意徐復觀〈鹽鐵論中的政治社會文化問題〉一文已及。參《兩漢思想史・卷三》，138 頁。
〔註 106〕《鹽鐵論校注・本議》，1 頁。
〔註 107〕《鹽鐵論校注・本議》，3 頁。
〔註 108〕《鹽鐵論校注・本議》，2、3 頁。
〔註 109〕《鹽鐵論校注・本議》，2 頁。
〔註 110〕《鹽鐵論校注・雜論》，613 頁。

題，而自漢興至武帝一百多年來始終未能解決，故「罷郡國榷沽、關內鐵官」，〔註 111〕「令民得以律占租，賣酒升四錢」，〔註 112〕霍光鬥倒了桑弘羊，儒生壓倒了法吏，〔註 113〕推行名教的政治障礙去除，於是在〝本末〞議題下，名教教化成功的進入國家具體施政，漢代大一統政府開始邁向教化中心之路。

從昭、宣、元、成四帝之施政來看，漢代政府教化所為乃在將人道主義的價值實際表述於天地四方。是以首重孝弟農業，獎勵人倫，以立名分，故皇帝詔曰「天下以農桑爲本」、〔註 114〕「令太官損膳省宰，樂府減樂人，使歸就農業」、〔註 115〕「罷車騎將軍、右將軍屯兵」、〔註 116〕「假郡國貧民田」、〔註 117〕「池籞未御幸者，假與貧民。郡國宮館，勿復修治。流民還歸者，假公田，貸種、食，且勿算事」、〔註 118〕「務修孝弟以教鄉里」、〔註 119〕「令郡國舉孝弟有行義聞于鄉里者各一人」、〔註 120〕「自今諸有大父母、父母喪者勿繇事，使得收斂送終，盡其子道」、〔註 121〕「諸年八十以上，非誣告殺傷人，佗皆勿坐」、〔註 122〕「婚姻之禮，人倫之大者也；酒食之會，所以行禮樂也。今郡國二千石或擅爲苛禁，禁民嫁娶不得具酒食相賀召」，「勿行苛政」等。〔註 123〕最重要的是地節四年（66B.C.）宣帝詔謂：

> 父子之親，夫婦之道，天性也。雖有患禍，猶蒙死而存之。誠愛結于心，仁厚之至也，豈能違之哉！自今子首匿父母，妻匿夫，孫匿大父母，皆勿坐。其父母匿子，夫匿妻，大父母匿孫，罪殊死，皆上請廷尉以聞。〔註 124〕

鹽鐵之議中儒生強烈批評「一人有罪，州里驚駭，十家奔亡」的〝連坐法〞

〔註 111〕《鹽鐵論校注・取下》，463、464 頁。
〔註 112〕《漢書・昭帝紀》，224 頁。
〔註 113〕〝鹽鐵之議〞的社會背景詳可參《兩漢思想史・卷三》，117～124 頁。
〔註 114〕《漢書・昭帝紀》，232 頁。
〔註 115〕《漢書・宣帝紀》，245 頁。
〔註 116〕《漢書・宣帝紀》，249 頁。
〔註 117〕《漢書・宣帝紀》，246 頁。
〔註 118〕《漢書・宣帝紀》，249 頁。
〔註 119〕《漢書・昭帝紀》，225 頁。
〔註 120〕《漢書・宣帝紀》，250 頁。
〔註 121〕《漢書・宣帝紀》，251 頁。
〔註 122〕《漢書・宣帝紀》，258 頁。
〔註 123〕《漢書・宣帝紀》，265 頁。
〔註 124〕《漢書・宣帝紀》，251 頁。

亦以提倡孝弟而鬆動了，〔註 125〕這是重視人倫孝弟禮義的重大表現。

而為實現孝悌禮義之人倫，又要整頓吏治，於是循吏興起。此點董仲舒在〈天人三策〉中已提及，以爲實施名教之重點在地方吏治，是以首當退酷吏，故皇帝詔曰「遣丞相、御史掾二十四人循行天下，舉冤獄，察擅爲苛禁深刻不改者」、〔註 126〕「令郡國歲上繫囚以掠笞若瘐死者所坐名、縣、爵、里，丞相御史課殿最以聞」、〔註 127〕「用法或持巧心，析律貳端，深淺不平，增辭飾非，以成其罪」，「二千石各察官屬，勿用此人」等；〔註 128〕其次進親民之文學與賢良，故皇帝詔曰「遣使者持節詔國二千石謹牧養民而風德化」、〔註 129〕「令三輔、太常、內郡國舉賢良方正各一人。律令有可蠲除以安百姓，條奏」、〔註 130〕「令內郡國舉賢良方正可親民者」等，〔註 131〕宣帝又以爲「吏不廉平則治道衰。今小吏皆勤事，而奉祿薄，欲其毋浸漁百姓，難矣。其益吏百石以下奉十五」，〔註 132〕在求吏之外又有相關之配套措施。而整頓吏治任用賢良的結果即是促使推行名教教化的〝循吏〞興起，〔註 133〕如宣帝時「渤海左右郡歲飢，盜賊並起，二千石不能禽制」，於是因賢良徵龔遂以安之，龔遂要求「丞相御史且無拘臣以文法」，遂「移書敕屬縣悉罷逐捕盜賊吏。諸持鉏鉤田器者皆爲良民，吏無得問，持兵者乃爲盜賊」，劫略者「聞遂教令，即時解散」，「盜賊於是悉平，民安土樂業」。〔註 134〕法吏不能者循吏成之，《鹽鐵論・大論》「政立而化成」，「從事於未然」而「亂原無由生」的教化觀點具體呈現了，故《漢書・循吏傳》謂「王成、黃霸、朱邑、龔遂、鄭弘、召信臣等，所居民富，所去見思，生有榮號，死見奉祀，此廩廩庶幾德讓君子之遺風矣」，〔註 135〕其中王成與黃霸更是宣帝執政二十五年以來唯一「賜爵關內侯」的地方官吏。〔註 136〕從此以後〝循吏〞

〔註 125〕《鹽鐵論校注・申韓》，580 頁。
〔註 126〕《漢書・宣帝紀》，268 頁。
〔註 127〕《漢書・宣帝紀》，252、253 頁。
〔註 128〕《漢書・宣帝紀》，255、256 頁。
〔註 129〕《漢書・宣帝紀》，239 頁。
〔註 130〕《漢書・宣帝紀》，245 頁。
〔註 131〕《漢書・宣帝紀》，249 頁。
〔註 132〕《漢書・宣帝紀》，263 頁。
〔註 133〕有關循吏的教化功能可參余英時〈漢代循吏與文化傳播〉，見《中國思想傳統的現代詮釋》，聯經出版社，民 76.3.初版，民 84.12.七刷。
〔註 134〕《漢書・循吏傳》，3639 頁。
〔註 135〕《漢書・循吏傳》，3624 頁。
〔註 136〕《漢書・宣帝紀》，248、264 頁。

成為中國地方官吏的一種典型，儒生的勢力則隨之深入地方政治中。

隨著名教推廣中心的打造，〝儒生〞階層興起。〝儒生〞不僅可成為循吏進入地方政府，中央政府官員亦多用儒生，如昭帝時大將軍霍光已因雋不疑以《春秋》義斷衛太子事謂「公卿大臣當用經術明於大誼」，〔註137〕宣帝時則「丙、魏有聲。是時黜陟有序，眾職修理，公卿多稱其位，海內興於禮讓」，〔註138〕至元帝時更是「貢、薛、韋、匡迭為宰相」，〔註139〕故班固謂武帝後「蔡義、韋賢、玄成、匡衡、張禹、翟方進、孔光、平當、馬宮、及當子晏咸以儒宗居宰相位，服儒衣冠，傳先王語」，〔註140〕其餘如疏廣、疏受、于定國、于永、薛廣德、王吉、貢禹、夏侯勝、夏侯建、蕭望之等儒者亦位居大臣，顯然儒生在中央的地位亦大幅提昇，〔註141〕於是博士弟子員員額相應的以倍速成長，「昭帝時舉賢良文學，增博士弟子員滿百人，宣帝末增倍之。元帝好儒，能通一經者皆復。數年，以用度不足，更為設員千人，郡國置五經百石卒史。成帝末，或言孔子布衣養徒三千人，今天子太學弟子少，於是增弟子員三千人。歲餘，復如故」，〔註142〕而博士弟子員的增加無異是〝儒生〞在知識階層中崛起的指標，於是〝儒生〞階層形成。然而在機構與人員皆備之後，名教實施的內容還有待宣帝末年的石渠閣會議。

蓋在循吏推行教化之中，因為教化內容的問題而產生了中央與地方分權的問題。循吏「觀民設教隨時」本是地方自治極為自然之事，〔註143〕由此而有〝條教〞。〔註144〕然而問題是當地方循吏所設〝條教〞與中央法令牴觸時要怎麼辦？或者，地方官吏有自定法令的權力嗎？這問題在武帝與淮南王時已然出現，就中央而言自然是要求權力的集中與一統，在一體之國家內制度當然要齊一；可是就地方而言則自然是要求權力的下放與自治自主，因為各地風俗民情不一，於是衝突出現，如倪寬為治「務在於得人心」，「收租稅，時

〔註137〕《漢書・雋不疑傳》，3038頁。
〔註138〕《漢書・魏相丙吉傳》，3151頁。
〔註139〕《漢書・元帝紀贊》，298、299頁。
〔註140〕《漢書・匡張孔馬傳》，3366頁。
〔註141〕參《漢代思想史》，319、320頁，金春峰，中國社會科學，1997.12.修訂二版一刷。
〔註142〕《漢書・儒林傳》，3596頁。
〔註143〕《三國志・何夔傳》，380頁。
〔註144〕參〈漢代循吏與文化傳播〉242～248頁。

裁闊狹，與民相假貸，以故租多不入。後有軍發，左內史以負租課殿，當免」；〔註 145〕又如韓延壽「入守左馮翊」，則「恩信周遍二十四縣，莫復以辭訟自言者」，〔註 146〕眞是做到「必也使無訟乎」的理想境界，但其最終卻是「坐棄市」，其罪乃是「上僭不道」。〔註 147〕面對這樣令人不解的歷史畫面余英時謂「韓延壽的悲劇結局尤足以說明循吏的教化和朝廷法令之間是存在著某種內在矛盾的」。〔註 148〕而這種地方教化與中央律令的矛盾更公開、完整而全面的暴露在黃霸身上。黃霸爲吏「爲條教」，「力行教化而後誅罰」，天子以霸治行終長者，下詔稱揚，故而爲相。〔註 149〕但京兆尹張敞卻奏謂「長吏守丞畏丞相指，歸舍法令，各爲私教」，「漢家承敝通變，造起律令，所以勸善禁姦，條貫詳備，不可復加」，宜令「郡事皆以義法令撿式，毋得擅爲條教」。〔註 150〕於是皇帝與二千石、律令與條教的衝突正式浮現。

而最終，這個問題似乎是以中央修法，確定禮法內涵來解決，於是而有石渠閣會議。宣帝甘露三年（51B.C.）「詔諸儒講五經同異，太子太傅蕭望之等平奏其議，上親稱制臨決焉。乃立梁丘《易》、大小夏侯《尚書》、穀梁《春秋》博士」，〔註 151〕此一會議時間恰在宣帝末年，條教問題已然浮現，丞相黃霸恰巧去世，會議乃「上親稱制臨決」，這樣一來，這次會議在獨尊儒術的漢廷就成了近代的大法官會議，具有政治上之實質意義，皇帝自己則成了名教的大教主，藉著此會而決定經典禮制的詮釋。這又可從穀梁《春秋》立爲博士與會議部分內容推知。蓋「《穀梁》多特言君臣父子兄弟夫婦，與夫貴禮賤兵、內夏外夷之旨」，〔註 152〕有利處理禮制，〔註 153〕這恰是〝鹽鐵之議〞的施政方針，故在立博士前宣帝早已有計劃的培育人才，先「選郎十人從受」，

〔註 145〕《漢書・兒寬傳》，2630 頁。

〔註 146〕《漢書・韓延壽傳》，3213 頁。

〔註 147〕《漢書・韓延壽傳》，3216 頁。

〔註 148〕《中國思想傳統的現代詮釋・漢代循吏與文化傳播》207 頁。此文 202～208 頁對循吏教化和朝廷法令的矛盾有較詳細的論述，讀者可參。

〔註 149〕《漢書・循吏傳》，3629、3631 頁。

〔註 150〕《漢書・循吏傳》，3633 頁。

〔註 151〕《漢書・宣帝紀》，272 頁。

〔註 152〕《穀梁補注・論傳》，5 頁，鍾文烝，中華書局，四部備要，民 70.。

〔註 153〕詳參《漢代思想史》，324、325 頁。當然，《穀梁》得立之另一重大理由是其沒有《公羊》再受命的思想，讀者可參《中國哲學史新編》第三冊，馮友蘭，藍燈文化，民 80.版。

後「乃徵周慶、丁姓待詔保宮，使卒授十人」，於是甘露元年「乃召《五經》名儒太子太傅蕭望之等大議殿中，平《公羊》、《穀梁》同異，各以經處是非」，「議三十餘事。望之等十一人各以經誼對，多從《穀梁》。由是《穀梁》之學大盛」。〔註 154〕而地節三年（67B.C.）詔「罷車騎將軍、右將軍屯兵」，〔註 155〕當亦用《穀梁》「貴禮賤兵、內夏外夷之旨」，結果甘露二年（52B.C.）「匈奴呼韓邪單于款五原塞，願奉國珍朝三年正月」，有司咸謂「聖王之制，施德行禮，先京師而後諸夏，先諸夏而後夷狄」，於是皇帝詔曰「蓋聞五帝三王，禮所不施，不及以政。今匈奴單于稱北藩臣，朝正月，朕之不逮，德不能弘覆。其以客禮待之，位在諸侯王上」，〔註 156〕而甘露三年（51B.C.）春天「匈奴呼韓邪單于稽侯□來朝」，不來的「郅支單于遠遁」，「匈奴遂定」。〔註 157〕可知宣帝以《穀梁》義實實在在的處理了匈奴問題，由此可知立《穀梁》博士實爲將禮義落實於法律。另從《通典》所保留的十三條會議記錄《禮議奏》來看，其內容亦關生活禮制之討論，〔註 158〕特別是人倫名分的確立，如「漢石渠議問『父卒母嫁爲之何服？』蕭太傅云：『當服周，爲父後則不服。』韋玄成以爲父歿則母無出義，王者不爲無義制禮，若服周則是子貶母也，故不制服也」，即是討論母子名分，最後則以宣帝同意韋說定案。〔註 159〕藉著這樣的討論，或許皇帝與循吏較易接受。

同時，為落實經典此期經學有了〝斷章取義〞的新表述形式，從而發展出章句學。而所謂〝章句〞之學，簡單講，便是以〝章句〞爲單位所建立的經書詮釋學，而〝章句〞便是從通篇經文抽離出來的一段書寫單元，其規模介乎〝篇〞與〝字〞之間，這本是古人讀書與解釋的傳統，故謂「一年視離經辨志」，〔註 160〕離經即「離經，斷句絕也」，〔註 161〕「夫經之有篇也，猶有

〔註 154〕《漢書・儒林傳》，3618 頁。
〔註 155〕《漢書・宣帝紀》，249 頁。
〔註 156〕《漢書・宣帝紀》，270 頁。
〔註 157〕《漢書・宣帝紀》，271 頁。
〔註 158〕讀者可參《石渠禮論》（戴聖撰，藝文印書館，百部叢書集成，民 57.版）。《西漢禮學新論》（華友根著，上海社會科學院出版社出版，1998.2.一版一刷）126～132 頁，對這些內容有較詳細的解說。
〔註 159〕《通典・禮四十九・父卒爲嫁母服》，488 頁，杜佑撰，商務印書館，民 24 年。
〔註 160〕《禮記正義・學記》，3295 頁。
〔註 161〕同上，鄭注。

章句也，有章句，猶有文字也。文字有意以立句，句有數以連章，章有體以成篇，篇則章句之大者也」，〔註162〕而「句司數字，待相接以爲用；章總一義，須意窮而成體」。〔註163〕從這個角度來看，則分章斷句本身即是從閱讀的理解中產生的，不同的理解，便可能產生不同的章句，於是藉著區別、獨立與詮釋這種文書單元，便可形成新的詮釋。這早在春秋時即有外交賦《詩》和爲文引《詩》之舉，〔註164〕至戰國諸子，如《荀子》，爲文亦往往「斷章取義」，到武帝獨尊儒術，皇帝下詔亦引經句，如「立皇后衛氏」事引《易》「通其變，使民不倦」、《詩》「九變復貫，知言之選」，〔註165〕論淮南衡山事引《詩》「憂心慘慘，念國之爲虐」等。〔註166〕然而漢儒今文經〝章句學〞的運作不止於此，《漢書》載：

> 勝從父子建字長卿，自師事勝及歐陽高，左右采獲，又從《五經》諸儒問與《尚書》相出入者，牽引以次章句，具文飾說。勝非之曰：「建所謂章句小儒，破碎大道。」〔註167〕

從「左右采獲」、「牽引以次章句」、「具文飾說」來看，所謂「章句小儒」似是將經文視爲許多〝章句〞單元的組合，學者以所欲詮釋之〝章句〞爲主，而跨越〝篇〞與〝經〞，尋求其它相關章句以爲參考，相互牽引證明。這樣的詮釋在形式上更細膩、更落實，在內容上更巧飾、更附會，故夏侯勝謂「破碎大道」，李賢謂「委曲枝派」，〔註168〕因爲章句一旦從通篇經文中抽出詮釋便取消了原本文章前後脈絡所形成的解讀限制，意義獲得解放，詮釋就變得自由，故「章句在篇，如繭之抽緒，原始要終，體必鱗次」，〔註169〕「若辭失其朋，則羈旅而無友；事乖其次，則飄寓而不安」，〔註170〕是以《韓詩》斷經句「振鷺于飛，于彼西雍」時薛君《章句》可釋爲「鷺，絜白之鳥也。西雍，文王（之）〔辟〕雍也。言文王之時，辟雍學士皆絜白之人也」，並謂「濟濟

〔註162〕《論衡校釋・正說》，1129頁。

〔註163〕《文心雕龍注釋・章句》，543頁。

〔註164〕參《中國經學史論文選集・春秋「稱詩」與孔子詩論》，林慶彰，文史哲，民82.3.初版。

〔註165〕《漢書・武帝紀》，169頁。

〔註166〕《漢書・武帝紀》，174頁。

〔註167〕《漢書・夏侯建傳》，3159頁。

〔註168〕《後漢書・桓譚傳》，955頁，李注。

〔註169〕《文心雕龍注釋・章句》，543頁。

〔註170〕《文心雕龍注釋・章句》，543頁。

多士，文王以寧」。〔註 171〕因是斷句故可從鷺之白聯想到士之潔，雖不定能說是，但亦不能說不是，但若再「牽引以次」「濟濟多士，文王以寧」一句則上述詮釋就變得似乎可信了，這就是章句爲學的魅力，從而形成與〝傳〞、〝說〞、〝記〞等初期詮釋完全不同的方式。〔註 172〕

因為詮釋的彈性與具體，於是〝斷章取義〞就完成了禮制落實的發展。如漢石渠禮議「繼宗子議」中討論到「周制〈曾子問〉云：『孔子曰：宗子爲殤而死，庶子不爲後也』」，這關係到〝宗子〞名分與一族的繼嗣，但什麼是「宗子爲殤」？是否是未成年前夭折即是〝殤〞？但有人問「經云：『宗子孤爲殤』，言孤何也？」似乎只要將〝孤〞弄清楚〝殤〞的定義便解決了，但聞人通漢謂「孤者，師傅曰：『因殤而見孤也。男子二十冠而不爲殤，亦不爲孤，故因殤而見之。』」則由通漢來看，應由〝殤〞來定〝孤〞，而非由〝孤〞來定〝殤〞，而〝殤〞仍以成不成年來定義。但戴聖則不以爲然，主張「凡爲宗子者，無父乃得爲宗子。然爲人後者，父雖在得爲宗子，故稱孤」，則〝孤〞的定義當從〝宗子〞來解釋而非從〝殤〞，〝宗子〞因其繼宗而不私爲人子，猶如無父之孤兒，「故稱孤」。並又問通漢曰「因殤而見孤，冠則不爲孤者，〈曲禮〉曰：『孤子當室，冠衣不純采。』此孤而言冠何也？」據〈曲禮〉反詰通漢，因爲依通漢對〝孤〞的解釋，根本不可能出現孤子冠的情形，但〈曲禮〉既對孤子之冠有所規定，便可直接推定孤子仍冠，這樣，又如何能以成不成年來定義〝孤〞？戴聖對〝孤〞的認知更動及「宗子爲殤而死，庶子不爲後也」的解釋，依通漢的解釋，「庶子不爲後」只是在宗子夭折時，但依戴聖的解釋則不管宗子何時去世，皆是「庶子不爲後」，因爲只是成了宗子即爲孤，成了孤其死即殤。而通漢則對曰「孝子未曾忘親，有父母無父母衣服輒異。《記》曰：『父母存，冠衣不純素；父母歿，冠衣不純采。』故言孤。言孤者，別衣冠也」，以爲〝孤〞之實解乃「別衣冠也」，故〝孤〞可冠，只是所冠乃「冠衣不純采」的冠，而非正常「男子二十冠」的冠。這樣的解釋維持了「因殤而見孤」的說法，但卻將〝孤〞的意義從「父母歿」轉嫁成「冠衣不純采」，失去了解釋「宗子孤爲殤」的效力，已然使討論脫離了主題。故戴聖又逼問「然則子無父母，年且百歲，猶稱孤不斷，何也？」很明顯，由此問來看〝孤〞

〔註 171〕《後漢書．文苑傳》，2646 頁，李注引。

〔註 172〕此點可參王葆玹《今古文經學新論》第一章第八節〈傳、說、記和章句的著述形式〉，中國社會科學出版社，1997.11.一版一刷。

的解釋只能由有無父母來定而無關年齡，這是辯論中以問爲答的技巧，是以通漢最後不能不謂「二十而冠，不爲孤。父母之喪，年雖老，猶稱孤。」這是承認戴聖以父母有無來解釋的觀點，但只是兼採，仍未放棄「二十而冠，不爲孤」的主張，因爲戴聖自始至終都無法從自己的觀點對此提出合理的解釋或反駁。〔註 173〕議論至此結束，結果如何不知，但過程則展現了經師取章句以論禮的繁雜方式，餘如會中議論大射鄉射情況亦如是，〔註 174〕而總結章句的《白虎通》更是如此。

於是章句全面發展，而為帝王提供了各種落實禮制的替選方案。《漢書》謂：

> 自武帝立《五經》博士，開弟子員，設科射策，勸以官祿，訖於元始，百有餘年，傳業者寖盛，支葉蕃滋，一經說至百餘萬言，大師衆至千餘人，蓋祿利之路然也。初，《書》唯有歐陽，《禮》后，《易》楊，《春秋》公羊而已。至孝宣世，復立大小夏侯《尚書》，大小戴《禮》，施、孟、梁丘《易》，穀梁《春秋》。至元帝世，復立京氏《易》。平帝時，又立左氏《春秋》、《毛詩》、逸《禮》、古文《尚書》，所以罔羅遺失，兼而存之，是在其中矣。〔註 175〕

武帝之時一經一家，但若人人皆自採章句成說，經典的詮釋勢必分家，故自宣帝落實禮制起便漸「經有數家，家有數說，章句多者或乃百餘萬言」，〔註 176〕如夏侯建爲小夏侯章句，「卒自顓門名經」、〔註 177〕《穀梁》議郎尹更始受《左氏傳》「取其變理合者以爲章句」，〔註 178〕如秦恭「增師法至百萬言」，〔註 179〕這自然形成經學的繁瑣化，所謂「務碎義逃難，便辭巧說，破壞形體，說五字之文，至於二三萬言」，〔註 180〕誇張者如「秦近君能說〈堯典〉，篇目兩字之說至十餘萬言，但說『曰若稽古』三萬言」，〔註 181〕於是在「斷章取義」的特質下

〔註 173〕《通典・禮三十三・繼宗子議》，399 頁。
〔註 174〕《通典・禮三十七・天子諸侯大射鄉射》，418 頁。
〔註 175〕《漢書・儒林傳》，3620、3621 頁。
〔註 176〕《後漢書・鄭玄傳》，1212、1213 頁，文中雖指東漢，但亦適用西漢。
〔註 177〕《漢書・夏侯建傳》，3159 頁。
〔註 178〕《漢書・儒林傳》，3618 頁。
〔註 179〕《漢書・儒林傳》，3605 頁。
〔註 180〕《漢書藝文志通釋》，97、98 頁，張舜徽，湖北教育出版社，。讀者另可參劉歆〈移讓太常博士書〉與《風俗通義・序》。
〔註 181〕《漢書・藝文志》，1724 頁，顏注〔6〕引桓譚《新論》語。

形成了內容具體、瑣碎、繁雜的今文經學，但經有數家，家有數說，在落實禮制時，無疑的，提供了無數的替選方案。皇帝與循吏俱據經爲政，便可在此中平緩二者之衝突。

於是，經過石渠閣會議後，政府徹徹底底被打造成一個推廣名教的教化中心。名教一方面從人道主義出發而將無形無限的價值轉化爲仁義禮智忠孝等等德目，並以之建立人倫，推動三綱五常，強調君臣、父子、夫婦等人爲社會名分，而將不可說不可行的價值化爲具體的道德規範，完成名教的內涵；另一方面則是將人道建立成王道，藉著王者的政治權力將政府打造成一巨大的教化中心，再藉由政府的力量將名教推行於天地，無遠弗屆。於是每一個人都無法逃脫此一名分之網，身處其中，而一言一行都得遵循具體的規範。同時，藉著〝章句學〞，正名思想在實驗上再次突破了不同時空對意義表述的侷限，使價值的表述更爲普遍，政治權力再次集中於中央，地方風俗對價值表述所形成的差異被抹平，《墨子》、《呂氏春秋》、《淮南子》中不同時空風俗治術不同的主張亦被徹底打敗了，地方再也不易與中央爭權。

名教建立了人間秩序後，便又朝向天人合一的〝讖緯符命〞邁進。這種發展方向其實早在董仲舒上〈天人三策〉時即已決定。因爲〝天〞是整個名教價值的根源，如果價值具體的表述不能上及於天，那麼，所有的表述都可能沒有意義。一旦名教在價值的表述上「名不正」而「言不順」，則依此價值所建立的政權亦將動搖，稱爲〝天子〞的王者將受到質疑，往後政治上大一統政府的推行亦將受挫，是以天與人必然要合一，且王者必受命。是以名教最初以〝天命〞受到王者的青睞，最後又必以〝天命〞爲其終點。於是在哀、平之際興起了表達天命的〝讖緯〞而將名教的實驗推到了最高點，最後，更以王莽篡位而證明了名教在「天人合一」境界中的實踐力，超越王權的道統。

天人合一與王者受〝天命〞的思想起源極早，而直延續至漢。周人即自謂「周雖舊邦，其命維新」，武帝尊儒，亦郊祀、封禪、禮神，詔書亦謂「天地不變，不成施化；陰陽不變，物不暢茂」、「獲白麟以饋宗廟，渥洼水出天馬，泰山見黃金」等，〔註 182〕至昭宣元成時氣氛更濃，往往實政應之，如宣帝本始四年（70B.C.）四月「郡國四十九地震，或山崩水出」，乃詔曰「蓋災異者，天地之戒也。朕承洪業，奉宗廟，託于士民之上，未能和群生」，

〔註 182〕《漢書・武帝紀》，169、206 頁。

並採取四點應對措施：一、「丞相、御史其與列侯、中二千石博問經學之士，有以應變，輔朕之不逮，毋有所諱」；二、「令三輔、太常、內郡國舉賢良方正各一人」；三、「律令有可蠲除以安百姓，條奏」；四、「被地震壞敗甚者，勿收租賦」。〔註 183〕類似詔書屢見不鮮，到元、成二帝詔書稱天地陰陽者更多，如初元元年至三年間詔謂「間者地數動而未靜，懼於天地之戒，不知所繇」、「間者陰陽不調」、「山崩地裂，水泉湧出。天惟降災，震驚朕師」、「北海水溢，流殺人民。陰陽不和，其咎安在？」、「乃者火災降於孝武園館，朕戰栗恐懼」等等，詔書稱天地災異之密度極高。〔註 184〕陰陽災異本身雖爲荒誕，但對以農立國者當有其實際效用，因爲務農者本就靠〝天〞吃飯，時令節氣不對就不行，而水旱災變人民生活困難時去苛暴行德政當然有助人民生息。此時國家大臣，如魏相丙吉之流，亦以「理陰陽」爲政事之要。〔註 185〕但到最後，連帝位之承繼都受到了影響，成帝綏和元年（8B.C.）二月詔曰：

> 朕承太祖鴻業，奉宗廟二十五年，德不能綏理宇內，百姓怨望者眾，不蒙天祐，至今未有繼嗣，天下無所係心。觀于往古近事之戒，禍亂之萌，皆由斯焉。定陶王欣於朕爲子，慈仁孝順，可以承天序，繼祭祀。其立欣爲皇太子。〔註 186〕

成帝以其未有子嗣爲「不蒙天祐」，而定陶王劉欣「慈仁孝順，可以承天序，繼祭祀」。於是，就在陰陽災異所塑造濃濃的天人感應氣氛下興起了漢儒禪位讓國的鼓吹。

漢儒鼓吹禪位讓國即為更受天命，是天人合一的最高表現。此派理論遠始於戰國晚年陰陽家與鄒衍五德終始論，下及董仲舒公羊春秋通三統的學說，〔註 187〕而與陰陽災異觀念俱興，故昭、宣、元、成四帝分別有眭弘、蓋寬饒、京房、谷永四人對著皇帝勸說讓位。〔註 188〕然漢儒講陰陽災異禪

〔註 183〕《漢書・宣帝紀》，245 頁。

〔註 184〕分別參《漢書・元帝紀》，279、280、281、283、283 頁。

〔註 185〕《漢書・魏相傳》載相言謂「陰陽者王事之本，群生之命」，《漢書・丙吉傳》載吉言謂「三公典調和陰陽，職所當憂」，可爲證。而此類思想起源甚早，讀者可參徐復觀《兩漢思想史・卷二》呂氏春秋對漢代政治的影響，63～74 頁。

〔註 186〕《漢書・成帝紀》，328 頁。

〔註 187〕參《國史大綱》，110 頁。

〔註 188〕讀者分別可參《漢書・眭孟傳》，3153、3154 頁；《漢書・蓋寬饒傳》，3247

位讓國等事與前代不同，因爲具有今文經學陰陽五行與天爲名教的思想基礎，於是又更進一步的於哀平之際發展出符命讖緯的新形式，如「周公攝政七年」，「沉璧禮畢，王有元龜，青純蒼光，背甲刻書，上躋于壇，赤文成字，周公寫之」；〔註 189〕「孔子作《春秋》」，「赤虹自上下化爲黃玉，長三尺，上有刻文，孔子跪受而讀之曰：『寶文出，劉季握卯金刀，在軫北，字禾子，天下服』」。〔註 190〕蓋讖本「爲王者受命之徵驗也」，〔註 191〕其主要內涵即是出天命，〔註 192〕故自稱「天以與命，地以授瑞」，「逆名亂教，摘亡弔存」，〔註 193〕於是天與人眞的合一了，，因爲天意的表現從自然天象轉進爲語言文字不止是表述媒介的變化，而且使天的意志從消極的譴告轉變成積極的授命，並且可以明確的落定於某一特殊人士上，讖緯成了名教價値表述的最高象徵，於是王莽以之完成了名教最終的實驗，在三道符命下登上了天子之位。第一道是元始五年（5A.D.）十二月平帝崩，「武功長孟通浚井得白石，上圓下方，有丹書著石，文曰「告安漢公莽爲皇帝」。符命之起，自此始矣」，〔註 194〕王莽因此當上了「攝皇帝」；第二道是居攝三年（8A.D.）宗室劉京上書言齊郡臨淄縣昌興亭長辛當一暮數夢，曰「吾，天公使也。天公使我告亭長曰：『攝皇帝當爲眞。』即不信我，此亭中當有新井」，亭長晨起視亭中，「誠有新井，入地且百尺」。後又得銅符帛圖，文曰「天告帝符，獻者封侯。承天命，用神令」，於是天下奏言事，毌言「攝」；〔註 195〕第三道是梓潼人哀章見莽居攝，即作銅匱，爲兩檢，署其一曰「天帝行璽金匱圖」，其一署曰「赤帝行璽某傳予黃帝金策書」，「某者，高皇帝名也。書言王莽爲眞天子，皇太后如天命」。〔註 196〕於是王莽眞的憑藉著幾個符命而完成了中國歷史上第一樁有史可考的禪位讓國大事，以輕飄飄的〝名〞爲其政權簡單的取得了

頁；《漢書・京房傳》，3162 頁；《漢書・谷永傳》，3466、3467 頁。

〔註 189〕《古微書・尚書中候》，101 頁，孫穀編，商務出版，叢書集成初編，民 28.12 初版。

〔註 190〕《古微書・孝經援神契》，560 頁。

〔註 191〕《後漢書・光武帝紀》，3 頁，范注。

〔註 192〕讖緯不是普通預言，而是天子受命之符。這點可參王葆玹《今古文經學新論》，73、74 頁。

〔註 193〕《重修緯書集成・河圖》，1217 頁，安居香山、中村璋八輯，河北人民出版社，1994.12.一版一刷。

〔註 194〕《漢書・王莽傳》，4078 頁。

〔註 195〕《漢書・王莽傳》，4093、4094 頁。

〔註 196〕《漢書・王莽傳》，4095 頁。

正當性。此後改朝換代或多或少均有此〝奉天承運〞的痕跡。

然而最終的成熟型態一定要與經學結合才算。讖緯符命如果不能正式完全的與經學結合，便不能進入漢代文化主流而增加士大夫的接受度，如此一來權威性便不夠。更重要的是名教要求思想與價值的統一，若讖緯符命與經學相異便不能爲名教建立唯一的大一統的意識型態，而早期讖言只是輕薄短小而零散的片言隻字，故平帝元始四年（4A.D.）時王莽己「徵天下通一藝教授十一人以上，及有逸《禮》、古《書》、《毛詩》、《周官》、《爾雅》、天文、圖讖、鍾律、月令、兵法、《史篇》文字，通知其意者」，「將令正乖繆，壹異說云」，〔註 197〕這顯然是欲整理圖讖，以與它書系統化。在將圖讖經籍化後，便可進入知識分子的圈圈，而於詔書中稱引。於是經過新莽至劉秀起義時符命的形式便不同了。建武元年（25A.D.）光武先在長安時同舍生彊華自關中奉赤伏符，曰「劉秀發兵捕不道，四夷雲集龍野，四七之際火爲主」，〔註 198〕同年六月劉秀即帝位祝文又引讖記曰「劉秀發兵捕不道，卯金修德爲天子」，〔註 199〕同時代公孫述「亦好爲符命鬼神瑞應之事，妄引讖記」，如「《錄運法》曰：「廢昌帝，立公孫。」《括地象》曰：「帝軒轅受命，公孫氏握。」《援神契》曰：「西太守，乙卯金。」謂西方太守而乙絕卯金也」，〔註 200〕於是符命全然的文書化，再也不用借助什麼白石銅符以自神了。

符命在除去丹石銅符等外在事物之神奇後，卻又利用〝名〞本身以密碼的形式建構了一種新的神祕感。如劉秀赤伏符中「四七之際火爲主」中的「四七」其實是劉秀起兵時間的密碼，因爲自漢高祖滅秦稱漢王（206B.C.）至劉秀地皇三年（22A.D.）起兵恰巧二百二十八年，「四七」正在確指二十八年的尾數。〔註 201〕而祝文所引「卯金修德爲天子」中的「卯金」則是劉氏的密碼，「修」則或與劉秀之秀音近而直指劉秀一人。又如公孫述稱夢中有人語之曰「八厶子系，十二爲期」中「八厶子系」亦是拆解公孫二字所成之密碼，「十二爲期」則一方面暗指「孔子作《春秋》，爲赤制而斷十二公」，以明劉氏「歷

〔註 197〕《漢書・王莽傳》，4069 頁。
〔註 198〕《後漢書・光武帝紀》，21 頁。
〔註 199〕《後漢書・光武帝紀》，22 頁。
〔註 200〕《後漢書・公孫述傳》，538 頁。
〔註 201〕另一傳説是漢傳二百年亡，劉秀乃再興，去除前漢二百年而算的起兵時間即是四七二十八年。

數盡也」，而「一姓不得再受命」，劉秀不當王；一方面則暗指自己「貴而祚短」。〔註 202〕這種密碼形式的符命在王莽登基後才見，始建國元年（9A.D.）詔謂「夫『劉』之爲字『卯、金、刀』也，正月剛卯，金刀之利，皆不得行」。〔註 203〕《後漢書》載「王莽纂位，忌惡劉氏，以錢文有金刀，故改爲貨泉；或以貨泉爲白水眞人」〔註 204〕，或即謂此事。這種以單字爲對象拆解字形字音附會五行象數的說解方法最後成爲遇事時一種固定的思惟模式，故王莽逼死甄尋時發現「尋手理有『天子』字，莽解其臂入視之，曰：『此一大子也，或曰一六子也。六者，戮也。明尋父子當戮死也』」〔註 205〕。此後拆解字形成爲政治密語的固定形式。〔註 206〕

而文字密碼的拆解在讖緯書中更成為意義表述的形式。如「木者陽精，生于陰，故水者木之母也。木之爲言觸也，氣動躍也。其字八推十爲木，八者陰合，十者陽數」、〔註 207〕「土之爲言吐也，言子成父道，吐也，氣精以輔也。陽立于三，故成生。其立字，十夾一爲土」、〔註 208〕「屈中扶一而起者爲史。史之爲言紀也，天度文法，以此起也」等等，〔註 209〕這類說解在讖緯之中多得不勝枚舉，而說字音者尤多。字音字形就是隱含上天符命的密碼，故只要解得此一密碼，便可知天意。而這套解碼機制即是今文經學中陰陽五行象數所構成的思維模式。於是經學的詮釋與表述從〝傳〞、〝記〞、〝說〞等通篇大義發展到〝章句〞後又再以〝文字〞爲單位更進一步發展出來〝形訓〞或〝聲訓〞等新詮釋形式。雖然，符命中的〝形訓〞或〝聲訓〞與經學中的有所不同，因爲二者目的不同，但其基本方法是一致的。

於是無論在思惟模式或實際政治中，名教的價值表述都擴張到了宇宙之極點。從人心之細微到帝國之政權都完全的統攝在意識天的大一統中，老天

〔註 202〕《後漢書・公孫述傳》，535 頁。
〔註 203〕《漢書・王莽傳》，4109 頁。
〔註 204〕《後漢書・光武帝紀論》，86 頁。
〔註 205〕《漢書・王莽傳》，4123 頁。
〔註 206〕如《後漢書・五行志》載董卓滅亡的京師童謠謂「千里草，何青青，十日卜，不得生。」《三國志・文帝紀》載曹丕登基亦有《孝經中黃讖》謂「日載東，絕火光。不橫一，聖聰明。四百之外，易姓而王。」皆爲同一模式。
〔註 207〕《重修緯書集成・春秋元命包》，630 頁。
〔註 208〕《重修緯書集成・春秋元命包》，631 頁。
〔註 209〕《重修緯書集成・春秋元命包》，629 頁。

爺眞的自己寫字告訴世人誰是「應帝王」，而中國歷史上亦眞的有兩個叫做〝王莽〞與〝劉秀〞的人因此而登上了皇帝寶座。但在這個過程中顯然隱藏了許多虛僞不實，光靠符命並不能解決政治民生上眞實的問題，而符命本身即屬荒誕不稽，於是名教開始轉向，從所謂「天人合一」的發展頂點上下來，逐漸重新回到眞實的人生，知識分子亦開始重新審視宇宙人生的眞象。

第三節　由國而家的轉向

名教的實驗在讖緯將王莽、劉秀送上皇帝寶座中達到巔峰，而將其意識型態擴張到極點，此後便開始下降收縮。而此退縮過程乃展現於名教作用對象之轉變上，由天下而國家，由國家而個人，蓋〝天下〞、〝國〞、〝家〞、〝個人〞等等本爲儒家講禮樂正名者所求，〔註 210〕相應於名中〝大共名〞、〝共名〞、〝別名〞等之關係而在人類群體社會中建立起極爲有層次與秩序的關係，當名教擴張時，這種種組織與關係便隨之在社會中清晰的展現。〔註 211〕可是一旦天下、國、家或個人在社會中獲致穩定的認同時便易趨於僵化，彼此不同的立場便又極易分裂，形成矛盾與衝突，因爲天下、國、家或個人皆是一物，皆是一有，物則必有分，有則必爭，於是名教一旦在社會中完成其固定的層級與組織之後便將因內部之衝突而邁向崩解，於是在國與家的衝突下，皇帝不再是與人不同的眞命天子，而只是諸家之長，於是國家與天下的等同關係崩解。宗室的特殊地位既然消失，則天下諸家便具有平等的地位，於是相互競爭，在競爭中朋黨興起，於是士人成爲黨人，而家族所形成的親人關係便受到削弱。隨著黨的興起，原本受到國家組織壓抑的士人個體開始抬頭，〔註 212〕中國歷史上首次產生如郭泰、范滂等因個人志意而受重視的

〔註 210〕如《孟子・離婁》謂「天下之本在國，國之本在家，家之本在身」，《禮記・大學》謂「古之欲明明德於天下者，先治其國；欲治其國者，先齊其家；欲齊其家者，先修其身」。《呂氏春秋・執一》亦吸收此等觀念而謂「以身爲家，以家爲國，以國爲天下」。

〔註 211〕筆者按：當在昭宣元成諸帝獎勵農業提倡孝悌之時家族組織開始在社會上建立其穩定之地位，又在哀平新莽時，因讖緯符命之興起而凸顯了帝王眞命天子的地位，國家乃等同天下。

〔註 212〕筆者按：士人個別之特殊才華與志意在龐大的國家組織中不得發揮，受到壓抑，可在東方朔〈答客難〉、揚雄〈解嘲〉、班固〈答賓戲〉與仲長統〈理亂篇〉等文中見出。徐復觀《兩漢思想史・卷一・兩漢知識分子對專制政治的壓力感》一文從帝王專制對士人壓制的角度對此做了較詳盡的解說，讀者可

士人領袖，但隨著黨錮之禍對士人清流的迫害，知識分子對名教徹底失望，當知識分子個人也不再信奉名教時，名教的實驗便整個結束了。而從東漢光武帝以赤伏符登基起至宦者孫程等誅閻顯立順帝止（25A.D.～126A.D.）一百年間則是名教實驗由天而人、由國而家的轉換期。在此轉換期間以〝家〞爲核心而建立的豪族大姓成爲社會上主要勢力，同時〝家〞的組織不斷擴張終成爲社會性的普遍結構，於是天子宗室成了眾家之一，國家則成爲眾多〝宗族〞之組合。而此轉換主由兩種變化形成：一是讖緯的衰退；一是家族的興起。讖緯的衰退使國家不再等同天下，而皇室亦成爲一家，各個家族的興起則再次將皇室的地位下拉，於是國家權威受到挑戰，而家族成爲社會主要勢力。以下分別敘述。

讖緯的衰退意謂著國家勢力與地位的降低，王者受天命的神話根本是假的，〝天子〞其實就是一個平凡的人，並非天之精氣而生。而此衰退可以分兩種表現來論述：一是總結；一是離棄。總結是主政者的願望。主政者既憑讖緯以獲取政權的正當性而登基，是以表面上不但不能否定讖緯的價值，還要樹立讖緯的權威，抬高其地位。但私下則欲將其〝化石化〞，終止其新出發展，以免他人亦藉此取代自己，或分享權力，故加以整理總結，而予以固定，結束了讖緯在社會文化中的作用。而離棄則出自知識分子的願望，因爲經過王莽與劉秀二人的實驗後，讖緯的虛僞已暴露無遺。

是以帝王一旦登基便要整理讖緯，將其經典化。一方面是尊崇其地位，一方面是杜絕其發展。故自王莽執政便屢稱讖緯，一如昭宣之稱經下詔，如新莽天鳳三年（16A.D.）群臣上壽引《河圖》，〔註213〕而光武帝建武三十二年封禪文更大引《河圖赤伏符》、《河圖會昌符》、《河圖合古篇》、《河圖提劉予》、《雒書甄曜度》、《孝經鉤命決》等等。〔註214〕有時則明稱圖讖之重要，如光武封禪文謂「《河雒》命后，經讖所傳」，「皇帝唯慎《河圖》、《雒書》正文」，〔註215〕平帝永平八年下詔謂「日食之變，其災尤大，《春秋》圖讖所爲至譴」，〔註216〕章帝永平十八年有司奏謂明帝「聰明淵塞，著在圖讖」等等。〔註217〕

參。

〔註213〕《漢書・王莽傳》，4144頁。

〔註214〕《後漢書・祭祀志》，3165頁。

〔註215〕《後漢書・祭祀志》，3166頁。

〔註216〕《後漢書・顯宗孝明帝紀》，111頁。

於是開始整理讖緯，以使讖緯與正統學術結合，增加其權威性，如王莽元始四年（4A.D.）即已欲將圖讖與天下學術整合，「皆令記說廷中」以「正乖繆，壹異說」，〔註218〕至光武帝亦令薛漢與尹敏「校定圖讖」，〔註219〕並「宣布圖讖於天下」。〔註220〕《後漢書・祭祀志》謂：

> 秦相李斯燔《詩書》，樂崩禮壞。建武元年已前，文書散亡，舊典不具，不能明經文，以章句細微相況八十一卷，明者爲驗，又其十卷，皆不昭。〔註221〕

這直把讖緯視爲經典，以爲經秦火後讖緯散亡，可知光武此次將圖讖整理爲固定的八十一卷宣布於天下以作爲「明經文」的標準是自比武帝之立五經博士，是第二次的整理經典，故令尹敏校圖讖，「使蠲去崔發所爲王莽著錄次比」，〔註222〕「詔東平王蒼，正五經章句」，「皆命從讖」，致後「言五經者，皆憑讖爲說」，〔註223〕「陳元、范升之徒更相非折，而多引圖讖，不據理體」，〔註224〕明帝時宋均並爲之作注，安帝時翟酺「著《援神》、《鉤命解詁》十二篇」、〔註225〕景鸞「作《易說》及《詩解》，文句兼取《河洛》」等。〔註226〕最特別的是賈逵引《左傳》合讖，明帝永平時即「上言《左氏》與圖讖合者」，章帝元和時又謂「《五經》家皆無以證圖讖明劉氏爲堯後者，而《左氏》獨有明文」，〔註227〕特就漢爲火德一點撮合，這當然是爲討皇帝歡心。而讖緯之地位則高如經典，於是開始實際奉行以爲權威與價值的最高表現。《後漢書》載：

> 建武三十二年正月，上齋，夜讀《河圖會昌符》，曰「赤劉之九，會命岱宗。不愼克用，何益於承。誠善用之，姦僞不萌」。感此文，乃詔松等復案索《河洛》讖文言九世封禪事者。松等列奏，乃許焉。〔註228〕

〔註217〕《後漢書・肅宗孝章帝紀》，131頁。
〔註218〕《漢書・王莽傳》，4069頁。
〔註219〕《後漢書・儒林傳》，2573、2558頁。
〔註220〕《後漢書・光武帝紀》，84頁。
〔註221〕《後漢書・祭祀志》，3166頁。
〔註222〕《後漢書・儒林傳》，2558頁。
〔註223〕《隋書・經籍志》，941頁。
〔註224〕《後漢書・儒林傳》，2582頁。
〔註225〕《後漢書・儒林傳》，1606頁。
〔註226〕《後漢書・儒林傳》，2572頁。
〔註227〕《後漢書・賈逵傳》，1237頁。
〔註228〕《後漢書・祭祀志》，3163頁。

建武三十年群臣上言封禪光武不許，「從此群臣不敢復言」〔註229〕。但建武三十二年光武「夜讀《河圖會昌符》」則欲據讖緯封禪，顯然是借封禪一事來增強讖緯的權威。又曹充引《河圖括地象》「有漢世禮樂文雅出」與《尚書琁機鈐》「有帝漢出，德洽作樂，名予」，於是明帝據之制禮作樂而下詔曰「今且改太樂官曰太予樂，歌詩曲操，以俟君子」。〔註230〕元和二年章帝欲制定禮樂詔書亦引《河圖》、《尚書琁機鈐》與《帝命驗》等書爲說，〔註231〕並令曹充子曹褒條正叔孫通《漢儀》，「褒既受命，乃次序禮事，依準舊典，雜以《五經》讖記之文」，〔註232〕而樊儵於永平元年「與公卿雜定郊祠禮儀」則根本是「以讖記正《五經》異說」，〔註233〕於是讖緯完完全全的經典化了。

但從政權的角度考量，讖緯最終一定要禁絕。而整理讖緯已具杜絕效果，故王莽時司命陳崇白莽曰「此開姦臣作福之路而亂天命，宜絕其原」，因此宣布「非五威將率所班，皆下獄」。〔註234〕光武帝整理圖讖爲八十一卷而宣布於天下亦具杜絕私爲符命效果，故張衡謂「《河洛》、《六藝》篇錄已定，後人皮傅，無所容篡」。但只是整理內容而定爲標準似乎不足以有效的禁止新出符命，明帝時楚王英即「大交通方士，作金龜玉鶴，刻文字以爲符瑞」，「與漁陽王平、顏忠等造作圖書，有逆謀」，而引起巨大的政治風波，〔註235〕永元中又有清河宋景「推言水災」，「洞視玉版」等事，故張衡建議章帝「宜收藏圖讖，一禁絕之」。〔註236〕唯有強力禁止才能較有效的控制讖緯之言，此後歷代帝王多有禁止圖讖之舉。〔註237〕

而知識分子亦秉其良知而離棄了讖緯。如光武帝以尹敏「博通經記，令校圖讖」，敏對曰「讖書非聖人所作，其中多近鄙別字，頗類世俗之辭，恐疑誤後生。」〔註238〕又有詔會議靈臺所處，帝謂譚曰「吾欲〔以〕讖決之，何

〔註229〕《後漢書・祭祀志》，3161頁。
〔註230〕《後漢書・曹褒傳》，1201頁。
〔註231〕《後漢書・曹褒傳》，1202頁。
〔註232〕《後漢書・曹褒傳》，1203頁。
〔註233〕《後漢書・樊儵傳》，1122頁。
〔註234〕《漢書・王莽傳》，4122頁。
〔註235〕《後漢書・楚王英傳》，1429頁。
〔註236〕《後漢書・張衡傳》，1912頁。
〔註237〕如三國魏「科禁內學兵書」等。詳可參《讖緯論略》32、33頁，鍾肇鵬著，洪葉文化事業公司，1994.9初版一刷。
〔註238〕《後漢書・儒林傳》，2558頁。

如？」譚默良久，曰「臣不讀讖。」帝問其故，譚復極言讖之非經。帝大怒曰：「桓譚非聖無法，將下斬之」。〔註 239〕又嘗問興郊祀事，曰「吾欲以讖斷之，何如？」興對曰：「臣不爲讖。」帝怒曰：「卿之不爲讖，非之邪？」興惶恐曰：「臣於書有所未學，而無所非也」。〔註 240〕從利祿之途來看，「光武善讖，及顯宗、肅宗因祖述焉」，故「自中興之後，儒者爭學圖緯，兼復附以訞言」，〔註 241〕而尹敏、桓譚與鄭興顯然是基於知識分子的良知而冒死說出心中的眞話，不過，對讖緯本身雖然沒有說半句好話，但在皇帝的權威前面仍不得不妥協言行。但至順帝時張衡上疏便不同了，在其疏中有效的指出了讖緯的缺失：「或觀星辰逆順，寒燠所由，或察龜策之占，巫覡之言，其所因者，非一術也」；「一卷之書，互異數事，聖人之言，埶無若是，殆必虛僞之徒，以要世取資。往者侍中賈逵擿讖互異三十餘事，諸言讖者皆不能說」；「劉向父子領校祕書，閱定九流，亦無讖錄。成、哀之後，乃始聞之」；「至於王莽簒位，漢世大禍，八十篇何爲不戒？則知圖讖成於哀平之際也」；「永元中，清河宋景遂以歷紀推言水災，而僞稱洞視玉版。或者至於棄家業，入山林。後皆無效」。讖緯不但學術道理雜亂，記事不一，除了本屬虛造之外，預言亦皆無效，最重要的是還會產生極大的社會負作用，是以「宜收藏圖讖，一禁絕之，則朱紫無所眩，典籍無瑕玷矣」。〔註 242〕讖緯失去了眞正的生命力與支持者，於是在帝王與士人兩相作用下從兩漢名教的實驗中出場了，不再持續的在漢代的社會文化中產生作用。

就在讖緯衰退的同時，豪門大姓的家族在東漢社會中興起了。因爲一旦讖緯破滅，〝天子〞的神話也就破滅了。〝天子〞其實也不過就是一個人，只是居於一〝國〞領導者的地位，其本身並不具什麼神奇異能，也非奉天承運，連帶〝國〞的地位也下降了。天人感應是個騙局，但是名教所建立的人倫名分倒是可能建立起一個和諧的人際關係，於是知識分子關注的焦點由〝國〞而〝家〞，只要依循儒家禮樂便可以血緣爲基礎而建立起一個經濟、軍事、國防、外交、司法等近乎獨立的生命共同體，再以此組織爲基礎便可建立起一個和諧的〝人間世〞，重新打造世界的秩序，於是東漢的社會文化就以豪族大

〔註 239〕《後漢書・桓譚傳》，961 頁。
〔註 240〕《後漢書・鄭興傳》，1223 頁。
〔註 241〕《後漢書・張衡傳》，1911 頁。
〔註 242〕《後漢書・張衡傳》，1911、1912 頁。

姓爲主幹而展開了。名教轉變了發展方向而開始了另一段冒險實驗。

豪族大姓的興起較早，但其在現實社會中的主導地位則因王莽、劉秀的政變而確立。王莽篡位主因其結合外戚與士族的勢力而成功，其本身既是外戚亦屬士族，「外交英俊，內事諸父」，「散輿馬衣裘，振施賓客」，「宗族稱孝，師友歸仁」。〔註 243〕而不論是外戚或士族，從社會組織來看，都是豪族大姓。而其失敗，亦因復井田禁奴婢等改制之行失去豪族大姓的支持。〔註 244〕相反的，光武帝劉秀則力求大姓豪族之助而於群雄中脫穎而出，《後漢紀》「建武四年」載鬲縣五姓反，吳漢「不擊五姓，反欲斬守長」，結果「五姓大喜，相率而降」，即使犧牲國家官吏也要刻意拉攏世家大族。也因此，光武一旦登基即裂土封侯，雖有博士丁慕「強幹弱枝」之議，仍不採用。〔註 245〕這種情況顯然與漢高祖隻身起義大不相同，秦採法家制度，社會主以數口之家爲構成之基本單位，但在鹽鐵之議確定「以農爲本」的國家政策後，人民安居樂土，便以鄉里土地爲根據地，以血緣親屬爲主要關係的宗族組織，於是兩漢之際豪族大姓所建立的宗族已成爲社會之主要結構，由數萬人口所組成的宗族成了政府以下最有勢力的組織，經過王莽與劉秀的政變，豪族大姓的社會力量更明顯了，背之者亡，得之者昌。於是國家地位下降，宗族地位上升，國家乃由宗族共治，劉氏雖爲皇室，亦只是宗族中之大者，並不具有上天護佑，而其政權乃是靠〝李氏〞、〝樊氏〞、〝張氏〞、〝袁氏〞〔註 246〕等姓氏宗族輔佐而成。

而各豪族大姓在現實力量與意識型態上亦深具獨立色彩。前者在兩漢戰亂的宗族武裝自保行動中表露無遺，「郡縣大姓各擁兵眾」，〔註 247〕並爲營壘自保，如樊宏「與宗家親屬作營壍自守」、馮魴「聚賓客、招豪傑、作營壍，以待所歸」、第五倫「宗族閭里爭往附之，倫乃依險固築營壁」等。〔註 248〕此等宗族既有軍事自保之力量，自當亦有豐厚的經濟實力，才能支持他人之圍攻而固守不出，如樊宏家族即「上下勠力，財利歲倍，至乃開廣田土三百

〔註 243〕《漢書・王莽傳》，4039、4040、4194 頁。

〔註 244〕詳參《中國知識階層史論》〈東漢政權之建立與士族大姓之關係〉第四節「王莽興亡與士族大姓的關係」，118～129 頁。

〔註 245〕詳參《中國知識階層史論》〈東漢政權之建立與士族大姓之關係〉第十節「光武集團與士族大姓的一般關係」，166～169 頁。

〔註 246〕《後漢書・袁紹傳》袁紹自謂「自乃祖先臣以來，世作輔弼」。

〔註 247〕《後漢書・馮異傳》，645 頁。

〔註 248〕《後漢書・本傳》，1120 頁。

餘頃」，「貲至巨萬，而賑贍宗族，恩加鄉閭」。〔註 249〕而心態意識上宗族亦充滿自顧自的色彩，沒有任何爲國家犧牲奮鬥的意願，故以光武姊爲妻之鄧晨響應漢兵時，宗族皆恚怒謂「家自富足，何故隨婦家人入湯鑊中？」隗囂季父崔起兵應漢時，囂止之曰「夫兵，凶事也！宗族何辜？」在宗族的觀念下，保護家園才是最重要的，爭天下者自去爭天下，宗族無需爲國家犧牲。而宗族自主的情形在竇融、梁統等所領導的河西五郡士族聯盟中表現最爲特殊，竇融兄弟曰：

> 天下安危未可知，河西殷富，帶河爲固；張掖屬國，騎兵萬騎。一旦緩急，杜絕河津，足以自守。此遺種處也。〔註 250〕

言語中顧慮宗族安危以求家庭自保之情自然浮現。於是前往河西，厚善酒泉太守安定梁統、金城太守庫鈞、張掖都尉史苞、酒泉都尉辛彤等州郡英俊，及更始敗後，便共治五郡，「觀時變動」，最後因「雒陽土地最廣、甲兵最強、號令最明。觀符命而察人事，它姓殆未能當」，而由大姓領袖開會，決議在光武與隗囂間投事了前者，這種種行爲純粹是以宗族的利益爲出發點，絲毫不考慮國家民族等問題。至於參與革命者亦爲「攀龍附鳳」擴張宗族而行。如是，〝宗族〞本身形成一獨立的生命共同體，族人相互照顧，彼此共生，至於族外事則「觀時變動」伺機而行。

光武革命既賴〝宗族〞勢力而成，而〝宗族〞多求自顧，故其後政權自然不能不受〝宗族〞勢力影響，充滿共治色彩。於是政府用人多以門閥，如光武親臨杜林喪葬，除其子杜喬爲郎，詔謂「公侯子孫，必復其始，賢者之後，宜宰城邑」，〔註 251〕又明帝舅陰興沒後帝詔亦謂「賢者子孫，宜加優異」。從安定宗族而言，此舉當然有其效用，但另一方面從國家招募賢人良才來看，則顯然不佳。故明帝一即位即詔責「選舉不實」、「權門請託」〔註 252〕，章帝即位後亦下詔選舉務取賢才，「或取圳畝，不繫閥閱」。〔註 253〕韋彪上議亦曰「士宜以才行爲先，不可純以閥閱」。〔註 254〕然經光武、明、章三帝風氣已成，實難改變，故朱穆年少爲郡督郵，人即問「因族勢？爲有令德？」而太守周

〔註 249〕《後漢書・樊宏傳》，1119 頁。

〔註 250〕《資治通鑑・卷四十》，358 頁，司馬光撰，臺灣商務印書館，四部叢刊初編。

〔註 251〕《後漢書・杜林傳》，939 頁。

〔註 252〕《後漢書・明帝紀》，98 頁。

〔註 253〕《後漢書・章帝紀》，133 頁。

〔註 254〕《後漢書・韋彪傳》，918 頁。

景「選其父兄子弟，事相優異」並公然宣稱「臣子同貫，若之何不厚！」〔註255〕權門請託愈演愈烈，終至整個政府機構潰爛，故？帝時河南尹田歆感嘆謂「今當舉六孝廉，多得貴戚書命，不宜相違，欲自用一名士以報國家」。〔註256〕隨著家族的興起，選舉之主要項目亦由文學、賢良而變爲〝孝廉〞，《孝經》受到普遍的重視，故《後漢書・荀爽傳》謂「漢制使下誦《孝經》，選吏舉孝廉」，〝孝〞雖爲「天之經也，地之義也，民之行也」，〔註257〕「文之本也」，〔註258〕「導民以孝，則天下順」，〔註259〕故爲「百行之冠，眾善之始也」，〔註260〕具有治國平天下的作用，但論其根本，仍是以父子關係爲核心的家族私德，故「父母，子之天地與，無天何生，無地何形」，〔註261〕孝對〝國〞的巨大作用是以〝家〞爲根本形成的，以孝治國其實具有由〝家〞〝國〞的平治順序，而整個以宗族閥閱爲背景的選舉用人，則使政府官員猶如宗族代表之組成，每一宗族各依其勢力而推出其父兄子弟參與政府政治。東漢政府充滿宗族共治的色彩，後至魏晉則眞形成幾個大姓所共同組成的政府了。

而〝宗族〞在社會中的主導地位更尖銳的表現在〝家〞、〝國〞二者相衝突時。此時士人之行往往依〝家〞而不依〝國〞。如前述國家選舉用人的問題，國家所用非人的問題不重要，重要的是要有家族內的人代表家族參與政治，以維繫與擴充家族勢力，這才重要。而此風直延續至晉，士人出仕往往爲了維繫家族而非因其自身。而在東漢，知識分子往往爲了家族倫理而將國法置於第二位，爲父母親人復仇而干犯國法殺人之事屢屢發生，如《後漢書・獨行傳》李充事與《後漢書・崔瑗傳》崔瑗事。而爲了穩定政權，朝廷本身也不得不在這些地方讓步，故「建初中，有人侮辱人父者，而其子殺之，肅宗貰其死刑而降宥之，自後因以爲比」，遂有〝輕侮法〞的出現。〔註262〕

最後，由〝國〞而〝家〞的種種轉向實況更在白虎觀會議中由國家確立

〔註255〕《後漢書・周景傳》，1538 頁。
〔註256〕《後漢書・種暠傳》，1826 頁。
〔註257〕《孝經注疏・三才章》，5540 頁，（十三經注疏附校勘記）清、阮元校勘，大化書局，民 78.10 四版。
〔註258〕《國語・周語下》，96 頁。
〔註259〕《漢書・宣帝紀》，250 頁。
〔註260〕《後漢書・江革傳》，1303 頁。
〔註261〕《法言・孝至》，40 頁。
〔註262〕《後漢書・張敏傳》，1502、1503 頁。

為一套固定的觀念、法則、制度與意識型態。《白虎通》謂「宗者，何謂也？宗者，尊也。爲先祖主者，宗人之所尊也」，「古者所以必有宗，何也？所以長和睦也。大宗能率小宗，小宗能率群弟，通其有無，所以紀理族人者也」。而「大宗有一，小宗有四」，「凡有五宗，人之親所以備矣」。〔註 263〕又謂「族者，何也？族者，湊也，聚也。謂恩愛相流湊也。上湊高祖，下至玄孫，一家有吉，百家聚之，合而爲親，生相親愛，死相哀痛，有會聚之道，故謂之族」，而「親疏恩愛究竟，謂之九族」，「父族四，母族三，妻族二」。〔註 264〕〝宗族〞之名義、組織與基本名稱都詳詳細細的受到討論與定義，統一規定宗族是由「五宗九族」組織而成，宗族內要求不分彼我，宗族外則是人我不相干，人倫名分的意識型態正式化成了具體制度，於是〝宗族〞成了延續百世的生命共同體，甚而成了超越政治交替朝代興衰的永續團體，並在國家會議中受到國家承認，成爲國家體制，東漢士人的人生目標從此由《禮記・禮運》之「世界大同」退縮而爲宗族，〝宗族〞在國家社會中的地位與作用提升了，相對的，國家與皇室的地位則降低了。故《白虎通》謂：

> 王者所以存二王之後，何也？所以尊先王，通天下之三統也。明天下非一家之有，謹敬謙讓之至也。〔註 265〕

〝天下非一家之天下〞首次爲公家宣示，於是宗族共治受到公開的承認，雖然，《白虎通》乃謂王者受命易姓「明受之于天，不受之于人」〔註 266〕，但〝天子〞尊號已下降爲〝爵稱〞，皇室〝劉氏〞亦不過是諸氏中之一家而已。

而以〝宗族〞為基礎，在眾多〝宗族〞，包括皇室、四姓、八族等，交織往來中便構成了人道主義中所有的人倫關係，此即「三綱六紀」。《白虎通》謂「三綱者，何謂也？謂君臣、父子、夫婦也。六紀者，謂諸父、兄弟、族人、諸舅、師長、朋友也」，「三綱法天地人，六紀法六合」，而「師長，君臣之紀也，以其皆成己」、「諸父、兄弟，父子之紀也，以其有親恩連」、「諸舅、朋友，夫婦之紀也，以其皆有同志爲己助」，「大者爲綱，小者爲紀，所以張理上下整齊人道也」，〔註 267〕在「生己」、「成己」與「助己」的論述下，所有

〔註 263〕《白虎通疏證・宗族》，393～395 頁。
〔註 264〕《白虎通疏證・宗族》，397～399 頁
〔註 265〕《白虎通疏證・三正》，366 頁。
〔註 266〕《白虎通疏證・三正》，360 頁。
〔註 267〕《白虎通疏證・三綱六紀》，373～375 頁。

人都被納入社會群體中，而為人臣、為人夫、為人子與為人親。在此之前賈誼〈陳政事疏〉已及「六親有紀」，董仲舒《春秋繁露・基義》已說三綱，但如《白虎通》如此有系統的論述尚屬首見。於是以「五宗九族」為基礎外配「三綱六紀」便涵括了所有的人際關係，有效的建立起人道主義，而這個人際關係網絡的核心乃是父子關係，蓋「古之時，未有三綱六紀，民人但知其母，不知其父。能覆前而不能覆後」，待「伏羲仰觀象于天，俯察法于地，因夫婦，正五行，始定人道」，〔註268〕從此以後展開了中國數千年的父系社會。而在此人際網絡中，種種社會中之〝名稱〞也就有了更清楚的〝名位〞與〝名分〞，從而有了清晰的〝名義〞。

在人際網絡的名稱、名分、名義之外，另一個值得注意的是〝姓〞、〝氏〞、〝名〞、〝字〞的標識系統。〝姓〞、〝氏〞在古代原是政治標誌，故「黃帝之子，二十五宗，其得姓者十四人為十二姓」，「其同姓者二人而已」，〔註269〕而「天子建德，因生以賜姓，胙之土而命之氏。諸侯以字為氏，因以為族。官有世功，則有官族。邑亦如之」，〔註270〕然在《白虎通》中則成了血緣道德的標誌以重人倫，如其釋〝性〞謂「所以崇恩愛，厚親親，遠禽獸，別婚姻也」，而「同姓不得相娶」，〔註271〕其釋〝氏〞謂「所以貴功德，賤伎力」，「聞其氏即可知其德，所以勉人為善」，〔註272〕而此定義與「宗者，尊也」，「所以長和睦」的名義相呼應，於是〝姓〞、〝氏〞成為維繫宗族的重要標誌。五口或八口之家沒有姓氏或許尚可維持，但就一個〝宗族〞而言，特別是漢代這種規模大至數萬人的〝宗族〞組織，若沒有姓氏就很難維繫，故《白虎通》「姓名」一項置於「宗族」之後。而〝姓〞與〝氏〞二者觀念上雖不同，但事實面卻得合一，人之〝姓〞即人之〝氏〞，唯宗族標識統一才易維繫一體，於是古代來自母系的姓與來自父系的氏便統合了。《白虎通》又釋〝名〞為「所以吐情自紀，尊事人者」，〔註273〕釋〝字〞為「所以冠德明功，敬成人」，〔註274〕名與

〔註268〕《白虎通疏證・號》，50、51頁。
〔註269〕《國語・晉語四》，356頁，司空季子言。
〔註270〕《春秋左傳注・隱公八年》，61、62頁。句中「諸侯以字為氏」之氏字本作謚，今據注改。
〔註271〕《白虎通疏證・姓名》，401頁。
〔註272〕《白虎通疏證・姓名》，402頁。
〔註273〕《白虎通疏證・姓名》，406頁。
〔註274〕《白虎通疏證・姓名》，415頁。

字負擔起個人在宗族組織中身分地位的標識功能，蓋「宗人將有事，族人皆侍」，故以名「吐情自紀，尊事人」，藉著個人之名來表白自己的性情才能，待成人之後更以字來「冠德明功」，說明自己在事功上的作用。〔註 275〕於是在宗族血親的自然組織下，老莊所標榜的人之無名被破解了。〝名〞、〝字〞與〝姓〞、〝氏〞共同相配與宗族血緣組織相呼應而建立起一個穩固的人稱系統，社會因此稱呼而自然的建立人倫秩序，一旦〝姓〞、〝氏〞、〝名〞、〝字〞這一套標識系統成爲社會中確定的一套制度，個人也就明確的成爲宗族組織中的一員，宗族亦得藉著〝姓〞、〝氏〞確立其功德，建立存在價值與意義。

而上述所確立的觀念、法則、制度與意識型態是在審定〝名義〞的形式下完成的。是以上舉諸例每一項討論都是針對一個〝名義〞出發，如「宗者，何謂也？」、「族者，何也？」、「三綱者，何謂也？」而其解答的手法除了引經讖爲據外，亦包含了今文經學原有的象數觀點與聲訓形訓，如「宗者，尊也」「族者，湊也，聚也」、「三綱法天地人，六紀法六合」等。然而另外一種更爲重要的方式則是以名論名推究名理的方式來論名義，如三綱與六紀本可爲二事，但《白虎通》硬將六紀說爲「三綱之紀者也」，並謂「師長，君臣之紀也，以其皆成己也。諸父、兄弟，父子之紀也，以其有親恩連也。諸舅、朋友，夫婦之紀也，以其皆有同志爲己助也」。師長與君臣、兄弟與父子、朋友與夫婦等關係是否能兩兩相比暫且不論，重要的是在某種說法下名與名之間建立起某種關聯，由此關聯而解釋〝名義〞，再經過眾名所構成的大系統確認，在〝名〞所構成的嚴整結構中界定其單元的意義，如「男女總名爲人，天地所以無總名何？曰：天圓地方不相類，故無總名也」，〔註 276〕這也就是漢儒的名物訓詁了。

整體來看，白虎觀會議宣示了以〝宗族〞為主的國家體制。而〝宗族〞其實是周人文德所建立王室組織與觀念的翻版與複製，不但本爲貴族所有之姓氏進入尋常百姓家，即如貴族所有之禮樂儀式等亦進入家族之中，故李守「居家如官廷」〔註 277〕而樊宏「子孫朝夕禮敬，常若公家」。〔註 278〕此後宗

〔註 275〕姓名在兩漢更充滿神祕色彩，人之姓名與其自身之性情命運有著神祕的關聯，故有吹律定姓、避諱、姓名學等社會現象，此當另議。

〔註 276〕《白虎通疏證・天地》，422 頁。

〔註 277〕《後漢書・李通傳》，573 頁。

〔註 278〕《後漢書・樊宏傳》，1119 頁。

族組織便猶如細胞之繁殖般遍布於天下，而出現了《潛夫論》與《風俗通義》中〈志氏姓〉與〈姓氏〉兩篇文章。〔註 279〕中國人變成人人有姓，人人有名，四海之內的人都納入了名教的範疇。名教雖從讖緯天人合一的頂端落下，卻在〝宗族〞組織中紮根，而將其人倫名分推行得更廣。

然而宗族在東漢的興起更深深的紮根在〝氣化宇宙〞的基礎上。蓋「人稟元氣於天，各受壽夭之命，以立長短之形，猶陶者用土爲簋廉（甒），冶者用銅爲柈杅矣。器形已成，不可小大；人體已定，不可減增。用氣爲性，性成命定」，〔註 280〕「稟氣薄厚，以著其形」，〔註 281〕故「凡人受命，在父母施氣之時，已得吉凶矣」，〔註 282〕此乃「因氣而生，種類相產」，〔註 283〕「物生自類本種」，「若夫牡馬見雌牛，〔雄〕雀見牝雞，不相與合者，異類故也」。〔註 284〕於是「龍生龍，鳳生鳳，老鼠生的兒子會打洞」，因「子性類父」〔註 285〕，故「富貴之男娶得富貴之妻，女亦得富貴之男」〔註 286〕，而「人轉相生，精微爲聖，皆因父氣，不更稟取」，〔註 287〕「聖人自有種族」，「黃帝聖人，本稟貴命，故其子孫皆爲帝王」。〔註 288〕就此而論，則一個人的「臨事智愚」、「操行清濁」、「操行善惡」與「貴賤貧富」全由其出生決定了。〔註 289〕而在同類相聚的觀點下，甚至家人之外的事物亦受影響，「夫舉家皆〔有〕富貴之命，然後乃任富貴之事」，「故富貴之家，役使奴僮，育養牛馬，必有與眾不同者矣。僮奴則有不死亡之相，牛馬則有數字乳之性，田則有種孳速熟之穀，商則有居善疾售之貨」。〔註 290〕在此稟氣論下，東漢人便不可不有姓氏，不可不重宗族了，因爲「同姓

〔註 279〕讀者另可參徐復觀〈中國姓氏的演變與社會形式的形成〉一文中第八節姓氏普及後社會結構的變化，《兩漢思想史・卷一》，324～329 頁。

〔註 280〕《論衡校釋・無形》，59 頁。

〔註 281〕《潛夫論箋校正・敘錄》，478 頁.

〔註 282〕《論衡校釋・命義》，50 頁。

〔註 283〕《論衡校釋・物勢》，144 頁

〔註 284〕《論衡校釋・奇怪》，161 頁。

〔註 285〕《論衡校釋・奇怪》，160 頁。

〔註 286〕《論衡校釋・骨相》，114 頁。

〔註 287〕《論衡校釋・奇怪》，162 頁。

〔註 288〕《論衡校釋・奇怪》，165 頁。

〔註 289〕《論衡・命義》「操行善惡者性也」、《論衡・命祿》「臨事智愚，操行清濁，性與才也」與《論衡・骨相》「貴賤貧富，命也；操行清濁，性也」等話可爲證。

〔註 290〕《論衡校釋・骨相》，116 頁。

即同德」，姓即是性，富貴之姓成富貴之家，而富貴之家「乃任富貴之事」，故而選舉時必然注重閥閱，而父子兄弟亦可相讓，東漢因〝宗族〞而結合成的生命共同體終於在現實利害關係外有了深厚的思想基礎。

而稟氣論更在理論上破解了今文經讖緯符命等神話。因「人生性命當富貴者，初稟自然之氣，養育長大，富貴之命效矣」，而「文王得赤雀，武王得白魚赤烏，儒者論之，以爲雀則文王受命，魚烏則武王受命，文、武受命於天」，「如實論之，非命也」，蓋「命，謂初所稟得而生也。人生受性，則受命矣。性命俱稟，同時並得，非先稟性，後乃受命也」。〔註 291〕就這樣，送王莽與劉秀上帝王寶座的符命不僅在現實上被知識分子遺棄，更在理論上被根本破解了。不但如此，在此論下帝王天子在出生上與人截然不同的獨特性亦破滅了，因爲從稟氣的觀點來看「人轉相生，精微爲聖，皆因父氣，不更稟取」，「聖人自有種族」而非人與非人的雜交成果，「今龍與人異類，何能感於人而施氣？」故「儒者稱聖人之生，不因人氣，更稟精於天」非也，〔註 292〕高祖仍是人種，而非爲赤精子之後，帝王之爲〝天子〞只能具有象徵意義，而非事實。

同時，從上述論述中更可觀察到稟氣論為當時社會的普遍信仰。因爲它是論述的基礎而非所欲證成的觀點，只有它是社會普遍而深刻的信念，能夠成爲強而有力的證明時，才可能如此。故王充亦受到這種觀點的質疑，蓋「充細族孤門」，人或啁之曰：

> 宗祖無淑懿之基，文墨無篇籍之遺，雖著鴻麗之論，無所稟階，終不爲高。夫氣無漸而卒至曰變，物無類而妄生曰異，不常有而忽見曰妖，詭於眾而突出曰怪。吾子何祖？其先不載。況未嘗履墨涂，出儒門，吐論數千萬言，宜爲妖變，安得寶斯文而多賢？〔註 293〕

在稟氣論下著作《論衡》被人視爲「變」、「異」、「妖」、「怪」，故王充被迫辯以「士貴故孤興，物貴故獨產」，「百夫之子，不同父母，殊類而生，不必相似，各以所稟，自爲佳好」，〔註 294〕結果是自己打自己嘴巴，在同一書中同時承認了正反兩種觀點，但亦可知稟氣論在當時並非王充個人主張，乃是社會普遍的信仰。

〔註 291〕《論衡校釋．初稟》，124、125 頁。
〔註 292〕《論衡校釋．奇怪》，161、156 頁。
〔註 293〕《論衡校釋．自紀》，1205 頁。
〔註 294〕分別參《論衡校釋．自紀》，1206、1201 頁。

於是在稟氣論下，東漢的〝宗族〞組織有了深厚的文化根據。〝宗族〞的興起不再只是基於利害關係或社會力量，而有學理上的依據，並化爲信念深入人心。也在稟氣論下，選舉繫諸閥閱、枉顧國法復仇與姓名吐情自紀等種種現代人所不易理解的怪現象便在現實因素外有了更深的合法性，故而知識分子能夠全心全意將〝家〞，而不是〝國〞，視爲人生最高之犧牲奮鬥的對象，往往犧牲自己分散財產善育族人。而亦唯有知識分子的參與和犧牲，才能以禮樂教化爲數萬族人建立起和諧的人際關係、合理的組織制度與有效的運作軌道，因爲〝宗族〞就是王室翻版，是古代宗法體制下〝國〞的縮影，其運作祕密全藏在五經之中，唯知識分子識之，在這種情形下豪族大姓便自然而然的轉爲〝士族〞，並成爲萬世常存的組織，而在東漢前期取得了社會的主導地位，從此以後〝家〞成爲中國社會的基本構成，但是名教也開始趨向瓦解。

第四節　名教的衰敗

在由國而家的轉向之後名教持續衰落，宗族的膨脹促成了社會結黨的風氣，於是自宦官立順帝起至曹丕篡漢止約一百年的時間（125A.D.～220A.D.）**成為〝黨〞的實驗期**。宗族在成爲國家社會發展之主導團體後，因過度膨脹而促成社會結黨的風氣，〝黨〞因此而興起。交友結黨本是古今人之常情，爲五倫之一而受名教重視，但〝黨〞的內涵與性質卻十分混雜，《周禮・地官・大司徒》謂「五族爲黨」，《釋名・釋州國》謂「五百家爲黨」，《白虎通》謂「朋者，黨也。友者，有也」，〔註 295〕《禮記》謂「同門曰朋，同志曰友」，而《潛夫論》論交際結黨則謂「朋友之際，義存六紀」，〔註 296〕可知結黨交友在古代實包含親屬、地緣、師生、同志等多重關係，故有父黨、母黨、妻黨、鄉黨、友黨等稱呼。待結黨風氣糜爛，形成社會問題，有良心的知識分子便群起澄清，於是因性質上的巨大差異造成〝黨〞的分化、矛盾與衝突，進而形成強烈的鬥爭，釀成了有名的〝黨錮〞之禍。從此士人背離朝廷，在野結黨，在袁紹誅殺宦官之後，便有野心者如曹操藉士黨興起，最後由獻帝禪讓於曹丕，而在極度的虛僞中結束了名教約四百年的漫長發展。此是名教實驗的最後階段，價值表述的單位從國而退至家後持續萎縮至個人，不過是群體中的個人，是〝黨人〞。

〔註 295〕《白虎通疏證・三綱六紀》，376 頁。
〔註 296〕《潛夫論箋校正・敘錄》，479 頁。

而〝黨〞即因其廣泛的包容性而隨著宗族勢力的膨脹興起。宗族組織自然以血緣關係爲核心，但數萬人的大宗族自有許多外圍組織，即是〝同黨〞。在以農立國的前題下，宗族乃以土地爲根據聚集族人，吸引勢單力孤者，如馮魴之「聚賓客、招豪傑」、第五倫之「宗族閭里爭往附之」、樊宏之「賑贍宗族，恩加鄉閭」等以地緣關係與外人結黨發展自己勢力。〔註 297〕但宗族子弟出外遊學仕宦亦可結黨，蓋大宗族必得有外援，故子弟要向外發展，在中央謀得職位並結識其它世家，於是形成宗族外仕宦遊學之結黨。〔註 298〕而漢代廣設學校，學子本易結交，明帝時更「爲四姓小侯開立學校，置《五經》師」〔註 299〕。於是在相互結〝黨〞的情形下，各宗族大姓不斷的發展自己，膨脹自己。

而宗族過度結黨膨脹引發了外戚宦官問題。外戚問題本爲名教發展所不可避免，因爲外戚乃從夫婦一倫而來的，這是親親，卻造成了皇后、太后與外戚干政，特別是東漢外戚往往是世家大族，故光武後有竇太后與竇憲、鄧太后與鄧騭、閻太后與閻顯等專權。外戚架空了王室，皇帝只有親信宦官，而有宦官弄權。而宦官問題則本於名教尊尊，在尊卑觀念下宦官因其卑而可服侍皇帝之尊，於是成了帝王之心腹親信，結果干政而掌權。而自東漢光武帝之後「宦官悉用閹人，不復雜調它士」，〔註 300〕便宦官問題更嚴重，宦者成了閹豎集團，在正常發展上沒了指望，便只能用其帝王心腹的身分玩弄權術，是以宦官往往冒死爲皇帝清除外戚，故在和帝時有宦官鄭眾等誅殺外戚竇氏，少帝時又有宦官孫程等誅殺閻顯，而宦官孫程等十九人結黨更立了順帝，於是東漢社會進入結黨期，因爲宦官結黨之背後並沒有宗族勢力，這凸顯了〝黨〞的獨立社會作用，連皇帝都可由結黨擁立，那還能視黨爲宗族組織之下的社會組織嗎？於是地方閥閱各自結黨，中央官宦亦各自結黨，東漢社會因而迅速腐敗，知識分子之清流因此結黨而起。

知識分子清流之結黨乃是基於人生共同的理想與價值。是「志於道」之「同志」，是具有良知的士人，故一方面起而反省批判俗士交友之風與之劃清

〔註 297〕此點可參余英時《中國知識階層史論》220～222 頁論士大夫地域性分化部分。

〔註 298〕此點亦可從當時門生故吏爲其師長立碑私謚之行爲見出。詳參余英時《中國知識階層史論》218～220 頁。

〔註 299〕《後漢書・顯宗孝明帝紀》，113 頁。

〔註 300〕《後漢書・宦者列傳》，2509 頁。

界限，如「資性方絜，疾惡彊豪」之王丹嘗謂「交道之難，未易言也」、〔註301〕「簡易不修威儀，而憙非毀俗儒，由是多見排抵」之桓譚專爲《新論・閔友》以論交友、〔註302〕「游不倫黨」之崔駰爲〈達旨〉批評「利合而友」之風、〔註303〕「爲人清重，遊必擇友，不好苟交」〔註304〕之王充著《論衡》〈程材〉〈量知〉諸篇區別儒生與俗吏、「常疾世多利交，以邪曲相黨」之劉梁著〈破群論〉以令俗士愧心、〔註305〕「性矜嚴，疾惡，不交非類」〔註306〕之朱穆爲〈絕交論〉以矯時；〔註307〕一方面依內在〝志〞、〝意〞爲「同志」而彼此結交援助，如張升「其意相合者則傾身交結，不問窮賤；如乖其志好者，雖王公大人終不屈從」、〔註308〕劉陶「所與交友，必也同志。好尚或殊，富貴不求合；情趣苟同，貧賤不易意」、〔註309〕荀淑「與李固，李膺同志友善」、〔註310〕竇武「引同志尹勳爲尚書令，劉瑜爲侍中，馮述爲屯騎校尉」。〔註311〕而郭泰卒時，「四方之士千餘人皆來會葬，同志者乃共刻石立碑」。〔註312〕

於是價值判斷的標準便從人之外在名位轉為內在志行，〝心〞、〝志〞、〝情〞、〝意〞成為新的價值。此意王符《潛夫論・交際》說得最明白，蓋「富貴則人爭附之，此勢之常趣也；貧賤則人爭去之，此理之固然也」，「交利相親，交害相疏」，「此絜士所以獨隱翳，而姦雄所以黨飛揚也」，故「論士必定於志行」，〔註313〕「論士苟定於志行，勿以遭命，則雖有天下不足以爲重，無所用不足以爲輕」，〔註314〕是以「士之志量，固難測度。凡百君子，未可以富貴驕貧賤，謂貧賤之必我屈也」。〔註315〕於是士人清流便以志意自定價值，如

〔註301〕《後漢書・王丹傳》，931頁。
〔註302〕《後漢書・桓譚傳》，955頁。
〔註303〕《後漢書・崔駰傳》，1715頁。
〔註304〕《論衡校釋・自紀》，1190頁。
〔註305〕《後漢書・文苑傳》，2635頁。
〔註306〕《後漢書・朱穆傳》，1463頁，李賢注。
〔註307〕《後漢書・朱穆傳》，1467頁，注所引文。
〔註308〕《後漢書・文苑傳》，2627頁。
〔註309〕《後漢書・劉陶傳》，1842頁。
〔註310〕《三國志・魏志・荀彧傳》，307頁，注引張璠《漢紀》。
〔註311〕《後漢書・竇武傳》，2241、2242頁。
〔註312〕《後漢書・郭泰傳》，2227頁。
〔註313〕以上分別參《潛夫論箋校正・交際》，333、337、347頁。
〔註314〕《潛夫論箋校正・論榮》，33頁
〔註315〕《潛夫論箋校正・交際》，343頁。

朱暉，拒交外戚陰就，而爲陰就謂爲「志士也，勿奪其節」；〔註 316〕如王充，「見汙傷，不肯自明；位不進，亦不懷恨」，「貧無一畝庇身，志佚於王公；賤無斗石之秩，意若食萬鍾」，而「遊必擇友，不好苟交。所友位雖卑，年雖幼稚，行苟離俗，必與之友」。〔註 317〕而王符自身亦「有志操」，「世務游宦，當塗者更相薦引，而符獨耿介不同於俗，以此遂不得升進」。而這種價值標準由外而內的轉變推至極點則成了「天子不得臣，諸侯不得友」的情境。〔註 318〕

志意成為價值新標準，便表露為名實理論。《論衡》謂：

> 夫論不留精澄意，苟以外效立事是非；信聞見於外，不詮訂於內；是用耳目論，不以心意議也。夫以耳目論，則以虛象爲言；虛象效，則以實事爲非；是故是非者不徒耳目，必開心意。〔註 319〕

論述是非等價值判斷不能全以外效，而需「詮訂於內」，要「以心意議」才是，因爲價值是非之實在於人心內在，而不在於外在有形可以耳目感官分別的形象，是以「賢聖言行，竹帛所傳，練人之心，聰人之知，非徒縣邑之吏對向之語也」，〔註 320〕若「不得心意所欲，雖盡堯、舜之言，猶飲牛以酒，啖馬以脯也」。〔註 321〕此一態度近乎孟子「盡信書不如無書」，是以王充特重《孟子》，而內在志意成了決定名實的關鍵，故其論董仲舒設土龍求雨有效乃因「象類」，蓋「土龍與木主同，雖知非眞，示當感動，立意於象」，於是眞龍「雖知土龍非眞，然猶感動，思類而至」，終生雲雨。是以「神靈示人以象，不以實，故寢臥夢悟見事之象」。〔註 322〕在「以心意議」的前題下，「立意於象」，於是雨致。

而「以心意議」形成了意說、議論與漢賦情志化等新的語文運作態度。首先是「意說」興起，蓋「章句之生，不覽古今，論事不實」，「閉心塞意，不高瞻覽者，死人之徒也哉」，〔註 323〕「凡學者大義爲先，物名爲後，大義

〔註 316〕《後漢書・朱暉傳》，1457 頁。

〔註 317〕《論衡校釋・自紀》，1190 頁。

〔註 318〕此爲范滂對郭泰的評語。（參《後漢書・郭泰傳》2226 頁）而孔融〈汝潁優劣論〉謂「潁川士雖抗節，未有者也」，亦以「頡頏天子」論士之優劣。（《全後漢文・孔融》923 頁）顯然「天子不得臣，諸侯不得友」乃爲當時以志意論士，不重外在價值所衍生的普遍觀點。

〔註 319〕《論衡校釋・薄葬》，962、963 頁。

〔註 320〕《論衡校釋・別通》，597 頁。

〔註 321〕《論衡校釋・自紀》，1193 頁。

〔註 322〕依次參《論衡校釋・亂龍》，704、702、699 頁。

〔註 323〕《論衡校釋・別通》，592、593 頁

舉而物名從之」，若「務於物名，詳於器械，矜於詁訓，摘其章句」，則「不能統其大義之所極，以獲先王之心」，〔註 324〕於是章句退位，和帝時「太學試博士弟子，皆以意說，不修家法」，「不依章句」，「以遵師爲非義，意說爲得理」，〔註 325〕順帝時「游學增盛，至三萬餘生。然章句漸疏，而多以浮華相尙」。〔註 326〕個別儒者則有馬援「意不能守章句」，邊讓「章句不能遂其意」，〔註 327〕於是王粲得鄭玄《尙書注》「退而思之，以盡其意」、〔註 328〕李譔著古文《易》、《尙書》、《毛詩》、三《禮》、《左氏傳》、《太玄指歸》等書與王肅殊隔而「意歸多同」；〔註 329〕其次是〝議論〞風行，因爲〝論〞乃「百慮之筌蹄，萬事之權衡」，「必使心與理合，彌縫莫見其隙，辭共心密，敵人不知所乘」，〔註 330〕而爲文章中最通乎心志者，君子藉此以「通天下之志」，「所以通人惡煩，羞學章句」也，故有劉梁〈破群論〉、朱穆〈崇厚論〉、〈絕交論〉、蔡邕〈正交論〉、仲長統〈樂志論〉、王充《論衡》、王符《潛夫論》、徐幹《中論》、曹丕《典論》等論；最後則是漢賦的情志化，原以瑋辭表現宇宙宏偉氣象的鉅製亦開始走向表現個人胸懷志意的短篇，如崔篆〈慰志賦〉、張衡〈思玄賦〉、〈歸田賦〉、趙壹〈刺世疾邪賦〉、禰衡〈鸚鵡賦〉等，或直述其志，或批世以現意，或述物以白心。〔註 331〕特別是張衡，先「擬班固〈兩都〉，作〈二京賦〉，因以諷諫」，後則「不慕當世，所居之官，輒積年不徙。自去史職，五載復還，乃設客問，作〈應閒〉以見其志」。此後宦官「懼其毀己」，「遂共讒之」，故其「常思圖身之事，以爲吉凶倚伏，幽微難明，乃作〈思玄賦〉，以宣寄情志」，〔註 332〕再次表白了我之志意的重要。

〔註 324〕《中論・治學》，166 頁，《申鑒、中論、中說》，徐幹等撰，中國子學名著集成編印基金會印。

〔註 325〕《後漢書・徐防傳》，1500、1501 頁。

〔註 326〕《後漢書・儒林列傳序》，2547 頁。讀者另可參林慶彰〈兩漢章句之學重探〉第四節「章句之學的衰落」，《中國經學史論文選集》289～292 頁。

〔註 327〕《漢魏六朝百三家集・蔡中郎集》卷一，3180 頁，荐邊文禮書，張溥撰，新興書局，民 52.2.初版。

〔註 328〕《舊唐書・元行沖傳》，3180 頁，後晉劉昫等撰，鼎文書局印行，民 65.。

〔註 329〕《三國志・蜀志・李譔傳》，1027 頁。

〔註 330〕《文心雕龍注釋・論說》，294 頁。

〔註 331〕詳可參劉大杰《中國文學發展史》（校訂本）「漢賦的轉變期」，150～155 頁，劉大杰著，華正書局，民 80.7.版。

〔註 332〕分別參《後漢書・張衡傳》，1897、1898、1914 頁。

然「言以明志」，於是士人又生出〝游談〞風氣。《後漢書》載仇覽事謂：

> 覽入太學。時諸生同郡符融有高名，與覽比宇，賓客盈室。覽常自守，不與融言。融觀其容止，心獨奇之，乃謂曰：「與先生同郡壤，鄰房牖。今京師英雄四集，志士交結之秋，雖務經學，守之何固？」覽乃正色曰：「天子脩設太學，豈但使人游談其中！」高揖而去，不復與言。後融以告郭林宗，林宗因與融齎刺就房謁之，遂請留宿。林宗嗟嘆，下床爲拜。〔註 333〕

從符融與仇覽二人的對話中可知當時太學盛行游談之風，而游談具有「志士交結」的社會功能，故仇覽在與符融短暫之〝談〞中雖反游談，卻恰恰因此談而造就了與符融、郭太等學生領袖的交結，此乃揚雄所謂「面相之辭，相適捈中心之所欲，通諸人之嚍嚍者，莫如言」也，〔註 334〕故李膺每見符融「輒絕它賓客，聽其言論。融幅巾奮褎，談辭如雲，膺每捧手歎息」，〔註 335〕黃瓊歸葬江夏「四方名豪會帳下者六七千人」亦「互相談論」，而以申屠蟠爲最，亦爲游談盛行之例。〔註 336〕相應的，便也出現了許多善談好談的人士，除前述符融、申屠蟠外，郭太亦「善談論，美音制」，〔註 337〕而「善談論」之謝子甄與邊讓則「每共候林宗，未嘗不連日達夜」。〔註 338〕

更因為志意之新價值，價值表述之焦點從宗族社會之名分與外在事物之名義轉移至個人〝名譽〞上。蓋「以族舉德，以位命賢」俗士論也，實則「令譽從我興」，〔註 339〕名當以內而非以外爲重，故「大義爲先，物名爲後」，「統其大義之所極，以獲先王之心」。而士尚名節本由漢代選舉促成，「薦舉徵辟，必採名譽」，〔註 340〕是以俗士結黨，互邀名聲，但名士亦求名，如趙壹「以公卿中非（羊）陟無足以託名者，乃日往到門」，「陟乃與袁逢共稱薦之，名動京師，士大夫想望其風采」，〔註 341〕又如范滂將死，其母謂「汝今得與李、杜

〔註 333〕《後漢書・循吏列傳・仇覽傳》，2481 頁。
〔註 334〕《法言・問神》，14 頁。
〔註 335〕《後漢書・黨錮列傳・符融傳》，2232 頁。
〔註 336〕《後漢書・申屠蟠傳》，1752 頁。
〔註 337〕《後漢書・黨錮列傳・郭太傳》，2225 頁。
〔註 338〕《後漢書・黨錮列傳・郭太傳》，2230 頁。
〔註 339〕《潛夫論箋校正・論榮》，34 頁。
〔註 340〕《廿二史箚記・卷五・東漢尚名節》，61 頁，趙翼撰，世界書局，民 51.版。
〔註 341〕《後漢書・文苑列傳・趙壹傳》，2632 頁。

齊名，死亦何恨？」〔註 342〕至於鄭玄謂「顯譽成於僚友，德行立於己志。若致聲稱，亦有榮於所生」、〔註 343〕曹植謂「功德者所以垂名也，名者不滅，士之所利」，〔註 344〕亦是風氣中事。〝名〞，因為其不具外在形體，故而成為唯一能表白個人志意的符號了。〔註 345〕

於是名實中的表述範疇從外界繁多的具體事物轉入個人內在情志，人倫評鑒因而興起。「蓋人物之本，出乎情性，情性之理，甚微而元，非聖人之察，其孰能究之哉？凡有血氣者，莫不含元一以為質，稟陰陽以立性，體五行而著形，苟有形質猶可即而求之」，〔註 346〕此乃「人命稟於天，則有表候〔見〕於體。察表候以知命，猶察斗斛以知容矣」，〔註 347〕而「五行八卦，陰陽所生，稟氣薄厚，以著其形」，〔註 348〕是以「人身體形貌皆有象類，骨法角肉各有分部，以著性命之期，顯貴賤之表，一人之身，而五行八卦之氣具焉」。其中「骨法為祿相表，氣色為吉凶候，部位為年時，德行為三者招」，〔註 349〕「容之動作，發乎心氣，心氣之徵則聲變是也。夫氣合成聲，聲應律呂，有和平之聲，有清暢之聲，有回衍之聲」，〔註 350〕而「貌厚深情，將欲求之，必觀其辭旨，察其應贊」，〔註 351〕故「類同氣鈞，性體法相固自相似」，〔註 352〕從人的身體骨肉相貌行動聲音用語應對行為皆可為評鑒之資。而此時善識人物者亦特多，隨其遊談意說皆可識人，如郭太「性明知人」，「善人倫」，「其獎拔士人，皆如所鑒」；〔註 353〕如符融，「郭林宗始入京師，時人莫識，融一見嗟服，因以介於李膺，由是知名」；如田盛「與郭林宗同好，亦名知人」；〔註 354〕如許

〔註 342〕《後漢書・黨錮列傳・范滂傳》，2207 頁。
〔註 343〕《後漢書・鄭玄傳》，1201 頁。
〔註 344〕《三國志・魏志・陳思王植傳》，569 頁，注引《魏略》。
〔註 345〕重視個人名譽另一變形的表現即是立碑與私謚。讀者可參《中國知識階層史論》218～220 頁。
〔註 346〕《人物志今註今譯・九徵》，13 頁，陳喬楚註譯，臺灣商務印書館，2002.1. 初版三刷。
〔註 347〕《論衡校釋・骨相》，108 頁。
〔註 348〕《潛夫論箋校正・敘錄》，478 頁。
〔註 349〕分別參《潛夫論箋校正・相列》，308、310 頁。
〔註 350〕《人物志今註今譯・九徵》，25 頁。
〔註 351〕《人物志今註今譯・八觀》，197 頁。
〔註 352〕《論衡校釋・骨相》，114 頁。
〔註 353〕《後漢書・郭太傳》，2225、2227 頁。
〔註 354〕分別參《後漢書・符融傳》，2232、2233 頁。

劭「少峻名節，好人倫，多所賞識」；〔註 355〕又如許靖「少與從弟劭俱知名，並有人倫臧否之稱」。〔註 356〕而特別值得注意的是人倫評鑒之價值取向與一般卜相之書大不相同，故《潛夫論‧相列》視此爲「賢人之所察，紀往以知來，而著爲憲則」，〔註 357〕《人物志‧九徵》視此爲「聖人之察」，直以此爲聖賢事業，而不以巫卜視之。而郭林宗「獎拔士人，皆如所鑒。後之好事，或附益增張，故多華辭不經，又類卜相之書」，〔註 358〕亦可證此類論述雖似卜相而實非。然郭太書既亡，自不可能據以判斷其間差異爲何，但從《後漢書》載「袁逢使善相者相壹，云：『仕不過郡吏』，竟如其言」一事來看，〔註 359〕則可推測一般相者觀相重點乃在富貴吉凶禍福壽夭，主言命，而人倫鑒識者之觀相重點則非，是以袁逢據趙壹「獨長揖」之行便「斂衽下堂，執其手，延置上座」，〔註 360〕後亦不因相者言而輕之。蓋「貴賤貧富，命也；操行清濁，性也」，〔註 361〕卜相所論乃「貴賤貧富」，人倫評鑒則重「操行清濁」，〝才性〞才是人倫評鑒的價值取向，亦是其興起原因，故後有才性四本之論，

而以志意才性為準的人倫鑒識又具有選舉濟世和與人勵志的社會功能。蓋東漢後期社會混亂，人物評鑒實爲名教價值表述之最後一道防線，藉著人物品評形成個人名譽，價值乃得以表述與傳播，從而具體的建立起「澄清天下之志」的具體管道，故郭太「性明知人，好獎訓士類」，〔註 362〕士人六十因以成名。這不僅是郭林宗個人的志業，而是當時名士清流全體的志業，〔註 363〕當時所謂〝游談〞、〝清談〞、〝清議〞等之主要內容恐怕亦在於此。這是知識分子面對亂世爲天下修貞保元的苦心作爲，故范蔚宗謂郭太「遜言危行，終亨時晦，恂恂善導，使士慕成名，雖墨、孟之徒，不能絕也」，而許劭亦「好

〔註 355〕《後漢書‧許劭傳》，2233 頁。
〔註 356〕《三國志‧許靖傳》，965 頁。
〔註 357〕《潛夫論箋校正‧相列》，308、309 頁，新編諸子集成本，上海書店，1986.7.一版，1991.10.六刷。
〔註 358〕《後漢書‧郭太傳》，2227 頁。
〔註 359〕《後漢書‧文苑列傳‧趙壹傳》，2635 頁。
〔註 360〕《後漢書‧文苑列傳‧趙壹傳》，2632 頁。
〔註 361〕《論衡校釋‧骨相》，120 頁。
〔註 362〕《後漢書‧郭太傳》，2225 頁。
〔註 363〕以上論人倫評鑒鼓勵個人之作用乃取自《中國知識階層史論》240、241 頁。《秦漢士史》（于迎春著，北京大學出版社，2000.11.一版一刷）第十三章第四節有更詳盡的介紹，讀者可參。

人倫，多所賞識」，「天下言拔士者，咸稱許、郭」，〔註 364〕許靖「愛樂人物，誘納後進，清談不倦」，〔註 365〕可知愛樂人物乃有志之士所共行，〔註 366〕是以許劭兄弟「好共覈論鄉黨人物，每月輒更其品題，故汝南俗有「月旦評」焉」。〔註 367〕然而這樣的努力雖有益於人才之保留，爲文化命脈留下一線生機，但對於矯正時弊仍屬枉然，故徐穉謂「爲我謝郭林宗，大樹將顚，非一繩所維，何爲栖之，不遑寧處？」〔註 368〕《抱朴子》謂「林宗周旋清談閭閻，無救于世道之陵遲」，〔註 369〕正一語道破時代的悲哀。

無論如何，名士清流就在志意的取捨上、議論的溝通中、語文的運用裏和人倫的鑒識下聚集結合，而成為朝野所不能忽視的力量，從而在漢末掀起了政治巨變。而名士集團的力量特別表現在士人之迎送喪葬等情形上，如郭太「歸鄉里，衣冠諸儒送至河上，車數千兩」；〔註 370〕范滂「事釋南歸，始發京師，汝南、南陽士大夫迎之者數千兩」。〔註 371〕聚會人數之眾，令人側目。也就在這些場所中，士人展現其結黨的力量，並憑藉著人物品評的管道，遂行其政治理想，「因此流言轉入太學，諸生三萬餘人，郭林宗、賈偉節爲其冠，並與李膺、陳蕃、王暢更相褒重」，「又渤海公族進階、扶風魏齊卿，並危言深論，不隱豪強。自公卿以下，莫不畏其貶議，屣履到門」，〔註 372〕然而當同志之志成爲澄清天下之志時，〔註 373〕政治慘烈的鬥爭便發生了，蓋「桓靈之間，主政荒謬，國命委於閹寺，士子羞於爲伍，故匹夫抗憤，處士橫議，遂乃激揚名聲，互相題拂，品覈公卿，裁量執政，婞直之風，於斯

〔註 364〕《後漢書・許劭傳》，2233 頁。
〔註 365〕《三國志・許靖傳》，967 頁。
〔註 366〕《後漢書・郭太傳》，2231 頁。
〔註 367〕《後漢書・黨錮列傳・許劭傳》，2235 頁。
〔註 368〕《後漢書・徐穉傳》，1747 頁。
〔註 369〕《抱朴子外篇校箋・正郭》下冊，474 頁，楊明照，中華書局，1991.12.一版，1996.9.北京二刷。
〔註 370〕《後漢書・郭太傳》，2225 頁。
〔註 371〕《後漢書・范滂傳》，2206 頁。
〔註 372〕《後漢書・黨錮列傳》，2186 頁。
〔註 373〕此可從當時之志意見出。如《世說新語・德行》載「李元禮風格秀整，高自標持，欲以天下名教爲己任」，又載「陳仲舉言爲士則，行爲世範，登車攬轡，有澄清天下之志」。而《後漢紀・延喜八年》則載汝南人范滂「有澄清天下之志」。李膺、陳蕃、范滂並爲當時名士領袖，由此數人之志意可知當時之一般風氣。

行矣」，〔註 374〕於是宦官便與名士爆發了激烈的衝突，從而發生數次黨錮之禍：第一次因李膺而起，「其辭所連及陳寔之徒二百餘人」，後雖赦歸田里，但「禁固終身」；第二次因張儉而起，百餘人「皆死獄中」，又在州郡離禍，「其死徙廢禁者，六七百人」。從此以後，士人對所謂「大一統」文治政府離心離德，由朝而野，所謂「朝野崩離，綱紀文章蕩然矣」。〔註 375〕於是中央政府垮台，袁紹、曹操等野心人士竄起，最後曹丕篡位，結束了東漢兩百年的政權。

而深一層來看，黨錮之禍實因價值表述之對象由〝家〞落至〝黨〞的結果。因爲表述對象由〝家〞落至〝黨〞造成社會嚴重的分裂，不同黨不但現實立場不同，意識型態亦不同，特別是名士與宦官，士人掌握了道德與知識，具有崇高的文化地位，但宦者則多是無知無識之人，又爲刑餘，是賤中之至賤，是以清流可與外戚通但決不與閹宦通，故著〈絕交論〉之朱穆可望外戚梁冀「扶持王室，因推災異，奏記以勸戒冀」，〔註 376〕但「深疾宦官」而「志欲除之」，以爲閹宦「宜皆罷遣，博選耆儒宿德，與參政事」。〔註 377〕也在這裏，社會產生了巨大的崩離，於是大一統政府再也無法維持一統，本來爲了一貫表述價值而建立的政府科層體制反而成爲分裂的根源，形成皇室、外戚、官吏與儒生間的爭鬥。但若再從名教價值表述的角度作一閎闊瀏覽，便又可知黨錮之禍實深深根植於名士之〝志意〞。當個人〝志意〞一旦成爲價值，便瓦解了名教價值來源原本〝唯一〞的型態，而此個人志意又不慕富貴、不畏外物、不懼豪強而求澄清天下，不顧一切發爲〝游談〞，結爲〝清議〞，品評人物，於是「位成乎私門，名定乎橫巷，由是戶異議，人殊論，論無常檢，事無定價」，〔註 378〕便不能不與外在掌權者產生激烈衝突，是以有李膺不顧皇帝特赦而案殺張成之子，有天子相信牢脩「誣告膺等養太學遊士，交結諸郡生徒，更相驅馳，共爲部黨，誹訕朝廷，疑亂風俗」，而生黨錮。故當「范滂等非訐朝政」時，申屠蟠獨歎「昔戰國之世，處士橫議，列國之王，至爲擁篲先驅，卒有阬儒燒書之禍，今之謂矣」，〔註 379〕因爲在本質上，士人〝志意〞

〔註 374〕《後漢書・黨錮列傳》，2185 頁。
〔註 375〕《後漢書・黨錮列傳》，2185～2189 頁。
〔註 376〕《後漢書・朱穆傳》，1462 頁。
〔註 377〕《後漢書・朱穆傳》，1472 頁。
〔註 378〕《全後漢文・曹丕》，1094 頁，〈典論論文〉。
〔註 379〕《後漢書・申屠蟠傳》，1752 頁。

便與王權的施行有著巨大的矛盾，這是黨錮之禍的深層原因。

然而〝志〞、〝意〞之作為人生價值還有著〝個體自覺〞的路。因爲〝志〞、〝意〞本就具有強烈的個體性，而可以個人獨特之志行爲一己生命營造完滿之價值，故戴良「獨步天下，誰與爲偶！」〔註380〕而此價值源於內而不源於外，便生「貴生」、「守志」等對外界混亂不聞不問以追求內心寧靜自在的心態，故向長「肆意」名山「不知所終」、逢萌「養志脩道，人皆化其德」、周黨「敕身脩志」「願守所志」、王霸「隱居守志，茅屋蓬戶」、嚴光「士故有志，何至相迫」、高鳳「執志不倦，名聲著聞」、臺佟「保終性命，存神養和」、〔註381〕荀恁「隱居山澤，以求厥志」、黃憲「竟無所就」、徐穉謝郭林宗、姜肱「固其本志」、申屠蟠「因樹爲屋，自同傭人」〔註382〕與馬融「生貴於天下也」〔註383〕，並皆「道就虛全，事違塵枉」之謂，〔註384〕貴生守志之舉。而黨錮禍後士人危機感更加深刻強烈，故有仲長統高唱「名不常存，人生易滅」，〔註385〕「任意無非，適物無可」，「百慮何爲，至要在我」，「叛散五經，滅棄風雅。百家雜碎，請用從火」，〔註386〕知識分子趨向守志隱處，孤立之個人便成爲價值表述之新對象，而〝個體自覺〞便成了知識分子追求價值的不歸路。

然而個體自覺與大一統名教無法兩兼。若欲講求大一統名教，必重政治社會制度，則個人自受拘束，不能盡情發揮；若欲重個人才性而予以充分發揮，則必不能受政治社會體制之拘束。故董仲舒著眼於國家之一統而以爲「若去其度制，使人人從其欲，快其意，以逐無窮，是大亂人倫」，〔註387〕而東方朔〈答客難〉則著眼於個人才情而指出「聖帝流德，天下震慴，諸侯賓服，連四海之外以爲帶，安於覆盂，動猶運之掌，賢不肖何以異哉？」以爲「用之則爲虎，不用則爲鼠；雖盡節效情，安知前後？」〔註388〕而至東漢政治腐敗時大一統政權與個人才性間衝突狀況更加明顯，故仲長統〈理亂篇〉謂：

〔註380〕《後漢書・逸民列傳・戴良傳》，2773頁。
〔註381〕以上參《後漢書・逸民列傳》。
〔註382〕以上參《後漢書・周黃徐姜申屠列傳》。
〔註383〕《後漢書・馬融傳》，1953頁。
〔註384〕《後漢書・逸民列傳・贊》，2777頁。
〔註385〕《後漢書・仲長統傳》，1644頁。
〔註386〕《後漢書・仲長統傳》，1645頁。
〔註387〕《春秋繁露義證・度制》，232頁。
〔註388〕《漢書・東方朔傳》，2865頁。

> 及繼體之時，民心定矣。普天之下，賴我而得生育，由我而得富貴，安居樂業，長養子孫，天下晏然，皆歸心於我矣。豪傑之心既絕，士民之志已定，貴有常家，尊在一人。當此之時，雖下愚之才居之，猶能使恩同天地，威侔鬼神。暴風疾霆，不足以方其怒；陽春時雨，不足以喻其澤；周、孔數千，無所復角其聖；賁、育百萬，無所復奮其勇矣。〔註 389〕

讀此文章，眞是說不出的滋味。在一個處處侷限的社會中，「豪傑之心既絕，士民之志已定」，而「恩同天地，威侔鬼神」的竟可是「下愚之才」，能人志士生於此世，不知當以哭或以笑度日。故仲長統又作〈樂志論〉，良有以也。

於是〝我〞的意識覺醒，從有名的社會體制中徹底解脫出來，名教走到了盡頭。在「至要在我」自樂其志的情形下，國家地位近乎全無，宗族價值大幅下降，而友黨也僅限於幾位至交，〝我〞成了一切價值的中心，盡情追求著內心「乘雲無轡，騁風無足」「元氣爲舟，微風爲柂」的玄妙世界。於是名教就在其虛僞、分裂、矛盾、衝突等缺陷不斷加重與個人主義不斷興盛的風氣中徹底瓦解了，其所結構的大一統世界的價值一層一層退縮，終至每一個獨立的個人，於是士人由仕而轉向隱、價值由事而轉向道、表述由書而轉向言，〝自然〞主義開始抬頭，從而在〝無名〞觀點的引領下開始了另一波巨大的歷史實驗。

〔註 389〕《後漢書・仲長統傳》，1647 頁。

第七章　名實問題的發展（三）——魏晉自然實驗期

在魏晉南北朝約四百年間（220～589），知識分子進行了無名觀的名實實驗。蓋正名觀經歷兩漢名教四百年的實行後早已疲憊僵化，因而產生種種詐欺、分裂、矛盾、衝突社會現象，故有良知的知識分子不得不以〝無名觀〞之天眞自然拯治弊病，重尋人生之道，而「道法自然」，於是〝自然〞主義擅場。而此時士人已具有士族與知識階層的社會基礎，不但有家族與友黨之護佑，經濟亦已獨立，同時，在自然尊重人心人性的走向上，延續漢末士人結交同志形成輿論的管道，透過清議與人物品評影響政治，操縱選舉，奪取人事權，故郭泰後有何晏、山濤、王戎、王衍、謝安等人。有政治野心者亦欲拉攏這股社會勢力，於是自然主義獲得參與社會、改革社會的機會，由下而上、由野而朝的侵入政權核心，自然主義之實驗因而得以開啓與推行。

而整個實驗則是不斷進行〝價值超越〞的過程。於是自然主義形成兩種社會作用：一是不斷瓦解外在社會秩序，將〝價值〞不斷從名教外在僵化固定的形式中解放出來；一是不斷豐美人心內在體悟，藉著藝術化的美感而得以將道深植於自在人性。總的來說，則似剝洋蔥，「損之又損，以至於無爲」。而具體來看，則可略分爲四個階段：第一、價值與表述瓦解。道不能以固定具體的形式表述，於是自然從名教中分出，自然主義初立，曹魏結束；第二、概念與內容瓦解。道弔詭的呈現在正反之中，是非不明，黑白不清，名教與自然玄同，於是自然主義涵蓋名教而擴張到極點，西晉結束，並在江南眞正建立了第一個自然主義的王朝，偏安的東晉；第三、故我瓦解。道拋棄了所有的理論、觀念與習性而示現在無時不新的情中，故我非今我。然情有悲欣，不能自解，於是自然主義產生困擾，從擴張轉向收縮，東晉結束；第四、今我瓦解，形神分離。道呈現在自然之中，而神理即是自然，形體不是，於是而有南朝社會中種種荒唐放浪之行。更重要的是形滅神亦滅，人生捨離一切不斷追求，最終面對的竟然只是空無？於是自然主義爲期約四百年的實驗走到盡頭而結束了。以下依此四期一一敘述。

第一節　自然主義的興起與初立

從曹魏立國到西晉建國（220～265）**約四十五年間是自然主義興起與建立陣腳時期**。當然，早在此前自然主義已開始發展。劉歆爲推尊儒術提出諸子出於王官，於是老莊依附於經學而有公開傳播與討論的機會，隨著名教腐化與個人志意興起講求自然之老莊更受重視，特別是王充《論衡》一書處處充滿著自然主義之解構意識，〔註1〕而這種思想則做爲當時〝浮華〞中意說、游談等之「談助」而漫衍。蔡邕得之，「諸儒覺其談論更遠」，〔註2〕王朗得之，「時人稱其才進」，〔註3〕可見自然主義之思想已爲當時知識分子認同與傳播。而黨錮之後，執政者的壓迫無疑將使士人更爲信奉老莊，厭惡名教，而成爲潛伏在野的一股勢力，至曹魏以改革新政姿態出現時，〔註4〕自然主義便開始侵入中央政權，歷經魏文與魏明、曹爽與司馬懿兩番起伏才在人心中建立陣腳。〔註5〕

〔註1〕筆者按：《論衡》前三篇即全在瓦解名教觀點，如〈逢遇〉、〈累害〉、〈命祿〉分別瓦解了操行與仕宦、德行與禍福、才德與富貴的關聯，餘如〈初稟〉亦在瓦解天子與符命的關係，破解了《禮記・中庸》「大德必得其位，必得其祿，必得其名，必得其壽」與「大德者必受命」中將內在道德與外在名位壽祿命結構起來的觀點。至於〈自然〉一篇更是徹底反擊名教之意識天，連父母與子女間的名分關係也瓦解了。

〔註2〕《北堂書抄》九八，《太平御覽》六○二引《抱朴子》言。

〔註3〕《後漢書・王充傳》范注引，1629頁。

〔註4〕曹魏政權之革新特質錢穆已稍論及。參《國史大綱》，166頁。

〔註5〕陳寅恪在〈魏晉統治者的社會階級〉（《陳寅恪魏晉南北朝史講演錄》，1～33頁，萬繩楠整理，昭明出版，民88.一版）以爲「魏、晉的興亡遞嬗，不是司馬、曹兩姓的勝敗問題，而是儒家豪族與非儒家的寒族的勝敗問題」，是從社會階級的角度闡明了由名教過度到自然的部分現象，其內容有助於瞭解補充

曹丕篡漢即是自然主義正式登上政治舞台的開始。魏武雖反儒門豪族，但其挾天子以令諸侯，則爲大一統政權還要反〝浮華〞，故與孔融書自謂「孤爲人臣，進不能風化海內，退不能達德和人，然撫養戰士，殺身爲國，破浮華交會之徒，計有餘矣」。〔註6〕在這種矛盾下，曹操只能「攬申、商之法術，該韓、白之奇策」，〔註7〕重霸業而輕德化。然而曹丕稱帝時則態度大變，故《晉書》謂「魏武好法術，而天下貴刑名；魏文慕通達，而天下賤守節」，〔註8〕蓋魏文受命禪代漢帝既無正當理由，故只能以自然主義改革名教爲號召，「追蹤上古」，在受命形式上不取三代湯武故事而倣上古堯舜禪讓，自命爲舜。然而如此一來其爲政就不得不尊〝孝〞、〔註9〕重〝無爲〞，越過三代而推尊〝上古〞，蓋虞舜即上古大孝，行無爲之治，〔註10〕於是其作爲就不得不與魏武相背，不依〝武功〞而依〝文德〞，且非三代文德而是上古自然無爲之文德，於是所講之孝受限於自然血親而難以擴及君臣之忠，所講之文非周人之禮教而爲老莊之無名，就這樣，天下風氣因魏文之「慕通達」而變爲「賤守節」，於是當時講求志意獨行的名士又開始受到重視，魏文再也不能排斥浮華，而要反過頭來「募天下有上融文章者，輒賞以金帛」，〔註11〕大力頌揚孔融了，此舉自然拉攏了在野士人的勢力。而魏武法術刑名就在這種情形下轉換成了魏文黃老形名，自然主義於是以一種變形的方式升上了政壇。

然魏明帝時又開始壓抑〝浮華〞，挫折自然主義。此當因曹魏政權已穩，而自然主義過盛，威脅王權之故。明帝太和四年（西元230年）詔曰：

> 世之質文，隨教而變。兵亂以來，經學廢絕，後生進趣，不由典謨。豈訓導未洽，將進用者不以德顯乎？其郎吏學通一經，才任牧民，博士課試，擢其高第者，亟用；其浮華不務道本者，皆罷退之。〔註12〕

蓋儒家經術本與浮華對立，故明帝以之打擊「浮華」，但此次重倡經學的重點實

本節所述，讀者可自行閱讀。

〔註6〕《後漢書・孔融傳》，2273頁。

〔註7〕《三國志・魏志・武帝紀》，55頁。

〔註8〕《晉書・傅玄傳》，1317、1318頁。

〔註9〕按：魏文受命符讖之一即是〈孝經中黃讖〉，可見一般。

〔註10〕關於魏文受禪乃以堯舜禪讓爲模式，因而爲政「追蹤上古」一事王葆玹《玄學通論》（五南圖書，民85.4.初版一刷）120～132頁有詳細論述，讀者可參。

〔註11〕《後漢書・孔融傳》，2279頁。

〔註12〕《三國志・魏書・明帝紀》，97頁。

不在學術而在「進用者」，故《三國志》載「南陽何晏、鄧颺、李勝，沛國丁謐、東平畢軌咸有名聲，進趣於時，明帝以其浮華，皆抑黜之」，又載「初，（鄧）颺與李勝等為浮華友，及在中書，浮華事發，被斥出，遂不復用」。〔註 13〕而諸葛誕亦因「與夏侯玄、鄧颺等相善，收名朝廷，京都翕然。言事者以誕、颺等脩浮華，合虛譽，漸不可長。明帝惡之，免誕官」。〔註 14〕由此可知禁浮華非為帝王個人好惡，〔註 15〕而為一有計劃的奪權事件，是以《魏略》謂：

> 明帝禁浮華，而人白（李）勝堂有四窗八達，各有主名。用是被收，以其所連引者多，故得原，禁錮數歲。〔註 16〕

由這段描述我們更明白的看到夏侯玄、何晏、鄧颺、李勝等人相互交結，激揚名聲，影響選舉，由此威脅皇權，是以有「浮華事」，而「連引者多」，「禁錮數歲」，可知這整個事件即是桓靈黨錮的翻版，於是魏武之後，名士冠族再次受挫。〔註 17〕

至明帝駕崩，曹爽兄弟輔政，再藉名士之力總攬權力，於是自然主義再興。《何晏別傳》謂「曹爽常大集名德，長幼莫不預會」，〔註 18〕《傅玄子》謂「曹羲為領軍將軍，慕周公之下士，賓客盈坐」，〔註 19〕當即是描述曹爽兄弟拉攏名士之景況，而明帝禁錮的夏侯玄、何晏、鄧颺、李勝等人皆在座上，並躍任要職，如夏侯玄任散騎常侍、中護軍，握重兵；何晏為散騎常侍，遷侍中尚書，主選舉，於是軍權、人事權、行政權等落入名士手中。特別是選舉權的掌握，實是漢末名士人倫評鑒的延續，而終於在政治的正式舞台上奪權，於是何晏「談客盈坐」，〔註 20〕「天下談士多宗尚之」，〔註 21〕正始玄學主角王弼即隨何晏的賞識而一步登上歷史舞台，可見當時「浮華」再現之盛

〔註 13〕《三國志・魏書・諸夏侯曹傳》，283、288 頁。
〔註 14〕《三國志・魏書・諸葛誕傳》，769 頁。
〔註 15〕《三國志・魏書・諸夏侯曹傳》295 頁載「夏侯玄恥與皇后弟並坐，明帝恨之」，而夏侯玄為名士領袖，浮華事中所禁皆為其友，但夏侯玄與明帝個人恩怨不是禁浮華之主因。
〔註 16〕《三國志・魏書・諸夏侯曹傳》，290 頁，注引。
〔註 17〕從另一方面來看，這也可能是受了司馬懿等儒門豪族輔政的結果。
〔註 18〕《北堂書鈔・九八・談講》，5 頁，引《何晏別傳》，虞世南撰，文海出版社，民 51.11.初版。
〔註 19〕《北堂書鈔・六四・領軍將軍》，283 頁，引《傅玄子》。
〔註 20〕《世說新語校箋・文學 6》，106 頁。
〔註 21〕《世說新語校箋・文學 6》，106 頁，注引《文章敘錄》。

況，雖有傅嘏反對，〔註 22〕仍無濟於事，而有了正始改制的實際行動，〔註 23〕《晉書・宣帝紀》載曹爽「多樹親黨，屢改制度」，《宋書・五行志》謂「曹爽專政，丁謐、鄧颺等轉改法度」並皆謂此。而此改制在行政、官制與選舉三方面俱有重大改革，如行政上主張「委任責成」，避免政權集中，於是「正始中，任何晏以選舉，內外之眾職各得其才，粲然之美於斯可觀」，「非徒御之以限法之所致，乃委任之由也」，〔註 24〕此即《淮南子・主術》所謂「因循以任下，責成而不勞」；官制上主張「一而專」，以省減名教大一統政府所成之龐大文官體系，蓋「一則官任定而上下安，專則職業脩而事不煩。夫事簡業脩，上下相安而不治者，未之有也」，〔註 25〕此乃遠承黃老形名簡靜守一之說，於是「魏太和中遣王人四出，減天下吏員，正始中亦併合郡縣，此省吏也」；〔註 26〕選舉上則主張「厲清議」，不置大中正。蓋知識分子清議卻導至政治權力的下移與分散，〔註 27〕執政者喪失其人事權，於是九品中正制度產生，以「鎮異同，一言議」，〔註 28〕司馬懿更變本加厲，欲「除九品，州置大中正」。但中國幅員遼闊，爲國舉才自當由下而上，由地方而中央，此乃察舉本意，只爲掌握權力而硬以中央由上而下決定人選必不當，故曹羲以「一州闊遠，略不相識，訪不得知」駁之，〔註 29〕又特爲〈至公論〉堅持「厲清議以督俗」不可，「若乃背清議，違是非，雖堯不能一日以治」。〔註 30〕夏侯玄更進一步指出「銓衡專於臺閣，上之分也；孝行存乎閭巷，優劣任之鄉人，下之敘也」，「明其分、敘，不使相涉」便可「清教審選」。〔註 31〕如此一來官才用人便不由少數人決定，在何晏執行下，國家「內外之眾職各得其才，粲然之美於斯可觀」，此乃所謂「名自名」也。藉由名士們的手，自然主義眞的打造了一個新政權。

〔註 22〕筆者按：傅嘏與何晏等人之嫌隙可由《世說新語校箋・識鑒 3》、《三國志・魏書・傅嘏傳》與《晉書・荀顗傳》中所載見出。

〔註 23〕詳參《玄學通論》第二章第二節正始玄學家的改制運動，119～155 頁。

〔註 24〕《晉書・傅咸傳》，1328 頁。

〔註 25〕《三國志・魏書・夏侯玄傳》，296 頁。

〔註 26〕《晉書・荀勖傳》，1155 頁。

〔註 27〕《玄學通論》，115 頁。

〔註 28〕《晉書・劉毅傳》劉毅上疏之言，1274 頁。

〔註 29〕《太平御覽》卷二六五，1372 頁，虞世南撰，臺灣商務印書館，民 24.12.初版，民 64.4.臺三版。

〔註 30〕《藝文類聚》卷二二，402 頁。

〔註 31〕《三國志・魏書・夏侯玄傳》，295 頁。

而新政權之種種措施，無論在理念上或現實上，當皆基於「以無為本」的自然主義意識型態。所謂「天地以自然運，聖人以自然用。自然者道也，道本無名，故老氏曰強爲之名。仲尼稱堯蕩蕩無能名焉」，蓋「天地萬物皆以無爲本，無也者，開物成務，無往不存者也」，〔註32〕故「有之爲有，恃無以生，事而爲事，由無而成」，〔註33〕「若夫聖人名無名、譽無譽，謂無名爲道，無譽爲大，則夫無名者可以言有名矣，無譽者可以言有譽矣」，〔註34〕「夫唯無名，故可得遍以天下之名名之」，〔註35〕老子「無之以爲用」的道理在此得到徹底的發揮，而成上述「委任責成」、「一而專」、「厲清議」的理論根源，使夏何二人之政治革新有深刻的文化意涵。而在現實中由臣下高唱「以無爲本」，主張皇帝無爲，自然具有架空皇權的作用，故司馬懿謂曹爽有「無君之心」。〔註 36〕同時，司馬懿乃「伏膺儒教」，自然主義得勢自然對其具有強大的打擊作用，曹爽兄弟乃得專政，此當爲夏侯玄、何晏等名士受曹爽拔擢之主因，亦是「以無爲本」能夠在現實中崛起的條件。

就在自然主義興高采烈的擴張發展時，以司馬懿為主的名教勢力進行了一次大反撲，將政治上的〝自然派〞幾乎掃除得一乾二淨。蓋司馬懿於曹爽改制時力主循舊，唯「不能禁」，於是與爽有隙，〔註37〕伺機而動，至正始十年（西元 249 年）時終於有了反攻的機會，趁曹爽兄弟從齊王芳謁曹叡墓高平陵時發動政變，誅殺異己，何晏、鄧颺等人均死於事變之中，於是天下名士減半。其後雖有毌丘儉、王凌、諸葛誕等〝自然派〞政治勢力反撲，但皆失敗。司馬懿死後，司馬氏繼續掌政，於是不交世事的名士領袖夏侯玄最終也難倖免於難（西元 254 年），名士終於鬥不過陰險狡詐的名教中人，至此，自然主義不得不重新潛伏於野，但是經歷了政壇上的兩番起伏，自然主義風氣已成，政治中的革新雖失敗，但其理論觀點則深入人心而開花結果。

此期自然主義的理論是以〝言意之辨〞展開的。夏何二人提倡「以無爲本」仍著眼於用，但是荀粲、王弼二人則純就理上提出言意問題，而將自然

〔註32〕《晉書．王衍傳》，1236 頁。
〔註33〕《列子集釋．天瑞》，10、11 頁，張注引何晏《道論》。
〔註34〕《列子集釋．仲尼》，121 頁，張注引何晏《無名論》。
〔註35〕《列子集釋．仲尼》，121 頁，張注引夏侯玄語。
〔註36〕《晉書．宣帝紀》嘉平元年奏文，15 頁。
〔註37〕《晉書．宣帝紀》，1、2、16 頁。

主義的意識型態打入人心。《三國志・荀彧傳》裴注載：〔註 38〕

> 粲諸兄並以儒術論議，而粲獨好言道，常以爲子貢稱夫子之言性與天道，不可得聞，然則六籍雖存，固聖人之糠秕。粲兄俁難曰：「《易》亦云聖人立象以盡意，繫辭焉以盡言，則微言胡爲不可得而聞見哉？」粲答曰：「蓋理之微者，非物象之所舉也。今稱立象以盡意，此非通於象外者也，繫辭焉以盡言，此非言乎繫表者也；斯則象外之意，繫表之言，固蘊而不出矣。」及當時能言者不能屈也。〔註 39〕

荀粲此一「言不盡意」說實遠承《莊子》，而爲東漢中晚期以來從守文轉向意說、浮華趨勢之進一步的表現，於是在仲長統「棄滅五經」後荀粲從理論上消除了經書的價值，名實間開始有了距離，「原有儒家體系中打開一個缺口」，〔註 40〕自然主義「以無爲本」的意識型態進入，而在名實之理上得到初步的發揮。而荀粲在理上所開「不盡」的缺口到了王弼手上以有無性質之分拉得更大了，蓋「本在無爲，母在無名」，〔註 41〕而「名則有所分，形則有所止」，〔註 42〕〝無〞與〝有〞根本截然不同，前者好似數學中之無限大，後者則似具體數字，不管此數字多大，都遠遠比不上無限大，而所有的數字與無限大間有著截然不同的區別。〔註 43〕於是價值無名不僅是用之所需，更是理之必然，承續言意論題，王弼乃有「得意忘言」說。其文謂：

> 言者所以明象，得象而忘言；象者所以存意，得意而忘象。猶蹄者所以在兔，得兔而忘蹄；筌者所以在魚，得魚而忘筌也。然則，言者，象之蹄也；象者，意之筌也。是故，存言者，非得象者也；存象者，非得意者也。象生於意而存象焉，則所存者乃非其象也；言生於象而存言焉，則所存者乃非其言也。然則，忘象者，乃得意者也；忘言者，乃得象者也，得意在忘象，得象在忘言。〔註 44〕

王弼借用《莊子》得魚忘筌之喻說明名只是載實工具，本身與實毫無關係，於是名實一如有無而分別爲二，名是名實是實，故得意必得忘言，從而有了

〔註 38〕此又可參《世說新語校箋・文學 9》注引，文略同而較簡。

〔註 39〕《三國志・荀彧傳》，319、320 頁，裴注。

〔註 40〕《魏晉清談》，184 頁。

〔註 41〕《王弼集校釋・老子道德經注》第三十八章，94 頁。

〔註 42〕《王弼集校釋・老子道德經注》第三十八章，95 頁。

〔註 43〕這類思想不斷出現在王弼言論中，讀者可參本論文第三章第一節論價值無形、表述有形部分。

〔註 44〕《王弼集校釋・周易略例明象》，609 頁。

「名生乎彼，稱出乎我」的思想。〔註45〕

而在上述理論觀點下，名士們建立了一種新的文學活動："清言"。語言成爲士人表現自我之新寵，在「言不盡意」與「得意忘言」所拉開的空間中，名士得以恣意言論，淋漓盡致的展現自我，文字書寫的地位大幅低落。而在「以無爲本」的主張中，言論內容亦撇去具體事物的批評，趨向抽象玄理的探討，而無涉於現實利害，〔註46〕如太和初年傅嘏、荀粲與裴徽三人清言，「傅嘏善言虛勝，荀粲談尚玄遠」，〔註47〕裴徽「善言玄妙」，〔註48〕當傅、荀二人「爭而不相喻」時，則有「裴冀州釋二家之義，通彼我之懷，常使兩情皆得，彼此俱暢」。〔註49〕以清言表現自然玄妙之理在王弼身上展露得更充分，《世說》載：

> 何晏爲吏部尚書，有位望，時談客盈坐。王弼未弱冠，往見之。晏聞弼名，因條向者勝理語弼曰：「此理僕以爲極，可得復難不？」弼便作難，一坐人便以爲屈。於是弼自爲客主數番，皆一坐所不及。〔註50〕

王弼「自爲客主數番」，變換攻防立場自難自答正是「得意忘言」說的最佳表現，蓋「涉之乎無物而不由，則稱之曰道；求之乎無妙而不出，則謂之曰玄」，〔註51〕故「正言若反」，黑白是非皆爲道，故裴徽問王弼「夫無者，誠萬物之所資，聖人莫肯致言，而老子申之無已，何邪？」王弼答曰：

> 聖人體無，無又不可以訓，故言必及有；老、莊未免於有，恒訓其所不足。〔註52〕

在道之下，有無相生相通，是以世間事物的矛盾、衝突在名士們所崇尚的玄妙自然中可一一調和與瓦解，此亦對治名教僵化矛盾虛僞之所需，是以清言不得不抽象，不得不玄，於是在太和與正始年間有了中國歷史中首次的談坐，

〔註45〕《王弼集校釋．老子指略》，197頁。

〔註46〕筆者按：學者或以爲由漢末清議對時事之具體批評轉而爲曹魏清談對玄理之好尚探索乃由於政治壓迫使然，但這至多只是一種消極的因素，而不能全面說明清議、游談等至清談的轉變。且如荀粲太和談坐與何王正始談坐時根本沒有政治壓力的顧慮，清談重尚玄理之轉變主要還是由以無爲本理論所促成。

〔註47〕《世說新語校箋．文學9》，107、108頁。

〔註48〕《世說新語校箋．文學9》，108頁，注引。

〔註49〕《世說新語校箋．文學9》，107、108頁。

〔註50〕《世說新語校箋．文學6》，106頁。

〔註51〕《王弼集校釋．老子指略》，197頁。

〔註52〕《世說新語校箋．文學8》，107頁。

〔註 53〕清言成爲知識階層中熱門之新活動，在談坐中名士們相聚一堂，抒發懷抱情志，彼此結識，除了具有品評人物、選拔人才的事務功能外，更重要的是凝聚了知識分子的共識，在知識階層中迅速傳播了自然主義的意識型態，是以司馬懿雖在高平陵事件中暫時獲致勝利，清言潛息，但人心早已不古，從而出現了後世所謂的〝竹林七賢〞，結果，反而在這一次的潛伏中，自然主義完成了「越名教而任自然」的最終意識型態。

竹林七賢的出現明明確確的彰顯了自然主義「越名教而任自然」的意識。〔註 54〕在司馬懿以名教詐僞大殺天下名士之後，名士們若夏侯玄、何晏等之從容優雅便一變而爲偏激放蕩，阮籍飲酒、嵇康打鐵、劉伶裸裎，處處表現出「尚道棄事」、「不以事爲務」的人生態度，再也不必費心去調解什麼儒聖與老莊的差異了，一句「非湯武而薄周孔」就結了，而名教中人則全成了褌中虱，蓋「禮豈爲我輩設邪！」名士們不再打理名教中事，不再對政治有所革新企盼，而是越過名教去過其自由自在的放浪生活。而七賢中特別值得注意的是嵇康，因爲嵇康將此一新的生活意識以其深刻的思辨理論化了。首先，在〈難自然好學論〉中嵇康以自然主義的古史觀與人性觀爲基礎將自然與名教二者分立，以爲「至人不存，大道陵遲，乃始作文墨以傳其意，區別群物使有類族，造立仁義以嬰其心，制其名分以檢其外，勸學講文以神其教，故六經紛錯，百家繁熾，開榮利之塗，故奔騖而不覺」，「困而後學，學以致榮；計而後習，好而習成，有似自然，故令吾子謂之自然耳」，論其實，則「六經以抑引爲主，人性以從欲爲歡，抑引則違其願，從欲則得自然。然則自然之得，不由抑引之六經；全性之本，不須犯情之禮律」，名教與自然根本爲二。〔註 55〕此意雖在王充《論衡・率性》與王弼注《老子》有名無名時已及，但如此清晰的陳述則還是在嵇康手上完成。名教既與自然分立，則名實亦爲二分，〔註 56〕且當「棄名以任實」，「越名教而任自然」，故爲〈釋私論〉謂「夫氣靜神虛者，心不存乎矜尚」，「矜尚不存乎心，故能越名教而

〔註 53〕關於此二期談坐之詳細情形讀者可參《魏晉清談》180～208 頁。

〔註 54〕筆者按：竹林七賢歷史上的存在仍爲學者所爭論，但就本文而言，從正始十年起至曹魏亡國中的十數年間是否眞的有七位賢者在竹林中逍遙吟嘯並不重要，重要的是透過竹林七賢建立了一種「越名教而任自然」瀟洒風流的名士典範。

〔註 55〕《嵇康集校注・難自然好學論》，260、261 頁。

〔註 56〕讀者可參嵇康〈聲無哀樂論〉。

任自然」;「體亮心達者，情不繫於所欲」,「情不繫於所欲，故能審貴賤而通物情。物情順通，故大道無違；越名任心，故是非無措也」。〔註 57〕這不僅僅譏刺了現實中司馬氏的詐僞，而且指出了名教在人心中根本的缺失，名教以禮樂固定之儀範來建立社會秩序，並以名分之，可是這種軌道一旦建立便可事事前計，預爲種種措施以成私欲，於是心機生而詐僞大行，世事大亂，唯自然之無措、不前識、不前計可矯正此失，故當「越名任心」。既主「越名任心」則君子志意之抒發就成了從個人到天下之最高價值，故其〈答難養生論〉、〈家誡〉、〈太師箴〉等文分別再次申述了志意對個人、人類與國家的重要，〔註 58〕若「人無志，非人也」，故當「以無心守之，安而體之，若自然也，乃是守志之盛者可耳」,〔註 59〕因此「君道自然」,「默靜無文」,「刑教爭施，夭性喪眞」。〔註 60〕而此一志意對治國作用與價值的說明突破了漢末以來個人主義對自然主義所形成的侷限，使〝自然〞眞正超越名教而成爲宇宙人生中普遍至高之價值，但嵇康亦因此於西晉立國前三年（西元 262 年）被殺。〔註 61〕

然而名士雖為政治上的失敗者，但其於人心中之變革卻十分成功。荀粲、王弼的理論與清言活動使得自然主義的意識普遍化，故高平陵事後已無實權的名士仍可動見觀瞻，具有強大的社會影響力，是以晉文帝初欲爲武帝求婚於阮籍，而鍾會欲求知於嵇康。但嵇、阮等竹林名士卻以其雋永的思辨與迷人的風範繼續將自然主義推展到「越名教而任自然」的境界，爲自然主義後世的發展奠定了堅實的基礎，並且深深影響了知識分子的心，故嵇康「將刑東市，太學生三千人請以爲師」,其死「海內之士，莫不痛之。帝尋悟而恨焉」。也就在名士們鮮血的灌溉下，自然主義的勢力只長不消，以人心、人性與心理爲大本營，經歷曹魏四十五年的發展而奠定基礎，從而展開了往後燦爛的擴張。

〔註 57〕《嵇康集校注・釋私論》,234 頁。

〔註 58〕讀者此段可與本論文第三章第三節論個人之意的部分互參。

〔註 59〕《嵇康集校注・家誡》,315、316 頁。

〔註 60〕《嵇康集校注・太師箴》,310、310、311 頁。

〔註 61〕筆者按:《晉書・嵇康傳》載鍾會譖嵇康之言謂「昔齊戮華士，魯誅少正卯，誠以害時亂教，故聖賢去之。康、安等言論放蕩，非毀典謨，帝王者所不宜容。宜因除之，以淳風俗。」(參《晉書》1373 頁。）由此可知，嵇康之死主因其自然主義之言論。

第二節　自然主義的擴張

從西晉立國到東晉建國（265～316）**約五十年間是自然主義大幅擴張的階段，而此發展一開始即遇到知識分子仕隱出處的問題**。蓋自然主義在「越名教而任自然」的口號下獲得其獨特崇高的地位，但也因此與名教對立，敵視名教，於是形成發展上的特大限制，因爲至道自然，無所不容，是以自然主義不能把名教排除在外。更重要的是，自然主義的發展以知識分子爲本，而與名教對立大大限制了知識分子的社會出路，不但不可能要求所有的知識分子避世隱處，亦不可能讓所有的知識分子如嵇康般從容赴刑，自然主義若定要要求知識分子棄世不出，反而可能爲人所棄，並自削其社會作用，先秦老莊所塑造的隱士型態已然成爲自然主義發展的羈絆，若要自然主義爲全部知識階層接受而推展於全社會，則必得發展士人出處的新型態，以使自然自自然然的包容名教。

而「朝隱」在這個問題上為自然主義指引了一條出路。如老子、柳下惠、蘧伯玉等雖在世爲官而不拘名教，或主「和其光，同其塵」，或可「降志辱身」、「不羞汙君，不辭小官」、「雖袒裼裸裎於我側，爾焉能浼我哉？」而莊子舉「不得已」之道，求免滅性，東方朔行「優哉游哉」之道，〔註62〕安享生年。故竹林七賢中之向秀在嵇康被殺後遂求仕於司馬昭以免滅性，蓋高平陵事變後，嵇康雖躲到山陽仍難倖免於難，〔註63〕向秀自然緊張，故如李喜懼司馬師「以法見繩」而「畏法而至」，〔註64〕並以「彼人不達堯意，本非所慕」對司馬昭何能自屈「箕山之志」之問，於是「一坐皆悅」，因爲這樣一個簡單的回答暫時化解了自然與名教的衝突，同時舒緩了爲官士人內心的矛盾，於是向秀「隨次轉至黃門侍郎、散騎常侍」，〔註65〕開始了朝隱生涯，「在朝不任職，容跡而已」。〔註66〕此可視爲魏晉名士朝隱之始。是以然參看今本郭象《莊子注》，向秀「嘗謂彼人不達堯意，本非所慕」一語實有其深刻之理，非僅只是耍耍嘴皮，〔註67〕

〔註62〕東方朔〈戒子〉一文謂「明者處世，莫尚於中。優哉游哉，與道相從。首陽爲拙，柳惠爲工。飽食安步，以仕代農」，展現了另外一種朝隱心態。

〔註63〕筆者按：山陽公國在當時乃屬中國化外，具有獨立意義。詳參《玄學通論》334～337頁。

〔註64〕《世說新語校箋・言語16》，42頁。

〔註65〕《世說新語校箋・言語18》劉注引《向秀別傳》，43頁。

〔註66〕《晉書・向秀傳》，1375頁。

〔註67〕筆者按：郭象《莊子注》是否即是向秀之《莊子注》已是學界公案，但無論是或不是二者必然關係密切，在重要論點上必然態度一致才會有剽竊之議，

蓋「聖人雖在廟堂之上，然其心無異於山林之中，世豈識之哉！徒見其戴黃屋，佩玉璽，便謂足以纓紱其心矣」。〔註 68〕而此旨實與王弼「聖人應物而無累於物」、嵇康「至人之用心，固不存有措」等說同，總的來說，更是符合了漢末以來重視人心志意，以心爲價值判斷標準的時代大潮流，於是向秀所說之「堯意」就有了另一層深厚的逍遙涵意，而此逍遙實爲消溶士人出處之矛盾、名教與自然之對立的關鍵，這是許由之徒所未能到達的境界，故郭象注謂：

> 夫治之由乎不治，爲之出乎無爲也，取於堯而足，豈借之許由哉！若謂拱默乎山林之中而後得稱無爲者，此莊老之談所以見棄於當塗。〔當塗〕者自必於有爲之域而不反者，斯之由也。〔註 69〕

若必堅持「拱默乎山林之中而後得稱無爲」，不但將使老莊「見棄於當塗」，亦必將造成名教與自然嚴重的對立，此乃「獨亢然立乎高山之頂」，「守一家之偏尚」，「故俗中之一物，而爲堯之外臣耳」，〔註 70〕堅持自然者反非自然。於是在向秀的領軍下，古代士人之「朝隱」與漢末魏晉之思潮結合，使士人朝隱爲仕而不事獲得了正當性與合法性。

故向秀後西晉政壇吹起一股「朝隱」風，自然主義也隨之高度擴張。如王戎，《晉書》謂：

> 戎以晉室方亂，慕蘧伯玉之爲人，與時舒卷，無蹇諤之節。自經典選，未嘗進寒素，退虛名，但與時浮沉，户調門選而已。尋拜司徒，雖位總鼎司，而委事僚寀。〔註 71〕

王戎所慕蘧伯玉爲人乃「形莫若就，心莫若和」，〔註 72〕而其「委事僚寀」、「與時浮沉」即仕而不事，此等當皆踵武向秀所致。另如何劭，「優游自足，不貪權勢」，「趙王倫篡位，以劭爲太宰。及三王交爭，劭以軒冕而游其間，無怨之者」；〔註 73〕庾敳，「未嘗以事嬰心，從容酣暢，寄通而已」，「天下多故，機變屢起，敳常靜默無爲」，「縱心事外，無跡可間」；〔註 74〕潘尼，「三王戰爭，皇家多故，

故以今本郭象《莊子注》來解釋向秀「不達堯意」之確實意旨應不成問題。

〔註 68〕《莊子集釋・逍遙遊》，28 頁，「綽約若處子」郭注。

〔註 69〕《莊子集釋・逍遙遊》，24 頁，「子治天下，天下既已治也」郭注。

〔註 70〕《莊子集釋・逍遙遊》，24 頁，「名者，實之賓也。吾將爲賓乎？」郭注。

〔註 71〕《晉書・王戎傳》，1234 頁。

〔註 72〕《莊子集釋・人間世》，165 頁。

〔註 73〕《晉書・何劭傳》，999 頁。

〔註 74〕《晉書・庾敳傳》，1395、1396 頁。

尼職居顯要，從容而已」；〔註 75〕張華爲〈鷦鷯賦〉自寄「委命順理，與物無患」、「任自然以爲資，無誘慕於世僞」，〔註 76〕可見朝隱風氣之一般。至若山濤選舉「隨帝意所欲爲先」，何曾知其孫「必遇亂亡」卻無忠謇之諫，〔註 77〕二人雖非朝隱名士，卻已沾有朝隱氣息。而朝隱名士中最爲人注目的便是王衍了，《晉書》本傳謂其「不論世事」、「陽狂自免」、「志在苟免」，皆求自保，然其自保尚有過於他人者，《晉書》謂：

> 衍雖居宰輔之重，不以經國爲念，而思自全之計。說東海王越曰：「中國已亂，當賴方伯，宜得文武兼資以任之。」乃以弟澄爲荊州，族弟敦爲青州。因謂澄、敦曰：「荊州有江漢之固，青州有負海之險，卿二人在外，而吾留此，足以爲三窟矣。」〔註 78〕

這已不只是從容優游於多事之秋，乃是努力營建狡兔之三窟，至此朝隱之不事已由消極自免轉爲積極自全了。而王衍之行更影響了整個社會，蓋其「妙善玄言，唯談《老》、《莊》爲事」，「累居顯職，後進之士，莫不景慕放效。選舉登朝，皆以爲稱首。矜高浮誕，遂成風俗」，〔註 79〕由是，朝隱由不得已之自保一變而成高尚新穎的爲宦風氣，所謂「小隱隱陵藪，大隱隱朝市」，〔註 80〕蓋「隱之爲道，朝亦可隱，市亦可隱。隱初在我，不在於物」，〔註 81〕朝隱的地位超越了山林之隱，西晉初年士人仕宦隱處的衝突便不復存在。

「越名教而任自然」就在一片歌頌朝隱聲中變成了「名教與自然同」。《晉書》載：

> （阮瞻）舉（止）灼然，見司徒王戎，戎問曰：「聖人貴名教，老莊明自然，其旨同異？」瞻曰：「將無同？」戎咨嗟良久，即命辟之。時人謂之三語掾。太尉王衍亦雅重之。〔註 82〕

〔註 75〕《晉書・潘尼傳》，1515 頁。

〔註 76〕《晉書・張華傳》，1069 頁。

〔註 77〕此點讀者亦可參考《玄學與魏晉士人心態》198、199 頁，羅宗強，文史哲，民 81.11.初版。

〔註 78〕《晉書・王衍傳》，1238 頁。

〔註 79〕同上。

〔註 80〕《文選・王康琚反招隱詩》，1030 頁。

〔註 81〕《晉書・鄧粲傳》，2151 頁。

〔註 82〕《晉書・阮瞻傳》，1363 頁。《世說新語・文學 18》亦載一事與此相似，唯主角爲王衍與阮脩。不知是因誤傳至一事變爲二事或本爲二事，無論如何都顯示了名教與自然問題在當時的重要性，因爲這個問題是士人出處的關鍵，亦在「將無同？」模稜兩可的回答下，嵇康「越名教而任自然」激越的聲響便消失殆盡，問者不論是王戎或王衍都是朝隱典範，而答者在三語之後便馬上受辟爲掾。特別是王衍，雖事事「羞言名教」，〔註83〕但在這個問題上亦不能不以「名教與自然同」。至如樂廣，更以輕鬆自在的態度享受名教。《世說新語》謂：

> 王平子、胡毋彥國諸人，皆以任放爲達，或有裸體者。樂廣笑曰：「名教中自有樂地，何爲乃爾也？」〔註84〕

《晉書》謂「廣與王衍俱宅心事外，名重於時。故天下言風流者，謂王、樂爲稱首焉」，〔註85〕而「趙王簒逆，樂令親授璽綬」，〔註86〕可知樂廣是崇尚自然的朝隱名士，故其批評王平子、胡毋彥國諸人的語氣與何曾厲聲面質阮籍「縱情背禮，敗俗之人」不同，所謂「名教中自有樂地」，並不眞的是認同名教，而是以〝自然〞優容之態度來面對名教。此種意態東晉士人仍之，如謝安問「子弟亦何豫人事，而正欲使其佳？」時，謝玄答「譬如芝蘭玉樹，欲使其生於庭階耳」。〔註87〕由此意態，亦生出「士當身名俱泰」的主張，〔註88〕蓋士人隱而不仕，雖可任心享有盛名，卻少富貴而難養身，唯以「名教與自然同」，大隱於朝，才可身名俱泰。於是嵇康與向秀二人養生觀點融合了，從此財貨金錢成爲士人生活中極重要的部分，〔註89〕後有東晉買山而隱之事。至此，自然包容了名教。

而「朝隱」和「名教與自然同」二主張背後則隱藏著「玄同彼我」的自然之理。一般而言，彼即是彼，我即是我，黑即是黑，白即是白，物有彼此，本然不同，既然不同，便可相非，但是《老子》卻以爲彼此乃「同出而異名，同謂之玄」，而爲郭象在《莊子注》中大加闡發，〔註90〕即因相非，乃有玄同。

是名士立身的兩難問題，或是因此而成爲辟人之標準問題，善答者便可當官。

〔註83〕《世說新語校箋・輕詆11》注引《八王故事》，447頁。

〔註84〕《世說新語校箋・德行23》，14頁。

〔註85〕《晉書・樂廣傳》，1244頁。

〔註86〕《世說新語校箋・品藻46》，287頁。

〔註87〕《晉書・謝玄傳》，2080頁。

〔註88〕《晉書・石崇傳》石崇語，1007頁。

〔註89〕這部分讀者可參《玄學與魏晉士人心態》一書第三章第二節「士當身名俱泰」，228～241頁。

〔註90〕筆者按：「名教與自然同」和郭象思想有關聯這點《玄學與魏晉士人心態》283頁已略論及。

其文謂：

> 夫自是而非彼，彼我之常情也。故以我指喻彼指，彼指於我指獨爲非指矣。此以指喻指之非指也。若復以彼指還喻我指，則我指於彼指復爲非指矣。此（亦）〔以〕非指喻指之非指也。將明無是無非，莫若反覆相喻，則彼之與我，既同於自是，又均於相非。〔註91〕

這其實即是〈齊物論〉「同天人，均彼我」的宗旨，〔註92〕萬物彼此本有不同，且自以爲是，此乃物之常情，這點郭象非常清楚，但若深一層從萬物相互是非的現象來看，「則彼之與我，既同於自是，又均於相非」，於是不同之萬物有其均同之處，而此均同處要成立就得從萬物之自身去觀其自身，使「天地萬物各當其分，同於自得」，〔註93〕於是彼此相是相非的現象便消失了，而可至於「無是無非」，唯「無彼無是，所以玄同」。〔註94〕於是相反的變相同了，既如是，自然當然可同於名教，仕當然可同於隱，故身處廟堂心在山林的聖人就是「玄同彼我」者，「雖靜默閒堂之裏，而玄同四海之表」，〔註95〕「故乘天地之正者，即是順萬物之性也；御六氣之辯者，即是遊變化之塗也」，「此乃至德之人玄同彼我者之逍遙也」。〔註96〕蓋萬物有圓有方、有長有短、有黑有白，唯「玄同彼我」者可讓圓自圓而方自方，黑自黑而白自白。

而「玄同彼我」之自得更將自然主義的包容提升至無限上綱。這實是郭象思想的最大貢獻，而爲王弼所不及。蓋漢末以個人志意爲價值來源時就無法避免與外在社會的衝突，蓋「自是而非彼，彼我之常情也」，這是自然主義本身的缺陷，即便老莊二人也只能避世，至多若何、王豎立一「無」來成眾有，使百姓以爲「我自然」，而實非自然，因爲「無」無論如何空虛終究爲一至高無上的價值。但郭象發揮〈齊物論〉之旨而強調的「玄同彼我」則是徹徹底底的「自然」，在自然下萬物不但自得而且相得，在此相得之下玄同者亦與被玄同者相得而相同，於是眾皆爲有而非無，至高無上的「無」也瓦解了。蓋「彼出於是，是亦因彼，彼是相因而生者也」，〔註97〕故〈秋水〉注謂：

〔註91〕《莊子集釋・齊物論》，69頁，「萬物一馬也」下注。
〔註92〕《莊子集釋・齊物論》，43頁，郭注。
〔註93〕同上。
〔註94〕《莊子集釋・齊物論》，66頁，郭注。
〔註95〕《莊子集釋・逍遙遊》，30頁，「狂而不信」下注
〔註96〕《莊子集釋・逍遙遊》，20頁，「彼且惡乎待哉」下注。
〔註97〕《莊子集釋・齊物論》，67頁，郭注。

天下莫不相與爲彼我；而彼我皆欲自爲，斯東西之相反也。然彼我相與爲唇齒；唇齒者，未嘗相爲，而唇亡則齒寒。故彼之自爲，濟我之功宏矣。斯相反而不可以相無者也。〔註98〕

於是東西雖相反而實相濟，既相濟便當相容。此觀點的建立自非郭象一人之功，如王弼謂「聖人體無，無又不可以訓，故言必及有；老、莊未免於有，恒訓其所不足」、何劭謂「處有能存無」、庾敳謂「在有無之間」等皆有「玄同彼我」之意，但具體而有系統的論述此一觀點的則非郭象莫屬。且在郭象之觀點下，不但相反的兩個觀點相容，而且有差異的諸多事物亦可系統性的相容，故郭象謂：

自得其爲則眾務自適，群生自足，天下安得不各自忘我哉！〔註99〕

蓋「任自然而居當，則賢愚襲情而貴賤履位，君臣上下，莫匪爾極，而天下無患矣」，〔註100〕眞正重點是自不自得，而非賢愚貴賤，只要自得，天下太平。若以馬爲喻則是「任駑驥之力，適遲疾之分」，「而眾馬之性全矣」，駑驥遲疾並無高下之別，只要自得，但若以自得爲「放而不乘」，則「失乎莊生之旨遠矣」。〔註101〕於是在這種觀點下形成一種由下而上的世界觀，即世界當以萬物之自得爲基礎由下而上的依各物天性自然互動的築起和諧一體，在此系統中沒有統治者統治眾物，只有玄同之至人，至人亦與萬物同爲有而非無，有待與無待、使之與被使間並無絕對的高下之別，皆因其性而自然爾，於是上天下地所有事物皆被包容進入自然之中。

是以在「玄同彼我」的觀點下，自然主義的價值以「自得」、「獨化」達到了全然解放的新型態。郭象謂：

夫小大雖殊，而放於自得之場，則物任其性，事稱其能，各當其分，逍遙一也，豈容勝負於其間哉！〔註102〕

萬事萬物區別不同是事實，但價值則不必由此而生，因爲區別乃因比較外物，非自然，若自然則無比較，是以無勝負，如此才是事物眞正的逍遙，再也不受外在一絲一毫的拘束。而此自得價值之根源乃因物自生自化，蓋「無既無

〔註98〕《莊子集釋・秋水》，579頁，「以功觀之」郭注。
〔註99〕《莊子集釋・天運》，500頁，「使天下兼忘我難」郭注。
〔註100〕《莊子集釋・在宥》，376頁，「而萬乘之君憂慄乎廟堂之上」郭注。
〔註101〕《莊子集釋・馬蹄》，333頁，「而馬之死者已過半矣」郭注。
〔註102〕《莊子集釋・逍遙遊》，1頁，「逍遙遊」郭注。

矣，則不能生有；有之未生，又不能爲生；然則生生者誰哉？塊然而自生耳。自生耳，非我生也。我既不能生物，物亦不能生我；則我自然矣」，〔註 103〕〝我〞既自然，故「涉有物之域，雖復罔兩，未有不獨化於玄冥者」，因「造物者無主，而物各自造，物各自造而無所待焉」，「故彼我相因，形景俱生，雖復玄合，而非待也」，「則化與不化，然與不然，從人之與由己，莫不自爾」。〔註 104〕於是傳統道家講求的清靜無欲無累於外在行爲層面完全被突破了，因爲若在內容層面將自得與獨化豎立爲兩個價值標準則將形成一種外在的要求，而非以自性爲準的價值，故若人天生好利則好利乃是自然，若強之「不好利」則反是「引彼以同我」，〔註 105〕將「惠之愈勤而僞薄滋甚」。價值標準應隨物自定，物一百則有一百，物一萬則有一萬，名教大一統固定永恒的價值標準早如昨日春夢，在「自得」、「獨化」觀點下，大鵬與斥鴳、駑馬與騏驥、堯舜與桀紂價值等同，於是王戎之嗜利是自然，周顗之好色亦是自然，所有價值都被解放了。

在上述觀點下則形成了名實既異又合的「玄合」關係。此在傅咸「得意忘言，言未易盡」、〔註 106〕樂令旨至之示己露端倪，而成郭象「寄言出意」之說，〔註 107〕〈山木〉注謂：

夫莊子推平於天下，故每寄言以出意。〔註 108〕

謂之「寄言」，則言意有別，〔註 109〕因「言意者有也，而所言所意者無也」；〔註 110〕謂之「出意」，則是言意合一，「故求之於言意之表，而入乎無言無意之域，而後至焉」。〔註 111〕既別又合便是「玄合」了。而郭象即以此觀點注《莊

〔註 103〕《莊子集釋・齊物論》，50 頁，「夫吹萬不同而使其自己也」下注

〔註 104〕《莊子集釋・齊物論》，111 頁，「惡識所以不然」下注。

〔註 105〕《莊子集釋・天地》，408 頁，郭注。

〔註 106〕《晉書・傅咸傳》，1325 頁。

〔註 107〕筆者按：湯一介中特別指出「寄言出意」說在調和名教與自然間的作用，讀者可參《郭象與魏晉玄學》第十章第一節，(增訂本)，北京大學出版社，2000. 版。

〔註 108〕《莊子集釋・山木》，699 頁，「吾所以不庭也」郭注。

〔註 109〕筆者按：「寄言」一語亦爲其它名士所用，多指寓意其中，如嵇康《琴賦》謂「吟詠之不足，則寄言以廣意」，王敦〈上疏言王導〉謂「何嘗不寄言及此」，孫綽《孫綽子》謂「莊子多寄言」(《文選・宋書謝靈運傳論》注引，2219 頁)，則基本上魏晉人視言意爲二。

〔註 110〕《莊子集釋・秋水》，573 頁，「不期精粗焉」郭注。

〔註 111〕同上。

子》，如其〈逍遙遊〉注謂「聖人者，物得性之名耳，未足以名其所以得也」，〔註 112〕即以寄言說之，論聖人身處廟堂心在山林即說之以「寄言」。〔註 113〕但是眞正說得清楚直接的則是歐陽建的〈言盡意論〉，〔註 114〕其文謂：

> 夫天不言，而四時行焉；聖人不言，而鑒識存焉。形不待名，而方圓已著，色不俟稱，而黑白已彰，然則名之於物無施者也；言之於理無爲者也，而古今務於正名，聖賢不能去言，其故何也？誠以理得於心，非言不暢；物定于彼，非名不辯。言不暢志，則無以相接，名不辯物，則鑒識不顯。鑒識顯而名品殊，言稱接而情志暢，原其所以，本其所由，非物有自然之名，理有必定之稱也。欲辯其實，則殊其名；欲宣其志，則立其稱。名逐物而遷，言因理而變，此猶聲發響應，形存影附，不得相與爲二，苟其不二，則無不盡，故吾以爲盡矣。〔註 115〕

在「天不言」的無名基礎上肯定「名之於物無施者也；言之於理無爲者也」，名實爲二，但在「聲發響應，形存影附，不得相與爲二」的情形下，名實爲一。名實既二又一，即爲「玄同」，於是自然主義包容了名，進一步的完成其名實理論。

相應的，「詭辯」的觀點、言辭與風格則在此期之清談中大行其道。如阮瞻或阮脩「將無同？」、庾子嵩「在有無之間」皆是，最特出的當是王衍「口中雌黃」的「隨即改更」，〔註 116〕前後意思相左而後由前來，前後之間便成詭辯。《世說新語》又謂：

> 中朝時有懷道之流，有詣王夷甫咨疑者，值王昨已語多，小極，不復相酬答，乃謂客曰：「身今少惡，裴逸民亦近在此，君可往問。」〔註 117〕

王衍「貴無」，裴頠「崇有」，二人主張根本相反。裴頠作〈崇有論〉即在批

〔註 112〕《莊子集釋・逍遙遊》，22 頁，「聖人無名」郭注。

〔註 113〕《莊子集釋・逍遙遊》，28 頁，「綽約若處子」郭注。

〔註 114〕筆者按：未有明文記載歐陽建〈言盡意論〉與郭象思想的關係，但歐陽建生於西元二百七十年，卒於西元三百年，故〈言盡意論〉當成於晉惠帝時，亦恰爲郭象大暢玄風之時，則此論受郭象思想影響而成當無疑。

〔註 115〕《藝文類聚・卷 19・歐陽建言盡意論》，348 頁。

〔註 116〕《晉書・王衍傳》，1236 頁。

〔註 117〕《世說新語・文學 11》，108 頁。

評王衍「貴無之議」，〔註118〕但懷道之流詣王衍談，王衍居然推薦裴頠，顯然不以清談內容爲重，這種態度，即屬詭辯。更詭異的是清談之「理」，隨人屈伸，故「裴成公作崇有論，時人攻難之，莫能折，唯王夷甫來，如小屈。時人即以王理難裴，理還復申」，〔註119〕問題本身並沒有固定的是非黑白，乃隨境轉移，是以更可展現於言談風格，故「樂廣與頠清閒，欲說理，而頠辭喻豐博，廣自以體虛無，笑而不復言」，〔註120〕辯論並不在言語內容上進行，而是在言語內容外進行，更弔詭的是，二人之談一有一無，風格完全相異卻共同完成了一場清談，而各主名教與自然之知識分子則在此類弔詭的清談中玄合，共同傳播與完成了此期自然主義「玄同彼我」的意識型態，「名教」與「自然」並行，「崇有」與「貴無」並行，「言盡意」與「言不盡意」亦並行，而在此並行之後，眞正面對此一並行的意識型態則是自然。於是自然主義憑其陰柔的個性，以移花接木的方式滲透名教，獲得擴張，是非、黑白等等概念的對立全被破解了，名義基本上失去其效用，而自我則從一切概念中解放出來，「無可無不可」。

「玄同彼我」為「名教與自然同」建立了正當性，名士們便大大方方登上西晉政壇。於是晉初政壇形成兩大勢力：一爲司馬氏的心腹，態度上多傾向名教，如賈充、何曾、王沈、裴秀等人；一爲名士群體，代表了當時主流士人的願望，如和嶠、裴楷、張華、庾純、任愷等人。雖然兩股勢力屢屢明爭暗鬥，但晉武帝司馬炎卻同時任用這兩群人，努力平衡，〔註121〕於是伐吳成功，改元太康，締造了三國魏晉南北朝數百年大分裂中難得一見的十年和平一統歲月（西元280～290年），〔註122〕然而隨著武帝駕崩，這種盛況很快過去了，因爲兩股矛盾勢力只能一時平衡而無法長久，接著就是惠帝即位而賈后干政，雖然元康至太康間十年（西元291～300年）尙稱小可，但已埋下亂種。而後八王之亂、永嘉之禍，至建興四年（西元316年）西晉就亡國了。

〔註118〕《晉書・裴頠傳》，1044頁。
〔註119〕《世說新語・文學12》，108頁。
〔註120〕《世說新語・文學12》注，108、109頁。
〔註121〕羅宗強對此有詳盡之解說，讀者可參《玄學與魏晉士人心態》210～228頁。
〔註122〕筆者按：錢穆以爲魏晉南北朝「此長時期之分裂，前後凡三百九十二年。三百九十二年中，統一政府之存在，嚴格言之，不到十五年。放寬言之，亦只有三十餘年。」參《國史大綱》160頁。

而西晉亡國說明自然主義玄同彼我的實驗仍屬失敗。蓋玄同彼我在態度上仍過於陰柔，施用於個人或無問題，但施用於國家則嫌不足，當國家有大事發生時便無忠貞死節之士，如裴頠「深慮賈后亂政，與司空張華、侍中賈模議廢之而立謝淑妃」，但最後則恐「禍如發機，身死國危，無益社稷」，不如「優游卒歲」，而改爲「勤爲左右陳禍福之戒」，〔註 123〕結果賈后繼續亂政，遂致八王之亂而西晉亡國，名士表現和兩漢儒生死諫不可同日而語。事實上在選立惠帝與賈妃時已然顯示出玄同彼我之無力，蓋武帝「素知太子闇弱，恐後亂國，遣勖及和嶠往觀之。勖還盛稱太子之德，而嶠云太子如初」，但最終惠帝得立。而後武帝「將廢賈妃」，〔註 124〕但荀勖、馮紞伺帝間並稱「充女才色絕世，若納東宮，必能輔佐君子，有〈關雎〉后妃之德」，〔註 125〕而早先「明《三禮》，知朝廷大儀」的荀顗於太子將納妃時亦上言「賈充女姿德淑茂，可以參選」，〔註 126〕於是賈后得與惠帝成婚而不得廢。名士本身清正，〝避害〞卻不〝爲害〞，眞正爲害朝政的是賈充、荀勖、馮紞、荀顗等司馬氏的心腹所形成的政治勢力，這批人乃東漢名教虛僞狡詐的餘孽，爲了保全私利，善妒無德的賈后也成了「才色絕世」、「有〈關雎〉后妃之德」的淑女，導至西晉政亂而亡。司馬氏以詐僞奪權，亦以詐僞亡國，但也宣告了「玄同彼我」在政治革新上的失敗，雖然企圖以名教與自然同來包容名教，吸收名教，但仍無法克服名教在現實中的積弊。

然而西晉亡國卻給自然主義一個塑造全新政府的好機會，於是建立起偏安江南的東晉。當西晉尚未亡國時名士王導便已計定江東，蓋「元帝爲琅邪王，與導素相親善。導知天下已亂，遂傾心推奉，潛有興復之志」，〔註 127〕故「永嘉初，用王導計，始鎮建鄴」，「賓禮名賢，存問風俗，江東歸心焉」。〔註 128〕此計乃是名士智慧至高表現，但其心態仍屬「苟安」，不過東晉既是由名士創建之政府，其施政便順自然主義的意識型態而爲，故晉元帝太興元年（西元 318 年）詔曰：

昔之爲政者，動人以行不以言，應天以實不以文，故我清靜而人自

〔註 123〕《晉書・裴頠傳》，1042、1043 頁。
〔註 124〕《晉書・荀勖傳》，1157 頁。
〔註 125〕《晉書・荀勖傳》，1153 頁。
〔註 126〕《晉書・荀顗傳》，1151、1152 頁。
〔註 127〕《晉書・王導傳》，1745 頁。
〔註 128〕《晉書・元帝紀》，144 頁。

正。……令在事之人，仰鑒前烈，同心戮力，深思所以寬眾息役，惠益百姓，無廢朕命。遠近禮贄，一切斷之。〔註 129〕

「以行不以言」、「以實不以文」、「我清靜而人自正」、「寬眾息役，惠益百姓」、「遠近禮贄，一切斷之」等都是自然主義的表現，而王導末年為丞相「略不復省事，正封籙諾之」亦是，〔註 130〕故人又謂其「善於因事」，〔註 131〕「阿衡三世，經綸夷險，政務寬恕，事從簡易，故垂遺愛之譽也」。〔註 132〕於是名士眞眞正正建立起一個自己的王朝，一個全新的政府，這不但證明自然主義並非不切實際的浮華，而且朝廷中再也沒有虛偽禮法之士了。自然主義擴張到了極點，只是名士苟安自免心態所建立的王朝亦是一無心於統一的偏安政權，〔註 133〕唯專志於內心懷抱之探索了。

第三節　東晉的轉向

東晉偏安江南中約一百年間（西元 317～419 年）**是自然主義轉向發展的階段**。此期自然主義的發展主題由〝理〞而轉為〝情〞，在山明景秀的江南，名士們脫離了理論內容上的表現，不再需要從〝理〞上說自然之自得與獨化，而是直接去體現自然的自得與獨化，於是擺落世俗，邁向高情，在一片純情之中致力於探索內心冥渺的世界，而創造了一個炫麗的內心世界，於是故我瓦解，〝我〞無時而不新，自然主義眞的到了超拔於世務之外的境界，但最後也因此失去了處理實務的能力，走向衰落。

而在發展開始時政治上仍有著反自然主義的逆流，自然主義由下而上的政治結構仍未完成。晉元帝司馬睿雖為名士王導、王敦一手扶持而成，即位後卻開始起用劉隗、刁協等名教中人以求集中皇權，這實是名教勢力的最後反撲。蓋劉隗「雅習文史」，嘗謂「竭股肱之力，效之以忠貞，吾之志也」，故元帝「深器遇之」，遷丞相司直後，「彈奏不畏強禦」。〔註 134〕而刁協則「性

〔註 129〕《晉書・元帝紀》，150 頁。
〔註 130〕《世說新語・政事 15》，98 頁。
〔註 131〕《晉書・王導傳》，1751 頁。
〔註 132〕《世說新語・政事 15》注，98 頁。
〔註 133〕錢穆謂「東晉常有恢復中原之機會。然東晉並無北取中原的統一意志」。參《國史大綱》，180 頁。
〔註 134〕依次參《晉書・劉隗傳》，1835、1838、1835、1836 頁。

剛悍，與物多忤，每崇上抑下」，「悉力盡心，志在匡救」。〔註 135〕此時行政「排抑豪強」，「諸刻碎之政，皆云隗、協所建」，〔註 136〕不但政治風格與寬容不拘的自然主義相反，政治立場亦與崇尚自然之世家大族相對，從而造成了王敦、王含之反，而此時時代已與司馬氏在與魏晉之際時大不相同，故名教失敗，劉隗北奔石勒，刁協爲人所殺。此後東晉政治便眞正成爲由下而上的理想結構，「王與馬，共天下」正謂此景，皇室純由在下的幾個大家族所撐起，《晉書》載范弘之疏謂「晉中興以來，號令威權多出強臣，中宗肅祖斂衽於王敦，先皇受屈於桓氏」，〔註 137〕所描寫的亦是由下而上的政權現象。自然主義終於掌控全局，名士們再也不用憂慮任何政治壓迫，亦不必硬說「名教與自然同」，而可眞正的自得獨化，從容優雅的邁向內心情性的世界。

於是在王導等人領導下，名士們完成了自然主義的世代交替。西晉王衍等「祖尚浮虛」的風氣並未因其政治教訓而受人鄙棄或禁絕，反而隨人渡江孕育了東晉新一代的名士。如王敦過江常稱「夷甫處眾中，如珠玉在瓦石間」；〔註 138〕王導自幼即受王衍薰陶，渡江後更是時時想慕其人，目太尉爲「巖巖清峙，壁立千仞」，〔註 139〕自謂「頃下論我比安期、千里，亦推此二人；唯共推太尉，此君特秀」。〔註 140〕與人談亦時時「自說昔在洛水邊，數與裴成公、阮千里諸賢共談道」，羊曼曰「人久以此許卿，何須復爾？」王導謂「亦不言我須此，但欲爾時不可得耳！」〔註 141〕言語之中流露出深深的懷念。顯然，自然主義所塑造的一股風流已然烙印在知識分子的心中，雖山河殊異，生命的感動則永難磨滅。於是王導有了傳遞薪火的舉動，《世說新語》謂：

> 殷中軍爲庾公長史，下都，王丞相爲之集，桓公、王長史、王藍田、謝鎮西並在。丞相自起解帳帶麈尾，語殷曰：「身今日當與君共談析理。」既共清言，遂達三更。丞相與殷共相往反，其餘諸賢略無所關。既彼我相盡，丞相乃歎曰：「向來語乃竟未知理源所歸。至於辭喻不相負，正始之音，正當爾耳。」明旦，桓宣武語人曰：「昨夜聽

〔註 135〕《晉書・刁協傳》，1842 頁。
〔註 136〕《晉書・劉隗傳》，1837 頁。
〔註 137〕《晉書・范弘之傳》，2365 頁。
〔註 138〕《晉書・王衍傳》，1238 頁。
〔註 139〕《世說新語校箋・賞譽 37》，243 頁。
〔註 140〕《世說新語校箋・品藻 20》，281 頁。
〔註 141〕《世說新語校箋・企羨 2》，346 頁。

> 殷、王清言，甚佳，仁祖亦不寂寞，我亦時復造心；顧看兩王掾，輒翣如生母狗馨。」〔註 142〕

此次清談最可能發生在西元三三七年前半年，王導應是六十二歲，殷浩三十三歲，「很顯然地，這是一個年屆花甲、曾經親身經歷過西晉清談盛況的老者率領一群二、三十歲的在東晉長大的後生青年進行鄭重其事的清談活動，這個老者不久後辭世，而這些青年則成爲東晉下一期清談的要角，其中這次清談中作爲老者對手的那個青年正是下一階段清談的領袖人物。這簡直就像是一次隆重的交接儀式」，〔註 143〕而透過這次清談的交接儀式，我們也看到兩代名士的世代交替，西晉名士的風流瀟洒就在這種情況下傳遞給一批純然在東晉新天地下長大的青年，從「正始之音，正當爾耳」一語來看，王導對這次清談的進行十分滿意，當可補足「但欲爾時不可得」的遺憾了。而除王導外，庾亮亦是完成名士世代交代之重要人物，《世說》謂：

> 庾太尉在武昌，秋夜氣佳景清，使吏殷浩、王胡之之徒登南樓理詠，音調始遒，聞函道中有屐聲甚厲，定是庾公。俄而率左右十許人步來，諸賢欲起避之，公徐云：「諸君少住，老子於此處興復不淺。」因便據胡床與諸人詠謔，竟坐甚得任樂。〔註 144〕

庾亮「美姿容，善談論，性好《莊》、《老》」，於清談似無王導熱衷，但其於武昌任征西將軍時幕僚中有不少清談好手，如殷浩、范汪、王胡之、孫盛、孫綽、王羲之等，〔註 145〕這些人亦皆是名士，是以庾亮對名士風格之傳承亦有其影響。就在王導、庾亮這兩個重量級的政治人物護佑下，西晉名士風成功的吹到了江左。〔註 146〕

在政治的護佑下，隨著世代交替自然主義亦脫去適應名教所生的種種變態。變態有三：其一是刻意虛無苟活。這本是名士在名教壓迫下出仕所成之朝隱心態，如王戎、王衍等西晉名士爲苟活而與世浮沉不事事，是以王衍爲

〔註 142〕《世說新語校箋．文學 22》，115 頁。

〔註 143〕《魏晉清談》，253 頁。唐師翼明對這次清談有著詳盡而精采的分析，讀者可參。

〔註 144〕《世說新語校箋．容止 24》，339 頁。

〔註 145〕參唐師翼明《魏晉清談》，254 頁。

〔註 146〕標舉王導和庾亮二人只是說明當時知識分子是在一種有意的情形下傳遞名士風格與自然主義的意識型態。至於晉室南渡與名士家風所起的普遍作用亦當十分重要，只是不易描述，故暫不論。

石勒所獲時仍自說「少不豫事，欲求自免，因勸勒稱尊號」。〔註147〕但這種風氣在西晉亡國後便有了改變，如劉琨予盧諶信謂「昔在少壯，未嘗檢括」，「自傾輈張，困於逆亂，國破家亡，親友凋殘」，「然後知聃周之爲虛誕，嗣宗之爲妄作也」。也因這種心態變化，劉琨後多壯士行，而過江諸士亦多表現出對國家前途的關心和臨時氣節，如謝鯤，數與王敦諫爭。如羊曼，遭蘇峻亂而不避，自謂「朝廷破敗，吾安所求生？」。如周顗，遇害前痛斥王敦，雖口被戟傷，血流至踵，而容止自若。這些表現顯然與渡江前名士萬事不繫心的態度有所差別；其二是刻意的淫穢放蕩。如「阮籍嗜酒荒放，露頭散髮，裸袒箕踞。其後貴遊子弟阮瞻、王澄、謝鯤、胡毋輔之之徒，皆祖述於籍，謂得大道之本。故去巾幘，脫衣服，露醜惡，同禽獸」。〔註148〕此風初渡江時仍有，如「初至，屬輔與謝鯤、阮放、畢卓、羊曼、桓彝、阮孚散發裸裎，閉室酣飲已累日」，〔註149〕即如溫文儒雅的周伯仁觀尚書紀瞻妓時亦「於眾中欲通其妾，露其醜穢，顏無怍色」，〔註150〕但至東晉中期時風氣已變，如孫綽「放誕多穢行，時人鄙之」；〔註151〕其三是刻意的奢豪嗜利。這本是名士們由隱逸的安貧生活被迫仕宦後所衍生的一種風氣，如王戎之嗜利、石崇之炫富，但到東晉後都自然消失了，蓋新生名士未曾經歷政治上恐怖的壓迫與強烈的鬥爭，自然不會有種種激詭之行，於是自然主義以其內心體悟之本來面目現世，若懸水入大江，開始寧靜優雅的邁向自己的世界。

而自然主義對內心世界的追求可由東晉士人對〝情〞的關注中見出。如衛洗馬初欲渡江時謂「見此芒芒，不覺百端交集。苟未免有情，亦復誰能遣此」、〔註152〕謝安論桓子野每聞清歌喚奈何謂「子野可謂一往有深情」、〔註153〕王長史登茅山大慟哭曰「琅邪王伯輿，終當爲情死！」〔註154〕蓋《莊子》重情，名士重《莊子》，正始已有聖人有情無情之辨，西晉更生聖人忘情吾輩鍾情之說，到東晉，則連七歲小孩亦知〝忘情〞。《世說新語》載：

〔註147〕《晉書・王衍傳》，1238頁。
〔註148〕《世說新語校箋・德行23》，14頁，劉注。
〔註149〕《晉書・光逸傳》，1385頁。
〔註150〕《世說新語校箋・任誕25》，398頁，注引鄧粲《晉紀》。
〔註151〕《世說新語校箋・品藻61》，292頁，注引《續晉陽秋》。
〔註152〕《世說新語校箋・言語32》，51頁。
〔註153〕《世說新語校箋・任誕42》，406頁。
〔註154〕《世說新語校箋・任誕54》，410頁。

張（玄之）年九歲，顧（敷）年七歲。和與俱至寺中，見佛般泥洹像，弟子有泣者，有不泣者。和以問二孫。玄謂：「被親故泣，不被親故不泣。」敷曰：「不然。當由忘情故不泣，不能忘情故泣。」〔註155〕

孩童的言語，其實反映了大人世界的普遍觀點。從遠處來看，名士重〝情〞實是對兩漢名教虛僞之風的反省，蓋〝情〞即〝眞〞，本身即是目的，不假外物，亦無外在目的；而從近處看，則名士重〝情〞自是知識分子以個人內心體悟為價值來源的最終表現。相應於情的內心世界，則有「神情」、「風神」、「風韻」、「大韻」等大量運用在人物鑒識、欣賞與形容上，其中尤以〝神〞字用得特多，如桓玄題高坐為「精神淵著」、右軍嘆林公「器朗神雋」、《支遁別傳》謂支遁「神心警悟」、桓玄表謝尚「神懷挺率」、《世說》謂王珣「神意閑暢」、《續晉陽秋》謂謝安「風神調暢」等等均是。〔註156〕這批語辭表現了追求內在心情寧靜舒暢之新趨向，〔註157〕雖似仍帶有王衍「神鋒大雋」〔註158〕顯露囂張的特質，但主以心情之閑適舒暢為風流，故人又謂謝尚「清暢似達」、「自然令上」、〔註159〕王濛「性至通而自然有節」、〔註160〕戴逵「性甚快暢」。〔註161〕謝安更以此自許而謂「醇醪淬慮，微言洗心。幽暢者誰，在我賞音」，當王子敬謂「公故蕭灑」時，謝安仍謂「身不蕭灑，君道身最得，身正自調暢。」〔註162〕〈蘭亭集序〉亦以「暢敘幽情」為美，自得之風，寧靜而舒緩的在士人間流動。這或許是永嘉亂亡後人心自然期盼之寧靜，但亦為自然主義重內心本然之表現。

於是此期名士生活自然的產生了許多高情逸趣的表現。如支道林好馬、張湛好松柏、袁山松好挽歌、王徽之好竹等，這種好尚以風雅為趣，顯然與王戎嗜利和石崇好奢不同。而最為有名的故事則是王子猷雪夜訪友，《世說新語》載：

〔註155〕《世說新語校箋・言語51》，61、62頁。

〔註156〕依次參《世說新語校箋・賞譽》48條，247頁、88條，257頁、98條，259頁、103條，261頁、147條，269頁、148條注，270頁。

〔註157〕《玄學與魏晉士人心態》一書第四章第三節第一小段「追求寧靜的精神天地」對此有詳細說明，讀者可參。

〔註158〕《世說新語校箋・賞譽27》，239頁。

〔註159〕《世說新語校箋・賞譽104》，261頁。

〔註160〕《世說新語校箋・賞譽87》，257頁。

〔註161〕《世說新語校箋・雅量34》注，209頁。

〔註162〕《世說新語校箋・賞譽148》，270頁。

> 王子猷居山陰，夜大雪，眠覺，開室命酌酒，四望皎然。因起彷徨，詠左思〈招隱詩〉，忽憶戴安道。時戴在剡，即便夜乘小船就之。經宿方至，造門不前而返。人問其故，王曰：「吾本乘興而行，興盡而返，何必見戴！」〔註 163〕

這則故事極美，而在此美中包含了一種脫俗高雅的自然之情。蓋〝情〞本因當下之感應而起，是以雖在大雪深夜，憶戴則往，「乘興而行」，完全不爲一般生活中之習性所縛，但至又不前而回，「興盡而返」，蓋〝情〞亦不以目的爲終，故曰「何必見戴」。前此周伯仁觀尚書紀瞻之美伎亦是當下慾發，不顧眾人而露其醜穢以遂行其興，與此相較，雖皆自然，但在自得中情趣之高雅則大有別矣。

此種高雅情趣亦展現於〝文學〞與〝藝術〞中。如《世說新語》載顧愷之事數則，一謂其畫裴叔則，頰上益三毛而曰「裴楷俊朗有識具，正此是其識具。看畫者尋之，定覺益三毛如有神明，殊勝未安時」；〔註 164〕次一謂其畫謝幼輿在巖石裏而曰「謝云：『一丘一壑，自謂過之。』此子宜置丘壑中」；〔註 165〕又一謂其畫人或數年不點目精，蓋因「四體妍蚩，本無關於妙處，傳神寫照，正在阿堵中」。〔註 166〕由此三則記載可知顧長康之繪畫乃以神情爲主，不以形跡爲重，此本與人物鑒識有關，但是超越形跡的表現方式則讓人耳目一新，而使繪事脫離工匠，故謝安云「顧長康畫，有蒼生來所無」。〔註 167〕《世說》另載戴安道繪事一則謂：

> 戴安道中年畫行像甚精妙。庾道季看之，語戴云：「神明太俗，由卿世情未盡。」戴云：「唯務光當免卿此語耳。」〔註 168〕

就庾道季的評語來看，名士繪畫除了表現畫中人之神情外還表現了繪者的精神，當是這種與人物內在情韻的關係使得繪畫從技藝提昇爲藝術，而受人重視，〔註 169〕故謝安本輕戴安道，「見，但與論琴書，戴既無吝色，而談琴書愈

〔註 163〕《世說新語校箋・任誕 46》，408 頁。
〔註 164〕《世說新語校箋・巧藝 9》，387 頁。
〔註 165〕《世說新語校箋・巧藝 12》，388 頁。
〔註 166〕《世說新語校箋・巧藝 13》，388 頁。
〔註 167〕《世說新語校箋・巧藝 7》，386 頁。
〔註 168〕《世說新語校箋・巧藝 8》，387 頁。
〔註 169〕《世說新語・巧藝 6》另載戴安道就范宣學問一事，「范讀書亦讀書，范抄書亦抄書。唯獨好畫，范以爲無用，不宜勞思於此。戴乃畫南都賦圖，范看畢

妙。謝悠然知其量」，〔註 170〕而「王中郎以圍棋是坐隱，支公以圍棋爲手談」，〔註 171〕則連博弈地位亦升高了。至於詩書更不用提了，善書者眾，如王脩明「秀有美稱，善隸行書，號曰流奕清舉」，〔註 172〕從「流奕清舉」一語來看，時人亦是以一種文士精神來看字的，故王羲之書人俱稱「飄若浮雲，矯若驚龍」。在此高情渲染下，王、謝兩大家族最後各以書、詩傳家，〔註 173〕文學與藝術理論亦油然而生。雖然早在《莊子》一書已然呈現藝術精神，〔註 174〕而於魏晉之際時發酵，〔註 175〕但實際將文筆之賣弄與琴棋書畫等技藝提昇爲高雅藝術確實是在此偏安江南追求內心寧靜之時，

特別是在〝寄情山水〞中，情的世界達到純然的自然。〔註 176〕蓋山水自然，人心亦自然，兩相結合，便在此一天然中成就了毫無心機、毫無目的的最真的自然，如王胡之於吳興印渚歎曰「非唯使人情開滌，亦覺日月清朗」，〔註 177〕簡文入華林園顧謂左右曰「會心處不必在遠，翳然林水，便自有濠、濮間想也」，〔註 178〕王子敬山陰道上行云「山川自相映發，使人應接不暇。若秋冬之際，尤難爲懷」，〔註 179〕袁彥伯與人將別歎曰「江山遼落，居然有萬里之勢！」〔註 180〕山水之景與人情互現，故謝景重以「天月明淨，都無纖翳」不如「微雲點綴」

咨嗟，甚以爲有益，始重畫。」張衡〈南都賦〉文及「暮春之禊」，乃魏晉名士最喜好之事，文中又有人物，則此畫亦當繪散懷山水之景，而展現了人物「微眺流睇，蛾眉連卷」的神情，故范宣「始重畫」之原因當亦爲畫中所傳達之神情。

〔註 170〕《世說新語校箋．雅量 34》，209 頁。

〔註 171〕《世說新語校箋．巧藝 10》，387 頁。

〔註 172〕《世說新語校箋．文學 38》，122 頁，注引。

〔註 173〕《玄學與魏晉士人心態》，327、328 頁。

〔註 174〕《中國藝術精神》第二章，45～143 頁，徐復觀著，學生書局，民 55.2.初版，民 72.1.八版。

〔註 175〕參余英時〈漢晉之際士之新自覺與新思潮〉「士之個體自覺」下論〝文學與藝術〞部分，《中國知識階層史論》，265～275 頁。

〔註 176〕這部分讀者可參余英時〈漢晉之際士之新自覺與新思潮〉「士之個體自覺」下論〝山水怡情〞部分，《中國知識階層史論》，262～265 頁。又羅宗濤論東晉士人心態的變化中特別舉出「山水怡情與山水審美意識的發展」一點，讀者亦可參《玄學與魏晉士人心態》329～346 頁。

〔註 177〕《世說新語校箋．言語 81》，77 頁。

〔註 178〕《世說新語校箋．言語 61》，67 頁。

〔註 179〕《世說新語校箋．言語 91》，82 頁。

〔註 180〕《世說新語校箋．言語 83》，78 頁。

時司馬道子戲曰「卿居心不淨，乃復強欲滓穢太清邪！」〔註181〕而劉惔亦云「清風朗月，輒思玄度」。〔註182〕中國隱士本有怡情山水的傳統，所謂「山林與！皋壤與！使我欣欣然而樂與！」〔註183〕但此期名士悅樂山水乃在投射高情於宇宙自然大化之中，以求調暢，故與一般風景遊樂不同，亦與傳統隱士抗命朝廷躲避人世不同，有著人山相得的崇高境界，而具有豐富的文化意義，故喜好山水成爲「勝情」，是以許詢、謝安、支道林、王羲之諸人入則談說屬文，「出則漁弋山水」。〔註184〕而這種山水勝情在蘭亭一會之詩文中表現得最豐富，如「時來誰不懷，寄散山林間」、「消散肆情志，酣暢豁滯憂」、「散懷山水，蕭然忘羈」、「神散宇宙內，形浪濠梁津」、「散豁情志暢，塵纓忽已捐」、「願與達人遊，解結遨濠梁」等，〔註185〕此亦即〈蘭亭集序〉「仰觀宇宙之大，俯察品類之盛，所以游目騁懷，足以極視聽之娛，信可樂也」之謂。〔註186〕事實上名士集會於蘭亭即爲山水勝情。而孫綽〈蘭亭後序〉謂：

> 情因所習而遷移，物觸所遇而興感，故振轡於朝市，則充屈之心生；閑步於林野，則寥落之志興。仰瞻羲唐，邈然遠矣；近詠台閣，顧探增懷。聊於曖昧之中，思縈拂之道，屢借山水，以化其郁結。〔註187〕

則更對此情述說了一番。寄情山水使士人對山水有了特殊的情感、深刻的觀察與細緻的體會，從而有山水詩、山水畫的出現，而在山水與我的情景交融中，一片純然，沒有心機，沒有目的，沒有事務，〝我〞，不見了，莊子「同於大通」的理想似乎眞的在現實生活中實踐了。

在這股由理而情的大潮流中，清談也脫去理論的思辨，而趨向情趣化，以抒發生命情懷為重。蓋南渡前貴無崇有、言盡意與言不盡意等種種玄同彼我的理論幾乎已將理論的發展空間塡滿，〔註188〕何況，理論對自然主義而言

〔註181〕《世說新語校箋・言語98》，84頁。
〔註182〕《世說新語校箋・言語73》，74頁。
〔註183〕《莊子集釋・知北遊》，765頁。
〔註184〕《世說新語校箋・雅量28》注引《中興書》，206頁。
〔註185〕依次爲曹茂之、王玄之、王徽之、虞説、王蘊之、曹華詩句。
〔註186〕《王右軍集・蘭亭集序》，335頁。
〔註187〕《藝文類聚・卷四》，71頁。
〔註188〕東晉時期不是沒有新理論產生，但均非自然主義下的產物，如孫盛〈易象妙於見形論〉、支遁逍遙義、王坦之〈廢莊論〉等或滲入名教意識，或滲入佛教意識，與清談活動所含之意識型態實相抵觸。

仍不自然，因爲自然只能表現，而不能說明，故王導過江後「止道聲無哀樂、養生、言盡意三理而已，然宛轉關生，無所不入」，〔註 189〕東晉清談的重點已然不在理論本身。相對的，我們則在此期清談中看到一種生命情懷的抒發與欣賞。〔註 190〕如支道林爲王羲之論《莊子．逍遙遊》，「才藻新奇，花爛映發。王遂披襟解帶，留連不能已」，〔註 191〕又如支道林與許詢清言，「支通一義，四坐莫不厭心；許送一難，眾人莫不抃舞。但共嗟詠二家之美，不辯其理之所在」。〔註 192〕其實，早在桓宣武自謂「我亦時復造心」時已然露出清談的抒懷傾向。〔註 193〕而這種傾向更集中的表現在許詢一人身上，《世說新語》謂：

> 許掾嘗詣簡文，爾夜風恬月朗，乃共作曲室中語。襟情之詠，偏是許之所長，辭寄清婉，有逾平日。簡文雖契素，此遇尤相咨嗟，不覺造膝，共叉手語，達于將旦。既而曰：「玄度才情，故未易多有許。」〔註 194〕

許詢其人本有「高情」，〔註 195〕所謂「清風朗月，輒思玄度」，故發而爲清談便成了其所特長的「襟情之詠」。而從此文整個描寫來看，這種清談根本像似兩個關係極爲親密的知心人夜深人靜私處一室時所進行的悄悄話，無論在形式上或內涵上均與正始時何王之清談大異，若特意看待，則可說此乃爲此期清談重情的狀況下所發展出來的一種談坐新形式，前此未聞，而特爲此時名士激賞，故許詢停都一月，劉惔「無日不往」而將成「輕薄京尹」，〔註 196〕《續晉陽秋》亦謂「簡文皇帝、劉眞長說其（許詢）情旨及襟懷之詠，每造膝賞對，夜以繫日」。〔註 197〕清言捨去勝負，捨去理論思辨，純粹成了感情的言語。

清言的遊戲性在此亦展現為情性至交間言語上的「戲謔」。〔註 198〕摶戲廝殺的鬥智氣氛大大減低，勝負不重要了，故庾亮與殷浩諸人清言可謂之「詠

〔註 189〕《世說新語校箋．文學 21》，114 頁。
〔註 190〕此點可與本論文第三章第二節中論抒懷部分參看。
〔註 191〕《世說新語校箋．文學 36》，121 頁。
〔註 192〕《世說新語校箋．文學 40》，123、124 頁。
〔註 193〕參《世說新語．文學 22》所載。
〔註 194〕《世說新語校箋．賞譽 144》，268 頁。
〔註 195〕參《世說新語．品藻》54、61 與《世說新語．賞譽》95。
〔註 196〕《世說新語校箋．寵禮 4》，389 頁。
〔註 197〕《世說新語校箋．賞譽 144》注引，268 頁。
〔註 198〕此點可與本論文第三章第二節中論遊戲性部分參看。

謔」，而殷浩與孫綽可互謔爲「強口馬」、「決鼻牛」，清言中「彼我奮擲麈尾，悉脫落滿餐飯中」。〔註199〕而這種戲謔最終更化爲清言儀式，《世說》載：

桓南郡與殷荊州語次，因共作了語。顧愷之曰：「火燒平原無遺燎。」桓曰：「白布纏棺豎旒旐。」殷曰：「投魚深淵放飛鳥。」次復作危語。桓曰：「矛頭淅米劍頭炊。」殷曰：「百歲老翁攀枯枝。」顧曰：「井上轆轤臥嬰兒。」殷有一參軍在坐，云：「盲人騎瞎馬，夜半臨深池。」殷曰：「咄咄逼人！」仲堪眇目故也。〔註200〕

在清言終了，朋友間「共作了語」和「危語」，而以一種文學性的語言肆無忌憚的相互調笑，在此調笑戲謔中清言脫去論理的目的性，而以一種輕鬆自然的方式充分展現了名士間的眞情。〔註201〕

於是浸潤在種種“情”的體會中，名士更深入體悟到“情”的本質。“情”不但沒用，不具任何外在目的，而且自明，不能控制，當下即眞，應於外而變動不居，於是成就了宇宙自然之大化。故「情隨事遷」，「情因所習而遷移，物觸所遇而興感」，「哀樂相繼」、「新故相移」，「向之所欣，俛仰之間，以爲陳跡」，〔註202〕所謂「大矣造化工，萬殊莫不均；群籟雖參差，適我無非新」。〔註203〕人就活在這種新故變化中，一瞬也未曾停，一瞬也未曾同，快樂過去了，悲傷來臨了；悲傷來臨了；快樂過去了，〈蘭亭後序〉謂：

耀靈縱轡，急景西邁，樂與時會，悲亦繫之，往覆推移，新故相換，今日之跡，明復陳矣。〔註204〕

蓋悲與樂原是一體，「樂未畢也，哀又繼之。哀樂之來，吾不能禦，其去弗能止」，〔註205〕這是造化在新故相換間的捉弄人、體諒人，這亦是情的本質，無法追求，亦無法逃避，無論你多聰明、多愚蠢、多漂亮、多醜陋、多善良、多邪惡，都一樣，「後之視今，亦猶今之視昔」，這是情的眞象，亦是古今人

〔註199〕《世說新語校箋・文學31》，119頁。

〔註200〕《世說新語校箋・排調61》，440頁。

〔註201〕魏晉時本多猜謎等語文遊戲，如孔融離合詩、曹娥碑絕妙好辭、鮑照字謎詩與《洛陽伽藍記・報德寺》所記「習」字猜謎事等，讀者可參〈離合詩之研究〉，《王利器論學雜著》，王利器著，貫雅文化，民81.1.出版。但清言中有戲謔者則此時爲見。

〔註202〕《王右軍集・蘭亭集序》，336頁。

〔註203〕《王右軍集・蘭亭集詩》，345頁。

〔註204〕《全晉文・孫綽》，1808頁。

〔註205〕《莊子集釋・知北遊》，765頁。

生所不能逃，「林無靜樹，川無停流」，東晉名士超越了凡人膚淺的憂樂而深深邁入情「泓峥蕭瑟」的幽渺世界。這是之所以能脫去所有固定形跡，創造一個「花爛映發」情性世界的根源。透過內心深刻的體悟、透過自然山水的啓迪、透過藝術與文學的創作、透過清談，知識分子在此世界中獲得了生命的滿足，自然主義眞眞正正的完成其理想，甚至亦產生了中國歷史上唯一一個名士皇帝：簡文帝。但是東晉的政權亦在此情況下結束，因爲名士對內心世界的過度重視導至了現實世界中的無能，於是東晉滅亡。

從具體事實來看，東晉衰亡從桓溫開始，歷經桓玄，而諷刺的結束於武夫劉裕手中。此非偶然，因自然主義不以事功爲重，〝情〞本不具目的性，不顧事功，於是〝浮華〞出現，東晉產生了一批從世事中萎縮的無能名士，如謝萬，「才器雋秀」，「工言論，善屬文」，但「受任北征，矜豪傲物，嘗以嘯詠自高，未嘗撫眾」，結果「狼狽單歸，廢爲庶人」；〔註 206〕又如殷浩，「識度清遠，弱冠有美名，尤善玄言」，「爲風流談論者所宗」。而王濛、謝尙「猶伺其出處，以卜江左興亡」，時譽如此，但爲中軍將軍將發北征時竟墜馬，後大敗亦廢爲庶人；〔註 207〕再如簡文帝，應對機警，作撫軍時嘗與桓宣武俱入朝，更相讓在前，桓因《詩》句曰「伯也執殳，爲王先驅」，簡文則因《詩》句應「無小無大，從公於邁」。〔註 208〕又嘗「在暗室中，坐召宣武，宣武至，問上何在。簡文曰：『某在斯！』時人以爲能」。〔註 209〕然執政二十八年卻無所建樹，桓溫廢海西亦只能「泣下數十行」，〔註 210〕見田稻不識，回去卻又說出「寧有賴其末而不識其本」的大道理。〔註 211〕故《晉書》謂其「神識恬暢，而無濟世大略」，謝安稱爲「惠帝之流，清談差勝耳」。〔註 212〕上三人聰明才智實不差，可知無能乃因自然主義「不以事爲務」的情趣趨向。《抱朴子》謂：

> 士有機變清銳，巧言綺粲，攬引譬喻，淵湧風厲；然而口之所談，身不能行；長於識古，短於理今，爲政政亂，牧民民怨。〔註 213〕

〔註 206〕《晉書・謝萬傳》，2086、2087 頁。
〔註 207〕《晉書・殷浩傳》，2043、2044、2045 頁。
〔註 208〕《世說新語校箋・言語 56》，64 頁。
〔註 209〕《世說新語校箋・言語 60》，67 頁。
〔註 210〕《世說新語校箋・尤悔 12》，483 頁。
〔註 211〕《世說新語校箋・尤悔 15》，484 頁。
〔註 212〕《晉書・簡文帝紀》，224 頁。
〔註 213〕《抱朴子外篇校箋・行品》，550 頁。

「口之所談，身不能行」正明明白白的指出了此時名士問題所在，連大名士王羲之都對謝安說出「虛談廢務，浮文妨要，恐非當今所宜」的話，〔註 214〕可見問題嚴重性之一般。而自殷浩廢後，朝廷內外大權一歸桓溫。桓溫早年雖亦好清談，但北伐後心態便異，以爲神州陸沉「王夷甫諸人不得不任其責！」於是自然主義的力量開始消散，東晉政權不再爲崇尚自然之知識分子所全然掌控。其間雖有謝安、謝玄之風流，但由晉末謝靈運、陶淵明兩位大名士之悲慘際遇來看，名士於世事之無能似乎愈後愈烈。另一方面則政權逐漸由名士手中脫出，由桓溫而桓玄，桓玄而劉裕，最後，名士所創立之東晉政權終於亡在名士所最瞧不起的武夫手中。

第四節　自然主義的衰落

南朝（西元 419～589 年）**約一百七十年間是自然主義由衰落而終結的階段**。〝神〞爲此一階段的發展主題，蓋東晉自然主義的發展由理而情，超逸塵俗，但卻因此出現〝浮華〞的嚴重弊病，以致東晉滅亡，但在接下來的一百多年間自然主義仍嚐試以〝神〞來解決問題，於是而有陶淵明之「神辨自然」、何承天之〈達性論〉與范縝的〈神滅論〉。雖然，〝神滅〞的主張在理論上贏了，但卻也瓦解了自己所樹立的價値，於是自然主義將近四百年的漫長實驗終於結束了。

東晉中晚期知識分子已起而針砭浮華弊病。就外在事功來看，浮華產生了社會混亂。自然主義瓦解了名教，瓦解了禮樂，瓦解了所有的概念、風俗與習性，從反面看則是破壞了所有社會運作的軌道，是以社會大亂，魏晉南北朝成爲中國歷史上最混亂、最黑暗的時期；就內在心性來看，在「哀樂相繼」、「終期於盡」的深刻體悟下，名士內心亦產生了極度的不安，從漢末至東晉數百年來所追求的快樂逍遙竟屬子虛烏有，「修短隨化，終期於盡」，長生不老的神仙是沒有的，且「齊彭觴爲妄作，一死生爲虛誕」，生就是生，死就是死，眞正面臨老病生死時只能「痛哉！」「悲夫！」，那麼，人生究竟何爲來哉？宇宙人生的眞理與價値何在？難道一生只能在悲痛中結束？如果連生命內在都不得安寧，又爲何要追求自然？基於上述兩方面缺陷，知識分子

〔註 214〕《世說新語校箋・言語 70》，71 頁。

開始嚐試解決問題。

最初，針對外在社會亂象，部分知識分子嚐試吸收名教以為修正。如東晉中期庾翼己謂「高談《莊》《老》，說空終日，雖云談道，實長華競」，故主張「抑揚名教，以靜亂源」。〔註215〕而王坦之則更爲〈廢莊論〉謂：

先王知人情之難肆，懼違行以致訟，悼司徹之貽悔，審褫帶之所緣，故陶鑄群生，謀之未兆，每攝其契，而爲節焉。使夫敦禮以崇化，日用以成俗，誠存而邪忘，利損而競息，成功遂事，百姓皆曰我自然。〔註216〕

「人情難肆」，若依自然主義人人自暢其情自是其是必將導致天下大亂紛爭不斷，何況「自足者寡」，「循教者眾」，〔註217〕故就「陶鑄群生」的社會整體觀點來看，則不可不以舊名教之禮節之。而後袁宏更在《後漢紀》中以大量文字敘述名教之作用，並將之融入自然之內，使「名教之益萬物之情大也」。〔註218〕庾翼、王坦之與袁宏三人均期望利用兩漢舊名教改善自然主義在社會事功上的缺陷，但此舊名教所生之法顯然無法解決自然主義本身所生之問題，於是善論心識的佛教界便提出新價值以根本解決問題。

針對所生內在價值的問題，奉佛之人提出不滅之〝神〞為價值來解決自然主義的內在問題。支遁〈逍遙論〉謂「夫逍遙者，明至人之心也」，〔註219〕而此「至人之心」中所含的價值其實即是神，是以其《大小品對比要鈔．序》謂「夫至人也，覽通群妙，凝神玄冥」，「故千變萬化，莫非理外。神何動哉，以之不動，故應變無窮」。〔註220〕於是在格義之下佛家之神成了道家之神，故支遁論逍遙乃「向、郭之注所未盡」，〔註221〕「皆是諸名賢尋味之所不得」，而以此不動之神爲價值便足以安頓名士們在大化情變中所致之生命的不安，後「遂用支理」。〔註222〕支遁後慧遠又續將此理奧妙說得一清二楚，其〈論形盡神不滅〉謂：

〔註215〕《晉書．殷浩傳》，2044頁。
〔註216〕《晉書．王坦之傳》，1965頁。
〔註217〕《晉書．王坦之傳》，1964頁。
〔註218〕詳參本論文第八章第一節所論袁宏部分。
〔註219〕《世說新語校箋．文學32》注引，120頁。
〔註220〕《全晉文．支遁大小品對比要鈔序》，2366、2367頁。
〔註221〕同上。
〔註222〕《世說新語校箋．文學32》，120頁。

> 神也者，圓應無生，妙盡無名，感物而動，假數而行。感物而非物，故物化而不滅，假數而非數，故數盡而不窮。有情，則可以物感；有識，則可以數求。數有精麤，故其性各異；智有明闇，故其照不同。推此而論則知化以情感，神以化傳，情爲化之母，神爲情之根。情有會物之道，神有冥移之功。〔註 223〕

慧遠此說與支遁同出一轍。〔註 224〕“神”是不滅的，會滅會化會盡的是物，而情以會物，「有情，則可以物感」，故「知化以情感」，由情而生化。重情逐物，則自然迷於大化而不安生死，此實「論者不尋無方生死之說，而或聚散於一化；不思神道有妙物之靈，而謂精麤同盡，不亦悲乎」。〔註 225〕只要採取「神道」，領悟「神以化傳」、「神爲情之根」，則價值問題自然解決，這是慧遠所提出的“新名教”。〔註 226〕

而在上述新舊名教兩路夾攻下，陶淵明提出了「神辨自然」的新自然主義。〔註 227〕所謂「貴賤賢愚，莫不營營以惜生，斯甚惑矣！故極陳形影之苦，言神辨自然以釋之」，〔註 228〕其〈神釋〉一詩謂：

> 大鈞無私力，萬理自森著；人爲三才中，豈不以我故！與君雖異物，生而相依附，結托既喜同，安得不相語！三皇大聖人，今復在何處？彭祖愛永年，欲留不得住。老少同一死，賢愚無復數。日醉或能忘，將非促齡具！立善常所欣，誰當爲汝譽？甚念傷吾生，正宜委運去；縱浪大化中，不喜亦不懼，應盡便須盡，無復獨多慮。〔註 229〕

此詩當應慧遠〈萬佛影銘〉而爲，〔註 230〕以爲“神”確實是一新價值，但神

〔註 223〕《弘明集・卷五・沙門不敬王者論》，32 頁，《弘明集、廣弘明集》，僧佑、道宣撰，上海古籍出版社，1991.8.一版，1994.4.二刷。

〔註 224〕此文文末謂「丹朱與帝堯齊聖，重華與瞽瞍等靈，其可然乎？其可然乎？」攻擊自然主義之立足點與方式和支遁〈逍遙論〉同，由此即可推知其餘。

〔註 225〕《弘明集・卷五・沙門不敬王者論》，32 頁。

〔註 226〕佛教進入中國從漢末起至此時期都與政治脱離不了關係，故〈論形盡神不滅〉又謂「道法之與名教，如來之與堯孔，發致雖殊，潛相影響，出處誠異，終期則同」。（參《弘明集・卷五・沙門不敬王者論》，31 頁）至范縝提出〈神滅論〉時，佛教已爲帝王採行而直呼爲名教了。

〔註 227〕陳寅恪以陶淵明所提出之「神辨自然」爲新自然主義。參《陳寅恪史學論文選集・陶淵明之思想與清談之關係》，134～142 頁。

〔註 228〕《陶淵明集校箋・形影神三詩序》，45 頁。

〔註 229〕《陶淵明集校箋・神釋》，50 頁。

〔註 230〕筆者按：以形影爲喻早在《莊子・逍遙遊》「罔兩問影」的故事已然，其後魏

亦盡，於是新自然主義既否定了舊名教又否定了舊自然，而且否定了新名教。故其〈形贈影〉謂「天地長不沒，山川無改時。草木得常理，霜露榮悴之；謂人最靈智，獨復不如茲」；〔註 231〕其〈影答形〉謂「身沒名亦盡，念之五情熱」；〔註 232〕其〈神釋〉謂「縱浪大化中，不喜亦不懼，應盡便須盡，無復獨多慮」。自然主義經歷了無數的奮鬥後終於得到自由，可是自以爲萬物之靈的人的生命卻是長逝不歸，尚比不上無情之山川水石，亦不如至賤之草木蟲蟻，此乃鮑照對小草「冬時枯死春滿道」而我卻「一去永滅入黃泉」之所以爲嘆，〔註 233〕實在太不甘心，「何以忘憂？唯有杜康」？反觀名教，推崇聖人，然而諸聖「今復在何處？」立善雖常欣，但眞正又有誰能瞭解？誰能讚賞？是爲你善有益於他而讚賞你還是因爲你生命自身所展現之眞誠姿態？只有委運任化的〝神〞才可超越這一切痛苦，「縱浪大化中，不喜亦不懼」。然此神雖與形影相異，但「生而相依附」，故會滅，而此滅實是尸解，解脫了一切煩惱，是以淵明爲文又自謂「樂天委分，以至百年」、「識運知命，疇能罔眷，余今斯化，可以無恨」、〔註 234〕「善萬物之得時，感吾生之行休！已矣乎，寓形宇內，能復幾時？曷不委心任去留」與「聊乘化以歸盡，樂夫天命復奚疑」等等。〔註 235〕於是新自然主義以會滅之神脫出了東晉名士們的重情傷感，安頓了其生命自身，此後又有何承天爲〈達性論〉來繼續發展「神辨自然」的社會作用。

何承天以廣闊的社會眼光繼續發揮了「神辨自然」的觀點。於是新自然主義有了自身的宇宙觀與治道，而不僅止於士人的獨善其身，〈達性論〉謂：

> 夫兩儀既位，帝王參之宇中莫尊焉。天以陰陽分，地以剛柔用，人以仁義立。人非天地不生，天地非人不靈，三才同體，相須而成者

晉文章中形影之喻便多見，如歐陽建〈言盡意論〉即以形爲意爲實爲自然，而以影喻言喻名喻名教。此自是慧遠與陶淵明二人以形影爲喻的共同背景，但〈萬佛影銘〉謂「廓矣大像，理玄無名，體神入化，落影離形」，則是首先以形、影、神三者共說理，（參《廣弘明集》205 頁）而淵明亦曾與遠公論法，是以筆者以爲淵明形影神三詩乃應〈萬佛影銘〉而發。

〔註 231〕《陶淵明集校箋・形贈影》，45 頁。

〔註 232〕《陶淵明集校箋・影答形》，47、48 頁。

〔註 233〕《鮑參軍詩註・擬行路難》第五首，56 頁，鮑照撰，華正書局，民 64.3.臺一版。

〔註 234〕《陶淵明集校箋・自祭文》，310、311 頁。

〔註 235〕《陶淵明集校箋・歸去來兮辭》，267 頁。

> 也，故能稟氣清和，神明特達，情綜古今，智周万物，妙思窮幽。
> 賾制作，侔造化，歸仁與能，是爲君長。〔註 236〕

在氣化宇宙天地人三才的大前題下自然之〝神〞主要是人之〝神〞，故謂「稟氣清和，神明特達」，而一旦將「神辨自然」放在宇宙大化萬物森羅的背景下來看時，其對眾生萬物「賾制作，侔造化，歸仁與能」的君長作用便顯示出來了，此乃淵明所未明而爲何承天所指出。由此「稟氣清和，神明特達」，人便以天地爲訓，「樂治之心於是生焉」，於是要求事簡，蓋「事簡則不擾，不擾則神明靈，神明靈則謀慮審，濟治之務於是成焉」，在此論說中，〝神〞便從個人生命之了悟推擴至聖王之至治。然而肯定大化運行的氣化宇宙，便得再次強調自然之〝神〞滅，因爲這是「神辨自然」說的成敗關鍵，〝神〞若不滅便爲一外在永恒之價値，不但其自身不符合自然變化規律，同時可以形成「因果」解釋世間差異，於是一切萬事萬物亦不自然，此與舊名教之情狀一致，而違反了自然主義的根本精神。同時，神若永恒不變則將與現實世界分離，現實中之自然與人世便成一無常的空虛世界，完全沒有價値。而這是自然，包含名教，所無法承受的，因爲無論是自然或名教，中國人的價値都在現世，故〈達性論〉結尾謂「生必有死，形斃神散，猶春榮秋落四時代換」，而神既滅，則「奚有於更受形哉！」由此又涉及佛教的因果報應說，蓋講因果則有〝故〞，有〝故〞即非自然，故〈達性論〉又批評因果報應說造成人們「內懷嗜欲，外憚權教，慮深方生，施而望報」，〔註 237〕並特爲〈報應問〉破解因果，以爲「鵝之爲禽，浮清池，咀春草，眾生蠢動弗之犯也，而庖人報焉」，「翔求食，唯飛蟲是甘，而人皆愛之，雖巢幕而不懼」，「是知殺生者無惡報，爲福者無善應」，〔註 238〕雖從廣闊的世間現象提出有力質疑，卻未針對理論論述，這樣的批評要摧毀因果報應說是不夠的，故後又有范縝〈神滅論〉。

范縝說理乃由破因果而及神滅，並由自然氣化之形神關係證成神滅。齊竟陵王蕭子良嘗問范縝謂「君不信因果，世間何得有富貴，何得有貧賤？」而縝答曰「人之生譬如一樹花，同發一枝，俱開一蒂，隨風而墮，自有拂簾幌墜於茵席之上，自有關牆落於糞溷之側。墜茵席者，殿下是也；落糞溷者，下官是也。貴賤雖復殊途，因果竟在何處？」范縝以一樹花發之自然實象爲喻，輕鬆

〔註 236〕《弘明集・何承天達性論》，22 頁。

〔註 237〕同上。

〔註 238〕《廣弘明集・報應問》，231 頁。

的破了佛教的「因果」，〔註 239〕於是「退論其理，著〈神滅論〉」，〔註 240〕因爲眞要徹底毀破因果便得從神滅之理上說，若神可滅，神明非透過輪迴持續的在不同形體間傳遞因果，則因果自破。但是要建立有系統的理路來攻擊佛教因果實極爲困難，因爲神本是價值，從最終價值的至大至一本質來看，神當然不滅，會滅的是形體，要講神滅，必得將神與形綁在一起。可是困難點在於既得要求形神不同又得要求形神相同，因爲形神若完全相同則新自然主義以神超越形的觀點就不能存在，但是形神若完全不同則神可獨立於形外而將成就佛教不滅之神。要如何處理既相同又不同的形神關係實屬不易，而范縝做到了。〈神滅論〉首先肯定「神即形也，形即神也」，形神合一的關係，是以「形存則神存，形謝則神滅」，形神相同。但是接著便以「形者神之質，神者形之用」，形神二者「名殊而體一」的巧妙關係進一步的申論了形神的不同。最爲高明的是范縝跳脫了長久以來論形神的薪火之喻，而另立利刃之喻。其文謂：

> 神之于質，猶利之于刀；形之於用，猶刀之于利。利之名非刀也，刀之名非利也。然而捨利無刀，捨刀無利。未聞刀沒而利存，豈容形亡而神在？〔註 241〕

就在如此簡單的利刃之喻下范縝就輕輕鬆鬆的成就了形神「名殊而體一」同又不同的精微關係，從此〝神滅〞觀點有了堅強理據。但因果報應與輪迴解釋了人的性情差異，賦予人生成佛希望，是以在破解後新自然主義仍當提出一性情觀點以爲取代，滿足人心，可是范縝在這點上仍主破而未能立。文中指出神不滅與成佛教義使人生有意的朝向非人生的目的邁進，因爲目標在彼不在此，結果人人不安其性，「竭財以赴僧，破產以趨佛，而不恤親戚，不憐窮匱」，「家家棄其親愛，人人絕其嗣續。致使兵挫于行間，吏空于官府，粟罄于惰游，貨殫于土木」，造成人世多事紛擾，唯有自然，「忽焉自有，怳爾而無」，「乘夫天理，各安其性」，〔註 242〕才能重拾清靜。指出佛教教義缺失是

〔註 239〕筆者按：范縝以〝喻〞說理自較何承天舉例反證的方式高明，這本爲東晉名士所擅長之手段，如「殷中軍問：『自然無心於稟受，何以正善人少，惡人多？』諸人莫有言者。劉尹答曰：『譬如寫水著地，正自縱橫流漫，略無正方圓者。』一時絕歎，以爲名通。」此條中劉惔之名通即是以〝喻〞說。又此條問答之內容亦和自然與釋教間之辨論密切相關。（參《世説新語校箋・文學 46》126 頁）

〔註 240〕《梁書・儒林・范縝傳》，665、666 頁。

〔註 241〕《梁書・儒林・范縝傳》，666 頁。

〔註 242〕《梁書・儒林・范縝傳》，670 頁。

新義，但於性情自然之主張則是舊調。

於是後有朱世卿提出「大自然」的主張來補充新自然主義的性情觀。其〈性法自然論〉謂「溫風轉華，寒飆颺雪。有委溲糞之下，有累玉階之上。風飆無心於厚薄，而華霰有穢淨之殊途。天道無心於愛憎，而性命有窮通之異術」，論說方式與范縝答子良問相同，可知思想立場與范縝一致，但其著眼於自然「不自知」的特質而以「大自然」的觀點來解釋性情自然，則為范縝所不及。其文謂：

> 禮樂不自知其所由而製，聖人不自知其所由而生，兩像亦不知其所由而立矣，於是殊形異慮，委積充盈，靜動合散，自生自滅。動靜者莫有識其主；生滅者不自曉其根，蓋自然之理著矣，所謂非自然者乃大自然也；是有為者乃大無為也。〔註243〕

以「非自然者乃大自然」、「有為者乃大無為」分明是詭辯，但卻切中佛理要害。蓋僧肇為〈般若無知論〉，可知佛理亦以神明無知，因而在這點上自然與佛理同。但佛教之神乃為其無所不知而無知，此乃其價值所在，故一切色界有形事物自身自然之價值均消失了，此乃支道林論〝色〞之所謂「色之性也，不自有色，雖色而空」，〔註244〕因「不自有色」即「色不自色」，「色不自色」即色非自然。而朱世卿則不管事物是不是自生自滅，而抓緊了「不自知」、「不自曉」的知覺事實來論自然，於是非物自為的「不自色」之色便在無意中成了自然，而此「非自然者」所成之「自然」即是新自然，即是「大自然」，因為所有不自然的萬事萬物皆是如此自然的形成的，禮樂自身雖非自然，但禮樂自身則有其不得不然之理，此理乃自然。〔註245〕於是「萬法萬性皆自然之理也」，故人之性情差異或可得說，而成佛之說則不可信，蓋「體仁者不自知其為善，體愚者不自覺其為惡，皆自然而然也」，「夫惟自然，故不得而遷貿」。〔註246〕於是在此一「大自然」下，朱世卿完成了新自然主義超越形影的性情

〔註243〕《廣弘明集・性法自然論》，265頁。

〔註244〕《世說新語校箋・文學35》注引《支道林集・妙觀章》，121頁。慧達《肇論疏》引此為「夫色之性，色不自色，雖色而空。如知不自知，雖知恆寂也」，略異。

〔註245〕筆者按：中國文化中〝自然〞之意涵至此一變，從此不特指個別事物之自然而是天生山水草木蟲魚鳥獸之大自然，而此大自然中亦包容著人為事物，故園林、書畫等人文亦可自然。

〔註246〕《廣弘明集・性法自然論》，264頁。

觀，「神辨自然」之說於是可穩定的屹立於人世。

然而在現實社會中，自然主義卻衰落了。一方面是新自然主義並未眞正改善浮華缺陷，仍可放縱情欲不判善惡，於是生南朝權貴種種荒誕行徑，東晉名士之雪夜訪友、排門看竹一變而爲帝王之達旦捕鼠、寺廟偷狗，士大夫傅粉施朱，望若神仙，而膚脆骨柔，不辨虎馬；〔註247〕另一方面是佛教這一新名教具有政治利益，講神不滅可安定人心引人信仰，重善惡可勸善抑惡，雖然，皆以自身利益爲前題，但卻可在社會上普遍流傳，於是佛教興起自然沒落。但在現實中此過程之展現卻極爲複雜，玄釋二者相損中又相益，損益間還參雜了儒教。而三教外還有著政治與社會因素，蓋自然主義本爲魏晉世族傳統舊勢力，並以道教信仰的形式根深蒂固的盤結於社會中。相對的，佛教則是新興勢力，初期尚借用老莊玄理打入社會，玄釋互通，後期則自顯面目更張旗幟，於是南朝諸帝王家，如劉、蕭，便自然傾向佛教，因爲劉、蕭諸族乃新興變革勢力，族姓寒微，與名門世族不同，推崇佛教一方面可藉以拉攏奉佛之世族；一方面可打壓奉道之世族。故延續東晉末年時風，以致諸多后妃王子信佛。〔註248〕於是玄釋相爭，至南朝尤盛，隨著新興政治勢力的擴張與社會需求，無可稽求的神冥之佛戰勝了徵諸實理的自然，自然主義將近四百年的實驗終於落幕。以下則依歷史時期說明自然主義在現實中衰落的過程。

早在晉末已然在政壇上與社會中爆發了玄釋之爭。這可由司馬道子與桓玄的政爭見出。東晉孝武帝十歲即位，康獻褚太后臨朝攝政，而以瑯琊王司馬道子爲司徒，此三人俱奉佛，武帝「但與道子酣歌爲務，姏姆尼僧，尤爲親暱，並竊弄其權」，「僧尼乳母，競進親黨」，〔註249〕帝與道子敬奉尼妙音，於是佛教正式進入權力中心。〔註250〕而司馬道子殺五斗米道孫泰，於是在隆安三年至元興元年間（西元399～402年）引起孫恩、盧循等道教社會勢力叛亂。〔註251〕亂雖平，桓玄則藉此而起，掌控北府軍攻入建康，殺司馬道子，

〔註247〕《國史大綱》「南朝王室之惡化」與「南朝門第之衰落」，200～204頁。

〔註248〕《漢魏兩晉南北朝佛教史》「諸王與佛教」，453～457頁，湯用彤，臺灣商務，1938.6.初版，1998.7.臺二版二刷。

〔註249〕《晉書・會稽文孝王道子傳》，1733頁。

〔註250〕《漢魏兩晉南北朝佛教史》，348～350頁。

〔註251〕《南方的奮起》，324、325頁，姚大中撰，自印，民65年。

逼晉安帝退位，建立楚國（西元 403 年）。而此中實含玄釋二派勢力鬥爭，蓋桓玄本人即是崇奉自然之名士，批評佛教「永乖世務」，「令一生之中，困苦形神，方求冥冥黃泉下福，皆是管見，未體大化」，〔註 252〕重建沙門盡敬之議，以為「沙門之所以生生資存，亦曰用於理命，豈有受其德而遣其禮，沾其惠而廢其敬哉」〔註 253〕，反佛貶佛立場十分清楚。簒位後反對立場雖稍軟化，但已使玄釋之別由隱而顯，二者並談玄理的融洽時期己過去了。

隨著劉宋的興起，佛教勢力真真正正成為社會主流。武帝己重佛法，優禮慧嚴、僧導，簒位符瑞亦假口於僧徒，〔註 254〕至文帝雅重文治則佛法大盛，關鍵在元嘉十二年（西元 435 年）京尹蕭摹之請制起寺及鑄像，文帝與何尚之、羊玄保等議此事謂：

> 朕少來讀經不多，比日彌復無暇，三世因果未辯厝懷，而復不敢立異者，正以卿輩時秀，率所敬信故也。范泰、謝靈運常言六經典文，本在濟俗為治，必求靈性眞奧，豈得不以佛經為指南耶？近見顏延之〈推達性論〉、宗炳〈難白黑論〉，明佛汪汪，尤為名理並足，開獎人意。若使率土之濱，皆敦此化，則朕坐致太平，夫復何事。〔註 255〕

這段話明明白白表示文帝取佛教非為「靈性眞奧」，而為「坐致太平」，這又分兩部分看：一為拉攏士大夫階級，所謂「卿輩時秀，率所敬信故」，何尚之謂「度江以來，則王導、周顗、庾亮、王濛、謝尚、郗超、王坦、王恭、王謐、郭文、謝敷、戴逵、許詢、及亡高祖兄弟、王元琳昆季、范汪、孫綽、張玄、殷顗，或宰輔之冠蓋，或人倫之羽儀，或置情天人之際，或抗跡煙霞之表。並稟志歸依，厝心崇信」，亦著眼於此；一為化治民心，所謂「開獎人意」。此點何尚之亦引慧遠「釋氏之化，無所不可。適道固自教源，濟俗亦為要務」助說，以為「家家持戒，則一國息刑」，〔註 256〕蓋「百家之鄉，十人持五戒，則十人淳謹。百人修十善，則百人和睦。傳此風教遍於守內，則仁人百萬矣。夫能行一善，則去一惡。去一惡，則息一刑。一刑息於家，則百刑

〔註 252〕《弘明集・桓玄書》，75 頁。
〔註 253〕《弘明集・桓玄與八座書論道人敬事》，81 頁。
〔註 254〕劉裕雖貴為帝王，但出身寒素，又是武夫，必與當時門閥世族不通氣，奉佛以與朝廷中自然主義之舊勢力相抗乃極為自然之事。且桓玄反佛，則取而代之者亦可以奉佛取得自身政權合法性。
〔註 255〕《高僧傳・釋慧嚴傳》，261 頁。
〔註 256〕《高僧傳・釋慧嚴傳》，261、262 頁。

息於國。則陛下言坐致太平是也」，〔註 257〕如此帝王豈能不動心？於是本來「未甚崇信」佛法的文帝「自是信心迺立，始致意佛經」，〔註 258〕慧琳、何承天與宗炳、顏延之、劉少府諸人在玄釋上的爭辯最終便在「神道助教」的政治考量下結束，〔註 259〕講神滅、不重善惡之別的自然主義自東晉以來首次正式退出政治權力中心。

南齊時朝廷奉佛已成事實，自然主義已成收買對象。關鍵人物為竟陵王蕭子良。其人「少有清尚，禮才好士，居不疑之地，傾意賓客，天下才學皆遊集焉」，「移居雞籠山西邸，集學士抄五經百家，依《皇覽》例為《四部要略》千卷。招致名僧，講語佛法，造經唄新聲，道俗之盛，江左未有也」，〔註 260〕這顯然是崇尚文教，整理學術，所謂「總校玄釋，定其虛實」。〔註 261〕但其所著〈淨住子淨行法門〉充滿佛教教化功能，所謂「制御情塵，善根增長」，「祖述法王開化導達之方，統引群生履信成濟之也」，〔註 262〕其人亦「勸人為善，未嘗厭倦，以此終致盛名」，〔註 263〕可知「總校玄釋，定其虛實」實欲在朝廷奉佛後進一步以佛理一統學術收編玄學。這種態度最明顯的表現在與范縝論神滅上。縝因盛稱無佛而與子良論因果，事已見前述。唯此論理非僅純學術上的探討，而具有重大的政治意義，講因果不但可勸人為善而且可以使王者自貴，是以《南史》載：

> （神滅）論出，朝野諠譁。子良集僧難之而不能屈。太原王琰乃著論譏縝曰：「嗚呼范子，曾不知其先祖神靈所在。」欲杜縝後對。縝又對曰：「嗚呼王子，知其先祖神靈所在，而不能殺身以從之。」其險詣皆此類也。子良使王融謂之曰：「神滅既自非理，而卿堅執之，

〔註 257〕《弘明集・何令尚之答宋文皇帝讚佛教事》，71 頁。

〔註 258〕《高僧傳・釋慧嚴傳》，261、262 頁。

〔註 259〕〈何承天評傳〉謂諸人所成之爭辯至少有三次：第一次主因何承天把慧琳〈白黑論〉出示宗炳而引起，現《弘明集・卷三》載有往來論辯書信五篇；第二次由於宗炳針對〈白黑論〉寫下〈明佛論〉，致何承天寫〈達性論〉駁之，而顏延之又駁之，現《弘明集・卷四》載有往來論辯書信五篇；第三次由於何承天寫〈報應問〉，而與劉少府發生爭論，現《弘明集・卷十八》載有劉少府〈答何承天〉一文。讀者可參《范縝評傳》附〈何承天評傳〉，278 頁，潘富恩著，南京大學出版社，1996.一版。

〔註 260〕《南齊書・竟陵文宣王子良傳》，698 頁，，蕭子顯撰，鼎文出版，民 64。

〔註 261〕《續高僧傳・釋法護傳》，125 頁，道宣撰，文殊出版社，民 77.6.出版。

〔註 262〕《廣弘明集・統略淨住子淨行法門序》，316、317 頁。

〔註 263〕《南齊書・竟陵文宣王子良傳》，700 頁。

> 恐傷名教。以卿之大美，何患不至中書郎？而故乖剌爲此，可便毀棄之。」縝大笑曰：「使范縝賣論取官，已至令僕矣，何但中書郎耶。」〔註 264〕

從「朝野諠譁」來看，此時奉佛風氣已與何承天時大異，故子良集僧難之、王琰著論譏之、王融以官說之，雖神滅之說於理有據，但在現實中則愈益衰落而成爲佛教勢力收編的對象。

最後，至梁朝時佛教成為國教，道教式微而自然主義結束了。天監三年（西元 502 年）蕭衍「與道俗二萬人於重雲殿重閣上手書此文（捨道文），發菩提心」，在這場官辦盛大的皈依會上佛教正式成爲國教，非此者皆爲邪教。詔謂：

> 《大經》中說道有九十六種，唯佛一道是正道，其餘九十五種，名爲邪道。朕捨邪外以事正內諸佛如來，若有公卿能入此誓者，各可發菩提心。老子、周公、孔子等雖是如來弟子，而化跡既邪，止是世間之善，不能革凡成聖，其公卿百官侯王宗族宜反僞就眞，捨邪入正。〔註 265〕

在此詔中，梁武帝繼漢武帝「獨尊儒術，罷黜百家」之後將佛教建立成〝新名教〞。蓋「唯佛一道是正道」即是獨尊，而佛教教義在價値上本具有最終、永恒、唯一、不滅等〝大一統〞特質，故可爲之。獨尊之後，便罷黜百家，其餘諸道「名爲邪道」，但暗地裏則對它家吸收包容，與漢儒吸收陰陽道法諸家內涵一般，故以老子、周公、孔子等爲如來弟子，化跡爲世間之善，而在實際推行中三教兼取，故以儒家孝道說奉佛蔬食，自謂南面之後「方食輟箸，對案流泣，恨不得以及溫凊，朝夕供養」，「因爾蔬食，不噉魚肉」，〔註 266〕「常以庭蔭早傾，常懷哀感」，「故留心釋典」，〔註 267〕並特爲〈孝思賦〉一篇，且立五經博士，其〈敕答臣下神滅論〉並引〈祭義〉、〈禮運〉爲說。而道家玄學，「洎乎梁氏，茲風復闡。《莊》、《老》、《周易》，總謂三玄。武皇簡文，躬自講論」，〔註 268〕道士陶弘景亦「援引圖讖數處，皆成梁字，令弟子進之。

〔註 264〕《南史・范縝傳》，1421 頁，李延壽撰，鼎文出版，民 64。
〔註 265〕《廣弘明集・捨事李老道法詔》，116 頁。
〔註 266〕《廣弘明集・梁高祖淨業賦》，346 頁。
〔註 267〕《歷代三寶記・卷十一》
〔註 268〕《顏氏家訓集解・勉學》，179 頁。

高祖既早與之遊，及即位後，恩禮逾篤，書問不絕，冠蓋相望」，〔註 269〕可知儒玄仍在，此乃〈述三教詩〉所謂「晚年開釋卷，猶月映眾星」。而在學術一統後又傾向政教合一，故詔「公卿百官侯王宗族宜反僞就眞，捨邪入正」而「門下速施行」。皇帝自身亦抄經、講經、受戒、捨身等樣樣皆來，〈捨事李老道法詔〉亦謂帝「日唯一食，永絕辛羶，自有帝王，罕能及此」，又徵僧譯經、遣僧尋經、造像建寺、設會捨身、制斷酒肉等等皆不遺餘力，並親受菩薩戒，法名冠達，更曾欲爲白衣僧正，〔註 270〕充滿自成現世教主親統眾僧的意味，嘗謂「佛法寄囑人王，是以弟子不得無言」，〔註 271〕是以屢以皇帝詔敕處理佛事，〔註 272〕在位四十八年幾可謂爲以佛教治國，因政治因素奉教或滅教之帝王南北朝皆有，但似梁武帝如此盡心盡力崇奉佛教者則絕無僅有，佛教因此而成爲〝新名教〞。

隨著佛教成為〝新名教〞一事，自然主義滅亡了。因爲新名教已成爲至高無上凜然不可侵犯的教條，此由郭祖深與荀濟二人反佛之事可知，郭祖深上疏封事二十九條，然輿櫬上奏，由此可知其觸犯忌諱之深也。而荀濟上書武帝斥佛法禍國，廢儒道而虧名教，最終則以懼誅而奔魏。故自中國第一個名士皇帝簡文懷疑佛教至極之功始，到慧遠與桓玄爭沙門不敬王者，再到何尚之說宋文帝崇佛，再到齊竟陵王爲齋戒「賦食行水或躬親其事」，佛教勢力一步一步上升，自然主義勢力一步一步下降，終至全盤皆輸，蓋佛教既不可批評，則自然主義在現實社會中的推動力量自然全部喪失，於是將近四百年的自然主義實驗結束了，徒餘士大夫玩弄虛浮之諸種柔弱風氣。

然而從魏晉南北朝自身之整體發展來看，自然主義實因其瓦解作用而興，亦因其瓦解作用而衰。蓋漢末名教僵化、分裂、虛僞與狡詐的風氣已形成社會亂象，並爲有良知的知識分子，於是自然主義興起，「以無爲本」，以道爲無，藉著「無」而瓦解了最高價值的具體內容，在「無」的無爲、無名、無形下癱瘓了中央集權的政府，而將權力解放至夏侯玄、何晏等名士清流手

〔註 269〕唯此時道士亦有佛教化的現象，如陶弘景謂其「曾夢佛授其菩提，記名爲勝力菩薩，乃詣縣阿育王塔，自誓受五大戒」。參《梁書・陶弘景傳》，743 頁。

〔註 270〕《漢魏兩晉南北朝佛教史》，474～476 頁。

〔註 271〕《廣弘明集・斷酒肉文》，305 頁。

〔註 272〕《弘明集》有〈大梁皇帝敕答臣下神滅論〉，《廣弘明集》有〈捨事李老道法詔〉、〈出古育王塔下佛舍利詔〉與〈斷殺絕宗廟犧牲詔〉，讀者可參。

中，無名而不可名，不可名而無不名，在「無」的簡靜、任眞、包容的作用下化解名教的分裂、衝突、僵化與爭奪，自然主義因而由野而朝，登上政治舞臺，這是自然主義第一波的瓦解行動，雖然在司馬氏等名教餘孽的反撲下發生高平陵事件，而於政治上遭受挫敗，但風氣已立，於是在西晉時又產生了第二波的發展；在第二波的發展中所有的概念都被瓦解了，郭象「玄同彼我」的觀點使得彼我不分、黑白不明、是非不別、有無不異、名教同於自然，於是第一波「以無爲本」的「無」不止是內容沒了，連概念在認知中所形成的對象也沒了，「無」因而無了，不再存在著至高無上的價値，不管它多虛無，是以「有」則塊然自生，每一個個人亦是自生自滅，而在這一生滅過程中則只以適〝意〞爲最高價値，若張翰之「貴得適意」，而〝意〞只有自我之意識，不具固定內容，沒有固定概念，於是無名成了不可名之以定名。然而此無定名終究是有意識的，終究包容了名教之名，樂廣所謂「名教中自有樂地」，於是名教餘孽仍可作祟，形式上一統之江山仍無法維持，西晉滅亡了，東晉偏安江南，而開始了自然主義下一波的發展。在第三波的發展中，連〝意〞也不重要了，固定之意念被瓦解了，取而代之的是「情」，是我與萬物相遇而生之天眞，「當其欣於所遇」，則「快然自足，不知老之將至」，而「情隨事遷」，天地乃萬物之逆旅，光陰乃百代之過客，自其變者觀之，則曾不能以一瞬，在悲欣變化中，一切都只存在當下，「適我無非新」，一切既不重複，自然無名而不可述，宇宙大化只是展現，永不「再現」。然而即是如此悲欣之「情」亦不可久，因爲眞情無用，不可亦不能完成事功，於是東晉滅亡了，而佛教則提出永恒不滅之「神」作爲至高無上之新價値，以因果報應勸人爲善，而成爲新名教，於是自然主義又有了延續的發展；在第四波發展中，陶淵明又以新自然主義而主張「神」滅，於是將事物間之因果關係瓦解，於是善惡悲欣都只能純任自然而無所講求與取捨，「縱浪大化中，不喜亦不懼，應盡便須盡，無復獨多慮」，人的一生只如光中一影、海中一波，自然而然的起伏閃爍，如此而已，於是自然主義最後連價値與意義的範疇也瓦解了，人生本不必以什麼爲意義，以什麼爲無意義，一如禪宗三祖僧燦〈信心銘〉所言「至道無難，唯嫌揀擇，但莫憎愛，洞然明白」。既然根本沒有價値這件事的存在，自然沒有什麼價値表述了，於是徹底〝無名〞，自然主義至此不但不可能爲現實中一般大眾接受，而且是自己消滅了自己，是以范縝理雖勝，但卻無人理會，自然主義終至盡頭，再也走不下去了。

第八章　無名與正名的融合與成果

從名實問題發生到實驗終結，近乎一千多年的歷程，名實問題的發展終於告一段落。先秦所產生的無名與正名兩個替選方案在實驗之後均告失敗，但是經過正名與無名的努力發展與各別實驗後，中國文化從此知道世間可有〝名教〞與〝自然〞這兩種對立的意識型態，同時，現實條件亦與先秦不同，於是在東晉末期自然主義衰落之際知識分子開始嘗試融合二者，取利去弊，尋找新的文化出路。在此新契機的尋找中，除了對舊有的文化遺產作一反省與總結之外，尚要面對佛教此一外來文化的刺激，而在實際歷史發展上則舊文化的總結與新文化的吸收二者並行，且相互影響。不過，整體概略而言，則是自然與名教先進行初步融合，然後再參入佛教的融合，而後完成學者所謂的〝三教合一〞。

而在名教與自然大的文化背景融合下，道與事、書與言、仕與隱等種種價值表述相關範疇中的問題也一一的解決了。道與事二層價值不再互相衝突，道的內在超越特性與事的外在功用特質己爲人所知，於是二者初步結合，共同建成一由內而外的價值系統；書與言二表述方式也不再互相排斥，文字形體和話語聲音在媒介與傳達上的種種作用與限制經過名實實驗後亦已清晰呈現，於是二者可自由的成爲價值在不同情境下表述的方式；至於知識分子之仕與隱也不再是截然二分的立場，仕者並不以隱者爲教化外人，隱者亦不以仕者爲朝廷之走狗，二者間不再互相敵視，因爲在〝價值表述〞這件事前知識分子擁有共同的立場，不容外力決定。於是仕與隱共同組成一個知識階層，而仕隱出處則成爲知識分子於世間否泰禍福中自在的抉擇。

當然，最為核心的名實問題在此也取得一致的結論。經歷長期的名實發展之後，不但在中國文化中確立了名與實兩個不變的範疇，而且認清了名與實二範疇的性質、功能、作用與限制。名的意義主在其具有社會傳達功能，因其有形，故有用，而實則是存在的本體，亦是價值的根源。但從事物本身來看，則其存在與外界存在之事物息息相關，而名是眾多事物彼此互動的關鍵，是以就個別事物而言，名有其獨立存在之價值。於是從最高價值來看，實是本體，名是功用；從個別事物來看，名因實而生，但實又因名而變。於是從靜態來看名實二者就變成既相離又相合的關係，從動態來看就變成互爲主客的關係。而這種種關係落實在價值表述一事上來看，則形成了一種前所未有的新觀點：境界。這種觀點來自佛教，而使得價值之表述不再死死的固定於語文中或飄忽不定的浮華於人心上，而成爲一因人因事而定的運用與詮釋觀點，價值是體，表述是用，而價值的表述則以〝境界〞而定。於是無名與正名必然對立的關係因而消解，價值可否表述的問題在此階段終於有了一個明確的結論。

然而上述種種名實問題發展的成果並不以一清晰的面貌呈現在具體的歷史發展中。根本而言，歷史本是一流，無始無終，是以名實發展亦不可能有明確之終始。但是此一發展終止曖昧不清的面貌更有其自身因素，因爲此一終止只能算是階段性的結束，名實問題本身並未終止，後續仍有另一階段的新發展。而在此情況下，此一階段的終止又參帶了下一階段的開始，新舊交接，在各種因素交互拉扯下，舊勢力能量已然失去，但仍抗拒結束，新勢力觀點掙扎初生，但尚未能施行，於是過程拖得極長，過程中亦乏強而有力具體鮮明的歷史事件做爲發展階段的指標，歷史面貌於是變得混亂而曖昧。但是，從歷史大跨度來看，此一終結確實存在，兩漢名教與魏晉自然的衝突、道與事的對立、書與言的偏取、仕與隱的敵對和無名與正名的爭辯等等在此後的中國歷史中再也沒有如此極端的出現過，歷史洪流的走向確實在變，舊的有所終結，新的有所承續，代之而起的是另一種新的發展，而我們在此歷史的終結中不但可以看見過往經驗的累積，亦可看見新發展趨勢的凝成，故而本章對名實發展成果的論述將由文化意識的大範疇開始，而後逐漸縮小至價值、表述與知識分子等相關範疇，最後，再集中於名實範疇論述，以爲先秦所提出價值可否表述的問題做一解答。

第一節　自然與名教的融合與體用

早在東晉後期自然便開始與名教融合。〔註1〕當知識分子嘗試以名教修正自然時，便已帶有融合二者的意味，如庾翼貽殷浩書謂「大合聲譽，極致名位，正當抑揚名教，以靜亂源」，王羲之以「清言廢務，浮文妨要」勸謝安，便是就社會名位的角度嘗試融合名教與自然；如王坦之〈廢莊論〉謂「先王知人情之難肆，懼違行以致訟」，故「每攝其契，而爲節焉」，「使夫敦禮以崇化，日用以成俗」，便是就群我相處的角度嘗試融合名教與自然。但眞正的融合則當自檢討與澄清自然與名教二者之特質開始。東晉初期李充〈學箴〉謂：

> 先王以道德之不行，故以仁義化之，行仁義之不篤，故以禮律檢之；檢之彌繁，而僞亦愈廣，老莊是乃明無爲之益，塞爭欲之門。……物必有宗，事必有主，寄責於聖人而遺累乎陳跡也。故化之以絕聖棄智，鎮之以無名之樸。〔註2〕

聖王名教之好處在於具體確實，將不可捉摸之道化而爲人人可以遵循的仁義禮律，故可化可檢。但名教亦因此而有虛僞刻薄繁瑣之弊，故有老莊之無名以明其本。其後戴逵又著論明自然與名教，其文謂：

> 儒家尚譽者，本以興賢也，既失其本，則有色取之行。懷情喪眞，以容貌相欺，其弊必至於末僞。道家去名者，欲以篤實也，苟失其本，又有越檢之行。情禮俱虧，則仰詠兼忘，其弊必至於本薄。〔註3〕

「儒家尚譽」，落於名跡，其利在興賢，其弊在「末僞」；「道家去名」，其利在篤實，其弊在「本薄」。在此，戴逵對名教與自然二者性質分析得更清楚了。而在這種分析中，自然明本名教顧末的特質自然顯現，所謂「聖教救其末，老莊明其本，本末之塗殊而爲教一也」，〔註4〕故以自然與名教二者也就自自然然的在本末觀點下初步融合了。而此種本內末外的融合模式又延續至佛儒二者的融合，故慧遠謂「求聖人之意，則內外之道可合而明矣」，〔註5〕孫綽謂「周孔即佛，佛即周孔，蓋外內名之耳」，〔註6〕宗炳謂「依周孔以養民，味佛法以養神」，

〔註 1〕此部分可與本論文第七章第四節參看。
〔註 2〕《晉書・文苑・李充傳》，2389 頁。
〔註 3〕《晉書・隱逸・戴逵傳》，2458 頁。
〔註 4〕《晉書・文苑・李充傳》，2389 頁。
〔註 5〕《弘明集・沙門不敬王者論》，31 頁。
〔註 6〕《弘明集・喻道論》，17 頁。

〔註7〕此亦道安所謂「救形之教爲外，濟神之教爲內」之意。〔註8〕

然而名教與自然融合問題全面而詳細的處理則有待於從史學傳統出發的袁宏。在其《後漢紀》中，袁宏以大量的文字來討論名教與自然合一的問題。其文謂：

> 夫稱至治者，非貴其無亂，貴萬物得所，而不失其情也。言善教者，非貴其無害也，貴性理不傷，性命咸遂也。古之聖人知其如此，故作爲名教，平章天下，天下既寧，萬物之生全也，保生遂性，久而安之，故名教之益萬物之情大也。當其治隆，則資教以全生，及其不足，則立身以重教，然則教也者，存亡之所由也。夫道衰則教虧，幸免同乎苟生，教重則道存，滅身不爲徒死，所以固名教也。污隆者，世時之盛衰也，所以亂而治理不盡，世弊而教道不絕者，任教之人存也。夫稱誠而動，以理爲心，此情存乎名教者也，內不忘己以爲身，此利名教者也。情於名教者少，故道深於千載，利名教者眾，故道顯於當年，蓋濃薄之誠異，而遠近之義殊也。統體而觀，斯利名教之所取也。〔註9〕

在袁宏筆下，名教不再以帝王之長治久安爲目的，而是以萬物之自然爲目的，故所謂的「至治」、「善教」不以無亂無害論，而以「萬物得所」、「不失其情」、「性理不傷」、「性命咸遂」論。這在名教價值上是一大逆轉，從至高無上之帝王政權一轉而至天地萬物之自然，「故名教之益萬物之情大也」。而名教之行，雖然，大部分人都是因爲「內不忘己以爲身」，因利爲之，但在袁宏筆下，於人心根本最深處，亦爲自誠之所爲，所謂「稱誠而動，以理爲心，此情存乎名教者也」，於是名教的根源亦在於自然。而名教既出於自然，二者自不相背，只是性質不同，故而融合也就完成了。

於是在名教出於自然的觀點下，袁宏重新定義了“名教”與“自然”。《後漢紀》謂：

> 夫君臣父子，名教之本也。然則，名教之作，何爲者也？蓋準天地之性，求之自然之理，擬議以制其名，因循以弘其教，辨物成器，

〔註7〕《弘明集・明佛論》，16頁。
〔註8〕《廣弘明集・二教論》，142頁。
〔註9〕《後漢紀・孝靈皇帝紀上卷第二十三》，185、186頁。

> 以通天下之務者也。是以高下莫尚於天地，故貴賤擬斯以辯物；尊卑莫大於父子，故君臣象茲以成器。天地，無窮之道；父子，不易之體。夫以無窮之天地，不易之父子，故尊卑永固而不逾，名教大定而不亂，置之六合，充塞宇宙，自今及古，其名不去者也。未有違失天地之性，而可以序定人倫矣；（？）乎自然之理，而可以彰明治體者也。末學庸淺，不達名教之本，牽於事用，以惑自然之性，見君臣同於父子，謂兄弟可以相傳爲體，謂友於齊於昭穆，違自然之本，滅自然之性，豈不哀哉！〔註10〕

名教在此變成了「準天地之性，求之自然之理，擬議以制其名，因循以弘其教，辨物成器，以通天下之務者也」。此一定義與董仲舒大一統的王教大不相同，亦和嵇康抑引人性的理解背道而馳，因爲名教的價值標準從王道經書換成了「天地之性」和「自然之理」，而爲制名弘教者所依循。若「違自然之本，滅自然之性」，則是「末學庸淺」者「不達名教之本」，「牽於事用」所爲，於是王弼注《老子》「始制有名」所未發明之理袁宏闡明了。而名教出於自然一說成立的關鍵則在於自然法理的建立，袁宏謂：

> 自古在昔有治之始，聖人順人心以濟亂，因去亂以立法。故濟亂所以爲安而兆眾仰其德；立治所以成治而民氓悅其理。是以有法有理，以通乎樂治之心而順人物之情者，豈可使法逆人心而可使眾兆仰德？治與法違而可使民氓悅服哉？由是言之，資大順以臨民，上言之道也；通分理以統物，不易之數也。〔註11〕

「自然之理」本是自然主義一貫的講求，自漢末楊泉〈物理論〉至西晉郭象《莊子注》皆時時及之，袁宏講名教亦是以此爲準，但與眾人所不同的是袁宏特別強調了「自然之理」的客觀性而將理與法共提，所謂「有法有理」，以通乎樂治之心而順人物之情，而未強調事物各自自然主觀性，於是人文法治便可在此種客觀「自然之理」下有了合法性，在法不逆人心的前題下，法亦成了自然。名教中主要的君臣父子關係與法治精神至此皆與自然相融，名教重新定義，其與自然之融合也就大致底定了。

而袁宏更以「君臣父子」關係為核心，持續論述了名教與自然融合的其餘問題。蓋「君臣父子，名教之本也」，故從君位出發來討論問題，而問題可

〔註10〕《後漢紀・孝獻皇帝紀卷第二十六》，214、215頁。
〔註11〕《後漢紀・光武皇帝紀卷第六》，53頁。

概略分成兩個方面來說：一屬內在道德價值中的種種問題，如忠孝、仁義、愛敬等。《後漢紀》謂：

> 立君之道，有仁有義。夫崇長推仁，自然之理也；好治惡亂，萬物之心也。……故上古之世民心純朴，唯賢是授，揖讓而治，此蓋本乎天理，君以德建者也。夫愛敬忠信出乎情性者也。〔註12〕

又謂：

> 夫仁義者，人心之所有也，濃薄不同，故有至與不至焉。當其至者，在君親之難若身首之相衛也，其不至者，猶有兒女之愛焉。無情於斯者，不得豫夫人倫矣。〔註13〕

先秦時仁義本為人道主義中之意識內容，在不屑為〝人〞的自然主義看來，非天生性情，故嵇康批評名教「造立仁義以嬰其心」，但在袁宏「人心之所有」、「自然之理」的論述下，仁義與愛敬忠信皆出乎情性，於是自然，故又謂「愛而效忠情之用也」，〔註14〕從而解決了自然與名教在內在德性上的隔闔；一屬外在實質社會面中的種種問題，如政權、公私、群我等。袁宏謂：

> 夫君位，萬物之所重，王道之至公。所重在德，則弘濟於仁義；至公無私，故變通極於代謝。是以古之聖人知治亂盛衰有時而然也，故大建名教，以統群生，本諸天人，而深其關鍵。以德相傳，則禪讓之道也；暴極則變，則革代之義也。廢興取與，各有其會。因時觀民，理盡而動。〔註15〕

君位乃「王道之至公」，在以往，名教中王道之公乃為天命，而非私成，故君王乃真命天子，政權輪替則是五德終始運行的結果。但這種「至公無私」往往與事物自然之私衝突，可是在袁宏的自然之理與「大建名教」、「本諸天人」、「因時觀民，理盡而動」等前題下，此一帝王之公便成了不自私而成萬物之私，政權興替不再以天命為準，而以萬物自然為主。故又謂：

> 聖人知天理之區別，即物性之所託，混眾流以弘通，不有滯於一方，然後品類不失其所而天下各遂其生矣！然君子之動非謀於眾也，求之天地之中，款之胸懷之內，苟當其心，雖殺身糜軀，未為難也。

〔註12〕《後漢紀・光武皇帝紀卷第三》，20頁。
〔註13〕《後漢紀・孝靈皇帝紀下卷第二十五》，209頁。
〔註14〕《後漢紀・孝安皇帝紀卷第十七》，139頁。
〔註15〕《後漢紀・孝獻皇帝紀卷第三十》，249頁。

苟非其志，雖舉世非之，而不沮也。〔註 16〕

所謂的公成了自然之理，於是「天地人物各以理應」，〔註 17〕而「統體之道，在乎至公無私，與天下均其欲」，〔註 18〕於是自然與名教在公私、一多、政權輪替等實際問題上的衝突也都消失了，「名教大定」，自然與名教融合了。

然而袁宏融合自然與名教的真正關鍵乃是自然為〝體〞為〝本〞，名教為〝跡〞為〝用〞的觀點。也就是說各取自然體道與名教利用之長，以自然之性情爲價值本體，以名教之禮文爲事業功用，結合二者而成。故「至治」貴「萬物得所，而不失其情」，「善教」貴「性理不傷，性命咸遂」，名教爲「準天地之性，求之自然之理」，因爲宇宙萬物之自然天性才是一切價值的本體與歸宿。然而「道恒無名」，這個價值本體卻是虛無縹緲，雖然玄妙不可言，亦浮華而不可捉摸，眞正在面對社會群眾時則得以具體之禮文呈現，「正名成事」，這是名教之用，唯其如此民方知何所措其手足，故必得「平章天下」，「擬議以制其名，因循以弘其教」，將無形無爲之道化而爲具體有形之行爲規範，如此才能講求仁義分別是非，「辨物成器」，才能「通天下之務」，「斯利名教之所取也」。而有形有名有爲之名教若不能以自然虛無之性爲價值之根本則又將失去清新活潑的生命力而落入兩漢名教詐僞僵化分裂的窠臼，此乃袁宏所謂「末學庸淺，不達名教之本，牽於事用，以惑自然之性」，「豈不哀哉」。自然之性爲名教之〝本〞，名教之利爲自然之〝用〞，二者各有其分，決不可錯亂。在〝本跡〞與〝體用〞的認知模式下自然與名教各得其位，各適其分，道、德、仁、義亦各有其所，〔註 19〕於是名教再不是董仲舒與嵇康筆下的名教，自然亦不是郭象與葛洪口中的自然，二者內涵不但不同，意識型態亦有所變，故皇侃爲《論語》一書釋名時謂「聖人應世，事跡多端，隨感而起，故爲教不一」，是以「此書之體，適會多途，皆夫子平生應機作教，事無常準」，「義既不定於一方，名故難求乎諸類」，然爲尊仰聖師，垂軌萬代，「既方爲世典，不可無名」，「因題《論語》兩字，以爲此書之名也」。〔註 20〕此後中國人再也不必一定要在名教或自然之中選擇一種，亦不必再爲了名教或自然相互對立，舊時代的問題初步解決了。

〔註 16〕《後漢紀・孝安皇帝紀卷第十七》，139 頁。

〔註 17〕《後漢紀・孝章皇帝紀卷上第十一》，91 頁。

〔註 18〕《後漢紀・光武皇帝紀卷第七》，56 頁。

〔註 19〕此可參本章第二節價值系統的初建。

〔註 20〕《論語注疏及補正・論語義疏敘》，世界書局，民 52.5.初版。

而〝本跡〞與〝體用〞的認知模式在此問題上之所以有用乃因〝本〞與〝跡〞、〝體〞與〝用〞彼此間所形成的是一種既二又一的關係。以自然爲本爲體，以名教爲跡爲用，便適切的處理了二者明明不同卻又融合一體的特殊關係，此乃先前名實發展所無。在先前的名實發展中，名教因爲講求大一統，宇宙天地間所有的事物都要網羅進入此一結構系統，故而形成〝本末〞認知模式，因爲〝本〞與〝末〞是一體的關係，但這卻泯滅了事物個體之獨立價值與自由。到了自然講求自然而然，於是宇宙天地間所有的事物都要被解構分離成獨立的個體，故而形成〝有無〞的認知模式，因爲〝有〞與〝無〞截然二分，個體雖覺醒而自由，卻也形成混亂與不安，最後，連自我也被解構了。其後雖有形影聲響之喻出現，但形與影、聲和響在主動價值上仍偏重形與聲，故而未能展現事物分別之意義。而以〝本跡〞或〝體用〞爲名來論述與理解事物關係，因爲〝本〞自非〝跡〞，〝體〞自非〝用〞，但〝本〞〝跡〞對應唯一而〝體〞〝用〞亦合同不分，便可用以說明事物既分又合的巧妙關係。而且更妙的是這樣的比喻又可兼顧二端之價值，本體自有其價值，跡用亦有其意義。蓋跡雖由本而致，但跡有長存之功，此爲本所不能。而用雖因體而成，而用有權變之利，此爲體所不及。〝本跡〞、〝體用〞模式既有利於細緻巧妙的論述，故又爲袁宏用以處理各種文化相關問題，如其論政治制作謂「善爲治者，必體物宜，參而用之。所以作而無過，各得其方矣」；〔註21〕論治理天下謂「經綸之方，在乎設官分職，因萬物之所能；統體之道，在乎至公無私，與天下均其欲」；〔註22〕論樂謂「樂之爲用，有自來矣。……然樂之爲體，以心爲主，故無聲之樂，民之父母也」；〔註23〕論儒道謂「居極則玄默之以司契；運通則仁愛之以教化。故道明其本，儒言其用，其可知也」。〔註24〕所謂「必體物宜，參而用之」；「經綸之方」、「統體之道」；「樂之爲用」、「樂之爲體」；「道明其本，儒言其用」，皆是據本體、跡用二端著眼論述以疏通問題。事實上，我們可以說〝本跡〞與〝體用〞已成爲一種思考模式。於是在自然與名教的融合下，〝本跡〞與〝體用〞成爲一種新興的文化意識。

〔註21〕《後漢紀・光武皇帝紀卷第三》，21頁。
〔註22〕《後漢紀・光武皇帝紀卷第七》，56頁。
〔註23〕《後漢紀・孝明皇帝紀卷第九》，78頁。
〔註24〕《後漢紀・孝章皇帝紀下卷第十二》，102頁。

就在〝本跡〞、〝體用〞作用下，自然與名教問題轉生為儒釋道三教問題。因爲〝本跡〞與〝體用〞的認知模式使討論從名教與自然的具體內容中抽離出來，而形成一種開放性的框架，足以包容不同的內容，於是佛教得以加入討論。而加入討論的關鍵人物是僧肇，蓋僧肇內外典皆通，嘗以莊老爲心要，故可與於儒道討論。僧肇謂：

> 夫道之極者，豈可以形言權智而語其神域哉？然群生長寢，非言莫曉；道不孤運，弘之由人。是以如來命文殊於異方，召維摩於他土。爰集毗耶，共弘斯道。〔註 25〕

「道之極」的「神域」即是〝佛〞的覺悟境界，即是至高無上的價值本體，而價值本體無形無名無爲，故「形言權智」未可及。但是眾生昏昧不覺，於是不得不〝教〞，「弘之由人」，而教則「非言莫曉」，「形言權智」於是存焉。在此，僧肇所論其實即是佛教教法之完整呈現，〔註 26〕而隱藏在論述內容之背後的則是〝本跡〞、〝體用〞的認知模式。一旦採用了〝本跡〞、〝體用〞模式來處理佛與教的問題，無形之佛與有形之教便要互相修正彼此之有無，且當將此問題和儒道之自然與名教問題共論。故僧肇又謂：

> 夫聖心者，微妙無相，不可爲有；用之彌勤，不可爲無。不可爲無，故聖智存焉；不可爲有，故名教絕焉。〔註 27〕

從「聖心」之體來看，「不可爲有」，但從「聖心」之用來看，「不可爲無」。既然爲教「不可爲無」，故相較於其它價值仍得樹立一「聖智」存在，而不似自然主義所說「無既無矣」的各自自然。然佛又「不可爲有」，故似傳統名教之以價值固定於名上執著名相之舉亦得絕止。此處運用體用本跡模式來處理

〔註 25〕《維摩詰經集註・僧肇序》，2 頁。

〔註 26〕筆者按：就歷史而言，至南北朝時佛教傳入中國已久，但均未以其整體面貌出現。在東漢末年注重教化的時代，佛教文化只呈現了與教化相關的一面，如齋戒祭祀、省慾去奢、崇善去惡、仁慈好施等等。（讀者可參《漢魏兩晉南北朝佛教史》第五章。）至魏晉學術偏重義理，老莊盛行，佛法中談空論寂之義理成分亦隨之而興。（讀者可參《漢魏兩晉南北朝佛教史》第七章與第九章。）但佛法本是博大精深二端皆俱，既講空之又空玄之又玄的〝佛〞，論菩提、泥洹、般若、三昧，又重實之又實有之又有的〝教〞，行經典、教條、儀式、戒律，故無論依於名教或藉於自然，所現皆非全貌，但在〝本跡〞與〝體用〞模式下卻有了一個完整論述的機會，並且在此一模式下有了一個與儒道並論的基礎。

〔註 27〕《肇論中吳集解・般若無知論》，444 頁，僧肇著，洪修平釋譯，佛光文化，1997.。

問題不知是否受道安影響，亦不知是否受袁宏的影響，〔註 28〕但其方法則與袁宏處理自然與名教問題一致。然而僧肇於〝體用〞、〝本跡〞尚有進一步的發明，在運用體用本跡後又對模式本身做了一番思考。如其〈般若無知論〉（約西元 403～405 年間著成）即大明〝體用〞，《維摩詰經注》（約西元 406～409 年間著成）則析清〝本跡〞。〈般若無知論〉謂：

> 用即寂，寂即用。用寂體一，同出而異名，更無無用之寂而主於用也。〔註 29〕

僧肇此處極爲自覺的藉體用說明了價值與表述爲一的道理。體用二者雖異，但只是名異，實不異。既如是，便沒有無用之體與有用之體的區別，也就是說有用無用的區別並不是一實質存在的固定東西。《維摩詰經注》謂：

> 非本，無以垂跡。非跡，無以顯本。本跡雖殊，而不思議一也，故命侍者，標以爲名焉。〔註 30〕

僧肇又藉本跡極爲自覺的說明價值與表述爲二的道理。蓋體用爲一，這是就實而說，但就名而論，則分明有別，故雖「不思議一也」，然本跡有殊。而「非本，無以垂跡。非跡，無以顯本」，則知標名以分別本跡乃是因爲二者各有不可取代的功能與角色。總而言之，就道理本身而言則全部都是一，就事物功用而言則全部都殊異。故〈般若無知論〉又謂：

> 般若之與眞諦，言用即同而異，言寂即異而同。同故無心於彼此，異故不失於照功。〔註 31〕

這種「異而同」、「同而異」的關係即是體用本跡之妙。僧肇之前，無人如此清晰的說明此中之同異，故時人謂其「解空第一」，這是僧肇思想之主要價值，〔註 32〕亦是僧肇繼承體用本跡之外的發揚。於是透過融合名教自然所興起的〝本跡〞與〝體用〞模式便成爲儒釋道三教進行討論的平台，不但有利舊問

〔註 28〕筆者按：體用模式早在此前之儒道論述中已然出現，如《荀子・富國》「萬物同宇而異體，無宜而有用」、王弼《老子注》「萬物雖貴，以無爲用，不能捨無以爲體」等皆是。而道安《二教論》謂「三教雖殊，勸善義一，塗跡誠異，理會則同」，已含本跡模式，至於袁宏融合名教與自然更是運用本跡體用，可知僧肇之用體用乃爲繼承，但與諸人之直接關係則未易定，或爲此時代之大趨勢所致而已。

〔註 29〕《肇論中吳集解・般若無知論》，447 頁。

〔註 30〕《維摩詰經集註・僧肇序》，2 頁。

〔註 31〕《肇論中吳集解・般若無知論》，447 頁。

〔註 32〕《漢魏兩晉南北朝佛教史》第十章下「僧肇之學」，333～339 頁。

題的解決，並且有利於新文化的融合，從而促成了三教的交流，於是佛教文化正式與儒道接觸，形成了文化上三教鼎立的局面。

約在僧肇之後，〝本跡〞與〝體用〞模式開始普遍的在三教問題上作用。如宗炳《明佛論》即以體用模式會通儒道釋三教，文謂：

凡稱無爲而無不爲者，與夫法身無形，普入一切者，豈不同致哉？是以孔老如來雖三訓殊路，而習善共轍也。〔註33〕

在此，孔老如來之會通乃分體用本跡二層論，就體上言，無爲與無形「同致」；就用上言，跡自不同，但其用則一。而顧歡〈夷夏論〉亦以體用本跡會通佛道二教，其文謂：

道則佛也，佛則道也，其聖則符，其跡則反。〔註34〕

聖即價値之體，跡則教化之用。顧歡此文重道，與宗炳重佛不同，但以玄釋之聖道相符不二、玄釋之跡塗相反不一的說法則與宗炳相同，所謂「在名則反，在實則同」。〔註35〕而朱昭之〈難夷夏論〉謂「苦甘之方雖二，而成體之性不二」，文旨雖與〈夷夏論〉相反，而論述模式仍同體用。至於張融〈門律〉「道也與佛，逗極無二，寂然不動，致本則同，感而遂通，達跡成異」、〔註36〕明山賓〈答敕問神滅論〉「教有殊途，理還一致」、〔註37〕劉勰〈滅惑論〉「夫孝理至極，道俗同貫，雖內外跡殊，而神用一揆」等等亦皆在體用本跡模式下論說，〔註38〕由此可知，無論論者之宗旨爲何，重佛、重道或重儒，皆是以體用本跡模式作爲論述之框架與平台。

而在論述三教關係之外，〝本跡〞與〝體用〞模式亦廣受應用，本身亦受到知識分子的探討。如范縝〈神滅論〉謂「形稱其質，神言其用，形之與神，不得相異」，以爲形神二者「名殊而體一也」，正是以質用爲體用。此遠源於郭象「質大者，所用不得小」之言，近似於僧肇「用寂體一，同出而異名」之言，故知范縝論神滅即是巧妙的應用體用模式而成。而體用本跡的運用與探討在佛教義理的發展中尤盛，並直延續至隋唐以後，如陳代天台宗慧思謂：

〔註33〕《弘明集・明佛論》，12頁。
〔註34〕《南齊書・卷五十四顧歡傳》，931頁。
〔註35〕《南齊書・卷五十四顧歡傳》，932頁。
〔註36〕《弘明集・張融門律》，39頁。
〔註37〕《弘明集・答法雲與公王朝貴書》，67頁。
〔註38〕《弘明集・滅惑論》，51頁。

今云體用無二者，非如攪眾塵之別用，成泥團之一體，但以世諦之中，一一事相即是眞諦全體，故云體用無二。〔註 39〕

即是針對體用模式進行反省。隋代智顗並立本跡二門以說《法華經》二十八品，而三論宗吉藏更在《大乘玄論・卷一》對五種體用論說予以分析。至唐華嚴宗法藏說法亦屢及體用，如其《華嚴經探玄記・卷一》謂「體用各別，不相和雜，方成緣起」、《華嚴經旨歸》謂「體用一對，謂此經中，凡舉一法，必內同眞性，外應群機，無有一法體用不具」、《華嚴經義海百門》謂「觀體用者，謂了達塵無生無性一味，是體；智照理時，不礙事相宛然，是用。事雖宛然，恆無所有，是故用即體也。如會百川以歸於海。理雖一味，恆自隨緣，是故體即用也」等等，〔註 40〕禪宗六祖慧能亦謂「定惠體一不二。即定是惠體，惠是定用」。〔註 41〕這股體用本跡風潮並漫延至道教文化中，如成玄英《老子義疏》謂「道不離物，物不離道，道外無物，物外無道，用即道物，體即物道」、《莊子・逍遙遊疏》謂「斯蓋即本即跡，即體即用，空有雙照，動寂一時」，王玄覽《玄珠錄・卷上》謂「識體是常是清淨，識用是變是眾生，眾生修變求不變，修用以歸體，自是變用識相死，非是清淨眞體死」，司馬承禎《坐忘論・泰定》謂「心之爲物，即體非有，隨用非無」。最後連柳宗元也沾染此風，其〈送琛上人南遊序〉「有能言體而不及用者，不知二者之不可斯須離也。離之外矣，是世之所大患也」，〔註 42〕即是針對體用論說。至宋明理學，體用更成爲不可或缺的文化模式。〔註 43〕

於是在自然與名教融合之後，〝本跡〞與〝體用〞成為名實發展終結中重要的文化意識。知識分子不但用此模式融合自然與名教，亦用此模式認知與處理儒釋道三教中價值與表述的核心問題，更透過此一模式處理所有價值表述的相關問題，一如兩漢儒生以〝本末〞、魏晉名士據〝有無〞之論述所有問題。但在文化功能上，〝本跡〞與〝體用〞則是揉合了〝本末〞之一體與〝有

〔註 39〕《大乘止觀法門》，682 頁，陳慧思著，《卍正藏經》第六十二冊，668～706 頁，新文豐出版公司，民 69.6.出版。

〔註 40〕以上參《中國哲學範疇發展史》（天道篇）第三節，638～642 頁。

〔註 41〕《壇經校釋》13，26 頁，慧能著，郭朋校釋，文津出版，民 84.4.初版。

〔註 42〕《柳河東全集・卷二十五・送琛上人南遊序》，13 頁，柳宗元撰，臺灣中華書局，民 81.1.二版二刷。

〔註 43〕《中國哲學範疇發展史》（天道篇），642～653 頁，張立文著，五南圖書出版公司，民 85.7.初版一刷。

無〞之二分而成，可一可二，具有更大的包融性、分析性與彈性，從而解決了〝本末〞與〝有無〞二思維型態間的衝突，而成爲名實發展的終結過程中處理問題的討論平台與認知架構，亦成爲其它種種文化問題的大背景，在這種富有彈性與活力的模式下中國文化不但總結了舊文化，亦發展了新文化，完成其時代任務，並再次形成新的發展生力。而道與事、書與言、仕與隱與名實中種種問題的衝突與發展便在此框架下開始融合與成形。

第二節　價值系統的初立

從整個歷史發展看來，〝價值〞一事本隨著名實問題而成長變化。隨著名與實的分離，知識分子開始關心〝名〞後之〝實〞，亦即隱藏在所有人類行爲與社會措施背後的動機，由此〝價值〞成爲文化中一獨立之範疇。而在名實發展中，隨著名教的建立，〝事〞在王道之下被視爲一重要之價值，人所有的行爲與制度都被視爲有始有終的〝事〞來處理，有固定的行爲模式與可遵循的行爲準則，有外在客觀的目的與功效。又隨著自然的風行，〝道〞在自然之下被視爲一重要之價值，人所有的行爲與措施都出自於道，而道無始無終，只是自然自在，沒有目的，不求功用，是以由道之行亦無始無終，如風流化，沒有必然，亦沒有不必然，沒有目的，亦不求功用，因爲其自身即是目的與功用，其自身即充滿滿足。

而在兩漢名教與魏晉自然具體的歷史發展中，〝道〞與〝事〞二價值乃處於衝突與對立的狀態。此自因二者性質本有不同所致，故早在先秦《莊子‧大宗師》即謂「相遺乎道者，無事而生定」，是以爲道者「不以事爲務」。到了名教實驗的時代，〝事〞的份量開始凌駕於〝道〞上，《韓詩外傳‧卷五》謂「上設其道，而百事得序」，《史記‧太史公自序》謂「上明三王之道，下辨人事之紀」，道不僅落實爲王道，而且是爲成事而存在。而士者仕也，事也，知識分子之士則成了「不及化，可使守事從上而已」，至漢末仲長統《昌言》則直謂「人事爲本，天道爲末」了。但亦早在東漢中葉時自然主義已開始萌芽，〝道〞亦漸由指王道而轉爲指天道，地位亦逐漸提升，王充《論衡‧寒溫》謂「天道自然」，「使應政事，是有，非自然也」，《論衡‧自然》謂「說合於人事，不入於道意」，正是價值轉變的表現，至自然開始風行之時，〝道〞的地位便開始凌駕於〝事〞上，當東漢末年天下大亂，士人多隱逸山林時，〝事〞

的價值便大幅下降，故范蔚宗《後漢書・逸民列傳贊》謂「道就虛全，事違塵枉」，至魏時則有「前世皆儒學」的阮咸主張「尚道棄事」，其後王衍更是「口不論世事」，〔註44〕連說也不說了。從此種〝道〞、〝事〞對立的狀況而言，〝價值〞在中國文化中不但沒有一致的內容，而且沒有一致的根源與基礎，簡單的說，〝價值〞一事在中國文化中處於一種分裂不安的狀態。

但到名實發展終結時，隨著名教自然的融合與體用模式的興起，本然衝突的〝道〞與〝事〞二價值亦開始融合。在自然為體名教為用的架構下，以萬物自然之性情為法的〝道〞就和以人為禮法之制度為用的〝事〞結合了，故袁宏謂：

> 夫人生合天地之道，感於事動，性之用也，故動用萬方，參差百品，莫不順乎道，本乎性情者。〔註45〕

人生所有的行為與判斷皆當「順乎道，本乎性情」，自然之性情乃是道之本體。而此本體「感於事動」，而後發為各種行為，造為各色事物，「動用萬方，參差百品」，此中種種人為之事物則是「性之用」，〔註46〕而此性用即是〝事〞之功用，於是道與事初步融合了，這完全合乎袁宏名教為體自然為用的說法，但〝事〞用的根源不再是王道而是天道，而〝道〞體的施用亦不再是任意而是名教，故謂「道衰則教虧」，「教重則道存」。〔註47〕而在「道明其本，儒言其用」，「本乎性情」、「感於事動」的觀點下，袁宏又對儒道兩家之德目做了融合，其言謂：

> 是以為道者，清淨無為，少思少欲，沖其心而守之，雖爵以萬乘，養以天下，不榮也。為德者言而不華，默而有信，推誠而行之，不愧於鬼神，而況於天下乎？為仁者博施兼愛，崇善濟物，得其志而中心傾之，然忘己以為千載一時也。為義者潔軌跡，崇名教，遇其節而明之，雖殺身糜軀猶未悔也。故因其所弘，則謂之風，節其所託，則謂之流，自風而觀，則同異之趣可得而見，以流而尋，則好惡之心於是乎區別，是以古先哲王必節順群風，而導物為流之途，

〔註44〕《晉書・王衍傳》，1236頁。
〔註45〕《後漢紀・孝桓皇帝紀下卷第二十二》，179、180頁。
〔註46〕筆者按：「性之用」的用字在此有因藉、依賴之意，乃古代語義，非純為今日使用、功用之意。而整句之意則與《後漢紀・序》「因前代遺事，略舉義教所歸，庶以宏敷王道」之意相同，事乃道之憑藉，性情無形，乃藉事顯。
〔註47〕《後漢紀・孝靈皇帝紀上卷第二十三》，185、186頁。

而各使自盡其業。故能班敘萬物之才以成務，經綸王略直道而行者也。〔註 48〕

透過對「爲道者」、「爲德者」、「爲仁者」、「爲義者」的描述，原本道家所講不仁不義之道德亦與儒家仁義等德目結合而成爲由上而下由高而低層次分明的價值序列。李充〈學箴〉謂「先王以道德之不行，故以仁義化之，行仁義之不篤，故以禮律檢之」，比較起來，袁宏對道德仁義做了更進一步的融合。而《後漢紀・序》謂末吏注疏「其所稱美，止於事義，疏外之意，歿而不傳」，〔註 49〕從「事義」與「疏外之意」二語來看，在袁宏心中似乎連〝意〞與〝義〞二者亦不再對抗，亦結合成今日所普遍使用的〝意義〞了。

而在〝體〞、〝用〞的對應融合下，〝道〞、〝事〞二者之價值特質與互動關係皆被釐清了。就「本乎性情」的道而言其價值特質是體，即是價值的本身，而此本體無形無名無始無終，不可分、不可知亦不可爲，這些特質在魏晉自然的實驗中呈現得非常清楚；可是就「動用萬方」的事而言其價值特質是用，即是價值的作用，而此功用有形有名有始有終，可分別、可知識亦大可爲，這些特質則在兩漢名教的實驗中表現得強而有力。這兩種不同的價值特質在體用的觀點下顯現得特別清楚，於是透過體用雖二仍一的模式道與事二者便各就各位的共同組合成一價值範疇，也就是說我們並不需要將道事二者視爲對立，來定奪何者具有價值主導權，而是依據二者的價值特質各盡其分的結合，因爲價值本就不是只有一個面向。這樣一個簡單的結論卻得在經歷了名教與自然六、七百年的漫長實驗之後才可能完成，而在體用模式中，道與事還要相互修正才能眞正完成二者之初步融合。袁宏謂：

彼數聖者受之哲王也，然而會通異議，質文不同，其故何邪？所遇之時異。夫奕者之思，盡于一局者也；聖人之明，周於天下者也。苟一局之勢，未嘗盡同，則天下之事，豈必相襲哉？〔註 50〕

聖哲乃「會通異議」，不再來自於唯一的根源，故「質文不同」，因時而異。既是會通眾物「質文不同」，則事亦不同，故「天下之事，豈必相襲」。於是名教中道的至高權威性動搖了，既以自然爲價值本體，而大化流行與時俱變，故欲「廣物慣心，通於古今」者不再是唯我獨尊，於是「風俗民情治化之術

〔註 48〕《後漢紀・孝桓皇帝紀下卷第二十二》，179、180 頁。
〔註 49〕《後漢紀・序》，1 頁。
〔註 50〕《後漢紀・孝章皇帝紀下卷第十二》，101 頁。

將數變矣」。〔註 51〕相對的，事的形名固定性亦動搖了，因爲既以萬物性情爲價值本體，則物隨時變，事隨物變，則天下無有必然如何之事，若「不達名教之本，牽於事用」，則將「惑自然之性」。〔註 52〕

而道事融合繼上述粗略的機械性組合後又持續發展出一種更細緻的融合。這主要表現在僧肇的理論中，其《維摩詰經・弟子品》注謂：

萬事萬名，虛假以生，道在眞悟，故超越假名。〔註 53〕

所有有形有名之事物都是虛假不實，唯有道才眞實不虛，是以「超越假名」，則「道之極者，豈可以形言權智而語其神域哉？」此乃因「聖心者，微妙無相，不可爲有」。故其又於「不惱於彼」下注謂：

道超事外，與物無逆，何惱之有耶！〔註 54〕

道是超於事外的，不受人間具體事物之干擾與煩惱。從「道超事外」一語來看，僧肇似乎主張道與事二者分離。但其又謂：

然則道遠乎哉？觸事而眞。聖遠乎哉？體之即神。〔註 55〕

在此，道與事又合一了。而此種合一乃不得不然，蓋「道不孤運，弘之由人」「非言莫曉」，故「用之彌勤，不可爲無」，是以「觸事而眞」，但此眞不是事眞而是道眞，眞道乃假事假物而現，於是事物之意義不完全在於其所成就之人世具體利益，而在其現道「體之即神」的作用。反過來說則是道雖超於事外，但在事外並無另一實存之道，道外也無其它虛假之事。此理實即僧肇「用寂體一」之意，道與事二者「同出而異名」，在有用之事外更無一個無用之道的存在。於是〝道〞與〝事〞二者以一更爲精緻的型態融合了，由此並延伸出後世宋明理學中的理與事之說。

自此以後，中國文化有了一個通融各種價值的價值系統。不管這個價值的完成屬於形而上或形而下，不管這個價值的呈現是有名或無名，不管這個價值的對象是獨一或眾多，統統都可以在道體事用的架構下求得其定位，並與其它各種不同性質的價值、意義或德目相安無事。謝靈運詩謂：

王璽戒誠信，黃屋示崇高。事爲名教用，道以神理超。〔註 56〕

〔註 51〕《後漢紀・孝章皇帝紀下卷第十二》，102 頁。
〔註 52〕《後漢紀・孝獻皇帝紀卷第二十六》，214、215 頁。
〔註 53〕《維摩詰經集註・弟子品第三肇注》，219 頁。
〔註 54〕《維摩詰經集註・弟子品第三肇注》，218 頁。
〔註 55〕《肇論中吳集解・不眞空論》，440 頁。

「事爲名教用，道以神理超」二句可說是道事融合之最佳總結。而這種融合不但處理了價值範疇內部分裂的問題，更融合了名教中價值下落與自然中價值超越的兩種動向，而大大的擴張了價值範疇中的具體內涵。這從道與事二次級範疇的整個歷史發展可知，如〝道〞，從其語義可知其最初之內涵乃指道路，而後由此人人所行道路之具體內涵發展而成王道，其後再超越受天命之王道而生成天道，其次再超越天道而生成自然之道，並再由自然之道超越爲自然之理，最後則超越成寂滅至虛的神理；又如〝事〞，從史、吏、事三字早先之語文關係來看其最初內涵當指王事，而後由王事落實而生出政事內涵，再由政事內涵下落爲具體之職事，其後再由職事下落爲一般生活中事，最後，則落實成泛指一切具體可察有目的、有動機之行爲與事物。於是道再也不僅指可行之道路，而亦可稱玄冥不可言說的神理，事亦不僅只指政治國家之大事，而亦可稱百姓日用之行。

於是道事融合為中國文化初步建立了一個超越與落實兼備的價值系統，在此系統中，從有形到無形間可以有著無窮的層次，並且全然開放，沒有界限。此後知識分子論事多藉此價值系統進行，如劉勰《文心雕龍・原道》謂：

> 爰自風姓，暨於孔氏，玄聖創典，素王述訓，莫不原道心以敷章，研神理而設教，取象乎河洛，問數乎蓍龜，觀天文以極變，察人文以成化；然後能經緯區宇，彌綸彝憲，發輝事業，彪炳辭義。〔註57〕

此即上溯無形之神理以下及有名之文章，藉道事系統以論文。在自然與名教合一之下不但天文與人文貫串一氣，而且在「原道心以敷章，研神理而設教」以「發輝事業，彪炳辭義」的道事系統中，文章獲得其地位。又如唐初歐陽修《晉書・藝術列傳序》謂「曰神與智，藏往知來；幽贊冥符，弼成人事；既興利而除害，亦威眾以立權，所謂神道設教，率由於此」，〔註58〕亦是採用道事融合的價值系統爲評論框架。而韓愈〈原道〉謂「博愛之謂仁，行而宜之之謂義。由是而之焉之謂道，足乎已無待於外之謂德。仁與義爲定名，道與德爲虛位」，則是藉道事系統以序位道德仁義諸德目。經歷了名實發展後，中國文化不但產生了價值範疇，而且建立了價值系統，所有價值均可歸溯於一個根源，而共安於一個系統內，再也不用鬧分裂了。而隨著價值系統初建

〔註56〕《文選・謝靈運從遊京口北固應詔》，1037 頁。
〔註57〕《文心雕龍注釋・原道》，2 頁。
〔註58〕《晉書・藝術列傳序》，2467 頁。

而來的問題則是語言文字的表述問題。

第三節　表述方式的解放

語言文字本是人類最重要之溝通工具，但隨其對價值的表述，語言文字本身也沾染了價值色彩。在兩漢名教的時期，不但在圖書中產生了經典概念，而且文字成爲聖人所發天意，在此情形下文字書寫成爲天意王事等價值不二的化身，高居廟堂之上，是以萬石君石奮誤書馬字下部五點竟驚恐致死，而《尉律》明載「史書或不正則舉劾之」，書法與正字等活動由此而生，同時從此價值色彩又生出圖書讖緯等神祕崇高之事物。而語言則成了「芻蕘之言」；相對於此，在魏晉自然的時期，因道恒無名的觀點而偏愛語言。語言隨境更改的特質充分表現了道「無物而不由」、「無妙而不出」的特色，於是眞正的語言，即清言，成了道之價值的直接體現，玄虛雅詠現於殿堂，詭辭與清談盛行，而書字則成了「聖人糟粕」。書與言二者各因其媒介特質而擁有了價值色彩，於是二者與名教自然、道事、一多、學不學等問題糾結一氣，而形成複雜的對立關係。表述中原本單純的媒介運用問題，在價值色彩的作怪下就形成了〝書〞與〝言〞相輕相斥的局面。但隨著道與事價值範疇的成立，語言文字在表述上的媒介特性也當隨之清晰，所沾染的價值色彩亦當逐漸褪去，這自然有益於書與言在表述上的運用，但眞正從價值色彩的干擾中解放出來則尚待於名教與自然融合、道與事統一之後。

在名教自然融合與道事統一之際，袁宏首先改變了〝書〞、〝言〞二者各自偏重的局面。在體用本跡模式下，袁宏將清談中言外之意的詮釋方式納入經典史傳的文義詮釋中，於是文書經典的權威與獨霸性減輕了，在言外之意所擴充的詮釋空間中，宇宙時空萬事萬物眾多的觀點受到包容與接納，相對的，則是文字書寫在媒介傳達上的恒久性質被凸出了。《後漢紀》謂：

> 聖人所以存先代之禮，兼六籍之文，將以廣物慣心，通於古今之道。今去聖人之幾將千年矣，風俗民情治化之術將數變矣。而漢初諸儒多案春秋，之中復有同異。其後殷書禮傳，往往間出，是非之倫不可勝言。六經之道可得詳，而治體云爲遷易無度矣。〔註59〕

〔註59〕《後漢紀・孝章皇帝紀下卷第十二》，102頁。

在自然爲體的前題下，「先代之禮」、「六籍之文」的表述目的是「廣物慣心」、「古今之道」，其中價值在於萬物自然之性情而非老天偉大的意志。而自然之中大化流行，時空變遷，「今去聖人之幾將千年矣，風俗民情治化之術將數變矣」，是以以萬物自然之性爲價值主體時，六經刻板僵硬的權威性便不可能，因爲一切事情都在變化。故又謂：

> 彼數聖者受之哲王也，然而會通異議，質文不同，其故何邪？所遇之時異。夫奕者之思，盡于一局者也；聖人之明，周於天下者也。苟一局之勢，未嘗盡同，則天下之事，豈必相襲哉？故記載廢興謂之典謨；集敘歌謠謂之詩頌；擬議吉凶謂之易象；撰錄制度謂之禮儀；編述名跡謂之春秋。然則經籍者，寫載先聖之軌跡者也。聖人之跡不同如彼，後之學者，欲齊之如此，焉可得哉？〔註60〕

既是自然爲體名教爲用，則古代聖王制度再也不是一成不變，「所遇之時異」而「質文不同」，故只是隨時爲用，天下之事不必相襲，於是在道體事用的架構下，「典謨」、「詩頌」、「易象」、「禮儀」、「春秋」等都成了「寫載先聖之軌跡者」，價值是本，表述是跡，經籍之價値雖非糟粕，亦非聖意直接之展現，而是聖人留下的事跡，既是跡便不是本，既是跡便有不同，故「聖人之跡不同如彼，後之學者，欲齊之如此，焉可得哉？」經籍眞正的價值乃在於透過古代聖人之跡去求聖人之道，而非模倣聖人之跡，模倣聖人之跡不但沒意義，亦且不可能，詮釋的需要在此產生，詮釋的空間亦在此形成。故《後漢紀》又謂：

> 夫史傳之興，所以通古今而篤名教也。……信足扶明義教，網羅治體。……然名教之本，帝王高義，韞而未敘。今因前代遺事，略舉義教所歸，庶以宏敷王道，（彌）前史之闕。……古者方今，不同其流，亦異言行，趣舍各以類書，故觀其名跡想見其人。丘明所以斟酌抑揚，寄其高懷，末吏區區，注疏而已，其所稱美，止於事義，疏外之意，歿而不傳。其遺風餘趣，蔑如也。今之史書，或非古人之心，恐千載之外所誣者多，所以悵怏躊躇，操筆恨然者也。〔註61〕

史傳眞正的價值在於記載「前代遺事」「宏敷王道」，但「帝王高義，韞而未敘」，因而需要後人詮釋，在本跡模式下，將不同之事跡整理詮釋，「趣舍各

〔註60〕《後漢紀・孝章皇帝紀下卷第十二》，101 頁。
〔註61〕《後漢紀・序》，1 頁。

以類書」，使可「觀其名跡想見其人」。於是透過詮釋，守文之事義與言外之聖意並傳。於是文字的表述藉著吸收了語言最可貴的「言外之意」和語言的表述融合了，在刻板之跡和無形之道間開拓了一個廣大的詮釋空間，而此詮釋空間容納了當下活生生的言者之意，在經典的詮釋中使古人之書與今人之言相合，使個人主觀之意與文字客觀之義相融而產生了完整的「意義」，這是詮釋時所要考慮的，當「詳其意義」，可能「意用小異，體義大同」，〔註 62〕故由文字書寫而成的經典獨大局面便消失了，在詮釋中，除了文本所提供的「文義」外，還要考慮產生文本的原因，即聖人所以言之意。而此意義，歸根結底乃來自客觀的自然之理，這是王充「以心意議」的詮釋主張所不及，亦是袁宏理論的新意。

另一方面，在自然之理的客觀價值下，語言的個體私異性又將受到名教德義的節制。《後漢紀》批評漢末清議謂：

> 執誠說，修規矩，責名實，殊等分，則守文之風有益於時矣！然立同異，結朋黨，信偏學，誣道理，使天下之人奔走爭競，弊亦大矣。崇君親，賞忠賢，潔名行，厲風俗，則肆直之風有益於時矣！然定臧否，窮是非，觸萬乘，陵卿相，使天下之人自置於必死之地，弊亦大矣。〔註 63〕

語言便於個人發表其意見與議論，利於「執誠說，修規矩，責名實，殊等分」「崇君親，賞忠賢，潔名行，厲風俗」，而易在鄉曲之間發揮其移易風俗的效用，這是語言的特質。但當此特質在以個人志意爲最高價値的狀況下，則易生成大弊，因爲個人主觀之意見易於偏頗而與人相爭，所謂「立同異，結朋黨，信偏學，誣道理」，而個人之價値透過議論易於過度膨脹而侵犯他人，所謂「定臧否，窮是非，觸萬乘，陵卿相」，要取其利而去其弊則當有所節制，故袁宏又謂：

> 古之爲政，必置三公以論道德，樹六卿以議庶事，百司箴規（以）諷諫，閭閻講肄以修明業。於是觀行於鄉閭，察議於親鄰，舉禮於朝廷，考績於所蒞，使言足以宣彼我，而不至於辨也；義足以，而不至於爲佞也；學足以通古今，而不至於爲文也；直足以明正順，而不至於爲狂也。野不議朝，處不談務，少不論長，賤不辯貴，先

〔註 62〕《文心雕龍注釋・檄移》，331、332 頁。

〔註 63〕《後漢紀・孝桓皇帝紀下卷第二十二》，180 頁。

王之教也。〔註 64〕

也就是說語言的媒介特質在於便利的表現當下事物之個別觀點，足以「宣彼我」、「通物心」、「通古今」、「明正順」，但此觀點在價值的應用範圍上應有所節制，節制的標準則是在自然之理的標準下所建立的德位，「三公以論道德」、「六卿以議庶事」、「百司箴規（以）諷諫」、「閭閻講肄以修明業」，地位愈高的人所議論的對象層次便愈高，地位愈低的人所議論的對象層次便愈具體。反之，則「野不議朝，處不談務，少不論長，賤不辯貴」，這樣便可達到有其德者論其德，能其事者議其事，「不在其位不謀其政」的境界。於是語言在自然主義下直接表達自我的便利性凸顯了，而自然主義中自我志意的價值色彩則大大沖淡了。於是在袁宏的構思中，〝書〞吸收了言語的詮釋特質，〝言〞納入了文字的作用範圍，這種措施不但融合了價值來源一與多的衝突，而且大幅降低了〝書〞與〝言〞的價值色彩，凸顯了媒介在表述上的特質。〝書〞與〝言〞二者就在此一情形下而各自獲致其表述的適度作用。

僧肇亦以體用本跡模式處理〝書〞與〝言〞，但二者的表述特質得到了更細膩的闡述。書與言二者在僧肇眼中皆是有形之跡，與價值本體不同，故《維摩詰經注》謂「眞境無言，凡有言論，皆是虛戲」、「文字之作，生於惑取。法無可取，則文字相自離」等。〔註 65〕眞正之至道絕非語言文字所能表述，只有棄絕語文，才可悟得眞道，這是從價值本體上立說，但至道雖妙，卻非語言文字不能傳教，故〈般若無知論〉謂「言雖不能言，然非言無以傳」，〔註 66〕唯有透過語言文字之形跡，至道乃得顯現，這是語言文字之跡用，以跡求本而非以跡求跡，故僧肇又謂「善言言者，求言所不能言；善跡跡者，尋跡所不能跡」。〔註 67〕然而以跡求本的過程卻產生了詮釋與表現的問題，由此詮釋與表現而導致「跡有淺深」之說。僧肇謂：

有言於無言，未若無言於無言，所以默然也。上諸菩薩措言於法相、文殊有言於無言、淨名無言於無言，此三，明宗雖同，而跡有淺深。所以言後於無言，知後於無知，信矣哉！〔註 68〕

〔註 64〕同上。
〔註 65〕《維摩詰經集註・弟子品第三肇注》，142、181 頁。
〔註 66〕《肇論中吳集解・般若無知論》，444 頁。
〔註 67〕《肇論中吳集解・論主復書釋答》，454 頁。
〔註 68〕《維摩詰經集註・入不二法門品第九肇注》，498 頁。

僧肇此段言語本為《維摩詰經・入不二法門品》之注釋。所謂「此三，明宗雖同，而跡有淺深」指的是諸菩薩、文殊師利與維摩詰三者在表述「入不二法門品」時所敘述的宗致雖同，但方法則有不同。諸菩薩「措言於法相」是以語言文字直接敘述「入不二法門」之狀況，文殊師利「有言於無言」則是跳脫於內容的描述之外而直接說明「入不二法門」「無言無說，無示無識，離諸問答」的境界，至於維摩詰「無言於無言」則根本是直接示現「無有文字語言」的「眞入不二法門」。這則故事與《莊子》中知北遊的故事極為相似，魏晉名士，如樂廣，亦有體現無言以自高的表現，但予以理論化系統化的則無，而僧肇則在本跡模式的架構下以「跡有淺深」之觀點做到了。而在這種「跡有淺深」之觀點中，語言與文字的媒介特質又受到更詳細的詮釋。蓋諸菩薩「措言於法相」的表述其實是符號表述事物內容的功能，這種功能語言與文字相同，而在此表述下，文字的功能可能比語言還強，因為文字可以凝固成客觀存在的形體而到處流傳，《維摩詰經》謂：

文字，性離。〔註69〕

文字可以遠離悟者心性而長存，但是跡淺，因為只是在內容的層面傳播至道，是以敘述對象易被視為一外在客體，而無關乎人內在心性。於是文殊師利便在此語境下指出至道「無有文字語言」，「離諸問答」，因為至道不是一個於心性之外存在的客體，不能在內容層面解說，故「離諸問答」。而文殊此一當下語境中的語言表現顯然比諸菩薩之表現層次深。然而此非至極之表現，僧肇謂：

言語道斷，心行處滅。〔註70〕

語言雖與當下語境密合，與悟道者同見，是悟道者直接的表述，但語言仍是名相，在以語言說理的剎那間至道「同於大通」的內心境界便不在了，因為言語與當下之心識共存，一旦開口說話，特別是以論述對象的方式說話時，自然難以再保無內無外的不二境界，故維摩詰「默然無言」，不過是「無言於無言」的無言，是以無言體現道境。進而思之，這種深淺差別實乃表述之必然，蓋「言跡之興，異途之所由生」，〔註71〕至高之價值一旦化為有形之表述必然呈現為多種姿態，而不會僅限一種，既然呈現有形之姿態繁多，則其中必有差別，於是

〔註69〕《維摩詰經集註・弟子品第三》，181頁。
〔註70〕《肇論中吳集解・涅槃無名論》，457頁。
〔註71〕《肇論中吳集解・論主復書釋答》，454頁。

形成價值爲一但表述眾多，所謂「諸佛平等，跡有參差」，〔註 72〕是以佛教雖一而法門則有八萬四千。而在此中不但產生了廣大的詮釋與表現空間，而且賦予語言與文字表述的自由，依其各自之媒介特質化生不同之姿態來說法。這是僧肇對語文表述的解放，「書不盡言，言不盡意」的命題不再絕對成立，此後而有「不立文字」的禪宗的一大堆文字。

而〝書〞與〝言〞表述方式的解放理論到了梁朝劉勰手中就更成熟更細膩了。首先，劉勰亦承認由心志、言語、文書所構成之逐漸由內而外的表述序列，《文心雕龍》謂：

心生而言立，言立而文明，自然之道也。〔註 73〕

表述乃是由內在心識生出意念，而後隨機順境直接發爲言語，最後則可寫爲文字而流傳於外，這是意念、語言、文字運用特質在表現上所形成的一般順序，此一順序在袁宏的論述中已約略呈現，而在劉勰論述中更明確，故其論詩謂「在心爲志，發言爲詩，舒文載實」，〔註 74〕論書謂「聖賢言辭，總爲之書，書之爲體，主言者」、「詳總書體，本在盡言，……文明從容，亦心聲之獻酬」，均由此架構出發。〔註 75〕但劉勰並未以此架構決定語言文字之高下，語言與文字之表述亦可並行，並可互明。《文心雕龍》謂：

夫情動而言形，理發而文見，蓋沿隱以至顯，因內而符外者也。〔註 76〕

又謂：

心既託聲於言，言亦寄形於字，諷誦則績在宮商，臨文則能歸字形矣。〔註 77〕

語言與文字均可「沿隱以至顯」，「因內而符外」，二者皆具獨立之表述功能。而語言的媒介爲聲音，文字的媒介爲形狀，「心既託聲於言，言亦寄形於字」，故在表述上又各有不同特質與作用。文字既與語言媒介特性不同，故其表現又非僅是記錄語言，甚至不須透過語言而可直通神理心聲，故《文心雕龍》又謂：

〔註 72〕《維摩詰經集註・入不二法門品第九肇注》，514 頁。
〔註 73〕《文心雕龍注釋・原道》，1 頁。
〔註 74〕《文心雕龍注釋・明詩》，67 頁。
〔註 75〕《文心雕龍注釋・書記》，407、408 頁。
〔註 76〕《文心雕龍注釋・體性》，451 頁。
〔註 77〕《文心雕龍注釋・練字》，606 頁。

夫綴文者情動而辭發，觀文者披文以入情，沿波討源，雖幽必顯。世遠莫見其面，覘文輒見其心。豈成篇之足深，患識照之自淺耳。〔註 78〕

只要透過適度的表現與詮釋，〝文〞與〝心〞間可以建立直接的表述關係。事實上，《文心雕龍》全書都在論述此一關係的建立，故劉勰謂「夫文心者，言爲文之用心也」、「文果載心，余心有寄」、〔註 79〕「言之文也，天地之心哉」。〔註 80〕語言的表達雖與個人心意較貼近，並有聲音之情韻，但文字亦可直達人心，而其跨越時空的媒介特質，則使已死聖人之心再現於今，「知道沿聖以垂文，聖因文而明道，旁通而無滯，日用而不匱」，〔註 81〕在教化功能上更廣闊，故而「政化貴文」、「事蹟貴文」、「修身貴文」，〔註 82〕這是文字在表述上的特色，繼僧肇「跡有淺深」之後，劉勰更有系統的論述了〝書〞與〝言〞的表述特質，從而使得語言文字的運用更加細膩，從此意義不再如名教之書法正字般固定於文本，亦不似清談詭辭般飄忽不定。〔註 83〕

然而更值得注意的是相應於表述方式的解放，語音與字形此後亦得到一種有層次有深淺的對待。當兩漢講究名教時，自然要求語音與字形的統一，在帝王的要求下，一個字只應有一種正音與正形。但到了魏晉講求自然時，語音與字形的運用就隨人隨宜而變，於是一個字往往有數音數形。但當名教與自然結合時，便又重新產生了語音與字形統一的要求。劉勰謂：

先王聲教，書必同文，輶軒之使，紀言殊俗，所以一字體，總異音。〔註 84〕

陸德明亦謂：

夫筌蹄所寄，唯在文言，差若毫釐，謬便千里。夫子有言「必也正名乎！」。〔註 85〕

〔註 78〕《文心雕龍注釋・知音》，744 頁。
〔註 79〕《文心雕龍注釋・序志》，767、769 頁。
〔註 80〕《文心雕龍注釋・原道》，1 頁。
〔註 81〕《文心雕龍・原道》，1 頁。
〔註 82〕《文心雕龍注釋・徵聖》，15 頁。
〔註 83〕筆者按：此後〝文〞與〝道〞的關係便漸爲知識分子所重視，至古文運動中更是檢討了二者各種可能的關係。讀者可參〈從文以載道到文道合一〉，陳志信，《鵝湖》第 24 卷第 5 期，總號第 281 號，1998.11.。
〔註 84〕《文心雕龍注釋・練字》，605 頁。
〔註 85〕《經典釋文・序錄》，1 頁，陸德明撰，商務印書館叢書集成本。

既要求名教就有詮釋經典的要求，不論此一經典是儒家的或佛家的甚至道家的，於是在音形混亂的時代又有了統一字音字形的要求。但此時名教已與兩漢不同，是與自然融合的名教，是不失萬物之情的名教，因而此時之語音與字形既非以兩漢名教時唯一獨尊的方式表述，亦不以魏晉自然時眾說紛紜的姿態呈現，而是在本跡模式「跡有淺深」的觀點下予以適當的面對。故於文字的使用上開始斟酌，顏之推謂：

吾昔初看《說文》，蚩薄世字，從正則懼人不識，隨俗則意嫌其非，略是不得下筆也。所見漸廣，更知通變，救前之執，將欲半焉。若文章著述，猶擇微相影響者行之，官曹文書，世間尺牘，幸不違俗也。〔註 86〕

也就是說，根據用字之現實情境，知識分子開始在兩漢名教之正字與魏晉自然之專輒造字間尋求一種有層次的新態度。這種新態度在唐朝顏元孫的《干祿字書》中表現得更清楚了，書序謂：

《干祿字書》以平上去入四聲爲次，具言俗通正三體，……所謂俗者，例皆淺近，唯藉帳文案、券契藥方，非涉雅言，用亦無爽，儻能改革，善不可加；所謂通者，相承久遠，可以施表奏牋、尺牘判狀，固免詆訶；所謂正者，并有憑據，可以施著述文章、對策碑碣，將爲允當。有此區別，其故何哉？夫筮仕觀光，惟人所急，循名責實，有國恒規。既考文辭，兼詳翰墨，昇沉是繫，安可忽諸？用捨之間，尤須折衷。〔註 87〕

顏之推的「通變」在此明明白白的依用字情境而分爲〝俗〞、〝通〞、〝正〞三體，蓋「循名責實，有國恒規」，是以在「用捨之間，尤須折衷」。除了要設〝正〞體以顧及經典詮釋與其它正式場合之外，還要包容〝通〞、〝俗〞二體以不失萬物之情。由此而有了唐朝的字樣學。〔註 88〕而在字形之外，也開始講究起語音。顏之推謂：

夫九州之人，言語不同，生民已來，固常然矣。……後有揚雄著《方言》，其言大備。然皆考名物之同異，不顯聲讀之是非也。……自茲

〔註 86〕《顏氏家訓集解・書證》，463 頁。

〔註 87〕《干祿字書・序》，3、4 頁，顏元孫撰，台灣商務，民 55 年。

〔註 88〕筆者按：顏元孫《干祿字書》本即由顏師古《顏氏字樣》而來，唐太宗使其校定經籍，可知《干祿字書》在唐代字樣學中具有創始性與代表性。

（魏世）厥後，音韻鋒出，各有土風，遞相非笑，指馬之諭，未知孰是。共以帝王都邑，參校方俗，考覈古今，爲之折衷。〔註 89〕

揚雄著《方言》，使「其言大備」自是名教之行。而魏晉以後「音韻鋒出，各有土風，遞相非笑」則爲自然之情，然混亂亦生，故要依中央與地方、古與今「爲之折衷」。而顏氏在其〈音辭〉篇中論述了諸多字音，然而眞正成熟的處理則由顏之推與劉臻等八人共同論定，再經陸法言撰成。《切韻・序》謂：

欲廣文路，自可清濁皆通；若賞知音，即須輕重有異。呂靜《韻集》、夏侯該《韻略》、陽休之《韻略》、周思言《音韻》、李季節《音譜》、杜臺卿《韻略》等各有乖互，江東取韻與河北復殊，因論南北是非，古今通塞，欲更捃選精切，除削疏緩，蕭顏多所決定。〔註 90〕

於是在論「南北是非，古今通塞」的要求下，成了「清濁皆通」、「輕重有異」的一個語音系統，既可分，又可合，既含正音，又容方音。即在這種有分合有層次的處理下，字形與語音亦從單一價値之束縛中解放出來，於是從文字書寫、詮釋、學習到字形，從語言對話、理解、互動到語音，語言文字終於脫去價値色彩而成爲兩種純粹的表述媒介，此二表述媒介各依其媒介之物理與社會特性而運作，隨情隨境對價値作各種表述，故而表述的方式解放了，因此在價値範疇的獨立之外，表述範疇亦獲致其獨立的地位。

第四節　知識階層的摶成

在名實問題中價值與表述等範疇逐漸成熟後，知識階層的摶成也逐漸完成。隨著名實問題長期的發展，知識分子也在社會中大幅成長，因瞭解〝價値〞的性質與作用而在社會中獲致其特殊地位，因掌握〝表述〞的知識與技巧而在社會中獲致其特殊功能，於是，知識分子從古代貴族的附屬地位中脫離出來而成爲社會中一群特殊的專業分子，沒有人比他們更瞭解更能掌握〝價値表述〞這件事情，於是這群特殊的專業分子組成了社會中一個特殊的階層：〝知識階層〞。

然此知識階層的內部卻一直隱藏著〝仕〞與〝隱〞兩種分裂的態度。這

〔註 89〕《顏氏家訓集解・音辭》，473 頁。

〔註 90〕《校正宋本廣韻・陸法言序》，13 頁，陳彭年等重修，藝文印書館，民 80.3. 校正七版。

兩種分裂的態度在先秦形成隱士與王官兩類知識分子，王官支持王者所建立的人間秩序，並獻身於仕而努力支持這種社會秩序，隱者反之，從而引起彼此間激烈的鬥爭，這種鬥爭可從《莊子》與《韓非子》中激烈的主張中見得。隨著秦亡，知識分子在董仲舒的努力下又以儒生爲典型而建立起學官制度，〝仕〞成爲兩漢知識階層的主流態度，〝隱〞則在彰顯帝王大德的情形下受到優容；兩漢亡時，知識分子又在何晏王弼的號召下以名士爲典範而颳吹起浮華風流，〝隱〞於是變裝成魏晉知識階層的主流態度，〝仕〞則在維持士人朝隱的狀況下而存在。雖然，若先秦般激烈的鬥爭態度在兩漢魏晉之現實中已然少見，但〝仕〞與〝隱〞兩種態度所形成的分裂問題在學理上並未解決，知識分子之處世始終存在兩種不同同的態度，就此觀點來看，知識階層的摶成也就不算完成。

但在自然與名教融合的情境下，〝仕〞與〝隱〞的問題也繼道事統一、書言解放後而解決。最早提出解決方法的仍是袁宏，在其自然與名教融合的理論下袁宏找到了包融仕隱的新觀點。《後漢紀》謂：。

> 夫金剛水柔，性之別也；員行方止，器之異也。故善御性者不違金水之質；善爲器者，不易方員之用。物誠有之，人亦宜然。故肆然獨往，不可襲以章服者，山林之性也。鞠躬履方，可屈而爲用者，廟堂之材也。是以先王順而通之，使各得其性，故有內外隱顯之道。爲末世凌遲，治亂多端，隱者之作，其流眾矣：或利競滋興，靜以鎮世；或時難迍邅，處以全身；或性不和物，退以圖安。或情不能嘿，卷以避禍。……有道之君，皆禮而崇之，所以抑進取而止躁競也。嗚呼！世俗之賓，方抵掌而擊之，以爲譏笑，豈不哀哉！〔註91〕

在「金剛水柔，性之別」的角度下，知識分子之〝仕〞與〝隱〞不再是對當政者的表態，而是人物性情的表現，「山林之性」自「不可襲以章服」，「廟堂之材」自「可屈而爲用」，於是仕隱二般相反行徑便有了才性的共同基礎。對世間王者而言則當「順而通之，使各得其性」，以成「內外隱顯之道」，因爲帝王之禮隱者具有「抑進取而止躁競」的教化人性意義。這顯然是在自然爲體名教爲用的前題下所發展出來的觀點，蓋價值之本體既在萬物自然之性情，則知識分子之仕隱自當據此立論，於是在自然性情的基礎下，鐘鼎山林

〔註91〕《後漢紀・光武皇帝紀卷第五》，39頁。

便各有其正當性，而名教之價值既在「益萬物之情」，聖王自當使人「各得其性」。於是在此之前帝王或殺隱者以立威，或禮名士以來士的作僞情形自然就消失了。然而雖就人物情性論仕隱，但知識分子個人亦不必二者擇一終身服之，而可有程度的在山林與鐘鼎之間盡其性分。袁宏謂：

> 人之性分，靜燥不同，……彼二塗者終之以道，亦各一家之趣也。然功業難就而卑素易從，……故久處貧賤，誠有志者之所恥也。〔註92〕

也就是說從無形無色之性情發而成可行可爲之仕隱，這中間值得議論的空間仍大。「獨善其身」自較「兼善天下」爲易，而性情難定，是以從外在表現而言，仍當盡力進取爲仕以求兼善天下爲是。而袁宏又從性情觀點出發對此作了更詳細的論述，其言謂：

> 布衣韋帶白首不仕者有矣，結髮纓冠老而不退者有矣。此二塗者古今之所同也，久而安之，故無中立之地焉。語曰：「山林之士往而不能反，朝廷之士入而不能出。」往而不反則能執意，入而不出失之遠矣！古之爲士將以兼政，可則進，不可則止。量分受官，分極則身退矣。故於仕與不仕之間，有止足焉。不仕，則枯槁矣；遂仕，則負累矣，若仕能止者，在於可否之間，不同心乎！〔註93〕

終身仕或終身隱的人確實是有的，從自然爲體的價值觀點看，「入而不出失之遠矣」，但此自然之性情亦有其自然所成之功用，故可「兼政」，「故於仕與不仕之間，有止足焉」，「量分受官」、「分極身退」，於是仕隱之間可有「中立之地」。此自是利用自然主義「盡其性分」的觀點來衡量個人仕隱進退的實際行徑。仕隱二分的僵局從此在知識階層中與知識分子身上皆被打破，「量分受官」、「分極身退」成了知識分子出處的新標準，此一標準爲知識分子開拓了一個極大的社會空間，人生走向不再是在出處之間二擇一的選擇題。先秦孔子「隱居以求其志，行義以達其道」、「有道則見，無道則隱」的理想在此獲致完整的理論觀點，〝仕〞與〝隱〞不再是兩種分裂的態度，並可互補，「治世之賢，宜以禮教爲先；嘉遁之士，應以無爲是務，則操業俱遂而身名兩全」，〔註94〕知識階層因而初步在體用模式下摶成。

然而在仕隱問題之後，隨著佛教的興盛，僧侶的出家行徑又形成知識階

〔註92〕《後漢紀・光武皇帝紀卷第七》，60頁。
〔註93〕《後漢紀・孝靈皇帝紀下卷第二十五》，204頁。
〔註94〕《劉子校釋・九流章》，521頁，傅亞庶撰，中華書局，1998.9.一版一刷。

層內新問題。此一問題與仕隱無直接關聯，蓋佛教自有其價值與表述之方式，而與中國原有儒道二家觀點不同，但卻在沙門應不應盡敬上形成問題。晉成帝時庾冰即已藉此指出佛教沙門與儒家名教間的衝突，其言謂：

> 方外之事，豈方內所體，而當矯形骸，違常務，易禮典，棄名教，是吾所甚疑也，……使夫凡流傲逸憲度，又是吾之所甚疑也，……而當因所說之難辨，假服飾以陵度，抗殊俗之傲禮，直形骸於萬乘，又是吾所弗取也。〔註95〕

庾冰以爲沙門既在方外，便不應以方外比方內而對帝王不盡敬，以致「易禮典，棄名教」，「使夫凡流傲逸憲度」。此後，桓玄又從自然主義的觀點論述了沙門應不應盡敬的問題，又引發了佛教與道家在這個問題上的衝突。桓玄謂：

> 老子同王侯於三大，原其所重，皆在於資生通運，豈獨以聖人在位，而比稱二儀哉！將以天地之大德曰生，通生理物，存乎王者，故尊其神器，而禮實惟隆，豈是虛相崇重，義存君御而已哉？沙門之所以生生資存，亦日用於理命，豈有受其德而遺其禮，沾其惠而廢其敬哉？〔註96〕

從自然主義聖人「資生通運」的觀點來看，沙門亦當盡敬，因爲佛教之理或雖「推於視聽之外」，但沙門之身卻在自然之內，自當符合自然之理。而從庾冰與桓玄的言論可知，佛教僧侶在知識階層內變成了與傳統士人有隔閡的特殊團體，知識階層因而又失去其融通一氣的整體狀態。

但在體用內外的模式下，慧遠又解決了此一佛教與儒道隔閡的問題。〈沙門不敬王者論・在家〉謂：

> 出家之人，凡有四科，其弘教通物，則功侔帝王，化兼治道。至於感俗悟時，亦無世不有。但所遇有行藏，故以廢興爲隱顯耳。〔註97〕

慧遠首先聲明出家之人有其「功侔帝王」、「感俗悟時」的在家之用，只是有時因世之廢興而作用不明。而就此作用來看，其在方內所爲其實與儒道一致，故又謂：

> 是故因親以教愛，使民知其有自然之恩；因嚴以教敬，使民知有自然之重。……以因順爲通而不革其自然也……是故悅釋迦之風者，

〔註95〕《弘明集・庾冰重諷旨謂應盡敬爲晉成帝作詔》，81頁。
〔註96〕《弘明集・桓玄與八座書論道人敬事書》，81頁。
〔註97〕《弘明集・沙門不敬王者論》在家一，30頁。

輒先奉親而敬君。〔註 98〕

以〝親〞、〝嚴〞、〝愛〞、〝敬〞、「奉親而敬君」來呼應「君親自然，匪由名教；愛敬既同，情禮兼到」的儒道主張，以明其與儒道和同。然而佛與儒道實有不同，故慧遠又謂「二者之來，實由冥應，應不在今，則宜尋其本」〔註 99〕，也就是說，眞正的重點在方外，是以〈沙門不敬王者論〉論「在家」之後又論「出家」謂：

> 出家則是方外之賓，跡絕於物，其爲教也，達患累緣於有身，不存身以息患；知生生由於稟化，不順化以求宗。求宗不由於順化，……是故凡在出家，皆遯世以求其志，變俗以達其道。變俗，則服章不得與世典同禮；遯世，則宜高尚其跡。夫然者，故能拯溺俗於沈流，拔幽根於重勢，遠通三乘之津，廣開天人之路。如令一夫全德，則道洽六親，澤流天下，雖不處王侯之位，亦已協契皇極，在宥生民矣。是故內乖天屬之重，而不違其孝，外闕奉主之恭，而不失其敬。〔註 100〕

在「出家」的觀點上，佛教與儒道是不相同的，但佛教正因此「出家」而成就了「在家」，正因其「不順化」故能「求宗」，正因其「變俗」、「遯世」、「高尚其跡」方能「拯溺俗於沈流，拔幽根於重勢」、「道洽六親，澤流天下」，於是體用模式成功的解決了佛與儒道的隔閡，以「出家」爲體「在家」爲用，而繼仕隱問題之後再度使知識階層融通一體。

此後佛道儒間雖仍有爭議，但多為現實中之考量，理上已然無礙，二教或三教合修之士日益增多。慧遠本人即是「內通佛理，外善群書」，其弟子雷次宗、宗炳、劉遺民、周續之等亦兼習儒佛。另如謝靈運、范泰、鄭鮮之、顏延之、徐伯珍、蕭子良、張融、周顒、梁武帝、周弘正、張譏等皆或兼二教，或通三教，而梁元帝蕭繹「諸僧重招提琰法師，隱士重華陽陶貞白，士大夫重汝南周弘正」、〔註 101〕馬樞「講《維摩》、《老子》、《周易》，同日發題，道俗聽者二千人」〔註 102〕等皆是三教隔閡漸消，知識階層融通的表現。〔註 103〕

〔註 98〕《弘明集・沙門不敬王者論》在家一，31 頁。

〔註 99〕同上。

〔註 100〕《弘明集・沙門不敬王者論》出家二，31 頁。

〔註 101〕《南史・周弘正傳》，899 頁。

〔註 102〕《南史・隱逸下・馬樞傳》，1907 頁。

〔註 103〕以上諸例參《中國哲學發展史・魏晉南北朝》，902～904 頁。

而顏之推《顏氏家訓》則具體展現了知識分子兼取三教的實況，在社會群我上採儒家處世之說；在個人性命上採道家惜生之說；在人生價值上則採佛家神理之說。故其〈止足〉篇謂：

> 《禮》云：『欲不可縱，志不可滿。』宇宙可臻其極，情性不知其窮，唯在少欲知足爲立涯限爾。〔註 104〕

此是採儒家名教節檢之功，故「自今仕宦不可過二千石，婚姻勿貪勢家」。〔註 105〕又以爲顏氏「世以儒雅爲業」，文士不當與兵革，故〈止足〉後又有〈誡兵〉一篇。而〈誡兵〉後又有〈養生〉一篇謂：

> 考之內教，縱使得仙，終當有死，不能出世，不願汝曹專精於此。若其愛養神明，調護氣息，愼節起臥，均適寒暄，禁忌食飲，將餌藥物，遂其所稟，不爲夭折者，吾無間然。諸藥餌法，不廢世務也。〔註 106〕

此是採道家全身保性之利，故「養生者先須慮禍」。〔註 107〕然「諸藥餌法，不廢世務」，生亦「不可苟惜」，則此養生已與名教相融。而此篇後又爲〈歸心〉以論人生價值之歸宿，其文謂：

> 三世之事，信而有徵，家世歸心，勿輕慢也。……原夫四塵五廕，剖析形有；六舟三駕，運載群生；萬行歸空，千門入善，辯才智惠，豈徒《七經》、百氏之博哉？〔註 108〕

此則明採佛家空善之理，故「歸周、孔而背釋宗，何其迷也！」〔註 109〕然「若能誠孝在心，仁惠爲本，須達、流水，不必剃落鬚髮；豈令罄井田而起塔廟，窮編戶以爲僧尼也？」「非大覺之本旨也」，亦是兼顧儒道之意，所謂「內外兩教，本爲一體，漸積爲異，深淺不同」。〔註 110〕於是在體用架構深淺不同的層次下，不但可調和二教，亦可使三教就序，由內而外，以佛理爲價值核心，以自然爲個人性情，而以名教爲群體倫理，使整個知識階層中的知識分子各隨其宜毫無區隔的悠遊於三教之中了。

〔註 104〕《顏氏家訓集解・止足》，316 頁。
〔註 105〕同上。
〔註 106〕《顏氏家訓集解・養生》，327 頁。
〔註 107〕同上。
〔註 108〕《顏氏家訓集解・歸心》，335～339 頁。
〔註 109〕《顏氏家訓集解・歸心》，339 頁。
〔註 110〕同上。

於是，所有的知識分子都成了〝文士〞，而以價值表述為本業，共同構成了知識階層。因爲價值表述本是文德之產物，密切關乎人文和語文，是以知識分子不論其在朝在野，窮困或通達，一是皆以文德爲本。故劉勰謂：

君子藏器，待時而動，發揮事業，固宜蓄素以弸中，散采以彪外，楩柟其質，豫章其幹，摛文必在緯軍國，負重必在任棟梁，窮則獨善以垂文，達則奉時以騁績，若此文人，應梓材之士矣。〔註 111〕

如果一個人能夠「窮則獨善以垂文，達則奉時以騁績」，「蓄素以弸中，散采以彪外」，處處以文爲重，則可稱爲「文人」或「文士」。而在用即體體即用，二者合一的狀況下，任何文士皆必有「人文化成」的功用，亦即文德。故又謂：

蓋士之登庸，以成務爲用。魯之敬姜，婦人之聰明耳，然推其機綜，以方治國；安有丈夫學文，而不達於政事哉。彼揚馬之徒，有文無質，所以終乎下位也。昔庾元規才華清英，勳庸有聲，故文藝不稱；若非臺岳，則正以文才也。〔註 112〕

在價值爲體表述爲用的觀點下，士人學文必達於政事，只是因其地位高低而有名之顯隱，然不論其文名顯隱，知識分子實皆以「文才」成其文德，共同完成知識階層在社會文化中的作用。從此以後，知識分子間不但不再產生激烈的衝突，而且也沒有任何固定不變的隔閡，同時具有了〝文德〞的共通特質，只有體悟沒有功能的隱士消失了，只知效力而不識體悟的仕宦亦不存在，知識分子不但擁有言論自由，而且掌握了傳播媒介，可以議政，亦可參政，可仕可隱、可道可事、可書可言，知識階層的摶成終於完成了。〔註 113〕

第五節　價值表述的新觀點：假名觀與境界

經歷了名實問題長期的實驗之後，〝正名〞與〝無名〞二者性質澄清了。就價值表述一事而言，若著眼於價值之本體，自當是無名；但若著眼於價值之事用，則必得正名。然《老子》謂「道恆無名」，「始制有名」，孔子謂「必也正名」，「言不順則事不成」，是以早在老子提出無名與孔子提出正名時二者

〔註 111〕《文心雕龍注釋・程器》，756 頁。

〔註 112〕同上。

〔註 113〕筆者按：繼儒生與名士後，「文士」成了隋唐宋諸時代知識階層的新典型，並以文與道爲名實問題的新主題。龔鵬程《文化符號學・第三卷・第一章》（臺灣學生書局，民 81.8.初版）約略論述了種種相關的文化現象，讀者可參。

之著眼點已然成立，其後則有歷代知識分子高唱「道不私，故無名」、「無形無名者，萬物之宗」、「善以無名爲體」、「言語道斷」、「至道無言」等等闡明價值本體無名，力主「動作循名，其事若易成」、「名聞而實喻，名之用也」、「事各順於名」、「事爲名教用」等等論述價值事用有名。但最初提出可能只是少數幾位聖賢的先知先覺，一般知識分子則未必能有如此清晰與全面的理解和掌握，往往陷於偏頗，且於二者之施行對社會文化其它各方面的影響與關聯係亦不清楚，特別是實行後無名虛浮與正名詐僞的弊病。但經名實問題的實驗後，道體無名、事用正名和二者實施所可能產生的結果便爲知識階層所普遍認識與瞭解，這種認識自然有益於價值表述問題的解決。

並且相應於自然名教融合、道事統一、書言解放、仕隱兩可，名實問題核心議題中〝正名〞與〝無名〞的衝突也隨之減輕。因爲知識分子已獲取其自身出處之自由，「策名委質」早成歷史遺跡，隱士所受之白色恐怖亦已遠去，書寫史傳已非王室專利，言語議政已成普遍事實，最重要的是知識分子已知道乃「觸事而眞」，高懸無用的道根本不存在，不帶價值判斷的純粹做事亦不可能，讀書人只要順著自己的性情自由選擇自己適合的方向去發展就可以了，至於是趨向形而上的道或形而下的事都無所謂，因爲道事、書言、仕隱已爲知識分子在社會文化的種種向度上撐開了廣大的揮洒空間，在此空間下毌需必然往哪個方向走去，名實問題相關範疇中的各個問題已然解決，社會文化的大背景中亦無激烈衝突的意見，在這種情形下，〝正名〞與〝無名〞的衝突自然緩和了。

最後，在〝實〞為本體〝名〞為跡用的模式下，〝正名〞與〝無名〞二者開始了真正的結合。袁宏《後漢紀》謂：

> 夫名者，心志之標牓也。故行著一家，一家稱焉；德播一鄉，一鄉舉焉。故博愛之謂仁，辨惑之謂智，犯難之謂勇，因實立名，未有殊其本者也。太上遵理以修實，理著而名流；其次存名以爲己，故立名而物懟；最下託名以勝物，故名盛而害深。故君子之人洗心行道，唯恐德之不修，義之不高。崇善，非以求名而名彰於外；去惡，非以邀譽而譽宣於外。夫然，故名盛而人莫之害，譽高而世莫之爭。〔註 114〕

〔註 114〕《後漢紀・光武皇帝紀卷第三》，19 頁。

〝名〞只是「心志之標牓」，既不能如漢儒正名所說的「以名眞物」，亦非只如名士無名所生的「玄之又玄」，名不是價値或事物本身，但價値或事物等卻不能不藉跡以明。但名跡既非本實，是以彼此間可以生種種關係：其一是「託名以勝物」，將名視爲價値的化身，藉著名來壓制實物，「故名盛而害深」，這是名教所爲；其次是「存名以爲己」，假藉名聲以養事物之私，「故立名而物懟」，這是自然主義所爲；再其次，則是「太上遵理以修實」，「理著而名流」。這是最好的一種名實關係，「因實立名」而不可「殊其本」，可是〝實〞本身也要依自然之理來修定，因其實雖爲名之本，卻非價値之終極所在，價値之終極乃在自然之理，是以只有表達合理之實的名才具有眞正的跡用價値。故袁宏又謂「明王制設號令，所以一物心而治亂亡也」。〔註 115〕唯有將名合理的運用，此名才是善名，才當流傳，才可流傳。而此實亦是袁宏融合自然與名教的觀點，所謂「準天地之性，求之自然之理，擬議以制其名，因循以弘其教，辨物成器，以通天下之務者也」。這種以自然之性理爲本體、以人爲之文名爲跡用的模式包含了〝無名〞對價値與〝正名〞對文名的正確認識，使名實二者既獨立又融合，一如體用。

此後，實體名用便成為學者的基本看法而調和了〝無名〞與〝正名〞二者。如顏之推《顏氏家訓》有〈名實〉一篇專門論述名實，即持此論。其文謂：

> 名之與實，猶形之與影也。德藝周厚，則名必善焉；容色姝麗，則影必美焉。今不脩身而求令名於世者，猶貌甚惡而責妍影於鏡也。上士忘名，中士立名，下士竊名。忘名者，體道合德，享鬼神之福祐，非所以求名也；立名者，脩身愼行，懼榮觀之不顯，非所以讓名也；竊名者，厚貌深姦，干浮華之虛稱，非所以得名也。〔註 116〕

以形影關係喻名實是以實爲名本，因實定名，故謂「德藝周厚，則名必善焉；容色姝麗，則影必美焉」，又謂「人之虛實眞僞在乎心，無不見乎跡」。〔註 117〕其於士人「忘名」、「立名」、「竊名」等說亦恰好與袁宏「遵理」、「存名」、「託名」相呼應，二者或皆受老子上士、中士、下士之說啓發，並此可知其主張名實爲二，與其形影之喻相合。依此顏之推似是持自然主義的名實觀，但其又謂：

〔註 115〕《後漢紀・光武皇帝紀卷第五》，43 頁。
〔註 116〕《顏氏家訓集解・名實》，280 頁。
〔註 117〕《顏氏家訓集解・名實》，282 頁。

人足所履，不過數寸，然而咫尺之途，必顛蹶於崖岸；拱把之梁，每沈溺於川谷者，何哉？爲其旁無餘地故也。君子之立己，抑亦如之。至誠之言，人未能信；至潔之行，物或致疑，皆由言行聲名，無餘地也。〔註 118〕

則〝名〞亦有其獨立之價值，「人足所履，不過數寸」，而「言行聲名」則可傳播久遠，至於人身之外，而爲立己之「餘地」也。而〝名〞之獨立價值更有甚者，《顏氏家訓》載：

或問曰：「夫神滅形消，遺聲餘價，亦猶蟬殼蛇皮，獸迒鳥跡耳，何預於死者，而聖人以爲名教乎？」對曰：「勸也，勸其立名，則獲其實。且勸一伯夷而千萬人立清風矣；勸一季札而千萬人立仁風矣；勸一柳下惠而千萬人立貞風矣；勸一史魚而千萬人立直風矣。故聖人欲其魚鱗鳳翼，雜沓參差，不絕於世，豈不弘哉？四海悠悠，皆慕名者，蓋因其情而致其善耳。抑又論之，祖考之嘉名美譽，亦子孫之冕服牆宇也，自古及今，獲其庇廕者亦眾矣。夫修善立名者，亦猶築室樹果，生則獲其利，死則遺其澤。」〔註 119〕

是〝名〞在個人之外對廣大的社會群眾更具有「勸」的教化功能，「四海悠悠，皆慕名者，蓋因其情而致其善耳」，故「勸其立名，則獲其實」，欲「修善立名」，不但利己，而且惠人。此段不但從名實觀點調和了自然與名教，而且清晰的指明了〝名〞在文化中獨立於實外對千千萬萬人所具備強大的社會功能，由此可知顏氏實乃持實體名用的觀點。另如北齊劉晝亦持實體名用的觀點，其謂「至道無言，非立言無以明其理；大象無形，非立形無以測其奧」即是實體名用觀點的表現，〔註 120〕其所著《劉子》特爲〈審名章〉細說名實謂：

言以繹理，理爲言本；名以訂實，實爲名源。有理無言，則理不可明；有實無名，則實不可辨。理由言明，而言非理也；實由名辨，而名非實也。今信言以棄理，非得理者也；信名而略實，非得實者也。故明者課言以尋理，不遺理而著言；執名以責實，不棄實而存名，然則言理兼通而名實俱正。〔註 121〕

〔註 118〕《顏氏家訓集解・名實》，280 頁。
〔註 119〕《顏氏家訓集解・名實》，288 頁。
〔註 120〕《劉子校釋・崇學章》，36 頁。
〔註 121〕《劉子校釋・審名章》，155 頁。

「名以訂實，實爲名源」，在表述之中，名實二者彼此相因，又各有其分，故「有實無名，則實不可辨」，此非僅指簡單的標示作用，還具有教化功能，蓋「心闇於自照，則假言以榮行」。〔註 122〕但「信名而略實，非得實者也」，此亦非僅謂單純的詐僞情形，還指名自身的虛僞性，蓋「傳彌廣而理逾乖，名彌假而實逾反」，名在傳播中離實自然愈來愈遠，最後則「迴犬似人，轉白成黑矣」。故最佳者乃是「言理兼通而名實俱正」，是以又謂：

是以古人必愼傳名，近審其詞，近審其詞，遠取諸理，不使名害於實，實隱於名。故名無所容其僞，實無所蔽其眞，此謂正名也。〔註 123〕

唯有名當名實當實，方可「名實俱正」。而顯然的，此處所言〝正名〞己非漢儒所稱，而與〝無名〞融合了。又如梁之劉勰，在《文心雕龍》中雖未直接論述名實問題，但從其「神理設教」、「道沿聖以垂文，聖因文而明道」等種種融合自然名教、統合道事、解放書言、兩可仕隱的相關主張來看，基本上當亦是抱持著實體名用的主張的，可知實體名用在南北朝時已成爲知識分子所普遍抱持的名實觀點。

而在無名與正名結合之下，興起了〝假名〞觀。因爲至道無名，故名不是眞的，而是假的，但爲教化與便利而生，故名只是暫時的與實結合，而假借使用一下其形跡。而早在《莊子》中已謂「道之爲名，所假而行」〔註 124〕，名是假的，不是眞的，只是「道行之而成，物謂之而然」，隨宜所現。至漢儒說六書則有「本無其字，依聲託字」的〝假借〞一書，雖非假名，但是假形。及至東晉袁宏則有「一假名號」之語。〔註 125〕而莊子主無名，六書爲正名產物，袁宏持無名與正名合，是從此諸例可約略見出〝假名〞一詞依違在無名與正名之間的特色。但〝假名〞觀點的眞正興起則有待於佛教。蓋佛教主張〝畢竟空〞，則一切名相非眞皆假，此思想在形名上近似中國老莊之無名；又佛教雖以最終之眞理爲無名無形，但其說法教化又不能不以跡求本，借助於名，故又有浩如繁星之經典論說，此情形在教化上則近似中國周孔之正名，佛教依違於無名與正名之間，於是大量採用富有彈性的〝假名〞一詞譯經說法，於是〝假名〞觀隨而興起。

〔註 122〕《劉子校釋・貴言章》，315 頁。
〔註 123〕《劉子校釋・審名章》，156 頁。
〔註 124〕《莊子集釋・則陽》，917 頁。
〔註 125〕《後漢紀・光武皇帝紀卷第三》，20 頁。

造成〝假名〞觀興起的佛教關鍵人物是鳩摩羅什與僧肇師生二人。在鳩摩羅什所譯《維摩經》，即《淨名經》，中即有「超越假名」一語，〔註 126〕以〝假名〞一詞翻譯佛語，此乃道安所謂「借此方之稱，翻彼域之宗，寄名談實」，〔註 127〕即是格義。又以此引進龍樹中觀思想謂：〔註 128〕

眾因緣生法，我說即是無，亦爲是假名，亦是中道義。〔註 129〕

此即指諸法皆空，一切有爲之法若夢幻泡影，此即所謂「假名」，即是「中道」。鳩摩羅什受誦龍樹《中論》而能推辯「諸法皆空無我」，分別「陰界假名非實」，〔註 130〕故羅什弟子僧肇就此新義繼續發揮。其注《維摩詰經》謂：

萬事萬名，虛假以生，道在眞悟，故超越假名。〔註 131〕

只有道是眞的，故超越一切事物，則其餘一切事物名號全爲虛假，「良是出處之異號，應物之假名」，〔註 132〕故「虛妄假名，智者不著」。〔註 133〕〈不眞空論〉更針對此點發揮，其文謂：

夫以物物於物，則所物而可物；以物物非物，故雖物而非物。是以物不即名而就實，名不即物而履眞。然則眞諦獨靜於名教之外，豈曰文言之能辯哉？〔註 134〕

物之所以可物，是因其爲一物，但若所物之物乃虛假非物，則雖物而非物，是以雖賦予一名，但物不「即名而就實」，因爲本無實物，既無實物，則名亦「不即物而履眞」，故又謂：

夫以名求物，物無當名之實；以物求名，名無得物之功。物無當名之實，非物也；名無得物之功，非名也。是以名不當實，實不當名。名實無當，萬物安在？〔註 135〕

〔註 126〕《維摩詰經集註・弟子品第三》，219 頁

〔註 127〕《弘明集・二教論・孔老非佛第七》，145 頁。

〔註 128〕筆者按：鳩摩羅什廣通多國語言，譯有大乘般若系經典和以龍樹爲代表的中觀派論典多部，龍樹《中論》即爲其所譯。

〔註 129〕《中論・觀四諦品》，547 頁，龍樹著，韓廷傑譯，佛光文化事業有限公司，1997.4.初版，2000.1.五刷。

〔註 130〕《高僧傳・鳩摩羅什》，47、48 頁，釋慧皎，中華書局，1992.10.一版，1997.10.北京三刷。

〔註 131〕《維摩詰經集註・弟子品第三肇注》，219 頁。

〔註 132〕《肇論中吳集解・涅槃無名論》，457 頁。

〔註 133〕《維摩詰經集註・弟子品第三肇注》，181 頁。

〔註 134〕《肇論中吳集解・不眞空論》，438 頁。

〔註 135〕《肇論中吳集解・不眞空論》，440 頁。

在物與名皆假的情形下，物既非體，名亦無用，故「名不當實，實不當名」，於是產生了一種「名實無當」的新關係，此種關係既在萬物虛假的前題下產生，自與儒道所講之名實無當不同。

於是〝假名〞觀涵括了所有名實狀況與解釋了所有名實關係。使知識分子對名實問題的掌握一方面更圓融；一方面更細膩。蓋中國原有無名與正名結合所生之實體名用「名實俱正」的正向涵意有之，中國本無之萬物虛幻所生之假他得名「名實無當」的負面涵意亦有，故而〝假名〞觀在〝假〞的統一觀點下更貼切掌握了〝名〞之利與弊，在「名實俱正」的情形下，〝名〞有體有用；在「名實無當」的情形下，〝名〞則非體非用。此較袁宏以「遵理」、「存名」、「託名」與顏之推以「忘名」、「立名」、「竊名」來說明名之利弊諸況要更圓融。而在「萬物虛假以生」與「名實無當」的新義下，便對名之假的說明達到一種「畢竟空」的境界，於是連說法本身亦不可執著，蓋「若以無相爲無相，無相即爲相」，〔註136〕故「空若有空，則成有矣，非所以空也」，〔註137〕故雖說一切假，但不可執於一切假，雖謂「遣常，故言無常，非謂有無常」，〔註138〕是以道不可執亦不可求，如此便在理上更清晰細膩的說明了《莊子》中東郭子問道的問題，破解了人在覺知中對名相的執著。而名相既已破解，便可逍遙入於名相，故「無說，豈曰不言？謂能無其所說」，〔註139〕在「無其所說」的邏輯下，名相又可以不假，重新復活，於是繼老莊弔詭的說法之後，佛教則在〝假名〞之下把理給說圓了，於是聖心聖智「微妙無相，不可爲有；用之彌勤，不可爲無」便不只是空話，而能具體多樣的展現在芸芸眾生之前，所謂「至道沖漠，假蹄筌而後彰；玄致幽凝，藉師保以成用。是由聖跡迭興，賢能異託」，〔註140〕此後〝假名〞又在三論宗的學者討論下，有了更細膩的發展。〔註141〕

〔註136〕《肇論中吳集解・般若無知論》，446頁。

〔註137〕《維摩詰經集註・弟子品第三肇注》，146頁。

〔註138〕《維摩詰經集註・弟子品第三肇注》，190頁。

〔註139〕《維摩詰經集註・弟子品第三肇注》，147頁。

〔註140〕《高僧傳・序錄》，523頁。

〔註141〕《南齊書・周顒傳》謂周顒「著《三論宗》立『空假名。』立『不空假名。』設『不空假名』難『空假名』，設『空假名』難『不空假名』、『假名空』二宗。又立『假名空』」，此段文字或有顛倒，但從其中所設諸詞便可知〝假名〞觀念有了更細膩的發展。

然而〝假名〞最重要的是在終極唯一的價值下，包容了各種名的內容與用名的方式，在名實問題中正式引進了意識因素，從而開拓了詮釋的空間。蓋「言跡之興，異途之所由生」，但「言所不能言」與「跡所不能跡」則一，〔註 142〕故而「兩言雖殊，妙用常一；跡我而乖，在聖不殊」，〔註 143〕亦即所謂「三藏雖殊，統之者一也」，〔註 144〕八萬四千法門隨人施教，教理則一，因「群情不同，故教跡有異耳」。〔註 145〕而言跡之異在名言內容外還有運用態度的不同，此乃袁宏「遵理」、「存名」、「託名」與顏之推「忘名」、「立名」、「竊名」等名目之所以成。名教注重名之內容，自然講求名之運作，而佛教假名則同時包容了這兩個層次，並以跡異包容了這兩個層次中的各種差異。而佛理更提出〝觀〞的說法而深入人心意識認知的領域來解釋名與用名的種種差異，說明名實在價值表述上所產生的問題。這在僧肇以「能無其所說」來解釋無言時已然表露，無言不是在具體層面的有無言語，而是在認知心理層的「無其所說」，此乃所謂「善言言者，求言所不能言；善跡跡者，尋跡所不能跡」。〔註 146〕而「善言言者」與「善跡跡者」之所以能善之關鍵則在其用「正觀」。〈涅槃無名論〉中無名以「涅槃之外稱，應物之假名」答有名「有餘涅槃」、「無餘涅槃」之問時提出了這個觀點，無名謂：

> 子獨不聞正觀之說歟？維摩詰言我觀如來無始無終，六入已過，三界已出，不在方不離方，非有爲非無爲，不可以識識，不可以智知，無言無說心行處滅，以此觀者，乃名正觀，以他觀者，非見佛也。〔註 147〕

也就是說「善跡跡者」能「正觀」，以「正觀」來觀宇宙萬物及其中作爲識知言說心行便可見佛，「以他觀者」則否。於是名實問題中詮釋的問題正式進入認知心理的領域討論，在〝觀〞之說下，以種種〝觀〞解釋了同名異實、異名同實的現象。如《維摩詰經》注即謂：

> 如、法性、眞際，此三空，同一實耳。但用觀有深淺。故別立三名。始見法實。如遠見樹、知定是樹。名爲如。見法轉深。如近見樹、

〔註 142〕《肇論中吳集解・論主復書釋答》，454 頁。
〔註 143〕《肇論中吳集解・論主復書釋答》，451 頁。
〔註 144〕《肇論中吳集解・不眞空論》，438 頁。
〔註 145〕《肇論中吳集解・論主復書釋答》，453 頁。
〔註 146〕《肇論中吳集解・論主復書釋答》，454 頁。
〔註 147〕《肇論中吳集解・涅槃無名論》，459 頁。

知是何木。名爲法性。窮盡法實。如盡知樹根莖枝葉之數。名爲實際。此三。未始非樹。因見爲異耳。〔註 148〕

「如」、「法性」、「眞際」三名同實，但因「用觀有深淺」，因其深淺有別故教跡有所別。此與僧肇以「跡有深淺」釋諸菩薩、文殊師利、摩維詰三者說「不二法門」相互呼應，「用觀有深淺」故「跡有深淺」。至於一般世間之觀則屬「覺觀」，依賴知覺分別，而著於名相。僧肇謂：

覺觀，麤心，言語之本。眞法無相，故覺觀自離，覺觀既離，則無復言說。〔註 149〕

在佛教的思想中，世間分別事物的知識乃是透過眼耳鼻舌身意六識經過色聲嗅味觸與念所形成，故又謂「分別，生於識也」。〔註 150〕但這種覺觀卻是空的，來自於惑相粗心的作用，由此惑相粗心而又生名言，故僧肇又謂「心者，何也？惑相所生。行者，何也？造用之名」，「言由名起，名以相生，相因可相」，於是在正觀之外，又有由造生常境名跡之「生滅心行」〔註 151〕所成之「覺觀」。

故在〝假名〞觀的引導下，名實範疇中又新生了一個詮釋運作範疇。蓋〝假名〞意涵上的彈性在固定的名實兩端間拉出了一個極大的空間，允許各種不同的意識在其間作用，或是各依其意運用語文傳遞價值，或是各以其觀詮釋語文認識價值。透過各種知覺對語文所產生的詮釋或運作或是或非，或非是或非非，但無論如何此後在名實之間產生了一個新的作用範疇，而劉勰在《文心雕龍‧神思》中以文學創作直接論述了此一範疇的種種作用，其文謂：

夫神思方運，萬塗競萌，規矩虛位，刻鏤無形；登山則情滿於山，觀海則意溢於海，我才之多少，將與風雲而並驅矣。方其搦翰，氣倍辭前；暨乎篇成，半折心始，何則？意翻空而易奇，言徵實而難巧也。〔註 152〕

「神思」是所要表達的涵意，言辭則是創作表現的結果，然而在作者的文學創作中，作者在下筆前所欲表現的與其創作後所表現出來的卻往往有巨大的

〔註 148〕《維摩詰經集註‧弟子品第三肇注》，143 頁。
〔註 149〕《維摩詰經集註‧弟子品第三肇注》，141 頁。
〔註 150〕《維摩詰經集註‧弟子品第三肇注》，142 頁。
〔註 151〕《維摩詰經集註‧弟子品第三肇注》，188 頁。
〔註 152〕《文心雕龍注釋‧神思》，433 頁。

差距，所謂「方其搦翰，氣倍辭前；暨乎篇成，半折心始」，這正是因爲名實彼此並不具有密切相接的關係，二者之間尚有存在著一個認知範疇在作用，而劉勰在文學創作中則是以〝意〞來稱呼此一範疇。其文謂：

是以意授於思，言授於意，密則無際，疏則千里；或理在方寸，而求之域表，或義在咫尺，而思隔山河。〔註153〕

從〝思〞落實到〝言〞必得經過〝意〞這個仲介範疇的作用，故謂「意授於思，言授於意」。瞭解到〝意〞這一仲介範疇在認知中的存在與作用，便可輕易的解釋言辭與其所欲表現之神思間「密則無際，疏則千里」的現象，故或方寸域表，或咫尺山河。於是價值表述的範疇在劉勰的文學創作理論中就成了〝思〞、〝意〞、〝言〞三個獨立範疇。而新的認知範疇增加了名實間各種可能的關係，緩和了名實間有形無形的對立，從而調解了正名名實唯一對應關係和無名名實自由對應關係的衝突，這是文化在認知發展上的一大突破，超越事物內容、原則、觀點、思維模式等等層面的突破。

然而這個新增範疇的另一文化意義是新認知結構的生成。也就是當時人們認知本身的結構從〝名〞、〝實〞二分一轉而成〝名〞、〝實〞與〝詮釋運作〞的三分，是以劉勰在〝思〞、〝意〞、〝言〞創作理論之外，又常常在其它論述中反映這種結構，如《文心雕龍・鎔裁》謂：

凡思緒初發，辭采苦雜，心非權衡，勢必輕重。是以草創鴻筆，先標三準：履端於始，則設情以位體；舉正於中，則酌事以取類；歸餘於終，則撮辭以舉要。〔註154〕

三準之對象〝情〞、〝事〞、〝辭〞實際上即是上述認知結構的反映，〝情”即相應於表述之價值與意義，〝事”則相應於運作與詮釋之態度，〝辭”則相應於表現之語言文字。餘如〈物色〉「情以物遷，辭以情發」在感興外物上所提出的〝物〞、〝情〞、〝辭〞；〔註155〕〈體性〉「氣以實志，志以定言」在體性與作文關係上指出的〝氣〞、〝志〞、〝言〞；〔註156〕〈知音〉「綴文者情動而辭發，觀文者披文以入情」在讀者欣賞上分立的〝文〞、〝識〞、〝情〞；〔註

〔註153〕同上。
〔註154〕《文心雕龍注釋・鎔裁》，515頁。
〔註155〕《文心雕龍注釋・物色》，709頁。
〔註156〕《文心雕龍注釋・體性》，452頁。
〔註157〕《文心雕龍注釋・知音》，744頁。

157〕〈夸飾〉「神道難摹，精言不能追其極；形器易寫，壯辭可得喻其眞：才非短長，理自難易耳」與「夸過其理，則名實兩乖」在作文修辭上所隱含的〝道〞、〝理〞、〝辭〞或〝實〞、〝理〞、〝名〞；〔註 158〕〈序志〉「言不盡意，聖人所難；識在瓶管，何能矩矱」在瞭解詮釋上暗示的〝言〞、〝識〞、〝意〞等等，皆是此一認知結構的反映。也唯有在劉勰的心中存在一個相應於上述範疇的認知結構或思考模式，才能在其論說與思考中處處反映此一認知結構，而不限於特定的對象與內容。事實上，《文心雕龍》全書即是在此認知結構下完成的，劉勰所講求之「爲文之用心」與「文果載心」，〔註 159〕亦是此一結構的反映，故〈知音〉謂：

> 世遠莫見其面，覘文輒見其心。豈成篇之足深，患識照之自淺耳。〔註 160〕

〝文〞、〝心〞兩端之間正存在著「識照」的新範疇，識照之深淺，決定了文與心間的聯繫。其實早在王充《論衡・薄葬》謂「是用耳目論，不以心意議」時已然注意到了心識詮釋的認知問題，〔註 161〕到陸機〈文賦〉「恒患意不稱物，文不逮意」中的〝物〞、〝意〞、〝文〞、〔註 162〕袁宏「遵理以修實，理著而名流」中的〝名〞、〝理〞、〝實〞已然透露新認知結構逐漸生成，但眞正成熟，當還以劉勰爲準。

於是假名觀在中國文化中正式開啟了一片心識意念的世界。在其所成之新認知結構中探索意識。佛教學說大量融入中國文化，藉著討論假名，眼耳鼻舌身意六識與色聲香味觸法六塵所起的細微作用一一受到檢驗與分析，於是而知外在世界爲一，但隨人心識不同則所幻化之〝境界〞不同。若要破此境界假相則要用〝正觀〞觀之，於是而有佛教高僧起而注重觀想，如智者大師《摩訶止觀》即講求正觀以破陰界入、煩惱、病患、業相、魔事、禪定、諸見、增上慢、二乘、菩薩等十種境界，蓋此乃「生滅心行」所造，所謂「萬法惟心」，由此而有後世禪宗風吹旗動之風動？旗動？心動？諸物語。論其實，眾生所生一切世間境界實在只是一種境界，故《華嚴經》謂「菩薩摩訶

〔註 158〕《文心雕龍注釋・夸飾》，583、584 頁。
〔註 159〕《文心雕龍注釋・序志》，767、769 頁。
〔註 160〕《文心雕龍注釋・知音》，744 頁。
〔註 161〕《論衡校釋・薄葬》962 頁。
〔註 162〕《文選・陸機文賦》，762 頁。

薩以無障無礙智慧，知一切世間境界是如來境界；知一切三世境界，一切剎境界，一切法境界，一切眾生境界，眞如無差別境界，法界無障礙境界，實際無邊際境界，虛空無分量境界，無境界境界是如來境界」〔註 163〕，修道的過程則是不斷滅息己心之惑相以見眞相，故青原惟信禪師謂：

> 老僧三十年前未參禪時，見山是山，見水是水；及至後來親見知識，有個入處，見山不是山，見水不是水；而今得個休歇處；依前見山只是山，見水只是水。〔註 164〕

「見山是山」、「見山不是山」及「見山只是山」乃因心識所成之境界不同而成，山只是一山，但因人生境界有高下而所見不同，當人心爲名相所縛時，爲〝山〞這個名所成之概念拘束時，「見山是山」，此時是透過名來看世界，故不易看見眞實的世界；等到修練到了一定程度之後，便可突破名相不爲名相所縛而看見一切事物之眞象，此時〝山〞只是一種地形之呈現，而在大地諸多樣貌變化之中，並沒有截然可分之〝山〞，故「見山不是山」；而在看見一切眞象之後，則知〝山〞之名雖不實，但在一般人的生活中有其不可或缺之用，只要有個「休歇處」，能知名之所止，則山可是山，但此時所見之山已「只是山」了。在此境界之觀點下，風吹旗動之景象則可成旗動，亦可成風動，更可成人心自動，於是價值表述不再如正名只重外在客觀物象，亦不如無名強調人心主觀意志，而是兼容心物，著重在心物交接互動所成之境界，語文的運用、詮釋與評價因而成爲極端多樣的活動，但亦可議其境界，名實問題從此以〝境界〞爲核心邁向另一階段，於是繼名教與自然融合之後，知識分子在唐、宋諸朝又開始建立一種新的世界觀，〔註 165〕在此新觀點的極度

〔註 163〕《大方廣佛華嚴經・如來出現品》卷五十二，273 頁下欄，時叉難陀譯八十卷本，大正藏第十冊。

〔註 164〕《五燈會元》卷十七，1135 頁，釋普濟撰，蘇淵雷點校，中華書局出版，1984.10. 一版，1997.10.六刷。

〔註 165〕筆者按：《佛光大辭典》（釋慈怡編，佛光，民 77.初版）第 5765 頁「境」一條下謂「境，梵語 visaya，意爲感覺作用之區域；或 artha，意爲對象；或 gocara，意爲心之活動範圍。又譯作境界、塵。」可知境界在漢文中是一詞，但在梵文中則本爲三語，或許因此翻譯問題故境界可在中國興起。而自南北朝後，境界觀點開始在文化界中擴散，無論在思想領域或文學領域廣受知識分子討論與應用，直至近代若劉熙載、王國維、宗白華等學者仍提倡以〝境界〞或〝意境〞觀點來看文學、人生與藝術，如劉熙載《藝概・卷三》謂「常語易，奇語難，此詩之初關也；奇語易，常語難，此詩之重關也。香山用常得奇，此境良非易到」，以常與奇之組合分別詩之三境，分明是與見山是山、不是山

彈性與包融下完成新的帝國，而在一統的帝國中涵容了各式各樣多彩多姿的文化，進而創造了大唐輝煌壯麗的文明。

又只是山的三種境界相呼應。而王國維《人間詞話・四十二》謂「古今詞人格調之高，無如白石。惜不於意境上用力，故覺無言外之味，弦外之響，終不能與於第一流之作者也」，則根本賦予意境一種表述的價值。而宗白華則更於《美學的散步・中國藝術意境之誕生》一文大大的發揮王說之意，將意境視為中國藝術最大的成就而謂「就中國藝術方面——這中國文化史上最中心最有世界貢獻底一方面——研尋其意境底特構，以窺探中國心靈底幽情壯采，也是民族文化底自省工作」，這是非常值得注意的文化現象。

第九章　結　語

透過前七章的描述，我們確實看到了名實問題在歷史文化中的〝全面〞作用。經過長期探討後，大一統的國家觀念深入人心，國家一統時才被視為歷史的常態；家族成為安定中國社會最根本的組織，也是個人最堅定的庇護所；而每一個個人都擁有了姓名。姓名不再是貴族專有的權利，家亦不只是統治階層為分配政治權利所獨有，因此，天下國家亦非一家所獨有，從此正名所提倡的〝國〞眞眞正正成為全天下之國，〝家〞的組織亦由宗室貴族而不斷繁衍擴散至整個整個社會，〝姓名〞亦成為人人皆有。相對的，無名所高倡的自然亦化為每一個人特殊的性情而受到重視，在文化中形成一種講求自在的態度，而個人之性情則來自家族血親，透過姓而作一標幟，姓不再是純粹的政治符號，同樣的，家族亦以自然之血親關係為其最根本的基礎，而國家天下則是由不同性情之萬事萬物所共成，統治者的天命色彩已大為降低，同時，每一個〝人〞都成了一個〝人〞，不再只有某些限定族類才被視為〝人〞，定義人的基礎成了自然，而非政治族群。自然之人亦不必硬將自己說成如牛馬一般才自然了。名實問題雖然只成就了價值範疇、表述範疇與知識階層，但做為文德的核心，其影響則擴及中國文化下億億萬萬的中國人、多如牛毛的中國事物及遼闊悠遠的時空，沒有遺漏，這是名實問題在歷史文化中偉大的〝全面〞作用。前述七章又可進一步分成第二章、第三四章、第五章、第六七章等四部分，而從〝價值表述〞、〝兩面性〞、〝互動性〞、〝意識型態〞等四個方面詳細闡述名實問題的〝全面〞作用。

第一，名實問題的全面作用實根源於其〝價值表述〞的核心議題。因為所有人類的行爲與事物的製造都有其動機，需要意義與價值，並且需要透過表述在社會團體中建立起共識，唯因如此，名實問題才能形成如此遼闊深遠的影響。若僅將名實問題泛泛的視爲生活中簡單的傳情達意，或是窄窄的視爲純粹理論的邏輯問題，便無法解釋古人討論名實所展現的深度和名實問題在現實中的巨大作用。事實上，若從西周文德的崩壞來看，名實問題本具有高度的知識性，也涉及最高的政治權力，廣大而普遍的一般老百姓只是日用而不知，雖然是決定他們生存權利之事，但卻無緣置喙。然而奇妙的是，〝價值表述〞這件事本身卻要求一種超然的立場，超越所有政治制度與階級利害關係的立場，因爲價值如果不能具有高於一切事物的立場，它也就不能成爲一切行爲的動機或一切事物的根據。同樣的，表述這件事也要求一種超然的立場，如果表述不能被所有表述者與表述對象一致認同，表述即將失效而無法進行。是以立場超然是〝價值表述〞的必要條件而不是附帶條件，如果立場不能超然，〝價值表述〞便無法成立。而這種超然的立場賦予〝價值表述〞絕對的全面性，世間所有的事物都當在其作用範圍之下，同時，〝價值表述〞也成爲名實問題與社會文化中的最爲重要的核心議題。

在〝價值表述〞超然的立場下，社會上又產生了一批立場超然的知識分子。因爲價值表述一事雖關乎人人，卻非人人所能處理，故而社會必須產生一批對此事熟悉又專業的人來處理這個問題，一方面終其一生不斷對價值進行反省與體悟；一方面終其一生不斷的在表述上學習與運用語言文字等媒介；最後則憑藉其對語文的知識、理解、體會、技巧等來表現或是陳述其所認知的價值。而價值表述既然要求立場超然，故在價值與表述兩個獨立範疇之外，處理價值表述的人亦應具有超然的立場，於是在社會上出現了一群奇怪又特殊的人，這群人並不一定屬於同一社會階層或團體，亦不一定具有相同的職業，各自可以有各自所屬的社會階層、團體或職業，但卻共同擁有超越所屬社會階層、團體或職業之立場的態度，而可以此超越自身利害關係的態度，從全體人類的角度來對價值表述進行處理，本文即以〝知識分子〞來稱呼這群人。於是知識分子便成爲具有多重身分的人，雖是社會中人，卻又獨立於社會之外，雖爲王者之民，卻又可爲王者之師，最重要的是其本身既爲〝價值表述〞的創造者，又成了〝價值表述〞的施用對象，而成爲名實問題的主角。亦在這批立場超然的知識分子努力與教化下，價值表述普及於廣大的民眾，而不再是少數貴族與統治者的專利，於是中國文化成了一個人人皆知〝講道理〞的文化。

第二，名實問題中符號的〝兩面性〞顧全了個人與社會的需求。在名實問題最初的探討中，〝名〞因價值表述的分裂而衍生成〝名〞與〝實〞兩個範疇，價值表述亦分裂成價值與表述兩件事，而此分裂彰顯了符號一物由〝能指〞與〝所指〞兩部分組成的特性：符號的能指具有形體，因而可以識知與分辨、複製與傳播，故而具有表述功能；符號的所指即一符號的意義，本身不具形體，因而不可辨識與表述，故需依賴能指，但所指卻是符號存在之根本意義，一個沒有意思的形體不叫符號，而符號無形之意義實即來自價值。於是一個符號具有能指與所指兩個面向，所指來自價值，能指形成表述，而這兩個面向的特性恰恰相反，當知識分子偏重從能指的面向來解決名實問題時，便產生了〝正名〞觀。由於能指具體客觀，可複製能傳播，因而具有強大的社會功能，可以將價值外化成永恒唯一的存在，而爲廣大群眾所普遍遵循，使民知所措其手足，於是而爲關懷國家的知識分子所重視，形成偏重符號能指社會作用的〝正名〞觀，主張名實相合，強調名分，以建立名實與整個社會制度的關係，同時極度重視文字，因爲文字在媒介上具有穩定性，能跨越時空。就歷史言，這類知識分子的典型是循道仕事的儒生，主張正名以成就事功。由於正名強大的社會功能，價值上集中權力的特性，表述上名分倫理的作用，因而受到執政者的青睞，並由此發展出兩漢名教與儒生階層的正字活動；當知識分子偏重從所指的面向來解決名實問題時，便產生了〝無名〞觀。因爲所指必然是無形無聲的價值或意義，故而不可分、不可複製、不可傳播，但它是所有事物存在的原因與行爲的動機，是我們人生所追求的目標，是悲喜的泉源，也是通往個人內心深處的奇特之路，於是符號以其稱謂作用在宗教藝術的領域起著另一種強烈作用，解放了個體，抒發了性情，於是而爲重視心靈自由的知識分子所重視，形成偏重號所指道德體悟的〝無名〞觀，主張名實相離，強調名乃稱謂，以廓清名對宇宙人生價值無形無限本質的不良影響，於是語言受到極度的發揮，藉助語言媒介語境的契機性而表現了當下的心識情境。就歷史言，這類知識分子的典型是好道棄事的名士，主張無名以彰顯道德，解放個體自由。由於無名奇妙的性情展露，價值上講求自然，表述上瓦解標準，因而受到社會下層被統治者的支持，由此發展出魏晉自然與名士階層的清談活動。

植基於符號的〝兩面性〞，〝無名〞與〝正名〞就在名實問題各相關範疇與議題上一一發展出相抗衡的主張。以下，就各範疇與議題所成之項目一一整理無名與正名的主張：

項　　目	無　名　觀	正　名　觀
·價值表述	價值無法表述	價值可以表述
	重體（以天性自然爲根本，從名的本質看問題）	重用（以社會秩序爲重點，從名的功能看問題）
·道與事	天道	人事
	重有無	重本末
	名實離	名實合
	由實而名	由名而實
	言意之辨	文質之論
·書與言	語言	文字
	詭辭	書法
	清言	正字
	文字語言化	語言文字化
·仕與隱	隱士與名士	王官與儒生
	天（自然主義）	人（人道主義、王道主義）
	自我個體	人類群體
	獨、自	倫、類
	情	禮
	重意	重義
	不假外物	重教學
	作（表現）	述（再現）
	浮華	守文
	小國寡民	世界大同
	大化流行	天人合一
·文化背景	改革文德	繼承文德
	自然	名教
	社會下層	社會上層

就在各個項目的主張下，無名與正名各自依據其所偏重之符號面向探索了各種發展的可能與影響，以完成其主張。

第三，名實問題中符號的〝仲介性〞顧全了心與物的雙向流通。符號的〝仲介性〞乃指符號中有形能指與無形所指可以相互轉化的特性，因爲符號正是由能指與所指組成，這兩個部分在性質上雖然對立，但在運用上卻可互補，無形的價值在符號中藉著有形的能指而得到表述，有形的表述則因於無形的所指而創生。於是符號能將無形或有形的事物相互仲介，從而在事物間傳播變動，使相關事物以一種互動的模式交互影響與定義。知識分子反省著語言文字的問題，創造著語言文字的各種內涵與使用模式，相同的，語言文字也反過來影響知識分子的思惟，甚至定義知識分子；知識分子闡明了語言文字在道德意義與社會制度上的作用，相同的，語言文字的作用也塑造了知識分子的人生意義與社會地位；語言文字的內涵決定了語文對社會文化的作用，相同的，社會文化的需求也促成了語言文字的內涵。而在符號之中，藉著能指的有形可辨而可對外在具體有形之事物產生作用，在人類的社會中化生出客觀的對錯、是非觀念，再化生成法律、準則與社會倫理等行爲規範，進而形成種種禮法與制度，最後向外擴生成如國家、家族、鄉黨、學校、商店等諸多社會組織與機構，由此而示現爲城廓、宮殿、家屋、校舍、館坊等種種具體建設，不斷向外擴張其作用，最後，建成了所謂世界或宇宙；相對的，藉著所指的無形感受而可對內在人心物性有不斷深入的體悟，從符號深入探索人類行爲之背後所隱藏的動機與念頭，由此動機與念頭再去體悟人心中更深一層的好惡悲欣等種種慾望、情緒與感覺，然後再深入探索在感情背後生成感情的種種觀念與意識，再深入觀照此種種意識作用背後所隱藏的心性，一直一直深入到自己心底的最深處，擺落一切的外在名相，最後，去探索隱藏在所有事物內在那最深最深的本性，或許可稱作道，或許可稱作神明。於是符號的〝仲介性〞不僅是在知識分子和語言文字中作用，更可無限擴大至所有人心與人類社會建設的相互作用，人們一方面透過其意志創造了人類社會中種種事物與建設，一方面又受到這些事物與建設的影響而生成其意識，於是心可生物，物亦可生心，符號的〝仲介性〞完成了心與物全面的互動與交流。

就歷史而言，則是周人的〝文德〞充分利用了這種符號的〝仲介性〞。藉著制禮作樂，周人將其所受之看不見摸不到的〝天命〞化而爲具體可施行國家制度，以此制度來表徵價值，以禮樂象徵德義，藉著城廓大小、祭祀儀式、冠冕服飾和樂舞規模等種種形式之不同而區別貴賤、親疏等等，形成具有層次與秩序的名位，讓所有人共同遵守以維持整個國家社會的運作，這是透過符號而將統治者之意志外化成具體制度，是由心而物的動作。而在此禮樂制度儀軌之奉行下則形成對人民之種種教化，在種種有層級的具體制度與行爲規範下，民德歸於淳厚，奉公守法，各司其分，再透過教與學來推廣、解釋此一禮樂制度，讓大家衷心接受此一制度，於是透過外在之可爲與有爲，人民群眾的內在心性受到影響，這是由物而心的動作。心可動物，物可動心，二者雙向互通，而當此符號的〝仲介性〞在不同的對象間串聯作用時，就形成了更複雜的歷史現象。如在上述文德之心物互動中，人心同時受到檢驗，因爲有作亂之心者必有作亂之行，是以季氏「八佾舞於庭」，雖然只是祭祀時之舞樂規模擴大了，與政變所需之軍事、政治、經濟力量毫不相干，卻比擴充軍事、政治、經濟等更具叛亂意義，故孔子謂「是可忍也，孰不可忍也」，而周人確實也建立了整個史官制度來執行此一檢驗的任務，於是統治者之〝心〞藉著制度之〝物〞而到了人民之〝心〞。但是物亦可動心，而「五色令人目盲，五音令人耳聾」，於是當上層統治者在利用外物之際受到物質誘惑時，其心便動搖而不能自主，開始講求禮樂形飾之奢華，於是在此由〝物〞而〝心〞而〝物〞的過程中，統治者自己破壞了禮樂制度而使文德走向衰敗。文德衰敗，國家秩序瓦解，社會自然混亂，但此外在事物之混亂卻又在以物動心的作用下使民心獲得解放，思想首次自由，於是諸子百家齊放，不但形成種種新的名實觀點，而且創生了中國文化與思想上的黃金期。也就在符號的〝仲介性〞下，各歷史時期中的所有事物都在此〝心〞與〝物〞互動所成之連鎖反應中受到影響，從而對社會產生了全面性的作用。

第四，名實問題透過〝意識型態〞而顧全了思想與行為兩個層面。所謂〝意識型態〞在本論文指的即是思想與行爲的結合模式，或者說是價值意義與態度行爲結合而在我們的意識中所產生的成果，所以透過意識型態可以顧全思想與行爲兩個層面，不僅可影響人心中內在看不見的思考，亦可決定人身體外在看得見的行爲，要將價值與意義化成眞正的社會行爲而形成種種有形的建設就靠意識型態。所以，就無形價值和有形表述的相互轉換而言，名實、符號和意識型態具有相同的功能。也就是說我們眞正持有什麼樣的名實觀，不只是口頭上說說的名實觀，也就具有什麼樣的意識型態和運作符號的模式。於是知識分子可以對價值表述進行理性而客觀的反省，以其反省所得形成某種名實觀，進而反映在語言文字等符號的運作上，形成某種特定的語文運作模式，藉著此種語文運作模式便可使相應的意識型態在人們日常的交談與書寫中如病毒般快速而大量的複製與傳播。這並不是說社會中的意識型態只有一種生成途徑，相反的，其形成因素與作用方式應該是極爲複雜的，只要任何與我們生活中的意識活動有關的事物應該都是作用因子，是以我們生活中所有思考的價值觀與具體的行爲都能產生影響。但是，從一整個社會文化來看，就整個社會文化的意識型態而言，則知識階層具有決定性的作用，因爲知識分子能夠以一種超越個人利害關係的態度對〝價值〞這件事進行理性而客觀的反省，並且努力將此價值推廣到社會各個角落，而成爲人們生活與行爲的泉源。不管有沒有外力來幫助知識分子完成這件事情，知識分子都有途徑來建立社會管道。其管道即是語言文字，不止是語言文字所宣揚的理念或所論述的內容，最重要的是在語言文字表述中所呈現的一種運作態度或模式，亦即價值與表述結合的模式，在自然爲清言，在名教爲正字，因爲這種模式若用在價值與行爲的結合上其實就是意識型態。單一知識分子可以透過其對語言文字獨特的運作模式來吸引大家，從而影響它人之意識型態，只要人們使用相同的模式運用語文。即使不能引起一般群眾的注意，也必然會引起其它知識分子的注意，因爲，語言文字是知識分子最熟悉也最瞭解的事物，在文學之中，往往成爲其自身。於是單一知識分子之意識型態可以透過語言文字的運作而首先在知識階層中傳播，獲致知識階層的認同，甚至形成一種特殊的學術活動，在名士自然是清談，在儒生自然是正字。名士日以繼夜的說玄清談，儒生日以繼夜的讀經正字，知識分子就在日以繼夜的語文運作中一步一步的改變了自己的意識型態，而一旦知識階層透過特殊的語文活動凝具起共識，獲得一致的意識型態，便又能以整個知識階層的力量對社會文化發生巨大作用，或透過其它社會力量如政治、藝術、宗教等，或透過種種文學作品如五經、漢賦、三玄、魏晉詠懷詩，或直接將此意識型態化入一時代之語文辭彙和說話書寫方式中，使之生活化，那麼，廣大的社會群眾在每日說與寫時便改變了自己的意識型態，而名實問題便可藉著意識型態的塑造而進入社會大眾的思考與行爲，進而在文化中產生種種思潮和具體建設。

透過意識型態強烈的社會性，名實問題中諸種名實觀因而擁有不同的權力特質，或分別在不同的社會階層中流行傳播，或分別在不同的歷史時期中相互消長。首先，就一靜態的社會階層而言，〝正名〞觀因其名實合與由名定實的主張而形成結構一統的意識型態，具有極度集中權力的特性，適於控制社會國家群體而壓抑個人性情，是以特別受到主政者的青睞而為社會上層所重用；相反的，〝無名〞觀則因其名實離與由實定名的主張而形成解放個體的意識型態，具有極度追求自由的特質，適於展現個人眞誠情性，去除思想束縛而解散權威的作用，是以特別受到自由主義者的支持而為社會下層所肯定；而由正名與無名交會而成的〝形名〞與〝名辨〞二觀點，其權力特質亦介乎無名與正名之間，不那麼集權，亦不那麼自由，在權力的運用上具有彈性，是以其適用對象亦十分多樣。通常〝形名〞是在社會下層發生新變，而權力核心的力量不是那麼強大時以名自命的方法掌握社會變亂的觀點，有時亦是權臣或非主流政治勢力欲架空人主與人主爭權時所用的觀點；而〝名辨〞則是社會上層淫亂，而處於權力核心的人主已無能為力時，由民間在野之社會領袖為維持百姓利益與社會秩序所採取的觀點，有時或許是在野知識分子議政的手段。形名與名辨二者雖似不同，但因其自身性質之混淆，此二觀點後亦合流為一，因墨家之沒落與黃老之興盛，合流後多以形名稱之。其次，就一動態的歷史發展而言，在各觀點形成之後，基於各觀點的權力特質便在發展上形成了〝形名〞而〝正名〞而〝形名〞而〝無名〞而〝形名〞的歷史波動。在此波動中，〝正名〞與〝無名〞因其鮮明之權力特質而先後在歷史中創建出〝名教〞與〝自然〞兩種性格分明的文化典型，其中正名因其集中權力的特性受帝王青睞而先於無名登場。而〝形名〞與〝名辨〞(統以形名稱之)則以其調和之性格而成為〝正名〞與〝無名〞二者之先導、過渡或尾聲，如戰國末年兩漢名教興起前即以齊國稷下為首而盛行形名，其後在漢末魏初兩漢名教與魏晉自然過渡之際又有曹氏父子講求形名，至南北朝魏晉自然衰落之時又有王坦之等知識分子提倡形名。其實說穿了，這四種名實觀所形成之歷史波動即是〝名〞與〝實〞二者有與無、有形與無形、有為與無為、有用與無用等有形無形在歷史上不同程度之消長的過程。

經過上述四點分析，便可知名實問題在文化中的全面作用不僅僅是平面的，而且是立體的、錯綜的。不但文化中每一個個人都受到名實問題實際作用的影響，而且還是從每一個個人的內心性情最深處一直貫串到外表具體的行為，甚至固定可數的產業。這些不同層面的內涵並且可以沒有限制的交互影響，可能從一個人的內心深處透過名實符號而直接影響另一個人產業的多少，亦可能從一個人實質的產業透過符號而直接刺激著另一個人的內心，而這兩個人可以不認識，可以不相見，而僅僅透過輕飄飄的符號彼此決定著彼此的生命，因爲，只有不具形體沒有重量的符號可以將無形的價值化成有形的聲音影像而從一個人的意識飄入另一個人幽冥的意識，並且藉助符號而在龐大的社會群體中不斷的複製這種意識，從而使個人生命之小小感動在群體間激盪成跨越歷史的社會活動。〝價值表述〞、〝兩面性〞、〝仲介性〞、〝意識型態〞等四點顯然是密切相關而相互促生的四點特質，並在實際之歷史階段中以一種複雜而不可解的互動型態綜合作用，最終，並在文化中生成某種人生觀、世界觀或宇宙觀，一種具體生活的生命態度。

而名實問題在各歷史階段中所形成許許多多複雜的文化現象和世界觀最終則可就〝認知結構〞來做一總結。最初，當周人提出文德時名實問題中只有〝名〞一個範疇，由此可知此時名實不分，符號毫無疑問的與實物一體，由此而有種種巫術中的表現，如占卜等，此時人心只有純眞，沒有詐僞，因爲根本沒有〝假〞這個觀念，人們的認知混然一體。可是一旦文德衰敗，符號與實物一體不分的緊密關係便開始瓦解，於是在東周時名實問題中開始形成〝名〞與〝實〞兩個範疇，既成兩個，便可有分合兩種關係，知識分子對此名實關係或主分或主合，但無論是主分或主合，人們的認知結構已由一體而分成兩部分，是以當人們觀看事物時便有了眞的、假的兩種眼光，世界也分成了實體與表象兩個部分。到兩漢時，政治力介入名實問題，強力主張名實相合，於是〝名〞與〝實〞兩個部分緊緊的黏在一起，中間沒有空隙，眞與僞相通，巫術則重新在社會的角落裏作怪，人們的認知亦形成一種〝結構〞的眼光，而把萬事萬物緊緊的關聯在一起，個別事物的價值是由其在結構中的作用來決定的。這種認知在建立社會秩序上具有絕佳效果，但卻有虛僞狡詐壓抑個體的致命弊病，於是社會中興起了瓦解名實關係的風潮，〝名〞與〝實〞開始分離，彼此關係愈來愈薄、愈來愈不穩定，距離亦愈來愈遠，終於在魏晉完成了名實分離的工作，從此眞即是眞，僞即是僞，二者截然，個別事物之價值不再受外在事物之影響，而取決於自身之性理，人們因而形成一種〝解構〞的認知眼光。這種眼光對性情眞誠的流露絕對有其助益，因而此期藝術大興，但卻無可救藥的導致生命極端的孤獨與社會極端的混亂，故在南北朝時宗教力量契入，佛教興起，認知結構因此從一生二變爲二生三，在〝名〞與〝實〞間又多了一個〝意〞的詮釋範疇。在詮釋中名不眞而僞，但僞中有眞，故可假，由此而引入了佛教的〝假名〞，並在名實間新生一關係範疇。在兩漢與魏晉時雖亦講求名實關係，但或主合或主分，基本上名實間只允許一種關係存在，單一關係不足以構成一個獨立範疇，但在〝假名〞觀中名實關係可分可合，可此分彼合，可此合彼分，擁有多種名實關係，故足以構成一獨立之詮釋範疇。不同關係形成不同詮釋，於是構成詮釋者不同的〝境界〞或〝意境〞。〝境界〞有高低，說明了對解讀符號不同的現象，並且正式說明了人在符號運作中的地位和作用，隨著〝境界〞的差異，不同人所創作的〝名〞和詮釋的〝實〞便有變動，於是形成一種極度細膩而又富有彈性的名實觀，同時形成了認知結構全面的革命，從此人們的認知結構乃由〝名〞、〝意〞、〝實〞三個範疇構成，風吹旗動，可以是旗動，可以是風動，更可是心動；抬頭見山，可以是山，可以不是山，又可以只是山。而「公說公有理，婆說婆有理」更成爲一般人生活中所接受的普遍觀點，沒有必然怎麼樣，亦沒有必然不怎麼樣。於是前述諸種名實觀此起彼落串聯而成的歷史波動最終靜止在〝假名〞之前，並又以此爲基點重新出發，而在後世再次開創了隋唐光輝的文化。

重要參考資料

一、現代著作

1. 《普通語言學教程》，索緒爾著，弘文館出版，民 74.10 初版。
2. 《走向語言之途》，馬丁・海德格，時報文化，1996.10.初版三刷。
3. 《詮釋學Ⅰ：眞理與方法》，漢斯—格奥爾格・迦達默爾著，洪漢鼎譯，時報文化出版企業有限公司，1993.10 初版一刷。
4. 《MarxismandLiterature》，Raymond Williams, OxfordUniversityPress, 1977。
5. 《野性的思維》，李維史特勞斯著，李幼蒸譯，聯經出版社，民 78.5.初版，民 81.4.三印。
6. 《形名學與敘事理論》，高辛勇著，聯經出版，民 76.11，初版。
7. 《語言的哲學》，WilliamP.Alston 著，何秀煌譯，三民書局出版，民 68.10.四版。
8. 《人論》，卡西勒著，甘陽譯，桂冠圖書公司出版，1991.5.初版二刷。
9. 《社會學的基本概念》，韋伯著，顧忠華譯，遠流，民 82，初版。
10. 《文化的解釋》，克利福德・格爾茨著，韓莉譯，譯林出版社，1999.11.一版，2002.1.二刷。
11. 《中國邏輯學》，孫中原著，水牛圖書，民 82.4.30.初版。
12. 《中國古代的語言和邏輯》，陳漢生（ChadHansen）著，社會科學文獻出版社，1998.10.一版一刷。
13. 《文化符號學》，龔鵬程著，臺灣學生書局，民 81.8.初版。
14. 《國學概論》，錢穆，臺灣商務印書館，1990.8.版。
15. 《國史大綱》，錢穆，臺灣商務印書館，民 29.6.初版，民 79.3.修訂十七版。

16. 《中國哲學辭典》，韋政通編，水牛圖書出版，民 80.6.一版二刷。
17. 《中國哲學範疇發展史》（天道篇），張立文著，五南圖書出版公司，民 85.7.初版一刷。
18. 《新編中國哲學史》，勞思光著，三民書局，民 80.1.增訂六版。
19. 《中國哲學發展史》（先秦篇），任繼愈編，人民出版社，1983.10.一版一刷。
20. 《中國哲學發展史》（秦漢篇），任繼愈編，人民出版社，1985.2.一版一刷。
21. 《中國哲學發展史》（魏晉南北朝篇），任繼愈編，人民出版社，1988.。
22. 《中國哲學史新編》第三冊，馮友蘭著，藍燈文化，民 80.版。
23. 《中國知識階層史論古代篇》，余英時，聯經出版社，民 82.5.初版二刷。
24. 《仕隱與中國文學－六朝篇》，王文進著，臺灣書店發行，民 88.2.出版。
25. 〈仕與隱－傳統中國政治文化的兩極〉，《中國文化新論．思想篇一》，黃俊傑編，聯經出版社出版，民 71 年。
26. 〈兩漢儒士的仕隱態度與社會風氣〉，洪安全著，《孔孟學報》四十二、四十三期，民 70 年。
27. 〈仕和隱的人生觀〉，沈剛伯著，《沈剛伯先生文集》，中央日報出版社出版，民 71 年。
28. 《秦漢士史》，于迎春著，北京大學出版社，2000.11.一版一刷。
29. 《中國文學史大事年表》上冊，吳文治著，黃山書社出版，1987.12.一版，1996.2.二刷。
30. 《中國文學發展史》（校訂本），劉大杰著，華正書局，民 80.7.版。
31. 《中國古代文體學》，褚斌杰，學生書局，民 80.4.修訂增補版一版。
32. 《同源字典》，王力著，王力文集第八卷，山東教育出版社，1992.7.一版一刷。
33. 《甲骨文字典》，徐中舒主編，四川辭書出版社，1990.9 一版一刷。
34. 《金文詁林》，周法高主編，香港中文大學，1975 出版。
35. 《訓詁學概論》，齊佩瑢著，華正書局，民 79.9.版。
36. 《奉天承運》，王建文著，東大圖書，民 84 年。
37. 《西周史》，許倬雲著，聯經出版社，民 73 年。
38. 《春秋辨例》，戴君仁，中華叢書編審委員會出版，臺灣書店經銷，民 53.10.印行。
39. 《中國藝術精神》，徐復觀著，學生書局，民 55.2.初版，民 72.1.八版。
40. 〈荀子正名篇重要語言理論闡述〉，《荀子論集》，龍宇純著，臺灣學生書局，民 76.4.初版。

41. 《兩漢思想史》，徐復觀，學生書局，民 82.9.初版五刷。
42. 《漢代思想史》，金春峰，中國社會科學，1997.12.修訂二版一刷。
43. 《西漢經學源流》，王葆玹，東大圖書，民 83.6.初版。
44. 《今古文經學新論》，王葆玹，中國社會科學出版社，1997.11.一版一刷。
45. 《中國經學史論文選集》，林慶彰，文史哲，民 82.3.初版。
46. 《西漢禮學新論》，華友根，上海社會科學院出版社出版，1998.2.一版一刷。
47. 《石渠禮論》，戴聖等撰，藝文印書館，百部叢書集成，民 57.版。
48. 《讖緯論略》，鍾肇鵬著，洪葉文化事業公司，1994.9 初版一刷。
49. 《漢書藝文志通釋》，張舜徽，湖北教育出版社。
50. 〈漢代循吏與文化傳播〉，《中國思想傳統的現代詮釋》，余英時，聯經出版社，民 76.3.初版，民 84.12.七刷。
51. 〈西漢《春秋經》成爲五經之首之原由〉，張端穗著，東海大學文學院學報第四十一卷，民 89.7.。
52. 〈正名主義之語言與訓詁〉，龍宇純，史語所集刊第四十一本，民 63 年。
53. 《說文解字部首及其與從屬字關係之研究》，丁亮，東海碩論，民 85 年。
54. 〈論漢儒六書說之性質〉，《第十三屆全國暨海峽兩岸中國文字學學術研討會論文集》，國立花蓮師範學院語教系編，萬卷樓圖書有限公司，民 91.4.初版。
55. 《玄學與魏晉士人心態》，羅宗強，文史哲，民 81.11.初版。
56. 《玄學通論》，王葆玹，五南圖書，民 85.4.初版一刷。
57. 《才性與玄理》，牟宗三著，學生書局，1997.8.修訂八版。
58. 《魏晉清談》，唐翼明，東大圖書，民 81.10.初版。
59. 《郭象與魏晉玄學》（增訂本），湯一介著，北京大學出版社，2000.版。
60. 《南方的奮起》，姚大中撰，自印，民 65 年。
61. 〈何承天評傳〉，《范縝評傳》，潘富恩著，南京大學出版社，1996.一版。
62. 〈魏晉統治者的社會階級〉，《陳寅恪魏晉南北朝史講演錄》，萬繩楠整理，昭明出版，民 88.一版）
63. 〈陶淵明之思想與清談之關係〉，《陳寅恪史學論文選集》，陳寅恪，上海古籍，1992.7.一版一刷。
64. 〈離合詩之研究〉，《王利器論學雜著》，王利器著，貫雅文化，民 81.1.出版。
65. 〈從文以載道到文道合一〉，陳志信，《鵝湖》第 24 卷第 5 期，總號第 281 號，1998.11.。

66. 《漢魏兩晉南北朝佛教史》，湯用彤，臺灣商務，1938.6.初版，1998.7.臺二版二刷。

二、古代文獻

（一）經

1. 《毛詩正義》（十三經注疏附校勘記）清、阮元校勘，大化書局，民 78.10 四版。
2. 《周易正義》（十三經注疏附校勘記）清、阮元校勘，大化書局，民 78.10 四版。
3. 《周禮注疏》（十三經注疏附校勘記）清、阮元校勘，大化書局，民 78.10 四版。《儀禮注疏》（十三經注疏附校勘記）清、阮元校勘，大化書局，民 78.10 四版。
4. 《禮記正義》（十三經注疏附校勘記）清、阮元校勘，大化書局，民 78.10 四版。
5. 《春秋公羊注疏》（十三經注疏附校勘記）清、阮元校勘，大化書局，民 78.10 四版。
6. 《春秋穀梁注疏》（十三經注疏附校勘記）清、阮元校勘，大化書局，民 78.10 四版。
7. 《穀梁補注》，鍾文烝，中華書局，四部備要，民 70.。。
8. 《春秋左傳正義》（十三經注疏附校勘記）清、阮元校勘，大化書局，民 78.10 四版。
9. 《春秋左傳注》，楊伯峻編著，中華書局，1990.5.二版三刷。
10. 《論語注疏》（十三經注疏附校勘記）清、阮元校勘，大化書局，民 78.10 四版。
11. 《論語注疏及補正》，何晏等撰，世界書局，民 52.5.初版。
12. 《論語集釋》，程樹德撰，中華書局新編諸子集成，1990.8.一版一刷。
13. 《孟子注疏》（十三經注疏附校勘記）清、阮元校勘，大化書局，民 78.10 四版。
14. 《孝經注疏》（十三經注疏附校勘記）清、阮元校勘，大化書局，民 78.10 四版。
15. 《古微書》，孫瑴編，商務出版，叢書集成初編，民 28.12 初版。
16. 《重修緯書集成》，安居香山、中村璋八輯，河北人民出版社，1994.12.一版一刷。
17. 《爾雅、廣雅、方言、釋名清疏四種合刊》，上海古籍，1989.8.一版一刷。

18. 《說文解字注》，段玉裁著，黎明文化事業公司，民 79.8 增七版。
19. 《經典釋文》，陸德明撰，商務印書館叢書集成本。
20. 《經籍纂詁》，阮元主編，上海古籍出版社出版，1989.10.一版一刷。
21. 《干祿字書》，顏元孫撰，台灣商務，民 55 年。
22. 《校正宋本廣韻》，陳彭年等重修，藝文印書館，民 80.3.校正七版。

（二）史

1. 《國語》，上海古籍出版社，1998.3.一版一刷。
2. 《戰國策注釋》，何建章注釋，中華書局出版，1990.2.一版，1992.7.北京二刷。
3. 《史記》，司馬遷撰，宏業出版，民 61.3。
4. 《漢書》，班固撰，鼎文出版，民 88.4 二版一刷。
5. 《後漢書》，范曄撰，鼎文出版，民 88.4 二版一刷。
6. 《後漢紀》，袁宏撰，臺灣商務，民 60.臺一版。
7. 《三國志》，陳壽撰，鼎文出版，民 86.5 九版。
8. 《晉書》，房玄齡撰，鼎文出版，民 84.6 八版。
9. 《魏書》，魏收撰，鼎文出版，民 64。
10. 《南史》，李延壽撰，鼎文出版，民 64。
11. 《宋書》，沈約撰，鼎文出版，民 64。
12. 《南齊書》，蕭子顯撰，鼎文出版，民 64。
13. 《梁書》，姚思廉撰，鼎文出版，民 64。
14. 《隋書》，魏徵撰，鼎文出版，民 64。
15. 《舊唐書》，後晉劉昫等撰，鼎文書局印行，民 65.。
16. 《資治通鑑》，司馬光撰，臺灣商務印書館，四部叢刊初編。
17. 《史通通釋》，劉知幾撰，世界書局，民 77.4.六版。
18. 《通典》，杜佑撰，商務印書館，民 24 年。
19. 《廿二史劄記》，趙翼撰，世界書局，民 51.版。

（三）子

1. 《帛書老子校注》，高明撰，中華書局，1996.5.一版，1998.12.二刷。
2. 《墨子集解》，張純一編著，成都古籍書店，1998.9.一版一刷。
3. 《黃帝四經今註今譯》，陳鼓應註譯，臺灣商務出版，1995.6.初版一刷。
4. 《管子校正》，諸子集成本，上海書店，1986.7.一版，1991.10.六刷。
5. 《公孫龍子懸解》，王琯撰，中華書局，1992.9.一版一刷。

6. 《莊子集釋》，郭慶藩編，群玉堂，民 80.10.初版。
7. 《荀子集解》，王先謙撰，藝文印書館，民 77.6 五版。
8. 《晏子春秋校注》，諸子集成本，上海書店，1986.7.一版，1991.10.六刷。
9. 《商君書》，諸子集成本，上海書店，1986.7.一版，1991.10.六刷。
10. 《鄧析子校詮》，《名家六書、墨經校詮》，王啓湘等撰，世界書局，民 70.4.三版。
11. 《尹文子》，諸子集成本，上海書店，1986.7.一版，1991.10.六刷。
12. 《呂氏春秋》，諸子集成本，上海書店，1986.7.一版，1991.10.六刷。
13. 《吳子》，諸子集成本，上海書店，1986.7.一版，1991.10.六刷。
14. 《韓非子集解》，諸子集成本，上海書店，1986.7.一版，1991.10.六刷。
15. 《韓詩外傳箋疏》，韓嬰撰，屈守元箋疏，巴蜀書社，1996.3.一版一刷。
16. 《春秋繁露義證》，蘇輿撰，中華書局出版，1992.11.一版，1996.9.二刷。
17. 《淮南子集釋》，何寧撰，中華書局，1998.10.一版一刷。
18. 《說苑集證》，左松超著，國立編譯館，民 90.4.初版。
19. 《說苑今註今譯》，劉向撰，盧元駿註譯，臺灣商務印書館，民 77.9.修訂一版。
20. 《法言》，揚雄著，諸子集成本，上海書店，1986.7.一版，1991.10.六刷。
21. 《鹽鐵論校注》，王利器校注，中華書局，1992.7.一版，1996.9.二刷。
22. 《風俗通義校注》，應劭撰，王利器注，漢京，民 72.初版。
23. 《白虎通疏證》，陳立撰，中華書局，1994.8.一版，1997.10.北京二刷。
24. 《論衡校釋》，黄暉撰，中華書局，1990.2.一版，1996.11.北京三刷。
25. 《潛夫論箋校正》，新編諸子集成本，上海書店，1986.7.一版，1991.10.六刷。
26. 《人物志今註今譯》，陳喬楚註譯，臺灣商務印書館，2002.1.初版三刷。
27. 《中論》，《申鑒、中論、中說》，徐幹等撰，中國子學名著集成編印基金會印。
28. 《王弼集校釋》，樓宇烈，華正書局，民 81.12.初版。
29. 《列子集釋》，楊伯峻，中華書局，1979.10.一版，1991.北京三刷。
30. 《抱朴子外篇校箋》，楊明照，中華書局，1991.12.一版，1996.9.北京二刷。
31. 《劉子校釋》，傅亞庶撰，中華書局，1998.9.一版一刷。
32. 《文心雕龍注釋》，周振甫，里仁書局，民 73.5.初版，民 83.7.再版。
33. 《顏氏家訓集解》，王利器，明文書店，民 79.3.。
34. 《日知錄集釋》，顧炎武撰，黃汝成集釋，中華書局，民 55.3.臺一版。

（四）集

1. 《嵇康集校注》，戴明揚，河洛圖書，民 67.5.初版。
2. 《阮籍集校注》，陳伯君，中華書局，1987.一版。
3. 《晉王右軍集》，王義之撰，學生書局，民 60.8.初版，民 76.5.二刷。
4. 《陶淵明集校箋》，楊勇，正文書局，民 76.1.1.出版。
5. 《世說新語校箋》，徐震堮，文史哲，民 78.9.再版。
6. 《文選》，蕭統編，李善注，上海古籍出版社，1986.2.一版，1992.7.二刷。
7. 《鮑參軍詩註》，鮑照撰，華正書局，民 64.3.臺一版。
8. 《藝文類聚》，歐陽詢撰，上海古籍出版社，1999.5.新二版一刷。。
9. 《太平御覽》，虞世南撰，臺灣商務印書館，民 24.12.初版，民 64.4.臺三版。
10. 《北堂書鈔》，虞世南撰，文海出版社，民 51.11.初版。
11. 《柳河東全集》，柳宗元撰，臺灣中華書局，民 81.1.二版二刷。
12. 《漢魏六朝百三家集》，張溥撰，新興書局，民 52.2.初版。
13. 《全上古秦漢三國六朝文》，嚴可均輯，中華書局，1958.12.一版，1995.11.北京六刷。

（五）佛教典籍

1. 《大方廣佛華嚴經》，時叉難陀譯八十卷本，大正藏第十冊。
2. 《維摩詰經集註》，李翊灼校輯，老古文化事業公司，1997.3.三刷。
3. 《中論》，龍樹著，韓廷傑譯，佛光文化事業有限公司，1997.4.初版，2000.1.五刷。
4. 《肇論中吳集解》，僧肇著，洪修平釋譯，佛光文化，1997.。
5. 《弘明集、廣弘明集》，僧佑、道宣撰，上海古籍出版社，1991.8.一版，1994.4.二刷。
6. 《高僧傳》，釋慧皎，中華書局，1992.10.一版，1997.10.北京三刷。
7. 《續高僧傳》，釋道宣，文殊出版社，民 77.6.出版。
8. 《大乘止觀法門》，陳慧思著，《卍正藏經》第六十二冊，668~706 頁，新文豐出版公司，民 69.6.出版。
9. 《壇經校釋》，慧能著，郭朋校釋，文津出版，民 84.4.初版。
10. 《五燈會元》，釋普濟撰，蘇淵雷點校，中華書局出版，1984.10.一版，1997.10.六刷。
11. 《佛光大辭典》，釋慈怡編，佛光文化事業有限公司，民 77.初版。